Fabian Kessl · Christian Reutlinger (Hrsg.)

Schlüsselwerke der Sozialraumforschung

Sozialraumforschung und Sozialraumarbeit
Band 1

Herausgegeben von
Fabian Kessl
Christian Reutlinger

Sozialraumforschung und Sozialraumarbeit finden ihren Ausgangspunkt in der konstitutiven Gleichzeitigkeit von sozialer Konstruktion und Wirkmächtigkeit (vor)herrschender Raumordnungen. Letztere prägen Prozesse der Raumkonstitution ohne soziale Praktiken vollständig zu determinieren. Raumordnungen sind wiederum das Ergebnis dieser sozialen Praktiken und insofern nicht über-historisch, das heißt keine natürlich bereits vorgegebenen Handlungseinheiten. Räume sind immer Sozial-Räume.
In der Sozialraumforschung steht die Analyse dieser Sozialräume im Zentrum des Interesses. Studien zur Sozialraumforschung untersuchen die spezifischen historischen Ordnungen des Räumlichen als Ergebnis politischer Kämpfe, die diese wiederum prägen. Sozialraumarbeit ist die professionelle Arbeit an und mit diesen Sozialräumen. Ihren Ausgangspunkt sucht die Sozialraumarbeit deshalb nicht innerhalb spezifischer Territorien, sondern an den konkreten, aber heterogenen und dynamischen Orten und dem Zusammenspiel der unterschiedlichen Aktivitäten, die Räume (re-)konstruieren.

Fabian Kessl
Christian Reutlinger (Hrsg.)

Schlüsselwerke der Sozialraumforschung

Traditionslinien in Text und Kontexten

VS VERLAG FÜR SOZIALWISSENSCHAFTEN

Bibliografische Information der Deutschen Nationalbibliothek
Die Deutsche Nationalbibliothek verzeichnet diese Publikation in der
Deutschen Nationalbibliografie; detaillierte bibliografische Daten sind im Internet über
<http://dnb.d-nb.de> abrufbar.

1. Auflage 2008

Alle Rechte vorbehalten
© VS Verlag für Sozialwissenschaften | GWV Fachverlage GmbH, Wiesbaden 2008

Lektorat: Stefanie Laux

VS Verlag für Sozialwissenschaften ist Teil der Fachverlagsgruppe
Springer Science+Business Media.
www.vs-verlag.de

Das Werk einschließlich aller seiner Teile ist urheberrechtlich geschützt. Jede Verwertung außerhalb der engen Grenzen des Urheberrechtsgesetzes ist ohne Zustimmung des Verlags unzulässig und strafbar. Das gilt insbesondere für Vervielfältigungen, Übersetzungen, Mikroverfilmungen und die Einspeicherung und Verarbeitung in elektronischen Systemen.

Die Wiedergabe von Gebrauchsnamen, Handelsnamen, Warenbezeichnungen usw. in diesem Werk berechtigt auch ohne besondere Kennzeichnung nicht zu der Annahme, dass solche Namen im Sinne der Warenzeichen- und Markenschutz-Gesetzgebung als frei zu betrachten wären und daher von jedermann benutzt werden dürften.

Umschlaggestaltung: KünkelLopka Medienentwicklung, Heidelberg
Umschlagfoto: DAS ARCHIV Sabina Kaeser und Thomas J. Hauck „Donauwalzer" offenes Atelier in der Factory Kunsthalle Krems
Satz: Format.Absatz.Zeichen, Susanne Koch, Niedernhausen
Druck und buchbinderische Verarbeitung: Krips b.v., Meppel
Gedruckt auf säurefreiem und chlorfrei gebleichtem Papier
Printed in the Netherlands

ISBN 978-3-531-15152-6

Inhalt

Der „ungesehene" Raum – Explikation zum roten Faden
Peter Degen 7

Zur Archäologie der Sozialraumforschung – eine Einleitung
Fabian Kessl und Christian Reutlinger 9

Friedrich Engels: „Die Lage der arbeitenden Klasse in England"
Michael May 22

Max Weber – ein klassischer Beitrag zur Sozialraumforschung
Michael Bayer 40

Tertium datur? Johannes Tews' „Großstadtpädagogik" als Versuch einer statistisch informierten Erschließung von Raumordnungen
Bernd Dollinger und Astrid Mittmann 57

Georg Simmel – phänomenologische Vorarbeiten für eine Sozialraumforschung
Daniela Ahrens 78

Kurt Lewin und die Topologie des Sozialraums
Stephan Günzel 94

Potenziale von Alexejew Nikolajew Leontjews Tätigkeitskonzept für die Erforschung gesellschaftlicher Lebensräume
Karl-Heinz Braun 115

Learning to Labour – Paul Willis als Vordenker einer kulturtheoretischen Perspektive in der Sozialraumforschung
Karin S. Amos 136

Pierre Bourdieu – ein ungleichheitstheoretischer Zugang zur Sozialraumforschung
Katharina Manderscheid 155

**Systematische Sozialraumforschung:
Urie Bronfenbrenners Ökologie der menschlichen Entwicklung und
die Modellierung mikrosozialer Raumgestaltung**
Matthias Grundmann und Iris Kunze 172

**Bob Jessops staats- und regulationstheoretischer Ansatz –
ein möglicher Zugang zu einer kritischen Sozialraumforschung?**
Ellen Bareis 189

**Sozialraumforschung und die Theorie Sozialer Bewegungen.
Das Multitude-Konzept von Michael Hardt und Antonio Negri**
Elisabeth Tuider 212

Autorinnen und Autoren. 235

Der „ungesehene" Raum –
Explikation zum roten Faden

Durch das Inventar geographisch-seelischer Befindlichkeiten legen zwei ARCHIV-isten einen roten Faden.

Hier sind zwei luzide Beobachter von Zwischenräumen am Werk.

Sie nähern sich ihnen, aber nicht phänomenologisch, notieren sich nicht Ereignisse, Nachbarschaften und Doppelbödigkeiten der Erscheinung.

Sabina Kaeser und Thomas Hauck machen das Unsichtbare des Raumes sichtbar.

Das „Dazwischen" nimmt mit ihren Fäden Gestalt an, rückt das üblicherweise Ungesehene oder nicht mehr Wahrgenommene ins Blickfeld.

Wie erfahren wir einen Raum?

Indem wir uns durch diesen Raum bewegen.

Dies tönt banal, wenn wir einen unserer Kultur gewohnten Raum vor uns haben.

Aus langgeübter Erfahrung wissen wir, dass Innen-Räume in der Regel ein Viereck mit rechten Winkeln zeichnen.

Solche Räume sind leicht überschaubar.

Sie sind von einem Punkt aus, vom Moment des Eintretens an nach Länge, Breite und Höhe abschätzbar.

Solche Räume fördern keine Bewegung.

Wir sind dieses ewig-gleiche Regelwerk so gewohnt, dass wir diese Räume nicht mehr sehen, sie nur noch nutzen.

Hier setzen Sabina Kaeser und Thomas Hauck an:

Ihre Fadengespinste beschränken sich nicht auf Länge mal Breite mal Höhe.

Sie entwickeln ein Eigenleben, genährt aus einer Zwiesprache der beiden Künstler mit dem ungesehenen Raum.

Die kreuz und quer laufenden Fäden machen den Körper des Raumes sichtbar.

Wir sind gewohnt, statt der Räume ihre Grenzen, die Wände zu sehen,
wir sind beim Gehen auf das horizontale Sehfeld konzentriert.
Die rote Wolke, die über unsern Köpfen schwebt, schafft unversehens ein Dazwischen,
erweitert unsere Wahrnehmung von der Bewegungsfläche zum Raum.
Wo eben noch „Leere" war,
nimmt der geschärfte Blick nun Ausrichtungen
und vordem nicht erlebte Höhe wahr.
Das rote Netzwerk läuft im scheinbar leeren Zwischenraum zu Knoten zusammen,
verdichtet sich zu wirbelnden Gespinsten,
die den Raum mit Fadensternen füllen.
Sind es Kraftlinien,
folgen die Fäden einem geheimen Aderwerk des Raumes?
Sind die beiden Künstler einem ephemeren Leben
der geweckten Zwischenräume auf der Spur?
Sabina Kaeser und Thomas Hauck hüllen sich in ein beredtes Schweigen.
Ihre Kunst braucht keine grossen Worte –
sie will gesehen werden.
Ihre gebauten Raumfiguren setzen unsern Sehgewohnheiten
mit schläfriger Durchtriebenheit die Hörner auf.
Im Gewohnten, Alltäglichen schaffen sie Brüche und Brücken,
um uns unsere Lebensräume neu sehen zu lassen.

Peter Degen

Zur Archäologie der Sozialraumforschung – eine Einleitung

1 Raumforschung als *normal science*

Nach Thomas Kuhn (1973: 25) bedeutet „normale Wissenschaft eine Forschung, die fest auf einer oder mehreren wissenschaftlichen Leistungen der Vergangenheit beruht". Betrachten wir die internationalen Debatten zur Raumforschung, so lässt sich in jüngster Zeit ein Prozess der Etablierung einer solchen normal science der „Raumforschung" beobachten. Zwar befindet sich dieser Prozess der „Stabilisierung einer wissenschaftlichen Gemeinschaft" (ebd.) international in durchaus unterschiedlichen Entwicklungsstadien – so ist im englischsprachigen Diskussionsraum bereits eine deutlichere Etablierung nach den grundlegenden Arbeiten seit Ende der 1980er Jahre erreicht (vgl. Harvey 1990; Soja 1989; Sassen 1991), während der deutschsprachige Etablierungsprozess Anfang des 21. Jahrhunderts noch im vollen Gange ist (vgl. u. a. Döring/Thielmann 2008; Günzel 2008). Doch die Botschaft ist eindeutig: Der Raum ist bestellt. Dies lässt sich an einer ganzen Reihe aktueller Publikationsereignisse illustrieren (vgl. auch die Auswahlbibliographie in Dünne/Günzel 2006: 546ff.). In grundlegenden Überblickswerken zum Raum werden die Diskussionen systematisiert (vgl. Günzel 2009/i.V.; Kessl et al 2005), Grundlagentheorien werden entworfen (vgl. Löw 2001; Schroer 2006; Sturm 2000; Werlen 1995/1997/2007), disziplin- und gegenstandsspezifische Raumaspekte in den Blick genommen (vgl. Häußermann u.a. 1991; Maresch/Weber 2002; Mein/Rieger-Ladich 2004; Reutlinger 2008) und inzwischen auch schon erste selbstkritische Vergewisserungsfragen gestellt (vgl. Döring/Thielmann 2008). Gerade letzteres kann als ein Marker der Etablierung gelesen werden, schließlich stellt die Explikation von systematischen Einwänden ein Zeichen für das schon fortgeschrittene Rezeptionsstadium einer Forschungsperspektive dar. Ein weiterer Explikationsmarker für die *normal science* Raumforschung ist ihre genealogische Rückbindung, das heißt die Aufarbeitung ihrer historischen Genese. Und auch diese vollzieht sich im deutschsprachigen Raum aktuell in wachsendem Maße, wie beispielsweise die (Wieder)Entdeckung von historischen Traditionslinien der Raumforschung zeigt (vgl. Dünne/Günzel 2006; Heuner 2008).

Die Autorinnen und Autoren des vorliegenden Bandes beteiligen sich mit ihren Beiträgen an einer solchen archäologischen Rekonstruktion einzelner Denktraditionen der Raumforschung, indem sie einzelne Schlüsselwerke oder Schlüsselautoren auf ihr Erkenntnispotenzial für aktuelle Fragestellungen hin befragen. Allerdings schließen die im vorliegenden Band vorgestellten *Schlüsselwerke der Sozialraumforschung* nicht nahtlos an historische Einordnungsversuche einer Theorie des Raumes an, wie sie beispielsweise Ulf Heuner (2008) in seinem kommentierten Wiederabdruck klassischer Texte zum Raum leistet. Die archäologische Rekonstruktion in Form einzelner Schlüsselwerke oder Schlüsselautoren, wie sie in *Schlüsselwerke der Sozialraumforschung* vorgelegt wird, zielt nicht auf die weitere oder innovative Konturierung einer allgemeinen Raumtheorie, sondern auf die Freilegung von weitgehend verschütteten Erkenntnissen einer Sozialraumforschung.

In seiner *Archäologie des Wissens* beschreibt Michel Foucault (1981: 199) Archäologie als eine „differentielle Analyse der Modalitäten des Diskurses". Archäologischen Perspektiven geht es somit nicht darum, das „zu wiederholen, was gesagt worden ist, indem sie es in seiner Identität erreicht" (ebd.), sondern die Regelmäßigkeiten des Sag- und Sichtbaren zu rekonstruieren, sozusagen den „Stammbaum eines Diskurses" zu erstellen (ebd.: 210). Der vorliegende Band versteht sich als Vorarbeit zur Erstellung eines solchen Stammbaumes der Sozialraumforschung. Inwieweit unterscheidet sich dieses Vorhaben nun aber von den bereits vorliegenden historischen Einordnungsversuchen zur Raumtheorie?

Die archäologischen Rekonstruktionsarbeiten zur Sozialraumforschung, die die hier versammelten Autorinnen und Autoren unternehmen, sind Arbeiten, die weder primär auf den Entwurf eines Stammbaums der Raumtheorie ausgerichtet sind noch auf diesen beschränkt bleiben.

Dieser Positionierung der *Schlüsselwerke der Sozialraumforschung* liegt eine zentrale Beobachtung in Bezug auf die gegenwärtigen Diskussionen um die Relevanz und Irrelevanz der Kategorien Raum und Räumlichkeit zugrunde: Entsprechende Überlegungen werden immer wieder auf nur eine Betrachtungsebene konzentriert, nämlich die *wissenschaftliche* Rede vom Raum. Jörg Dörings und Tristan Thielmanns (2008) sehr lesenswerte Rekonstruktion des *spatial turn* (Soja 1989: 39) stellt dafür ein eindrückliches aktuelles Beispiel dar. Die Autoren des Bandes rekonstruieren die sozialwissenschaftliche „Raumwende" am Beispiel literatur- und kulturwissenschaftlicher, geschichtswissenschaftlicher, soziologischer, medienwissenschaftlicher und humangeografischer Debatten (vgl. Döring/Thielmann 2008: 15ff.). Den beiden Herausgebern gelingt es damit, einen luziden Überblick und eine sehr nachvollziehbare Systematisierung gegenwärtiger raumtheoretischer Auseinandersetzungen vorzulegen. In ihrer Einleitung leisten sie vor allem eine dringend notwendige Problematisierung der wissenschaftlichen Rede vom Raum in Form der Diagnose oder schlichten Konstatierung eines *spatial turn*: Es erweist sich „trotz der vielfach vollmundigen Paradigmenbehauptung (…) als schwer (…), einen *common ground* dafür (für die „vollmundigen Paradigmenbehauptungen", wie die beiden Autoren vorher schreiben; FK/CR) auszumachen" (ebd.: 11). Außerdem erscheint uns ihre terminologische Differenzierung mit der Rede von einer „Raum*kehre*" im Gegensatz zur zumeist unterstellten „Raum*wen*-

de" sehr hilfreich, denn sicherlich beobachten wir aktuell keine vollständige Umkehrung bisheriger wissenschaftlicher Erkenntnisse, sondern die *Veränderung* bestehender wissenschaftlicher Redeweisen von Raum und Räumlichkeit. Zugleich wird damit aber bereits deutlich, dass die beiden Herausgeber die Frage nach dem spatial turn „nur" als Frage nach veränderten Theorieperspektiven stellen. In unseren Worten formuliert: Der spatial turn wird von Döring und Thielmann ausschließlich als *wissenschaftliche* Rede vom Raum verstanden. Diese raumtheoretische Engführung muss überraschen, denn einer sozialwissenschaftlichen Raumforschung sollte sich doch die Herausforderung stellen, ihren Ansatzpunkt gerade auch in Bezug auf die aktuellen (sozial)politischen Entwicklungen zu suchen, das heißt, die Ausdrucksformen der Annahme forscherisch zu *re-* und *dekonstruieren*, dass Menschen „immer stärker" auf Raum und Körper „zurückgeworfen" scheinen (Schroer 2006: 296). Nun könnte man einwenden, dass ein solcher Einwand das Vorhaben Dörings und Thielmanns verkennt, schließlich gilt ihre Problematisierung explizit dem diskursiven Phänomen der raumtheoretischern Auseinandersetzungen. Etwas anderes von ihren Überlegungen zu erwarten, könnte somit als nicht gerechtfertigte Zumutung zurückgewiesen werden. Damit wäre die Verantwortung für die raumtheoretische Engführung zwar – und vielleicht zu Recht – verschoben, aber eben auch nur das. Denn diese prägt so manche gegenwärtige Vergewisserung um Gestalt und Gestaltung von Raum und Räumlichkeit.

Unser Einwand gegen eine solche Engführung basiert also auf der Annahme, dass die Tendenzen, die als spatial turn zusammengefasst werden können, keineswegs auf wissenschaftliche Thematisierungen beschränkt bleiben und daher auch nicht nur auf dieser Ebene betrachtet werden sollten. Vielmehr formiert sich der spatial turn gegenwärtig auf vielfältigen (sozial)politischen Ebenen: u. a. in Form einer verstärkt raumbezogenen Kriminalpolitik, einer sozialraumorientierten Sozialen Arbeit oder einer kleinräumig ausgerichteten Sozialberichterstattung (vgl. dazu Kessl u. a. 2005). Unseres Erachtens stellt sich einer Raumforschung daher die Aufgabe, diese weiteren Dimensionen des spatial turns in ihrer Verschränkung mit den raumtheoretischen Diskussionen zu systematisieren. Ansonsten findet die Gestalt(ung) räumlicher Praktiken in der Raumforschung zu wenig Raum. Raumforschung hat also die Formate des Räumlichen, die Produktion der dominierenden Raumordnungen *sowie* die unterschiedlichen Reden vom Raum zu untersuchen. Dass ein solches systematisches In-den-Blick-nehmen dominanter Formatierungen des Räumlichen sich gegenwärtig häufig eher in Studien realisiert, die nicht im Zentrum raumtheoretischer Diskussionen stehen (vgl. bspw. Ronneberger/Lanz/Jahn 1999; Eick/Sambale/Töpfer 2007), ist daher durchaus symptomatisch.

Mit Formaten des Räumlichen oder Räumlichkeitsformaten bezeichnen wir die Gestalt räumlicher Praktiken. Als Teil menschlichen Tuns werden räumliche Zusammenhänge permanent (re)konstruiert, räumliche Formate also neu hergestellt oder bestätigt. Räumliche Formate sind somit zugleich das Ergebnis als auch die Voraussetzung sozialer, politischer und kultureller Gestaltung, denn diese Gestaltungsprozesse können immer nur verortet stattfinden, also in Bezug auf gegebene räumliche Zusammenhänge, und zugleich finden diese innerhalb dieser Prozesse ihre Bestätigung oder werden verändert. Solche Produkte und/ oder Ausgangspunkte menschlicher Räumlichkeitspraktiken bezeichnen wir als (räumliche) Formate, um zu verdeutlichen, dass diese einen gewissen Objektivitätscharakter für das menschliche Tun einnehmen. (Vor)herrschende Raumordnungen wie nationalstaatliche Territorien prägen soziale Zusammenhänge ganz entscheidend. Zugleich sind sie das Ergebnis von Strukturierungsvorgängen, also von Formatierungsprozessen und sie können also nicht als quasi überhistorisch gegebene Verortungen angesehen werden. Auch das symbolisiert der Begriff der räumlichen Formate, der nur im Plural Sinn macht, da *der* „Raum (…) nur als wissenschaftliche Abstraktion (existiert)" (Löw 2001: 271).

Die Raumforschung steht also aktuell vor der Aufgabe sowohl die unterschiedlichen Formate der *Reden vom Raum* als auch die gegenwärtigen Transformationsprozesse vorliegender *Raumordnung(en)* systematisch zu erfassen.

Unsere Unterscheidung von den Reden vom Raum und den (Neu)Ordnungen des Räumlichen ist dabei selbstverständlich analytischer Natur. Empirisch sind diese Ebenen immer in ihrer wechselseitigen Verschränkung zu erfassen. Für das Projekt einer Sozialraumforschung ergibt sich also auch die Aufgabe, beide aufeinander zu beziehen.

Die Reden vom Raum und die Raumordnungen differenzieren wir nochmals in folgender Weise. Neben der wissenschaftlichen Rede vom Raum als *disziplinär-systematischer* Analyseebene existieren unseres Erachtens zwei weitere Ebenen der Raumthematisierung: eine *politisch-programmatische* und eine *konzeptionell-handlungsbezogene*. Parallel dazu unterscheiden wir hinsichtlich der Raumordnungen *disziplinäre*, *politische* sowie *handlungsbezogene* Ordnungen bzw. (Neu)Ordnungen des Räumlichen.

2 Von Raumordnungen und der Rede vom Raum

Innerhalb der aktuellen Diskussionen um die Relevanz und Irrelevanz von Raum und Räumlichkeit fällt neben der raumtheoretischen Engführung eine weitere durchaus verblüffende Tendenz ins Auge. Den Diskussionen wird häufig die Dualitätsannahme von „handlungstheoretischen versus strukturalistischen" Positionen unterlegt. Den Vertreterinnen und Vertretern der erstgenannten Position

– im deutschsprachigen Raum wird dabei vor allem auf die Arbeiten von Martina Löw (2001) und Benno Werlen (1995/1997) rekurriert – wird vorgehalten, sie unterschätzten die „Gefahr eines *Raumvoluntarimus*" (Schroer 2006: 175). Als Bezugspunkte dieses Einwandes dienen Aussagen wie diejenige, dass Raumkonstitutionsprozesse nicht (mehr) „in einer territorialen Logik oder ausschließlich über Regionalisierung verstehbar" seien (Löw 2001: 261). Solche von den als handlungstheoretisch kategorisierten Positionen formulierten Hinweise werden nun wiederum als Gegenpositionen zur Annahme einer „Persistenz" des physisch-materiellen Raumes markiert (Schroer 2008: 133). Die Dichotomisierung „handlungstheoretisch oder konstruktivistisch versus strukturalistisch oder materialistisch" wird somit von den Bezugsautoren/innen zwar selbst nahegelegt, dennoch ist sie einigermaßen verblüffend. Denn diese Autoren teilen im Verbund mit der absoluten Mehrheit aktueller Raumforscherinnen und Raumforscher zugleich die Einschätzung, dass diese Dichotomisierung analytisch unzureichend ist. Und dies zeigt sich auch in ihren raumtheoretischen Schlussfolgerungen, die in wesentlichen Teilen eine hohe Strukturanalogie aufweisen. Erstens beanspruchen Vertreter/innen beider Positionen eine „relationale" Perspektive (Löw 2001) oder zumindest eine Infragestellung der suggerierten „ontologischen Sicherheit" (Schroer 2006: 180). Zweitens wird aus beiden Perspektiven für eine Pluralisierung von Raumkonzepten plädiert (vgl. Löw 2001: 261; Schroer 2006: 179), also gerade die eher handlungstheoretischen oder konstruktivistischen Positionen zugeschriebene Einsicht in die Heterogenität des Räumlichen geteilt und – drittens – anerkennen sowohl handlungstheoretische wie strukturalistische Deutungsformate das Faktum, dass Räume für soziale Zusammenhänge prägende Kraft aufweisen (vgl. Löw 2007: 95ff.; Schroer 2008a).

Den *Schlüsselwerken der Sozialraumforschung* liegt insofern auch die geteilte raumforscherische Einsicht in die Unzulänglichkeit der Dichotomisierung „handlungstheoretisch versus strukturalistisch" zugrunde. Auf dieser Basis wird die Frage nach der Konzeptualisierung einer angemessenen Raumforschung als Sozialraumforschung gestellt.

Setzen wir also eine anti-dualistische Perspektive voraus, stellt sich einer angemessenen Sozialraumforschung unseres Erachtens die Aufgabe, an der Ambivalenz und Dialektik räumlicher Praktiken – sowohl als Reden als auch als Raumordnungen – selbst anzusetzen. Eine entsprechende Raumforschung findet ihren Ausgangspunkt daher in dieser konstitutiven Gleichzeitigkeit von sozialer *Konstruktion* und der *Wirkmächtigkeit* (vor)herrschender Raumordnungen und den damit verbundenen Reden vom Raum. Letztere prägen Prozesse der Raumkonstitution ohne soziale Praktiken als räumliche Praktiken vollständig zu determinieren. (Vor)herrschende und damit prägende Raumordnungen wie Reden vom Raum sind wiederum das Ergebnis dieser sozialen Praktiken und insofern nicht überhistorisch, das heißt keine quasi-natürlich gegebenen Handlungseinheiten. Um ein solches Raumforschungsverständnis auch terminologisch zu markieren, sprechen wir im Folgenden nicht von Raumforschung, sondern von „*Sozial*raumforschung". Räume sind als Ausdruck der konstitutiven Gleichzeitigkeit von sozialer Konstruktion und Wirkmächtigkeit (vor)herrschender Raumordnungen und Reden vom Raum immer *Sozial*räume.

Mit dem Präfix „Sozial" verweisen wir damit darauf, dass ein (Sozial)Raumbegriff notwendig ist, der das Wechselspiel von symbolischer Wirkung materialisierter Raumordnungen und Reden vom Raum *und* deren permanenten (Re)Konstruktion als Kampf um die Vorherrschaft bestimmter Redeweisen und Raumordnungen im Blick behält. Deshalb verstehen wir Sozialräume nicht als gegebene oder gar absolute Einheiten, aber eben auch nicht als nur voluntaristisches Moment menschlichen Handelns „sondern als ständig (re)produzierte Gewebe sozialer Praktiken" (Kessl/Reutlinger 2007:17). Dabei sprechen wir bewusst von einem Gewebe, also einem heterogen-zellulären Verbund, denn in Sozialräumen sind heterogene historische Entwicklungen, kulturelle Prägungen und politische Entscheidungen eingeschrieben und bilden dabei zugleich einen relativ stabilen und damit soziale Handlungsmuster prägenden Verbund. Insofern ist in diesem Begriff des Sozialraums auch das umfassendere Begriffsverständnis des „Sozialen Raums", wie ihn Pierre Bourdieu (1984/1995: 32) eingeführt hat, eingelagert: der soziale Raum als Topologie des mehrdimensionalen, offenen Komplexes „relativ autonomer (...) Felder". Allerdings fällt der Begriff des Sozialraums, wie er unserem Vorschlag zur Konzeptualisierung einer Sozialraumforschung zugrunde gelegt ist, nicht mit dem Bourdieuschen Begriff in eins. Bourdieus gesellschaftstheoretische Feldtheorie bleibt für eine Sozialraumforschung, der es um die Rekonstruktion der konkreten räumlichen Praktiken geht – in ihren wissenschaftlichen, pädagogisch-professionellen oder sozial-administrativen Formaten – zu grobkörnig.

An dieser Stelle – dem Verständnis von Sozialräumen als ständig (re)produzierte Gewebe sozialer Praktiken – setzen dann auch, sozusagen aus umgekehrter Richtung, die Projekte um eine *Sozialraumarbeit* an (vgl. Kessl/Reutlinger 2008/ i.E). Diesen liegt die Einsicht zugrunde, dass die Bedeutungen, Partizipations-, Ressourcen- und Befähigungspotenziale von Raumkonstellationen für die verschiedenen Handelnden im konkreten Handlungsvollzug einer gemeinwesenorientierten Sozialpsychiatrie, einer sozialräumlichen Kinder- und Jugendarbeit oder gemeinwesenarbeiterischer Projekte aktiv erschlossen und bewusst gestaltet werden müssen. Sozialraumarbeit ist immer konstitutiv verortet. Im Unterschied zu vielen aktuellen raumbezogenen Vorgehensweisen, die auf eine „Territorialisierung des Sozialen" (Kessl/Otto 2007) zielen und damit Ort ausschließlich als Territorium begreifen, unterliegt den heterogenen Projekten einer Sozialraumarbeit allerdings ein alternatives Ortsverständnis: Ort wird als eine Verhandlungsressource betrachtet, so lässt sich im Anschluss an Encarnación Gutiérrez Rodríguez (1999) formulieren, das heißt als konkretisierter räumlicher Zusammenhang, an dem sich die herrschenden Verteilungs-, Arbeits- und Zugehörigkeitsmodelle reflektieren.

Die in den letzten Jahren zunehmenden *Reden vom Raum* als weit verbreitete humangeografische, soziologische, erziehungswissenschaftliche oder planungstheoretische, und zugleich städtebauliche, sozialpädagogische, schulorganisatorische oder sozialplanerische Auseinandersetzungen um die Gestalt(ung) räumlicher Praktiken sind Ausdruck, Begleiterscheinung und zugleich Diskursmotor grundlegend veränderter *Raumordnungen*. Transformierte Raumordnungen werden beispielsweise als Entwicklung zur „postindustriellen Stadt", zur „Megacity", als „Wiederentdeckung des Lokalen" oder schlicht als „Globalisierung" gefasst. Gerade am Beispiel der Rede von der „Globalisierung" wird leicht einsichtig, wie solche Reden vom veränderten Raum wiederum die Gestaltungsweisen von Raum und damit die Konstruktion von Räumlichkeit beeinflussen (vgl. dazu ausführlicher Kessl/Reutlinger 2007: 73ff.). Die transformierten Raumordnungen sind somit sowohl eine Reaktion auf die veränderten Reden vom Raum als auch eine materialisierte Basis solcher diskursiven Vergewisserungen, Illustrationen und Problematisierungen. Sie sind gleichsam das Ergebnis politischer – und pädagogischer, städtebaulicher oder planerischer – Gestaltungsprozesse und prägen diese zugleich. Raumordnungen sind somit keine einmal festgelegten Strukturen, die dem menschlichen Handeln vorgängig sind, sondern stehen im Wechselverhältnis mit sozialen Prozessen. Gegenwärtig sind diese Prozesse insbesondere in vierfacher Weise zu charakterisieren (vgl. ebd.): als *Globalisierung, räumliche Segregation, Territorialisierung* und *Responsibilisierung*. Diese Tendenzen zeigen sich in den gegenwärtigen räumlichen Praktiken der Akteure auf allen genannten drei Ebenen: der *disziplinär-systematischen, politisch-programmatischen* wie der *konzeptionell-handlungspraktischen* Ebene.

Welche konkrete Gestalt diese räumlichen Praktiken jeweils annehmen, ist eine Forschungsfrage, die nur gegenstandbezogen geklärt werden kann. Die von uns vorgeschlagene analytische Dreierdifferenzierung der Reden vom Raum und der Raumordnungen kann da nur eine orientierende Heuristik anbieten. Sie sollte aber daran erinnern, dass Sozialraumforschung nur dann angemessen betrieben werden kann, wenn sie weder die Ordnungen bzw. deren Materialisierungen zum zentralen Untersuchungsgegenstand macht, noch sich auf die wissenschaftlichen Reden vom Raum konzentriert. Vielmehr stellt sich ihr die Aufgabe, die Ambivalenz von Raumordnungen und den Reden vom Raum, oder anders gesprochen: das dialektische Zusammenspiel von Handlungsvollzügen und verorteter Welt, systematisch zu erfassen. Sozialraumforschung zielt also auf die analytische Erfassung der unterschiedlichen, miteinander verwobenen Formate des Räumlichen.

Vergewissern wir uns der aktuellen Reden vom Raum als Raumordnungskonzeptionen, so fällt noch ein dritter überraschender Aspekt ins Auge. Einerseits sind die gegenwärtigen Reden vom Raum sowohl auf der *disziplinär-systematischen*, der *politisch-programmatischen* als auch der *konzeptionell-handlungspraktischen* Ebene häufig eher positiv konnotiert. Folgt man dieser dominanten Einschätzung, dann scheinen tradierte Raumordnungen in Bewegung zu geraten, bisher nicht relevante Akteurinnen und Akteure in Gestaltungskontexte miteinbezogen zu werden – beispielsweise die Soziale Arbeit in Fragen der Stadtplanung oder Stadtteilbevölkerungen in Fragen der Freiraumplanung. Insofern lässt sich durchaus von einem gewissen Grad der Gestaltungseuphorie sprechen, die mit den Reden vom Raum verbunden wird. Andererseits wird jedoch auch deutlich, dass die „alte" Ordnungslogik keineswegs verlassen wird: In dieser kommen an vielen Stellen weiterhin die traditionell-disziplinären Zuständigkeiten, die bisherigen politisch-institutionalisierten Strukturen und handlungskonzeptionell-verfassten Professionsverständnisse zum Ausdruck. Eindrückliches Beispiel hierfür sind nicht zuletzt die noch immer relativ parallelisierten disziplinären Reden vom Raum. Beinahe drängt sich einem der Eindruck auf, dass jede Disziplin ihre spezifische Kehre zum Raum durchmachen muss, ohne dass man an Erfahrungen und Erkenntnissen der Nachbardisziplin(en) ansetzen könnte. Etwas überspitzt formuliert lässt sich davon sprechen, dass zwar eine Veränderung von Raumordnungen an vielen Stellen diagnostiziert und auf diese mit neuen Konzepten und einer veränderten Rede vom Raum reagiert wird. Mit diesen Reaktionsmustern durch die jeweilige disziplinäre, politische oder handlungspraktische Thematisierung wird aber häufig nur eine „halbe" Raumkehre vollzogen, ein kurzes Abweichen vom Pfad sozusagen. Letztlich werden bisherige Herangehensweisen wie die disziplinäre, politische oder handlungskonzeptionelle Ordnung der Welt an vielen Stellen wieder reproduziert. In gleicher Weise wird die Kehre zum Raum häufig nur innerhalb einzelner Segmente verortet, nicht aber auf deren Verwebungen hin beobachtet. Genau darum muss es einer Sozialraumforschung aber gehen: Ihr muss ein Querblick, eine „Trans-Perspektive" also, gelingen, um auf das vielfältige, heterogene und widerstreitende Spiel der Veränderung und Reproduktion bestehender Ordnungen des Räumlichen und der damit verbundenen Reden vom Raum reagieren zu können. So sollten bestehende Raumordnungen nicht vorschnell als überholt oder nicht mehr gültig verworfen werden, wie dies beispielsweise unter dem Label einer „Globalisierung" in Bezug auf das „nationalstaatliche Territorium" als dominantem Regierungs- und Regulierungsraum immer wieder geschieht (vgl. Röttger/Wissen 2005). Gleichzeitig kann die entstandene räumliche Unübersichtlichkeit seit dem letzten Drittel des 20. Jahrhunderts nicht mit den traditionellen Analyseinstrumenten und -verfahren re- und dekonstruiert werden. Das heißt auch, die Vorgehensweise der Sozialraumforschung ist gegenüber traditionellen Mustern zu überdenken. Deutungsinstrumente und Beobachtungsmuster müssen auf ihre Angemessenheit hin evaluiert werden. Einiges spricht dafür, dass vor allem auf der Ebene der disziplinären Grenzziehungen bisherige Ordnungsmuster des Räumlichen überholt und stattdessen eine transdisziplinäre Herangehensweise verwirklicht werden sollte. Eine solche „transdiziplinäre Sozialraumforschung" wird notwendig, weil deren Ausgangspunkt im untersuchten Gegenstand, das heißt den unterschiedlichen Formaten des Räumlichen, liegen muss. Der damit formulierte Anspruch stellt allerdings kein generelles Alternativprogramm zu vorliegenden Projekten der Raumforschung dar, sondern eher deren modifizierte Fokussierung. Mit unserer Transdiziplinaritätsforderung schließen wir damit an ein Verständnis an, wie es Sabine Hark (2005) in ihrer Rekonstruktion *einer Diskursgeschichte des Feminismus* deutlich macht. Sie warnt davor, dass eine solche Forderung allzu schnell zur Programmformel im Sinne einer „Selbstbeschreibung (…) als *kritischer*, mindestens aber anderer Wissenschaft", werden kann (ebd.: 385). Damit weist sie u.E. zu Recht darauf hin, dass die praktische Realisierung transdiziplinärer Initiativen und Vorgehensweisen zum einen immer wieder an der „wenig robusten Infrastruktur" (ebd.) entsprechender Kooperationsstrukturen scheitert und zum anderen aber auch an der schlichten Orientierung der Fachvertreter/innen an ihrer jeweiligen disziplinären Fachkultur. Sabine Hark plädiert daher zwar für Transdisziplinarität, aber in einem „*reflexiven* Verständnis" (ebd.: 387; Hervorh. im Original): „Reflexivität meint hier vor allem den reflexiven Rückbezug auf die jeweils beteiligten Wissensformationen und deren Grenzen". In Abwandlung ihrer Schlussfolgerung für die Frauen- und Geschlechterforschung, könnte man für die Sozialraumforschung dann festhalten: „Es sollte nicht um einen Großentwurf der völligen Neuordnung des wissenschaftlichen Wissens unter dem Dach des ‚Raum'-Begriffs gehen, sondern – deutlich bescheidener – um ein Arbeitsprogramm: die immer noch ausstehende Archäologie des verräumlichten und verräumlichenden Wissens" (ebd.: 388ff.; im Original „Gender" statt „Raum" bzw. „vergeschlechtlicht" statt „verräumlicht").

3 „Sozialraumforschung" – erste Annäherung an eine Forschungsperspektive

Soziale Praktiken sind immer räumliche Praktiken und zugleich konstituieren soziale Praktiken Geltung und Gültigkeit räumlicher Praktiken und können diese auch wieder verändern. Vor dem Hintergrund dieser Prämisse gehen Studien zur Sozialraumforschung davon aus, dass die bestehenden Raumordnungen Ausprägungen von sozialen Prozessen, diskursiven Formierungen und historischen Markierungen darstellen. Raumordnungen stellen somit wirkmächtige Materialisierungen politischer Kämpfe dar. Sie sind immer zugleich in bestimmten historischen Zusammenhängen eingewoben *und* im Laufe der Geschichte veränderbar.

In der Sozialraumforschung wird daher von spezifischen historischen Ordnungen des Räumlichen als Ergebnis politischer Kämpfe gesprochen, die diese wiederum prägen.

Das heißt, soziale Praxis als räumliche Praxis findet immer in spezifischen räumlichen Kontexten statt, die aber wiederum das Ergebnis machtförmiger sozialer Praktiken darstellen.

Die Sozialraumforschung grenzt sich mit dieser Analyseperspektive von den aktuell vielfältig diskutierten raumtheoretischen Ansätzen ab, deren Interesse entweder der Suche nach dem „richtigen Raumverständnis" oder einem „universellen Raumbild" gilt, oder jegliche Verständigung über Raumordnungen mit Verweis auf „postmoderne Vielfältigkeiten" aufgibt.

Demgegenüber fokussiert die Sozialraumforschung – diskursive wie materielle – Raumordnungen in ihrer historischen und aktuellen Formation und deren (Re)Produktion. Zentrale Analysedimensionen der Sozialraumforschung sind deshalb soziale Ungleichheit, Macht- und Herrschaftsverhältnisse und damit politische Kämpfe. Studien der Sozialraumforschung sind immer in einer Analyse der jeweiligen sozialen, historischen, diskursiven und territorialen Kontexte zu verankern. Nur so können Arbeiten zur Sozialraumforschung ihrer erkenntnistheoretischen Prämisse einer konstitutiven Gleichzeitigkeit von Raumkonstruktion *und* Raumordnung gerecht werden.

Sozialraumforschung versteht sich insofern als ein sozialwissenschaftlicher Forschungsansatz, der quer liegt zu bestehenden disziplinären Grenzziehungen.

Im Mittelpunkt von Studien zur Sozialraumforschung steht die Frage der Gestalt(ung) räumlicher Praktiken: Welche Raumkonstruktionen realisieren sich innerhalb der konkreten Handlungsvollzüge, beispielsweise der Erbringung sozialpädagogischer Dienstleistungen oder gemeindepsychiatrischer Angebote? In welcher Weise zeigt sich der viel diagnostizierte Wandel von Raum und Räumlichkeit, der *spatial turn* in den unterschiedlichen Politikfeldern und Disziplinen, aber gerade auch quer zu diesen klassischen Grenzziehungen?

Studien zur Sozialraumforschung können dabei an verschiedene sozialwissenschaftliche Traditionslinien anknüpfen. Diese Annahme liegt den *Schlüsselwerken der Sozialraumforschung* zugrunde. Deshalb werden den Leserinnen und Lesern in den 11 Beiträgen anhand einzelner historischer Schlüsselwerke oder Schlüsselautoren zentrale Traditionslinien zugänglich gemacht, und mit dieser archäologischen Arbeit erste Skizzen für einen Stammbaum der Sozialraumforschung entworfen.

Bei den im vorliegenden Band rekonstruierten Werken handelt es sich, so der Anspruch dieses Bandes, um für die aktuelle Sozialraumforschung relevante (Schlüssel)Texte und (Schlüssel)Autoren. Diese Werke und Autoren lassen sich unseres Erachtens insofern als Vorläufer einer angemessenen Sozialraumforschung betrachten, als sie entweder Grundlagen für das von uns skizzierte Sozialraumverständnis liefern oder Arbeiten vorgelegt haben, die als (Vor)Studien zur Sozialraumforschung kategorisiert werden können. Die Auswahl der 11 Werke und Autoren ist nicht beliebig, sondern mit Bezug auf ihre aktuelle Problem- und Fragestellungsrelevanz hin vorgenommen worden. Im Sinne des skizzierten Entwurfs zu einer Sozialraumforschung legen die Beiträge dabei Wert darauf, nicht nur zentrale Argumentationslinien zu verdeutlichen, sondern diese in ihre historisch-spezifischen (Forschungs-, Diskussions- oder Arbeits-)Kontexte einzubetten. Denn selbstverständlich sind auch diese Arbeiten nur in ihrem und in Bezug auf ihren jeweiligen historischen Kontext zu begreifen, der ihnen als Beobachtungs- und Systematisierungsgegenstand dient und in Bezug auf ihre Beobachtungen und Systematisierungen zu begreifen sind.

Die *Schlüsselwerke der Sozialraumforschung* machen auch deutlich, dass Studien zur Sozialraumforschung keine Erfindung jüngeren Datums sind und auch die Perspektive, Räume als Sozialräume zu fassen, keine historisch neue Perspektive ist – wenn sie auch am Anfang des 21. Jahrhundert in einem deutlich veränderten Kontext steht und gerade deshalb neu auftaucht. Vielmehr lassen sich verschiedene Forschungsstränge nachzeichnen, die sich implizit oder explizit den sozialen, historischen, diskursiven und territorialen Dimensionen und deren Verschränkung in historisch-spezifischen Konzepten des „Sozial-Raums" gewidmet haben.

Den *Schlüsselwerken der Sozialraumforschung* ist der Versuch gemeinsam, sich den sozialräumlichen Dynamiken und Veränderungen sozialer Verhältnisse forschend zu nähern. Ausgangspunkte dieser Arbeiten zur Sozialraumforschung bilden so unterschiedliche Phänomene wie die habituelle Stigmatisierung sozialer Benachteiligung, die Hegemonie bestimmter räumlicher Politiken oder das Differenzierungsverhalten jugendlicher Peers in der Schule. Trotz dieser differenten Untersuchungsgegenstände ist den *Schlüsselwerken der Sozialraumforschung* gemeinsam, dass sie die räumliche Dimension der untersuchten sozialen Praktiken in den Mittelpunkt stellen, ohne diese zu essentialisieren. Im Mittelpunkt der *Schlüsselwerke zur Sozialraumforschung* stehen daher historisch-spezifische räumliche Praktiken, das heißt bestimmte Raumordnungen und die damit verwandten Reden vom Raum – seien sie nun in ihrer Gestalt *disziplinär-systematisch*, *politisch-programmatisch* oder *konzeptionell-handlungspraktisch*.

Bielefeld & St. Gallen im April 2008

Fabian Kessl und Christian Reutlinger

Literatur

Bourdieu, Pierre (1984/1995): Sozialer Raum und Klassen. Leçon sur la leçon. Frankfurt a.M.: Suhrkamp: 7-46
Döring, Jörg/Thielmann, Tristan (Hg.) (2008): Spatial Turn. Das Raumparadigma in den Kultur- und Sozialwissenschaften. Bielefeld: Transcript
Dünne, Jörg/Günzel, Stephan (Hg.) (2006): Raumtheorie. Grundlagentexte aus Philosophie und Kulturwissenschaften. Frankfurt a.M.: Suhrkamp
Foucault, Michel (1981): Archäologie des Wissens. Frankfurt a.M.: Suhrkamp
Eick, Volker/Sambale, Jens/Töpfer, Eric (Hg.) (2007): Kontrollierte Urbanität: zur Neoliberalisierung städtischer Sicherheitspolitik. Bielefeld: Transcript
Günzel, Stephan (2008/i.E.): Raumwissenschaften. Frankfurt a.M.: Suhrkamp
Günzel, Stephan (2009/i.V.): Handbuch Raum. Stuttgart: Metzler
Hark, Sabine (2005): Deviante Subjekte: eine Diskursgeschichte des Feminismus. Frankfurt a.M.: Suhrkamp
Harvey, David (1990): The Condition of Postmodernity: An Enquiry into the Origins of Cultural Change. Cambridge, MA: Blackwell
Häußermann, Hartmut/Krämer-Badoni, Thomas/Läpple, Dieter/Siebel, Walter/Rodenstein, Marianne (Hg.) (1991): Stadt und Raum. Soziologische Analysen. Pfaffenweiler: Centaurus
Heuner, Ulf (2008): Klassische Texte zum Raum. Berlin: Parodos
Kessl, Fabian/Otto, Hans-Uwe (Hg.) (2007): Territorialisierung des Sozialen: Regieren über soziale Nahräume. Opladen/Farmington Hills: Barbara Budrich
Kessl, Fabian/Reutlinger, Christian (2007): Sozialraum – eine Einführung. Wiesbaden: VS Verlag für Sozialwissenschaften
Kessl, Fabian/Reutlinger, Christian (Hg.) (2008/i.V.): Sozialraumarbeit. Wiesbaden: VS Verlag für Sozialwissenschaften
Kessl, Fabian/Reutlinger, Christian/Maurer, Susanne/Frey, Oliver (Hg.) (2005): Handbuch Sozialraum. Wiesbaden: VS Verlag für Sozialwissenschaften
Kuhn, Thomas (1973): Die Struktur wissenschaftlicher Revolutionen. Frankfurt a.M.: Suhrkamp
Läpple, Dieter (1991): Essay über den Raum. Für ein gesellschaftswissenschaftliches Raumkonzept. In: Häußermann, Hartmut u. a. (Hg.) (1991): 157-207
Löw, Martina (2001): Raumsoziologie. Frankfurt a.M.: Suhrkamp
Löw, Martina (2007): Zwischen Handeln und Struktur. Grundlagen einer Soziologie des Raums. In: Kessl/Otto, (Hg.) (2007): 81-100.
Maresch, Rudolf/Weber, Niels (Hg.) (2002): Raum – Wissen – Macht. Frankfurt a.M.: Suhrkamp
Mein, Georg/Rieger-Ladich, Markus (Hg.) (2004): Soziale Räume und kulturelle Praktiken. Über den strategischen Gebrauch von Medien. Bielefeld: Transcript
Reutlinger, Christian (2008): Raum und Soziale Entwicklung. Kritische Reflexion und neue Perspektiven für den sozialpädagogischen Diskurs. Weinheim/München: Juventa
Reutlinger, Christian (2008b/i.E.): Pädagogik. In: Günzel, Stephan (Hg.) (2008/i.E.)
Rodríguez, Encarnación Gutiérrez (1999): Intellektuelle Migrantinnen – Subjektivitäten im Zeitalter von Globalisierung. Eine postkoloniale dekonstruktive Analyse von Bio-

graphien im Spannungsverhältnis von Ethnisierung und Vergeschlechtlichung. Opladen: Leske und Budrich

Ronneberger, Klaus/Lanz, Stephan/Jahn, Walter (1999): Die Stadt als Beute. Bonn: Dietz

Röttger, Bernd/Wissen, Markus: (2005) (Re)Regulation des Lokalen. In: Kessl u. a. (Hg.) (2005): 207–226

Sassen, Saskia (1991): The Global City. New York/London/Tokyo/Princeton: Princeton University Press

Schroer, Markus (2006): Räume, Orte, Grenzen: auf dem Weg zu einer Soziologie des Raums. Frankfurt a.M.: Suhrkamp

Schroer, Markus (2008a): „Bringing space back in" – Zur Relevanz des Raums als soziologischer Kategorie. In: Dörig/Thielmann (Hg.) (2008): 125-148

Schroer, Markus (2008b/i.E.): Soziologie. In: Günzel, Stephan (Hg.) (2008b/i.E.)

Sturm, Gabriele (2000): Wege zum Raum. Methodologische Annäherungen an ein Basiskonzept raumbezogener Wissenschaften. Opladen: Leske und Budrich

Soja, Edward W. (1989): Postmodern Geographies. The Reassertion of Space in Critical Social Theory. London/New York: Routledge

Soja, Edward W. (1996): Thirdspace. Journeys to Los Angeles and other Real-and-Imagined Places. Cambridge, MA: Blackwell

Werlen, Benno (1995): Sozialgeographie alltäglicher Regionalisierungen. Bd. 1. Zur Ontologie von Gesellschaft und Raum. (= Erdkundliches Wissen, Band 116). Stuttgart: Franz-Steiner-Verlag

Werlen, Benno (1997): Sozialgeographie alltäglicher Regionalisierungen. Bd. 2. Globalisierung, Region und Regionalisierung. (=Erdkundliches Wissen, Band 119). Stuttgart: Franz-Steiner-Verlag

Werlen, Benno (2007): Sozialgeographie alltäglicher Regionalisierungen Bd. 3: Ausgangspunkte und Befunde empirischer Forschung. Stuttgart: Franz-Steiner-Verlag

Friedrich Engels:
„Die Lage der arbeitenden Klasse in England"

1 Zur Biografie Friedrich Engels

Friedrich Engels wurde am 28. November 1820 in Barmen als Sohn eines Textilfabrikanten geboren und erhielt zunächst eine Ausbildung als Kaufmann. Der Bewegung *Junges Deutschland* liberalrevolutionärer Schriftsteller nahe stehend, begann Engels ab einem Alter von 20 Jahren unter dem Pseudonym F. Oswald, philosophie- und religionskritische Schriften zu veröffentlichen. Während seiner militärischen Dienstzeit in Berlin schloss er sich dann den „Links-" bzw. „Junghegelianern" an. Im Namen der Hegelschen Dialektik trachteten diese nicht nur die spekulativen Momente dessen Philosophie zu überwinden. Mit ihren daraus abgeleiteten bürgerlich-revolutionären Schlussfolgerungen wollten sie auch gesellschaftlich-praktisch werden. Nachdem er bei einem kurzen Aufenthalt in Köln im November 1842 Marx flüchtig kennen gelernt hatte, nahm Engels nach Beendigung seines Militärdienstes eine Tätigkeit im väterlichen Zweiggeschäft in Manchester auf. Dort trat er in Beziehung zu Robert Owen und den *Chartisten*. Diese politische Strömung war – wie Engels selber in der *Lage der arbeitenden Klasse in England* darlegt – „aus der *demokratischen* Partei, die sich […] *zugleich mit und in dem Proletariat*, entwickelte" (Marx/Engels Ausgewählte Werke Bd. 2: 444) hervorgegangen, um „als *radikale* Partei […] sich seitdem immer schärfer als Arbeiterpartei gegenüber der Bourgeoisie" (ebd.) zu konsolidieren.

Die Lage der arbeitenden Klasse in England (vgl. MEW Bd. 2) wurde von Engels im Sommer 1845 erstveröffentlicht, nachdem er im Jahr zuvor bei seiner Rückreise nach Deutschland in Paris Marx erneut getroffen hatte, um mit ihm jene Freundschaft zu begründen, die bis zu dessen Tode währte. Im gleichen Jahr veröffentlichte er mit Marx zusammen noch zwei weitere einflussreiche Werke, die den Bruch beider mit dem Linkshegelianismus markieren: *Die heilige Familie oder Kritik der kritischen Kritik: Gegen Bruno Bauer & Consorten* (vgl. MEW Bd. 2) und die *Deutsche Ideologie. Kritik der neuesten deutschen Philosophie in ihren Repräsentanten Feuerbach, B. Bauer und Stirner, und des deutschen Sozialismus in seinen verschiedenen Propheten* (vgl. MEW Bd. 3). Ein Jahr später erscheint bereits das gemeinsam verfasste *Manifest der kommunistischen Partei* (vgl. Marx/Engels 1998: 2579 ff.).

Während der 48er Revolution hat Engels nicht nur an Aufständen in Baden und der Pfalz teilgenommen, sondern gemeinsam mit Marx versucht, der kommunistischen Partei mit der *Neuen Rheinischen Zeitung* ein eigenes Organ zu verschaffen. Nachdem ein Aufstandsversuchs im Rheinland fehlgeschlagen war, erschien am 19. Mai 1849 deren berühmt gewordene letzte rote Nummer. Steckbrieflich verfolgt verließ Engels Köln, um über die Schweiz im November nach London zu emigrieren. Im Januar versuchte er die *Neue Rheinische Zeitung* nun mit dem Untertitel *Politisch-ökonomische Revue* wieder auferstehen zu lassen. „Als der Plan, durch eine deutsche Zeitschrift die wirtschaftliche Basis einer Existenz zu begründen, scheiterte, sah sich Engels im November 1850 veranlaßt, nach Manchester zu übersiedeln, um in der väterlichen Fabrik von neuem Beschäftigung zu suchen" (Flechtheim 1978: 54). Bis über den Tod seines Vaters hinaus arbeitete Engels dann zwanzig Jahre in Manchester bei Ermen & Engels, wobei er seinen Freund Marx fortlaufend materiell unterstützte.

Seit 1870 lebte Engels dann wieder in London und befasste sich als Sekretär im Generalrat der *Internationalen Arbeiterassoziation* ausschließlich mit der sozialistischen Bewegung. 1872 schrieb er im Leipziger *Volksstaat* drei Artikel, die anschließend in Broschürenform unter dem Titel *Zur Wohnungsfrage* (vgl. MEW Bd. 18) erschienen und 1887 wiederveröffentlicht wurden. Zehn Jahre lang arbeitete er an der *Dialektik der Natur* (vgl. MEW Bd. 20), die als eines seiner Hauptwerke angesehen werden kann und 1935 veröffentlicht wurde. Weitere bekannte Werke von Engels sind sein 1878 veröffentlichter *Herrn Eugen Dührings Umwälzung der Wissenschaft* (vgl. MEW Bd. 20), der als *Anti-Dühring* bekannt wurde, und schließlich *Die Entwicklung des Sozialismus von der Utopie zur Wissenschaft* von 1882 (vgl. MEW Bd. 19) sowie *Der Ursprung der Familie, des Privateigentums und des Staates* von 1884 (vgl. MEW Bd. 21).

Nach dem Tod von Marx hat Engels 1885 den Band II des *Kapitals – Kritik der politischen Ökonomie: Der Zirkulationsprozeß des Kapitals* (vgl. MEW Bd. 24) und 1894 den III. Band *Der Gesamtprozeß der kapitalistischen Produktion* (vgl. MEW Bd. 25) herausgegeben sowie 1888 auch dessen *Thesen über Feuerbach* (vgl. MEW Bd. 3) im Zusammenhang mit seiner eigenen Abhandlung *Ludwig Feuerbach und der Ausgang der klassischen deutschen Philosophie* (vgl. MEW Bd. 21).

2   Einordnung und Aufbau des Buches zur *Lage der arbeitenden Klasse in England*

Im Vorwort zur deutschen Neuauflage der *Lage der arbeitenden Klasse in England* von 1892 schreibt Engels, dass sein Frühwerk „im guten wie im schlechten [...] den Stempel der Jugend des Verfassers" (vgl. MEW Bd. 2: 637) trage. Ursprünglich hatte er diese Abhandlung „nur als einzelnes Kapitel einer umfassenderen Arbeit über die soziale Geschichte Englands" (ebd.: 232) geplant. Wie er im Vorwort zur deutschen Erstausgabe darlegt, habe ihn die „Wichtigkeit" des

Gegenstandes jedoch bald genötigt, diesem „eine selbständige Bearbeitung zu geben. Einerseits, um den sozialistischen Theorien, andrerseits, um den Urteilen über ihre Berechtigung einen festen Boden zu geben, um allen Schwärmereien und Phantastereien pro et contra ein Ende zu machen, ist die Erkenntnis der proletarischen Zustände deshalb eine unumgängliche Notwendigkeit" (ebd.).

Das ja in Deutschland erstveröffentlichte Buch erfüllte für Engels explizit eine politische Funktion: „Ich klage die englische Bourgeoisie vor aller Welt des Mordes, Raubes und aller übrigen Verbrechen in Masse an und schreibe eine englische Vorrede dazu, die ich apart abziehen lassen und an die englischen Parteichefs, Literaten und Parlamentsmitglieder einschicken werde. [...] Übrigens versteht es sich, daß ich den Sack schlage und den Esel meine, nämlich die deutsche Bourgeoisie, der ich deutlich genug sage, sie sei so schlimm wie die englische, nur nicht so couragiert, so konsequent und so geschickt in der Schinderei" (Engels, zit. nach Hirsch 1968: 39). Im Vorwort zur deutschen Wiederauflage von 1892, das auch der englischen Übersetzung, die 1885 in New York und 1892 in London erschien, zugrunde lag, vermerkt Engels, dass „die moderne große Industrie [...] die ökonomischen Verhältnisse aller von ihr ergriffnen Länder in so riesigem Maße aus[gleicht], daß ich dem deutschen Leser kaum etwas andres zu sagen habe als dem amerikanischen und englischen" (MEW Bd. 2: 637).

Angesichts dessen, dass „der erste Band des Marxschen ‚Kapital' eine ausführliche Darstellung der Lage der britischen Arbeiterklasse für die Zeit von etwa 1865" (ebd.: 641) enthalte, erschien Engels eine Aktualisierung seines Buches überflüssig. Dass er auch darauf verzichtet hat, die „vielen Prophezeiungen" (ebd. 642) zu streichen, „namentlich nicht die einer nahe bevorstehenden sozialen Revolution in England, wie meine jugendliche Hitze sie mir damals eingab" (ebd.), begründet er in dieser Vorrede damit, dass er keinen Anlass habe, seine Arbeit und sich selbst „besser darzustellen, als wir beide damals waren" (ebd.). Hervor hob er jedoch, dass „der allgemein theoretische Standpunkt dieses Buchs – in philosophischer, ökonomischer und politischer Beziehung – sich keineswegs genau" (ebd.) mehr decke mit seinem zum Zeitpunkt der Wiederveröffentlichung: „Im Jahr 1844 existierte der moderne internationale Sozialismus noch nicht, der seitdem, vor allem und fast ausschließlich durch die Leistungen von Marx, zu einer Wissenschaft ausgebildet worden ist. Mein Buch repräsentiert nur eine der Phasen seiner embryonalen Entwicklung" (ebd.).

Im Unterschied zu dieser eher bescheidenen Würdigung seiner eigenen Leistung gewinnt aber im Aufbau des Buches und der von Engels darin vorgelegten gesellschaftlich-historischen Deutung der englischen Situation jenes Paradigma schon deutliche Kontur, das dann später von Marx in der *Kritik der politischen Ökonomie* ausformuliert wurde. So ist historisch formbestimmte Arbeit – also gesellschaftliche Produktion als Naturaneignung (*Entwicklung der Produktivkräfte*)

– unter den Bedingungen der Aneignung der Produkte im Rahmen (kapitalistischer) Herrschafts- und Klassenverhältnisse (*Produktionsverhältnisse*) schon der entscheidende gesellschaftstheoretische Bezugspunkt seiner Analyse der „Lage der arbeitenden Klasse in England" einschließlich ihrer sozialräumlichen Dimensionen.

Entsprechend zeichnet Engels zunächst den „riesenhafte[n] Aufschwung (nach), den die englische Industrie seit 1760 genommen hat" (ebd.: 246). Daraus ergibt sich für ihn auch „die Reihenfolge", nach der er die Ausdifferenzierung der Lebenslagen der verschiedenen Sektionen des Proletariats zu betrachten hat: „Die ersten Proletarier gehörten der Industrie an und wurden direkt durch sie erzeugt; die *industriellen Arbeiter*, diejenigen, die sich mit der Verarbeitung von Rohstoffen beschäftigen, werden also zunächst unsre Aufmerksamkeit in Anspruch nehmen. Die Erzeugung des industriellen Materials, der Roh- und Brennstoffe selbst, wurde erst infolge des industriellen Umschwungs bedeutend und konnte so ein neues Proletariat hervorbringen: *die Arbeiter in den Kohlengruben und Metallbergwerken*. In dritter Instanz wirkte die Industrie auf den *Ackerbau* und in vierter auf *Irland* zurück, und demgemäß ist auch den dahin gehörenden Fraktionen des Proletariats ihre Stelle anzuweisen. Wir werden auch [...] sehn, wie die Fabrikarbeiter, diese ältesten Kinder der industriellen Revolution, von Anfang an bis jetzt der Kern der Arbeiterbewegung gewesen sind und wie die übrigen ganz in demselben Maße sich der Bewegung anschlossen, in welchem ihr Handwerk von dem Umschwung der Industrie ergriffen wurde; wir werden so an dem Beispiel Englands, an dem gleichen Schritt, den die Arbeiterbewegung mit der industriellen Bewegung hielt, die geschichtliche Bedeutung der Industrie verstehen lernen" (ebd.: 253).

Zuvor hat Engels jedoch das Verhältnis von „Zentralisation des Besitzes" und „Zentralisation der Bevölkerung" als all diese Ausdifferenzierungen proletarischer Lebenslagen und (politischer) Organisationsformen übergreifendes Phänomen analysiert. In der Industrie werde „der Mensch, der Arbeiter, nur als ein Stück Kapital angesehen, dem der Fabrikant dafür, daß es ihm zur Benutzung sich hingibt, Zinsen, unter dem Namen Arbeitslohn, erstattet" (ebd.: 245). Mit dem Hinweis, dass aus diesem Grund „die Bevölkerung [...] ebenso zentralisiert [wird] wie das Kapital" (ebd.), hat er zugleich eine erste materialistische Erklärung von Verstädterung vorgelegt:

„Das industrielle große Etablissement erfordert viele Arbeiter, die zusammen in einem Gebäude arbeiten; sie müssen zusammen wohnen, sie bilden schon bei einer mäßigen Fabrik ein Dorf. Sie haben Bedürfnisse und zur Befriedigung derselben andere Leute nötig; Handwerker, Schneider, Schuster, Bäcker, Maurer und Schreiner ziehen sich hin. Die Bewohner des Dorfs, namentlich die jüngere Generation, gewöhnt sich an die Fabrikarbeit, wird mit ihr vertraut, und wenn die erste Fabrik, wie sich versteht, nicht alle beschäftigen kann, so fällt der Lohn, und die Ansiedlung neuer Fabrikanten ist die Folge davon. So wird aus dem Dorf eine kleine Stadt, aus der kleinen *Stadt* eine große. Je größer die Stadt, desto größer die Vorteile der Ansiedlung. Man hat Eisenbahnen, Kanäle und Landstraßen; die Auswahl zwischen den erfahrnen Arbeitern wird immer größer; man kann neue Etablissements wegen der Konkurrenz unter den Bauleuten und Maschinenfabrikanten, die man gleich bei der Hand hat, billiger anlegen als in einer entfernten Gegend, wohin Bauholz, Maschinerie, Bauleute und Fabrikarbeiter erst transportiert werden müssen; man hat einen Markt, eine Börse, an der sich die Käufer drängen; man steht in direkter Verbindung mit den Märkten, die das rohe Material liefern oder die fertige Ware abnehmen. Daher die wunderbar schnelle Vermehrung der großen Fabrikstädte. Allerdings hat das platte Land dagegen wieder den Vorteil, daß dort gewöhnlich der Lohn billiger ist; das platte Land und die Fabrikstadt bleiben so in fortwährender Konkurrenz, und wenn heute der Vorteil auf Seite der Stadt ist, so sinkt morgen draußen der Lohn wieder so viel, daß neue Anlagen auf dem Lande sich vorteilhafter anbringen lassen. Aber dabei bleibt die zentralisierende Tendenz der Industrie doch in voller Kraft, und jede neue Fabrik, die auf dem Lande angelegt wird, trägt den Keim zu einer Fabrikstadt in sich. Wäre es möglich, daß dies tolle Treiben der Industrie noch einhundert Jahre so voranginge, so würde jeder der industriellen Bezirke Englands eine einzige große Fabrikstadt sein und Manchester und Liverpool bei Warrington oder Newton sich begegnen; denn auch im Handel wirkt diese Zentralisation der Bevölkerung ganz auf dieselbe Weise, und darum monopolisieren ein paar große Häfen wie Liverpool, Bristol, Hull und London fast ganz den Seehandel des britischen Reichs" (ebd.: 245f.).

3 Zur Engelsschen Methodik und Analytik

Methodisch stützt sich Engels in seinen sozialräumlichen Analysen der älteren Städte wie London, Dublin, Edinburgh, sowie der damals neuen Fabrikstädte wie Nottingham, Birmingham, Glasgow, unter denen die besonders detaillierte Schilderung von Manchester hervorsticht, auf verschiedene „offizielle [...] und nichtoffizielle [...] Dokumente" (ebd.: 229). Zu ersteren gehören Berichte der Armengesetzkommissäre, der Inspektoren des Arbeitshauses, der Regierungskommissär bei der Untersuchung über die Lage der Handweber, der Gesundheitspolizei, sowie diverse andere Polizeiberichte und der Ch[ildren's] Empl[oyment] Commiss[ion's]-Bericht; zu letzteren zählen Aussagen von Predigern, Politikern und Presseberichte. Engels war sich der ideologischen Einfärbung Letzterer durchaus bewusst. Deshalb habe er – wie er im Vorwort explizit hervorhebt – „bei den meisten Zitaten die Partei meiner Gewährsleute aus dem Grunde angeführt [...], weil fast durchgängig die Liberalen das Elend der Ackerbaudistrikte hervorheben, das der Fabrikdistrikte aber wegzuleugnen suchen, während umgekehrt die Konservativen die Not der Fabrikdistrikte anerkennen, aber von der der Ackerbaugegenden nichts wissen wollen. Aus dieser Ursache habe ich auch, wo mir offizielle Dokumente abgingen, in der Schilderung der Industriearbeiter immer einen *liberalen* Beleg vorgezogen, um die liberale Bourgeoisie aus ihrem eignen Munde zu schlagen, und überhaupt mich nur dann auf Tories oder Chartisten berufen, wenn ich entweder die Richtigkeit der Sache aus eigner Anschauung kannte oder von der Wahrheit der Aussage durch den persönlichen oder literarischen Charakter meiner Autoritäten überzeugt sein konnte" (ebd.: 233). Und so hebt er in einer seinem Buch vorangestellten eigenen Ansprache an die „Arbeiter" hervor, dass er sich ganz generell nicht mit solchen „offiziellen und nichtoffiziellen Dokumente" (ebd.: 229) begnügen wollte:

„Mir war es um mehr zu tun als um die nur *abstrakte* Kenntnis meines Gegenstandes, ich wollte euch in euren Behausungen sehen, euch in eurem täglichen Leben beobachten, mit euch plaudern über eure Lebensbedingungen und Schmerzen, Zeuge sein eurer Kämpfe gegen die soziale und politische Macht eurer Unterdrücker" (ebd.: 229). Entsprechend betont er in seinem Vorwort zur Erstauflage, dass er „während einundzwanzig Monaten Gelegenheit [hatte], das englische Proletariat, seine Bestrebungen, seine Leiden und Freuden in der Nähe aus persönlicher Anschauung und persönlichem Verkehr kennenzulernen" (ebd.: 232). Und so finden sich in seinem Buch auch vielfältige eigene (Reise-)Beschreibungen sowie selbst angefertigte Zeichnungen von Stadtteilen, über Gebäudestrukturen bis hin zur Material und Boden sparenden Reihung von Ziegeln bei Gebäudemauern. Hinzu kommen sehr dichte Beschreibungen der Kleidung, Ernährung und Lebensgewohnheiten der einzelnen Bevölkerungsgruppen.

Selbstkritisch gesteht Engels im Vorwort (ebd.: 233) untersuchungstechnische Mängel seiner Studie ein. Hirsch (vgl. 1968: 40 f.) wirft Engels in dieser Hinsicht vor, mit seinen wörtlichen Zitaten das Original zum Teil zu verkürzen oder zu verzerren. „Der relative Wert der einzelnen Aussagen" werde von ihm auch nicht immer „kritisch abgeschätzt". „Alte, ja veraltete Angaben erschienen ohne chronologische Hinweise, wodurch sie als zuverlässige und neue posierten. Auch da, wo überhaupt keine Informationen oder nur solche aus zweiter Hand zur Verfügung standen, wurden Behauptungen aufgestellt, die in einer wahrhaften Studie nur auf Grund von Primärquellen statthaft gewesen wären" (ebd.).

Dennoch kann die materialistische Fundierung seiner Analysen der verschiedenen Lebensweisen der von ihm untersuchten proletarischen Milieus bis heute als richtungweisend angesehen werden. So entmystifiziert er beispielsweise die „übertriebene und einseitige Verwerfung des irischen Nationalcharakter" (MEW Bd. 2: 321), indem er entsprechende Gewohnheiten der irischen ArbeitsmigrantInnen auf deren bäuerliche Lebensweise in Irland rückbezieht: „Wie zu Hause baut er sich seinen Schweinstall ans Haus, und wenn er das nicht kann, so läßt er sein Schwein bei sich im Zimmer schlafen" (ebd.: 322). „Auf dem Lande mag es unschädlich genug sein, dicht neben dem Hause eine Mistpfütze zu haben, weil hier die Luft von allen Seiten freien Zutritt hat; aber mitten in einer großen Stadt, zwischen verbauten, allem Luftzuge abgeschnittenen Gassen und Höfen, ist es ganz etwas anderes" (ebd.: 326).

In dieser Weise problematisiert Engels konsequent die Lebensverhältnisse und nicht die Lebensweisen der entsprechenden Bevölkerungsgruppen: „Ist die Bevölkerung der Stadt überhaupt schon zu dicht, so werden sie erst recht auf einen kleinen Raum zusammengedrängt. Nicht damit zufrieden, die Atmosphäre in der Straße verdorben zu haben, sperrt man sie dutzendweise in ein einziges Zimmer, so daß die Luft, die sie nachts atmen, vollends zum Ersticken wird. Man gibt ihnen feuchte Wohnungen, Kellerlöcher, die von unten, oder Dachkammern, die von oben nicht wasserdicht sind. Man baut ihre Häuser so, daß die dumpfige Luft nicht abziehen kann" (ebd.: 347).

Selbst ihre bis heute häufig moralisierten „Laster" werden von ihm in dieser Weise entpathologisiert: „Man setzt sie den aufregendsten Stimmungswechseln, den heftigsten Schwankungen von Angst und Hoffnung aus – man hetzt sie ab wie das Wild und läßt sie nicht zur Ruhe […] kommen. Man entzieht ihnen alle Genüsse außer dem Geschlechtsgenuß und dem Trunk, arbeitet sie dagegen täglich bis zur gänzlichen Abspannung aller geistigen und physischen Kräfte ab und reizt sie dadurch fortwährend zum tollsten Übermaß in den beiden einzigen Genüssen, die ihnen zu Gebote stehen" (ebd.: 327). „Wer von Kindesbeinen an jeden Tag zwölf Stunden und drüber Nadelknöpfe gemacht oder Kammräder abgefeilt und außerdem in den Verhältnissen eines englischen Proletariers gelebt hat, wieviel menschliche Gefühle und Fähigkeiten mag der in sein dreißigstes Jahr hinüberretten?" (ebd.: 347)

Nicht damit genug, zeigt Engels auf, in welcher Weise sich die Bourgeoisie entsprechende Lebensgewohnheiten, wie beispielsweise die der irischen ArbeitsmigrantInnen, für ihre Interessen zunutze zu machen versteht: „Drüben, in seiner Lehmhütte, war nur *ein* innerer Raum für alle häuslichen Zwecke; mehr als ein Zimmer braucht die Familie auch in England nicht" (ebd.: 322). Zudem lasse sich „mit einem Konkurrenten, der auf der niedrigsten Stufe steht, die in einem zivilisierten Lande überhaupt möglich ist, und der deshalb auch weniger Lohn braucht als irgendein andrer […], der Lohn des englischen Arbeiters in allen Zweigen, in denen der Irländer mit ihm konkurrieren kann, immer tiefer und tiefer herab[drücken]. Und dieser Arbeitszweige sind viele. Alle diejenigen, die wenig oder gar keine Geschicklichkeit erfordern, stehen dem Irländer offen" (ebd.: 323).

In welchem Ausmaß sich Engels Analytik von jeglicher Art von Kulturalisierung entfernt hat, lässt sich kaum besser als seinem ironisch-entmystifizierenden Hinweise drauf illustrieren, dass irische ArbeitsmigrantInnen, „um Fabrikarbeiter zu werden, [...] erst englische Zivilisation und englische Sitten annehmen, kurz, erst der Sache nach Engländer werden" (ebd.) müssten. Voraussetzung für diese „industriellen Arbeiten" (ebd.: 309), die „eine gewisse Geschicklichkeit und Regelmäßigkeit" (ebd.) und damit „auch einen gewissen Zivilisationsgrad erfordern" (ebd.), sei jedoch ein „Durchschnittslohn", der „den Arbeiter veranlaßt, sich diese Geschicklichkeit anzueignen und dieser Regelmäßigkeit der Arbeit sich zu unterwerfen" (ebd.).

Engels geht in dieser Weise also von einem grundlegenden Zusammenhang zwischen Lohnniveau, Arbeitstätigkeit und Zivilisationsgrad aus. Das Lohnniveau sieht er dabei jedoch nicht bloß von der Konkurrenz unter, sondern vor allem von der Nachfrage nach Arbeitern abhängig: Steigt diese, „so steigen die Arbeiter im Preise; fällt sie, so fallen sie im Preise; fällt sie so sehr, daß eine Anzahl Arbeiter nicht verkäuflich sind" (ebd.: 309 f.), bilde sich jene „Reserve, zu der während der Krisis eine ungeheure Menge und während der Zeitabschnitte, die man als Durchschnitt von Blüte und Krisis annehmen kann, noch immer eine gute Anzahl gehören – das ist die ‚überzählige Bevölkerung' Englands, die durch Betteln und Stehlen, durch Straßenkehren, Einsammeln von Pferdemist, Fahren mit Schubkarren oder Eseln, Herumhökern oder einzelne gelegentliche kleine Arbeiten eine kümmerliche Existenz fristet" (ebd.: 315).

Im Stehlen meinte Engels zugleich jedoch auch „die ungebildetste, bewußtloseste Form der Protestation" (ebd.: 431 f.) erkennen zu können, die „schon deshalb nie der allgemeine Ausdruck für die öffentliche Meinung der Arbeiter" (ebd.) hätte werden können, „obwohl sie ihn im stillen billigen mochte" (ebd.). Dass Engels dies als „ungebildeteste" Protestform dechiffrierte, hat vor allem damit etwas zu tun, dass seiner Ansicht nach „die Verbrecher [...] nur einzeln, nur als Individuen durch ihren Diebstahl gegen die bestehende Gesellschaftsordnung protestieren [konnten]; die ganze Macht der Gesellschaft warf sich auf jeden einzeln und erdrückte ihn mit einer ungeheuren Übermacht" (ebd.). In der Maschinenstürmerei sah er demnach eine schon etwas höhere Stufe. Doch „auch diese Art der Opposition" (ebd.: 432) war aus seiner Sicht „nur vereinzelt, auf gewisse Lokalitäten beschränkt und richtete sich nur gegen eine einzige Seite der jetzigen Verhältnisse. War der augenblickliche Zweck erreicht, so fiel die volle Wucht der gesellschaftlichen Macht auf die wieder wehrlosen Übeltäter und züchtigte sie nach Herzenslust, während die Maschinerie dennoch eingeführt wurde" (ebd.).

Erst in den Arbeiterassoziationen und den aus ihnen hervorgehenden Ausständen und Streiks erkannte er eine wirklich politische Perspektive, weil „sie der erste Versuch der Arbeiter sind, *die Konkurrenz aufzuheben*. Sie setzen die Einsicht voraus, daß die Herrschaft der Bourgeoisie nur auf der Konkurrenz der Arbeiter unter sich beruht, d.h. auf der Zersplitterung des Proletariats, aus der Entgegensetzung der einzelnen Arbeiter gegeneinander. Und gerade weil sie sich, wenn auch nur einseitig, nur auf beschränkte Weise gegen die Konkurrenz, gegen den Lebensnerv der jetzigen sozialen Ordnung richten, gerade deshalb sind sie dieser sozialen Ordnung so gefährlich" (ebd.: 436).

Dass Engels in diesem Zusammenhang Verstädterung und sozialräumliche Konzentration als Bedingungen der Möglichkeit eines solchen politischen Lernprozesses wertet, droht in aktuellen Sozialraumanalysen gänzlich außer Blick zu geraten. So sah Engels die großen Städte als „Herd der Arbeiterbewegung, in ihnen haben die Arbeiter zuerst angefangen, über ihre Lage nachzudenken und gegen sie anzukämpfen, in ihnen kam der Gegensatz zwischen Proletariat und Bourgeoisie zuerst zur Erscheinung, von ihnen sind Arbeiterverbindungen, Chartismus und Sozialismus ausgegangen. [...] Ohne die großen Städte und ihren treibenden Einfluß auf die Entwicklung der öffentlichen Intelligenz wären die Arbeiter lange nicht so weit, als sie jetzt sind. Dazu haben sie die letzte Spur des patriarchalischen Verhältnisses zwischen den Arbeitern und den Brotherren zerstört, wozu auch die große Industrie durch Vervielfachung der von einem einzigen Bourgeois abhängigen Arbeiter beitrug" (ebd.: 349 f.).

4 Zur historischen Einordnung des Engelsschen Werkes

Wenn Engels im Vorwort zur deutschen Neuauflage der *Lage der arbeitenden Klasse in England* von 1892 zugesteht, dass sich sein „allgemein theoretische[r] Standpunkt" (MEW Bd. 2: 642) gegenüber der Erstveröffentlichung verändert habe – vor allem durch den „moderne[n] internationale[n] Sozialismus [...], der seitdem, vor allem und fast ausschließlich durch die Leistungen von Marx, zu einer Wissenschaft ausgebildet worden" (ebd.) sei – scheint dies zunächst einmal Karl Korschs (vgl. 1975: 29 ff.) in *Marxismus und Philosophie* getroffene Unterscheidung „zwischen einer ersten Entwicklungsphase des Marxismus bis 1948 und einer zweiten Phase von 1848 bis zur Jahrhundertwende" (Flechtheim 1978: 61) zu stützen. Allerdings gibt es in der wissenschaftlichen Diskussion nicht nur zu den Phasen der Marx/Engelschen Theorieentwicklung, sondern auch zum Verhältnis der jeweils spezifischen theoretischen Akzentuierungen der beiden durchaus unterschiedliche Einschätzungen.

So hält beispielsweise *Oskar Negt* es für „unsinnig, dem späten Engels" (Negt 1976: 28) vorzuwerfen, er habe „die in der Marxschen Theorie enthaltene Dialektik durch Dogmatisierung zur Weltanschauung korrumpiert" (ebd.: 34), wie es „der sogenannte ‚westliche Marxismus' getan hat und teilweise noch heute tut" (ebd.: 28). Zwar gesteht Negt zu, dass Engels „in seinen späten Jahren im

Zusammenhang der Verteidigungsarbeit, die er gegenüber Verzerrungen der materialistischen Geschichtsauffassung und der Kritik der politischen Ökonomie zu leisten hatte" (ebd.: 34), sich nicht damit begnügt habe, „Missverständnisse [...] im einzelnen auszuräumen" (ebd.). „Unter dem Druck der Notwendigkeit, für die wachsende Arbeiterbewegung verständliche, eindeutige und praktisch handhabbare Begriffe zu schaffen und Forschungsresultate auf alternative Punkte zusammenzuziehen" (ebd.), habe er „sich häufig gerade dualistischer Bestimmungen" (ebd.) bedient im Bemühen, „auch die strategische Position von Erkenntnissen und Begriffen festzulegen" (ebd.). Die gegenüber dem sog. „späten Engels" erhobenen Vorwürfe seien viel eher „gegen jene marxistischen Theorien [zu d.V.] richten, die die von Engels aus aktuellem Anlaß und mit spezifischer strategischer Zielsetzung formulierten Probleme (deren Problemcharakter ihr Autor nie bestritten hat) als allgemeine Wahrheiten fetischisieren" (ebd.: 28).

Für diese Negtsche Lesart der Engelsschen Schriften spricht, dass Engels im Vorwort zur Wiederveröffentlichung seiner Broschüre *Zur Wohnungsfrage* (vgl. MEW Bd. 18) von 1887 auf eine spezifische Form der Arbeitsteilung zwischen ihm und Marx hinweist. Der zufolge fiel es ihm zu, „unsere Ansichten [...] namentlich im Kampf mit gegnerischen Ansichten, zu vertreten, damit Marx für die Ausarbeitung seines großen Hauptwerks Zeit behielt. Ich kam dadurch in die Lage, unsere Anschauungsweise meist in polemischer Form, im Gegensatz zu anderen Anschauungsweisen, darzustellen. So auch hier" (MEW Bd. 18: 649 f.).

Bedeutsam ist Engels Broschüre *Zur Wohnungsfrage* gleich in mehrer Hinsicht, so auch im Hinblick auf die Weiterentwicklung seiner sozialräumlichen Analytik. Denn Engels versucht in dieser Schrift die „Wohnungsnot" nicht einfach bloß mit dem „beschleunigten Übergang von der Manufaktur und dem Kleinbetrieb zur großen Industrie" (MEW Bd. 18: 647) zu erklären, sondern bezieht auch die historisch unterschiedlichen städtischen Strukturen mit ein: „Einerseits werden Massen ländlicher Arbeiter plötzlich in die großen Städte gezogen, die sich zu industriellen Mittelpunkten entwickeln; andrerseits entspricht die Bauanlage dieser älteren Städte nicht mehr den Bedingungen der neuen Großindustrie und des ihr entsprechenden Verkehrs; Straßen werden erweitert und neu durchgebrochen, Eisenbahnen mitten durchgeführt. In demselben Augenblick, wo Arbeiter haufenweis zuströmen, werden die Arbeiterwohnungen massenweis eingerissen. Daher die plötzliche Wohnungsnot der Arbeiter und des auf Arbeiterkundschaft angewiesenen Kleinhandels und Kleingewerbes. In Städten, die von vornherein als Industriezentren entstanden, ist diese Wohnungsnot so gut wie unbekannt" (ebd.).

Wie schon kurz angedeutet, fasst Engels Schrift *Zur Wohnungsfrage* drei Artikel zusammen, die er 1872 im Leipziger *Volksstaat* veröffentlichte: I. *Wie Proudhon die Wohnungsfrage löst*; II. *Wie die Bourgeoisie die Wohnungsfrage löst* und III. *Nachtrag über Proudhon und die Wohnungsfrage*. Die zeithistorische Bedeutung der Engelschen Überlegungen wird dabei besonders in seiner Auseinandersetzung mit Pierre-Joseph Proudhon deutlich. Dieser plädierte dafür, das Eigentum an Land den Gemeinden zu übergeben, die es als vererbaren Besitz nur an die ausgeben sollten, die es selbst bearbeiten. Auch andere Produktionsmittel sollten in dieser Weise der Verfügungsgewalt der Kapitalisten und Großgrundbesitzer entzogen und der Gesellschaft übertragen werden, die sie den Produzenten als persönlichen Besitz zur Verfügung zu stellen habe. Ein jeder solle so mit eigenen Produktionsmitteln „ein apartes, selbständiges Produkt verfertig[en], das sofort verbrauchbar und auf dem Markt austauschbar ist; wenn dann nur jeder den vollen Wert seiner Arbeit in einem anderen Produkt wiedererhält, so ist der ‚ewigen Gerechtigkeit' Genüge geleistet und die beste Welt hergestellt" (ebd.: 220). Proudhon suchte in dieser Weise nach einem idealen Austauschverhältnis, weil er – was Marx und Engels kritisierten – davon ausging, dass Mehrwert nur durch nichtäquivalenten Tausch entstünde. Von daher setzten diverse von ihm angeregte Reformprojekte einer entsprechen ökonomischen Umgestaltung stets in der Zirkulationssphäre an.

Engels gegen Proudhon gerichteter Einwand, die Wohnungsfrage sei ohne vorherige Aufhebung der kapitalistischen Produktionsweise nicht zu lösen, kommentiert Oskar Negt als „theoretisch ebenso einleuchtend wie praktisch wirkungslos. Denn der einzelne Proletarier will die Veränderung seiner Lebensverhältnisse schon in dieser Gesellschaft und nicht auf jenen Umschlagspunkt vertagen, in dem die Herrschaftsverhältnisse als Ganzes verschwinden" (Negt 1976: 26 f.). Immerhin gesteht Engels in seinem Vorwort ein, dass „Proudhon in der Geschichte der europäischen Arbeiterbewegung eine viel zu bedeutende Rolle gespielt [hat], als daß er so ohne weiteres der Vergessenheit verfallen könnte" (MEW Bd. 18: 650). Hier, wie auch in der auf den Abschnitt II bezogenen Passage, in der Engels davon spricht, dass „wir [...] den bürgerlich-sozialistischen Philanthropen den Privatgenuß ihres Ideals gern gönnen [können], solange sie in ihrer öffentlichen Funktion als Kapitalisten fortfahren, es in dieser umgekehrten Weise zu verwirklichen, zu Nutz und Frommen der sozialen Revolution" (ebd.: 655), wird von Engels ein Wahrheitskriterium seiner und der Marxschen Theorie reklamiert, das deren Realitätsgehalt an nichts weniger als gesellschaftlich-historische Praxis bindet.

Auch Negt spricht dies an. Nicht nur bezüglich „der von Engels gerügten fundamentalen Fehleinschätzung der Wohnungsfrage" (Negt 1976: 26) habe sich für diesen die Pariser Kommune historisch als „ein ‚wunderbarer Vorgang'" (ebd.: 28) dargestellt. Denn waren „für die ökonomischen Dekrete der Kommune, für ihre rühmlichen wie für ihre unrühmlichen Seiten, in erster Linie die Proudhonisten verantwortlich, wie für ihre politischen Handlungen und Unterlassungen die Blanquisten" (MEW Bd. 17: 622), so habe es „in beiden Fällen [...] ‚die Ironie der

Geschichte [gewollt] – wie gewöhnlich, wenn Doktrinäre ans Ruder kommen –, daß die einen wie die anderen das Gegenteil von dem taten, was ihre Schuldoktrin vorschrieb."[1] Der größte Erfolg der Proudhonisten besiegelte gleichzeitig deren geschichtlichen Niedergang" (Negt 1976: 28).

Zwar wertet Negt diese Form, „lediglich nachträglich interpretatorische Zusammenhänge zwischen den allgemeingeschichtlichen Tendenzen und den tatsächlichen Aktionen des Proletariats" (ebd.: 27) herzustellen, als „von den konkreten geschichtlichen Bedingungen […] erzwungene Transformation des Marxismus aus einer Theorie der Anleitung zum Handeln in eine reine Theorie der Anleitung zur historischen Forschung" (ebd.). Er hebt zugleich jedoch hervor, dass Engels „kurz vor und nach dem Tode von Marx unter dem Druck der politischen Notwendigkeit einer massenhaften Umsetzung ihrer Theorie" (ebd.) stand. Er habe aus dieser Situation heraus „als erster so etwas wie eine *Revolutionstheorie* entwickelt, die die dialektische Beziehung zwischen Gesellschaftstheorie, politischer Organisation und Massenaktivität thematisiert" (ebd.).

Wenn Negt in diesem Zusammenhang darauf aufmerksam macht, dass „sich alle drei Komponenten" (ebd.) gerade in dieser Zeit „ihrer historischen Gestalt nach" (ebd.) entscheidend verändert haben und vor allem deshalb für Engels „die Realisierung und Aufhebung der verpflichtenden Denktraditionen der Vergangenheit durch die Arbeiterklasse […] zum konstitutiven Bestandteil ihres Geschichtsbewußtseins" (ebd.) geworden sei, dann kündigt sich dies in jenem Engelsschen Vorwort *Zur Wohnungsfrage* bezüglich des Proudhonschen Erbes schon an. Und wenn Negt darauf verweist, dass sich in Engels Begriff des „‚revolutionären Anstoßes' […] Probleme [kumulieren], […] Lösungen auf *einen* Punkt zusammen[ziehen], die die gesamte Struktur revolutionärer Prozesse betreffen" (ebd.: 29), so finden sich auch schon dazu bedeutende Hinweise in jenem Vorwort.

Von diesbezüglich besonderer (auch sozialräumlicher) Bedeutung ist Engels Hinweis, dass „die verhältnismäßig niedrige Stufe unsrer Industrie, die ihre Ausdehnung in die Breite um so nötiger macht […], erklärt, warum in Deutschland, im Gegensatz zu England und Frankreich, die revolutionäre Arbeiterbewegung eine so gewaltige Verbreitung über den größten Teil des Landes gefunden hat, statt ausschließlich an städtische Zentren gebunden zu sein" (MEW Bd. 18: 654). Ja, darüber hinaus prognostiziert er sogar, dass – falls „es Deutschland beschieden sein" (ebd.: 655) sollte, die „industrielle und landwirtschaftliche Revolution zugunsten des Kapitals und Großgrundbesitzes auf Kosten der Bauern […] noch unter den alten gesellschaftlichen Bedingungen durchzumachen" (ebd.) – dies „unbedingt den Wendepunkt bilden" (ebd.) werde. Engels spricht hier zum ersten

---

1 Das von Negt Zitierte stammt allerdings nicht von Engels, sondern von Marx aus *Der Bürgerkrieg in Frankreich* (MEW Bd. 17: 622).

Mal die revolutionäre Bedeutung des *Zusammenstoß historisch verschiedener materieller Produktionsweisen und Produktionsweisen von Erfahrung* (Negt 1976: 33) an, die später *Ernst Bloch* in seiner Grundlegung eines „mehrzeitlichen" und „mehrräumigen", „kritischen", „nicht kontemplativen" und damit „praktisch einhakenden" Totalitätsbegriffs für den Marxismus in *Erbschaft dieser Zeit* (Bloch 1979: 124 ff.) zu seiner Dialektik der Ungleichzeitigkeit ausbauen wird.

Unzweifelhaft hat Engels damit in seinem Vorwort zur Neuauflage der *Wohnungsfrage* „das Problem der Beziehung zwischen Entfaltung des Wertgesetzes und ‚revolutionärem Anstoß'" (Negt 1976: 29) anders akzentuiert als noch in seiner Frühschrift *Zur Lage der arbeitenden Klasse in England*. Dort glaubte er noch in der städtischen Konzentration und den Handelskrisen den „mächtigste[n] Hebel aller selbständigen Entwicklung des Proletariats" (MEW Bd. 2: 504) zu erkennen, sodass „ein kleiner Anstoß" (ebd.: 506) bald hinreichen würde, um den „Schlachtruf durch das Land schallen [zu lassen d.V.]: ‚Krieg den Palästen, Friede den Hütten!'" (ebd.).

Wie Negt betont, unterscheide sich jedoch der Marx/Engelssche Materialismus „von allen anderen Theorien dadurch, daß er nicht allgemeine, zeitlos gültige Wahrheiten verkündet, sondern daß das *Konkret-Allgemeine*, der Wahrheitsgehalt, gerade im Besonderen, in der gesellschaftlichen Formbestimmtheit und in der historischen Spezifikation" (Negt 1976: 15) gesucht werde. Zur Struktur einer solchen „*epochalen* Theorie" (ebd.:17) gehöre darüber hinaus auch, dass „sie alle Mittel der Kritik, selbst die Reflexion der historischen Schranken ihrer Erkenntnis und der Weiterentwicklung einzelner Ansätze an die Hand gibt, ohne daß eine einzige wesentliche Kategorie oder Erkenntnis aufgegeben werden müsste" (ebd.). In diesem Zusammenhang genüge es allerdings nicht, der programmatischen Forderung Karl Korschs zu folgen und „die Prinzipien der materialistischen Geschichtsauffassung auf die Entwicklung des Marxismus selbst anzuwenden" (ebd.: 25). Vielmehr trügen alle materialistischen Kategorien auch in dem Sinne „die Tendenz zur Selbstaufhebung" (ebd.: 15) in sich, als sie, „indem sie revolutionäre Praxis vorantreiben, [...] zur Aufhebung der Verhältnisse bei[tragen], unter denen sie notwendig waren" (ebd.).

5 Weiterentwicklung des durch Engels grundgelegten sozialraumanalytischen Ansatzes bis heute

Für Großbritannien hat *Mike Brake* (1981) dargelegt, wie Engels Analyse nicht nur in der Sozialökologie englischer Arbeiterviertel (vgl. ebd. 45 ff. & 62 ff.), sondern auch der Devianzforschung aufgegriffen wurde (vgl. ebd.: 47 ff. & 61 ff.). Er weist in diesem Zusammenhang auch darauf hin, dass in „Engels' Beschreibung der Wohnbedingungen in Manchester aus dem Jahre 1844 (MEW Bd. 2: 279)" (ebd.: 45), das von der Chicagoer Schule entwickelte Modell „von den konzentrischen Kreisen einer Stadt" (ebd.) bereits vorweggenommen wurde. Brake zeichnet dann nach, wie sich in den 50er und 60er Jahren des letzten Jahrhunderts eine Form von Sozialraumanalyse englischer Arbeiterviertel entwickelte, die im Gegensatz zu ihrer tendenziellen Pathologisierung in der Sozialökologie Chicagoer Prägung danach trachtete, den angesichts struktureller Zwänge rationalen Charakter dort gehäuft auftretender devianter Lebensweisen herauszuarbeiten. So deckten diese Studien beispielsweise auf, wie bereits von Engels in der *Lage der arbeitenden Klasse* beschriebene „Sitten" sich klassenspezifisch weiter tradiert haben – nicht zu letzt in einer „ambivalenten Haltung gegenüber der Legalität" (ebd.:61). Die Studien hätten auf diese Weise zeigen können, dass entsprechende Lebensweisen sich nicht nur in entsprechenden „Delinquenzraten [...] reflektieren" (ebd.: 66), sondern „auch geographisch unterschiedliche repräsentiert sind" (ebd.). Zudem zeichneten sie nach, wie sich die in den Quartieren tradierte proletarische Lebensweise gerade unter Jugendlichen in ein ganzes Spektrum subkultureller Lebensstile auszudifferenzieren begann. Allerdings mangelte es den entsprechenden Sozialraumanalysen noch an einem adäquaten strukturellen Rahmen, dies erklären zu können.

1972 war es dann *Phil Cohen*, dem es in seiner legendären Londoner-Eastend-Studie gelang, Verweisungszusammenhänge zwischen der Vielfalt subkultureller Ausdrucksformen von Jugendlichen in diesem Viertel und der historischen Problemlage der Arbeiterklasse in ihrer gesellschaftlichen Dynamik herzustellen (vgl. den Beitrag von Amos in diesem Band). Ähnlich wie Engels versuchte Cohen Veränderungen der Bau- und Beschäftigungsstruktur des Stadtteils auf Umbrüche im Bereich der ökonomischen Basis gesellschaftlicher Reproduktion zu beziehen. Einmal gelang es ihm damit, zu den gesellschaftlich-historischen Konstitutionsbedingungen des ökologischen Kontextes vorzudringen. Gleichzeitig erlaubte ihm dieser Bezug aber dann auch, die durch die Strukturveränderungen im Viertel bei den dort Heranwachsenden erzeugten Probleme im historischen Kontext komplexer werdender Klassenauseinandersetzungen zu interpretieren. Entsprechend deutete Cohen die differentielle soziale Organisation von Subkulturen als Versuch der Jugendlichen, die materiellen, sozialen und ökonomischen Verschiebungen in diesem Quartier – von ihnen wahrgenommen als Zerstörung der im Wohngebiet dominanten Arbeiterkultur – für sich auf eine dieser Erfahrungsebene entsprechenden „ideologischen" Weise in ihren Stilbildungen zu lösen (vgl. Becker/May 1985; May 1986: 11 ff.).

Wenn auch *Henri Lefebvre* (vgl. 1972; 1975; 1977; 1990) in der französischen Diskussion sich in seinen Analysen des städtischen Raumes auf Lebensstile bezog, so nicht auf eine bloß ideologiekritische Weise wie Cohen. Vielmehr trachtete Lefebvre mit seinem Begriff von Lebensstil jene zur Wirklichkeit drängenden Tendenzen im Städtischen herauszuarbeiten, die die Fragmentierung des Ganzen der modernen Welt zu einer anderen und neuen Gesamtheit zu rekonstruieren erlaubten. Nicht nur unter methodologischen Gesichtspunkten, sondern auch inhaltlich sah er dieses Projekt einer Wiedergewinnung von Stil (vgl. May 1986: 33 ff.) in enger Verbindung mit der Marx/Engelsschen Idee einer Aufhebung der Arbeitsteilung, die bei diesen einerseits als theoretische These erscheint, „die durch empirische Feststellungen zu untermauern ist, und zugleich als praktisches Programm, das die Analyse der Praxis im folgenden zu verifizieren und – wohlgemerkt – seiner Verwirklichung entgegenzuführen hat" (Lefebvre 1975: 116).

Lefebvre (vgl. 1975; 1990) war zugleich einer der Ersten, der die Frage der Produktion des Raumes auch in seinem Verhältnis zu den anderen gesellschaftlichen Produktionsprozessen aufgriff. Seine entsprechende Theorie entwickelte er analog zur Marx/Engelsschen Analyse der Warenproduktion. Allerdings ging diese weit über die Grundrentenansätze der klassisch marxistischen Ökonomie hinaus, indem sie den Raum – anders als andere Waren – nicht nur als Produkt, sondern zugleich auch als Medium gesellschaftlicher Verhältnisse analysierte. Zudem unterschied Lefebvre neben der physisch-materiellen, eine gedanklich-symbolische und ein sozial-repräsentative Ebene der Raumproduktion. Diese differenzierte er jeweils hinsichtlich der Aneignungsform, der Gestalt, sowie der Charakteristik des Raumes entsprechend aus. Jenes Schema räumlicher Produktion ist seitdem von vielen Sozialgeographen nicht nur aufgegriffen, sondern auch weiterentwickelt worden (vgl. Holm 2004: 32 ff.). Und auch die auf Marx und Engels zurückgehenden politökonomischen Analysekategorien – zum Teil auch mit den Lefebvreschen Erweiterungen – inspirierten besonders in den 70er Jahren eine solche Anzahl von sozialräumlicher Studien, die kaum mehr überblickbar sind (zu Frankreich, Spanien und Amerika: vgl. Castells 1977: 294 ff.; zur Bundesrepublik: vgl. die Beiträge von Löw/Sturm 2005; Hamedinger 2005; Dangschat/Frey 2005.

Im Gegensatz zur Renaissance, die gegenwärtig Lefebvres Überlegungen zur Produktion des Raumes in des Stadtsoziologie und Sozialgeographie erleben, werden seine methodologischen und methodischen Überlegungen zur Alltagskritik zwar in der sozialpädagogischen Debatte der Bundesrepublik zumindest am Rande (vgl. Sünker 2002; May 2005: 234 f.) noch erwähnt; in der Konzeptdiskussion von Sozialraumanalysen hingegen haben sie kaum einer Weiterführung erfahren. Innerhalb von Sozialraumanalysen eine Gruppe zum empirischen Bezugspunkt von Alltagskritik zu machen, erfordert Lefebvre zufolge, die Problematik dieser Gruppe in einer raum-zeitlich eingegrenzten Situation zu bestimmen. Denn es ist für ihn diese „problematische Seite", die seiner Ansicht nach die Realität einer menschlichen Gruppe definiert „mitsamt ihren Möglichkeiten und ihrer Art, sie zu verwirklichen" (Lefebvre 1977 Bd. II: 128). Durch die Formulierung solcher spezifischen Probleme von Gruppen und die Suche nach ihrem Zusammenhang untereinander sowie mit der allgemeinen Problematik des Alltagslebens und seiner radikalen Veränderung gelte es in Form sog. „strategischer Hypothesen" Vorschläge anzuregen über das, was möglich ist. Solche Hypothesen hätten zwischen Begriffen und Tatsachen ebenso zu vermitteln wie zwischen den faktischen Gegebenheiten und den Lösungen der Probleme (Dimension der Möglichkeit).

Explizit hat zu Beginn der 80er Jahre das Projekt *Zur Bedeutung des Handlungsraums von Jugendlichen als Teil ihrer Lebenswelt* (vgl. Becker/Eigenbrodt/ May 1984; May 2001) noch einmal versucht, das über Cohen und Lefebvre vermittelte „ Engelsche Erbe" anzutreten. Zentrale Frage des Projektes war, welche räumlichen – und damit verbunden immer auch sozialen Bedingungen – Heranwachsende benötigen, um sich verwirklichen zu können. Konkret hat sich das Projekt bemüht, das raumbezogene Handeln von Jugendlichen in dieser Hinsicht als Willenskundgebung zu interpretieren. Dabei ging es davon aus, dass gesellschaftlich bestimmte, klassen(fraktions)spezifische Problem- und Interessenlagen von Jugendlichen sich durch zahllose Einzelsituationen hindurch tragen. Diese bestimmten dann auch entscheidend den von ihnen jeweils als Bedingung der Möglichkeit zur Selbstverwirklichung für nötig erachteten sozialräumlichen Rahmen.

Mit dieser mehr antizipatorisch ausgerichteten Perspektive trachtete das Projekt auch raumbezogen so etwas wie „emanzipative Tatsachen" (vgl. Ritsert 1977) in den Blick zu bekommen. Es ging ihm dabei um nichts Geringeres als die Herausarbeitung diesbezüglicher „objektiver Möglichkeiten", was vom Projekt verlangte, auch den Umkreis von Mitteln benennen zu können, welche für die jeweiligen Jugendlichen verfügbar sind bzw. von ihnen selbst produziert werden, um einen solchen Rahmen zu realisieren. Zumindest schien die entsprechende Frage dem Projekt sehr geeignet, um die Bemühungen Heranwachsender verstehen und aufgreifen zu können, ihr Alltagsleben im Sinne Lefebvres zu etwas zu machen, in dem sie sich selbst wiederfinden können.

In seinem Plädoyer „für eine Pädagogik des Sozialen", in dem er sich u. a. auch auf die Arbeit des „Handlungsraum-Projektes" bezieht, ist *Timm Kunstreich* (vgl. 1994: 92 f.) auch der mangelnden handlungstheoretischen Rezeption entsprechender Ansätze in der Sozialen Arbeit nachgegangen. Einen zentralen Grund sieht er in den „handlungspraktischen Anforderungen und Legitimationen"(ebd.), die es der Sozialen Arbeit bislang erschwert hätten, sich „in der Definition des eigenen Gegenstandsbereiches freizumachen" (ebd.) von „institutionellen Fixierungen" (ebd.) und „den Vorgaben anderer mächtiger, gesellschaftlicher Strömungen" (ebd.). Möglicherweise hat er damit zugleich auch eine plausible Erklärung für das Nicht-Aufgreifen der durch Engels grundgelegten Tradition von Sozialraumforschung gegeben.

Michael May

Literatur

Becker, Helmut/Eigenbrodt, Jörg/May, Michael (1984): Pfadfinderheim, Teestube, Straßenleben. Jugendliche Cliquen und ihre Sozialräume. Frankfurt a.M.: Extrabuch-Verlag
Becker, Helmut/May, Michael (1985): Unterschiedliche soziale Milieus von Jugendlichen in ihrer Konstitution von Sozialräumen. In: Lindner/Wiebe (Hg.) (1985): 154-184
Bloch, Ernst (1979): Erbschaft dieser Zeit. Frankfurt a.M. 1977: Suhrkamp
Brake, Mike (1981): Soziologie der jugendlichen Subkulturen. Eine Einführung. Frankfurt/New York: Campus
Castells, Manuel (1977): Die kapitalistische Stadt: Ökonomie und Politik der Stadtentwicklung. Hamburg: VSA
Dangschat, Jens/Frey, Oliver (2005): Stadt- und Regionalsoziologie. In: Kessl u. a. (Hg.) (2005): 143-164
Flechtheim, Ossip K. (1978): Von Marx bis Kolakowski. Sozialismus oder Untergang in der Barberei? Frankfurt: EVA
Hamedinger, Alexander (2005): Ökonomie. In: Kessl u. a. (Hg.) (2005): S. 67-88
Hirsch, Helmut (1968): Friedrich Engels. Mit Selbstzeugnissen und Bilddokumenten. Reinbek bei Hamburg: Rowohlt
Holm, Andrej (2004): Sozialwissenschaftliche Theorien zu Raum und Fläche. Leipzig: UFZ-Bericht 26
Kessl, Fabian/Reutlinger, Christian/Maurer, Susanne/Frey Oliver (Hg.) (2005): Handbuch Sozialraum. Wiesbaden: VS Verlag für Sozialwissenschaften
Korsch, Karl (1975): Marxismus und Philosophie. Frankfurt: EVA
Kunstreich, Timm (1994): Ist kritische Soziale Arbeit möglich? Für eine Pädagogik des Sozialen. In: Widersprüche. 14. Jg. Heft 50: 85-100
Lefebvre, Henri (1972): Das Alltagsleben in der modernen Welt. Frankfurt a.M.: Suhrkamp
Lefebvre, Henri (1975): Die Stadt im marxistischen Denken. Ravensburg: Maier
Lefebvre, Henri (1977): Kritik des Alltagslebens. Kronberg/Ts.: Athenäum-Verlag
Lefebvre, Henri (1990): Die Revolution der Städte. Frankfurt a.M.: Hain
Lindner, Rolf/Wiebe, Hans Hermann (Hg.) (1985): Verborgen im Licht. Neues zur Jugendfrage. Frankfurt: Syndikat/EVA
Löw, Martina/Sturm, Gabriele (2005): Raumsoziologie. In: Kessl u. a. (Hg.) (2005): 31-48
Marx, Karl/Engels, Friedrich (1958ff.): Werke. Berlin: Dietz Verlag
Marx, Karl/Engels, Friedrich (1998): Ausgewählte Werke. Berlin: Directmedia Publishing
May, Michael (1986): Provokation Punk. Versuch einer Neufassung des Stilbegriffes in der Jugendforschung. Frankfurt a.M.: Brandes & Apsel
May, Michael (2001): Sozialraum: Unterschiedliche Theorietraditionen, ihre Entstehungskontexte und praktische Implikationen. In: Widersprüche. 21 Jg. Heft 82: 5-24
May, Michael (2005): Wie in der Sozialen Arbeit etwas zum Problem wird. Versuch einer pädagogisch gehaltvollen Theorie sozialer Probleme. Münster: LIT

Negt, Oskar (1976): Überlegungen zu einer kritischen Lektüre der Schriften von Marx und Engels. In: SB Reihe Theorie und Organisation. Heft 1: 3-40
Ritsert, Jürgen (1977): Denken und gesellschaftliche Wirklichkeit 1. Arbeitsbuch zum klassischen Ideologiebegriff. Frankfurt a.M.: Campus
Sünker, Heinz (2002): Soziale Arbeit und Bildung. In: Thole (Hg.) (2002): 227-244
Thole, Werner (Hg.) (2002): Grundriss Soziale Arbeit. Ein einführendes Handbuch. Opladen: Leske und Budrich

Max Weber – ein klassischer Beitrag zur Sozialraumforschung

1 Einleitung

Das Werk von Max Weber (1864-1920) stellt den groß angelegten Versuch dar, eine Soziologie auszuarbeiten, welche zwischen den Polen „Handlung" und „Ordnung" angesiedelt ist. Handeln – bei Weber meist als soziales Handeln gefasst – markiert hierbei die Seite des Subjekts (des Individuums). Ordnung ist demgegenüber das Phänomen, auf welches wir als Handelnde treffen, weil wir darum bemüht sind, unsere Handlungen miteinander und aufeinander abzustimmen. Soziales Leben spielt sich zwischen diesen beiden Polen ab. Im Folgenden wird es darum gehen, den damit von Weber konzipierten Theorieraum in drei Schritten vorzustellen (1) und in seiner Relevanz für eine reflektierte Sozialraumforschung zu bewerten (2).

Der erste Schritt markiert Sozialräume als „Bedeutungsräume" und verdeutlicht damit die immer vorhandene Abhängigkeit sozialer Geschehnisse von den Konstruktions- und Rezeptionsleistungen der handelnden Subjekte (*subjektive Dimension*). Es geht hier jedoch nicht um Handelnde, die sich selbst als von allen sozialen Zumutungen entlastete Akteure verstehen, sondern um Personen, die sich der Anwesenheit und Relevanz anderer bewusst sind. Insofern sind Sozialräume nicht nur Bedeutungsräume für Einzelne, sondern in einem zweiten Schritt auch Bedeutungs- und Beziehungsräume handelnder Personen (*intersubjektive Dimension*), die sich in ihren Handlungen eben auch aufeinander beziehen und die in der Konstruktion von Sozialräumen dieses unter Umständen reflektieren. Der dritte Schritt nimmt seinen Ausgang in der fast schon trivialen Überlegung, dass wir als Handelnde in den seltensten Fällen ganz am Anfang beginnen, sondern immer schon mit bereits vorhandenen Konstruktions- und Bedeutungsleistungen anderer konfrontiert sind. Diese intersubjektiven „Errungenschaften" treten uns meist mit einer erheblichen Wucht entgegen und fordern vom Einzelnen im Regelfall „Zustimmung" bzw. „Gehorsam" (*Herrschaftsdimension*). Wenn dies, bezogen auf die „betroffenen" Personen empirisch auch passiert, dann spricht Weber von der Geltung einer *legitimen Ordnung*. Für Max Weber ist das soziale Geschehen, welches sich hinter diesen abstrakten Beschreibungsbegriffen verbirgt jedoch alles andere als eine harmonische Veranstaltung, sondern eben auch geprägt von konkurrierenden Bedeutungen und den damit einhergehenden Versuchen, die eigenen Bedeutungszuschreibungen durchzusetzen. Die Begriffe Macht, Herrschaft und Kampf nehmen deshalb eine prominente Stellung in Webers Soziologie ein. Gleichzeitig war sich Max Weber bewusst, dass die wissenschaftliche Erforschung sozialer Wirklichkeiten ein Bestandteil dieser sozialen Wirklichkeiten ist und konsequenterweise ebenso begriffen und beschrieben werden muss. Soziologie findet nicht ohne eigene „Verortung" statt und setzt sich immer in eine zu reflektierende Beziehung zu den Gegenständen ihres Erkenntnisinteresses. Diese „Gegenstände" sind jedoch handelnde Personen, die sich eben auch gegen wissenschaftliche Bedeutungszumutungen zur Wehr setzen können. Die Durchsetzung einer entsprechenden „Wirklichkeitsdeutung" hat dann eben auch etwas mit der Frage nach der zugeschriebenen Geltung einer sich als wissenschaftlich verstehenden Ordnung zu tun. Ob dies so ist und wie eine derartige Geltung zustande kommt, ist jedoch eine empirische Frage und kann nicht vorab gesetzt werden. Das heißt, die Soziologie Webers konfrontiert uns mit Blick auf ihre Bedeutung für eine Sozialraumforschung mit zwei Herausforderungen. Die erste besteht in der in drei Schritten vorzunehmenden Annäherung an Sozialräume als Phänomene zwischen den Polen „Handlung" und „Ordnung" sowie darüber hinaus in der Problematisierung der Rolle und Aufgabe von (Sozialraum)Wissenschaft als Bestandteil der zu untersuchenden sozialen Wirklichkeit.

Hierbei wird auch deutlich werden, wie viel an bisher unausgeschöpftem Potenzial der Webersche Ansatz in sich trägt und wo – jenseits der vorhandenen Rezeptionslinien – Weiterführungen möglich sind. Da man in der Soziologie beim Begriff des „Sozialen Raums" sicherlich zuerst an das Werk des französischen Soziologen Pierre Bourdieu denkt und dieser selbst immer wieder auf Webers Werk Bezug nimmt, scheint es angeraten, auch dieser Spur zumindest in einigen Skizzen nachzugehen. Bourdieu war in seinen Arbeiten immer darum bemüht die Dimension von Macht und Herrschaft theoretisch und empirisch zu konzeptualisieren und die entsprechenden Phänomene in den Blick zu bekommen. So stellt er uns Soziale Räume als Ergebnisse eines doppelten „Kampfes" vor: Einerseits um die Deutungshoheit und die Möglichkeit der Etablierung spezifischer Kapitalien als relevante bzw. dominante und andererseits der damit einhergehende Kampf um die entsprechenden Kapitalien (vgl. den Beitrag von Manderscheid in diesem Band). Bereits diese Hinweise machen deutlich, dass man in Bourdieus Arbeiten vieles wieder findet, was bei Max Weber bereits angelegt und teilweise auch ausgearbeitet ist. Nicht das Wünschenswerte steht bei beiden Auffassungen Pate, sondern das Wirkliche.

Folgt man *Wilhelm Hennis* (1987) in seinen inspirierenden Beiträgen zum Werk Max Webers, dann lässt sich darin als eine Art von thematischer Klammer – Hennis nennt es die „Fragestellung Webers" – der Mensch in seinen Möglichkeiten und Fähigkeiten identifizieren. Hiermit steht Max Weber sicherlich ganz in der Tradition der Aufklärung; gleichzeitig jedoch lebte er in einer Zeit, in welcher die Wirkungen und Folgen von Industrialisierung, Verstädterung und Sinnverlust nicht mehr zu übersehen waren. Wenn Weber also ins Zentrum seines Werkes den

Menschen stellt, dann eben vor allem unter der Frage, wie sich dieser als Kulturwesen noch zu entfalten versteht. Hierfür ist sicherlich eine Perspektive wenig dienlich, welche dieses Eingebettetsein des Menschen in soziale Kontexte nicht zu reflektieren vermag. Jedoch wollte er gleichzeitig nicht Opfer seiner eigenen Zeitdiagnosen werden, sondern klare und konsequente Wissenschaft betreiben, die aber alles andere als ein Selbstzweck zu sein bestrebt war. Es soll also in den folgenden Abschnitten nicht nur um die Vorstellung der inhaltlichen Momente der Soziologie Max Webers gehen, sondern man muss auch über seine Vorstellung der Aufgaben von Wissenschaft reden.

2 Sozialraum als Handlungs- und Beziehungsraum

Menschen sind bei Weber zwar zuallererst einmal als singuläre Wesen beschrieben, ihm geht es jedoch nicht um die Fokussierung des Menschen als Einzelakteur. Vielmehr ist in den Theoriekern seiner Soziologie bereits das Element des Aufeinanderbezogenseins eingebaut. Menschen leben in Beziehungen zueinander und die Qualität und Dauerhaftigkeit der Beziehungen konturieren ihre Spezifik. Weber definiert soziale Beziehung als „ein seinem Sinngehalt nach aufeinander gegenseitig eingestelltes und dadurch orientiertes Sichverhalten mehrerer" (Weber 1972: 13). Hier bietet sich ein erster Zugang zu Sozialräumen: Diese sind, so würde man mit Max Weber formulieren, eben auch soziale Beziehungsräume. Territorialität als das immer wieder herangezogene Beschreibungskriterium stellt hierbei kein originäres Phänomen, sondern vielmehr eine bestimmte Qualität von sozialen Beziehungen dar. Territorien, aber auch soziale Beziehungen als solche, sind und bleiben für Weber von den Handelnden abhängig. Dieser *methodologische Individualismus* ist quasi die Basislinie der Weberschen Soziologie. Das Individuum produziert und reproduziert das Soziale, dies jedoch in einer Welt, in der es sich eingebunden findet in soziale Beziehungen und in der es sein Handeln immer auch an dem Faktum orientiert, dass es da andere gibt.

Diesen handlungstheoretischen Kern der Soziologie Max Webers muss man als solchen kennen und in seiner Bedeutung verstehen. Seinen definitorisch prägnantesten Ausdruck findet er in den *Soziologischen Grundbegriffen*, also den ersten Seiten des posthum zusammengestellten und veröffentlichen Werkes *Wirtschaft und Gesellschaft*. Gleich im ersten Paragrafen stellt Weber seine bekannte Definition von Soziologie vor: „Soziologie (im hier verstandenen Sinn dieses sehr vieldeutig gebrauchten Wortes) soll heißen: eine Wissenschaft, welches soziales Handeln deutend verstehen und dadurch in seinem Ablauf und seinen Wirkungen ursächlich erklären will. ‚Handeln' soll dabei ein menschliches Verhalten (…) heißen, wenn und insofern als der oder die Handelnden mit ihm einen subjektiven Sinn verbinden. ‚Soziales' Handeln aber soll ein solches heißen, welches seinem von dem oder den Handelnden gemeinten Sinn nach auf das Verhalten anderer bezogen wird und daran in seinem Ablauf orientiert ist." (ebd.: 1).

Es muss an dieser Stelle deutlich festgehalten werden: Will man mit der Weberschen Soziologie arbeiten, dann muss das soziale Handeln im Analysezentrum stehen und nicht Institutionen oder Strukturen – was seine Soziologie deutlich von der seines französischen Zeitgenossen Emile Durkheim unterscheidet, der mit seinem Begriff der sozialen Tatsachen Institutionen als zentrales Element benennt. Wohlgemerkt: Es geht nicht um die Analyse eines solipsistischen Individuums, sondern um die Analyse von sozialem Handeln, welches – dies die beiden Kernelemente der oben angeführten Definition – mit einem „subjektiven Sinn" versehen und dieser am Handeln anderer orientiert ist.

Warum Weber so beginnt und warum er das soziale Handeln ins Zentrum seiner Soziologie stellt wird deutlich, wenn man sich seine Auffassung von sozialer Wirklichkeit vergegenwärtigt, welche er im sogenannten *Objektivitätsaufsatz* (1904) notiert. Hier macht er deutlich, dass er seine Soziologie als eine „Wirklichkeitswissenschaft" versteht und dass Wirklichkeit immer ein mit Sinn und Bedeutung belegter (man könnte auch sagen: durch Sinn und Bedeutung begrenzter) Ausschnitt ist. „Die Sozialwissenschaft, die wir treiben wollen, ist eine Wirklichkeitswissenschaft. Wir wollen die uns umgebende Wirklichkeit des Lebens, in welches wir hineingestellt sind, in ihrer Eigenart verstehen – den Zusammenhang und die Kulturbedeutung ihrer einzelnen Erscheinungen in ihrer heutigen Gestaltung einerseits, die Gründe ihres geschichtlichen So-und-nicht-anders-Gewordenseins andererseits." (Weber 1904: 170f.).

Sozialräume sind damit zuallererst einmal nichts anderes als diese „Ausschnitte" aus einer „unendlichen Mannigfaltigkeit". Konsequenterweise muss man sogar sagen, dass aus der Weberschen Perspektive jede durch Menschen vorgenommene Bedeutungszuschreibung nichts anderes darstellt als die Konstitution eines Sozialraumes.

Mit der zitierten Definition von Soziologie und seinem Verständnis von Wirklichkeit als von Bedeutungszuschreibungen abhängiges Konzept, haben wir einen ersten Zwischenhalt erreicht.

Als drittes Element muss jetzt noch Webers Auffassung der Kriterien folgen, mit denen wir als Handelnde Wirklichkeit mit Bedeutung versehen. Im benannten *Objektivitätsaufsatz* liest man hierzu: „Die Bedeutung der Gestaltung einer Kulturerscheinung und der Grund dieser Bedeutung kann aber aus keinem noch so vollkommenen System von Gesetzesbegriffen entnommen, begründet und verständlich gemacht werden, denn sie setzt die Beziehung der Kulturerscheinungen auf Wertideen voraus. Der Begriff der Kultur ist ein Wertbegriff." (ebd.: 175).

Für jede positivistische oder neopositivistische Position muss dieser Satz ein Ärgernis sein. Was Max Weber uns hier sagt, heißt schlicht: Das, was uns als

Sozialwissenschaftler interessiert, existiert nicht nur nicht unabhängig von subjektiven Bedeutungszuschreibungen, sondern noch nicht einmal unabhängig von bestimmten Wertbezügen. Die sozialen Wirklichkeiten sind mithin nur dadurch erfassbar, dass man versteht, welche Bedeutung in ihnen zum Ausdruck kommt und welche Werte mit und durch sie adressiert werden. Es ist also sicherlich nicht verkehrt, wenn man Webers Ansatz als einen konstruktivistischen begreift – nicht ohne Grund nennen *Peter Berger* und *Thomas Luckmann* ihr sehr bekanntes, einflussreiches und auf Max Weber aufbauendes Buch *Die gesellschaftliche Konstruktion der Wirklichkeit* – ohne ihm jedoch Blindheit gegenüber den Faktizitäten vorzuwerfen, mit denen sich Handelnde konfrontiert sehen.

Wir hatten oben mit der skeptischen Ausgangsfrage begonnen, wie man mit dem Werk von Max Weber umgehen kann, wenn man ins Zentrum der eigenen Perspektive so etwas wie „Sozialraum" stellt. Wir können jetzt zumindest als Zwischenresümee festhalten, dass Sozialräume aus einer an Weber informierten Perspektive immer als Bedeutungsräume und eben auch immer (soziale) Handlungsräume verstanden werden müssen. Nicht in dem trivialen Sinne, dass in Räumen gehandelt wird, sondern dass Sozialräume durch Handlungen konstituiert werden und nur durch Handlungen. Quasi durch die Hintertür haben wir ein zusätzliches Element eingeschleust, welches für jedwede Analyse von eminenter Bedeutung ist: Die mögliche Pluralität von Bedeutungsräumen, mithin die mögliche Pluralität von Sozialräumen. Eine solche Pluralität oder auch Verschiedenheit lässt sich jedoch nicht auf der Ebene von Verhalten – als quasi von außen beobachtbar – und auch nicht auf einer Objektebene sichtbar machen, sondern nur in und durch das Herausarbeiten des sich in sozialen Handlungen ausdrückenden subjektiven Sinns. Die Pluralität der Bedeutungen ist selbstredend – dessen ist sich Weber bewusst – ein empirisches und kein axiomatisches Phänomen. In einem der frühesten Texte zur Weberschen Soziologie arbeitet Siegfried Landshut prägnant heraus, dass hinter dem von Weber stark gemachten Prozessbegriff der „Entzauberung der Welt" eben auch und gerade der Verlust von Allgemeinverbindlichkeit von Werten und Normen steht. Daraus resultiert eine der themenunabhängigen Grundfragen, welche das Werk Max Webers in Gänze durchziehen: „Wie hält sich der Mensch in einer Welt der Öffentlichkeit, die für ihn selbst kein verbindliches Maß mehr bietet?" (Landshut 1930: 129).

Wenn man nun die nächsten Schritte auf dem Weg der Weberschen Soziologie geht, dann sollte man immer bedenken, dass alles das, was man bis jetzt über die „Gegenstände" der Soziologie und damit auch der soziologischen Analyse gesagt hat, auch für die Ebene der Analyse selbst gilt. Kurz und knapp formuliert: Forschung ist soziales Handeln. Diese Aussage ist auch keineswegs so trivial wie sie zu sein scheint. Wenn wir mit Max Weber eine soziale Wirklichkeit betreten und erforschen, welche keine Fixpunkte – in Form von objektiven Tatsachen – besitzt, dann muss der Zugang selbst problematisierbar und diskutierbar bleiben. Wir haben eben keine Sozialräume unabhängig von unserer Forschungsperspektive und das Kriterium der Relevanz dieser Forschung ist nicht die Gültigkeit und Treffsicherheit in Bezug auf einen objektiven Sozialraum, sondern vielmehr die Plausibilität – Weber nennt dies meist „die Adäquanz" – unserer Ergebnisse. Natürlich ist das Ideal jeder wissenschaftlichen Forschung, universelle Geltung zu erlangen. Diese Geltung ist und bleibt jedoch an die vorhandene oder eben nicht vorhandene Bedeutsamkeit gebunden.

3 Webers Methodik

Zwar steht im Zentrum der Weberschen Analysen der subjektiv gemeinte Sinn des oder der Handelnden, gleichzeitig jedoch war Max Weber alles andere als ein Vertreter einer hermeneutischen Vorgehensweise in der Tradition von Dilthey. Vielmehr ist und bleibt mit seinem Werk die Methodik des „Idealtypus" verbunden. Idealtypen sind, wie der Name bereits suggeriert, keine Ergebnistypen – „nicht eine Darstellung des Wirklichen" (Weber 1904: 190) –, sondern ein Gedankengebilde. Das klingt zuerst einmal sehr abstrakt und das ist es auch. Denn gebildet werden Idealtypen, wie Weber ausführt, „durch einseitige Steigerung eines oder einiger Gesichtspunkte (…) zu einem in sich einheitlichen Gedankengebilde."(ebd.: 191). Der Idealtypus ermöglicht damit, eine Art von Fixpunkt zu kreieren, der es erlaubt, auf eine Wirklichkeit, die ansonsten unübersehbar wäre, in einer systematischeren Art und Weise zu blicken.

Im Konzept der Idealtypen laufen einige angesprochene Aspekte zusammen: Idealtypen verbinden die empirische Wirklichkeit mit dem, was bei Weber „Wertgesichtspunkte" heißt und was für ihn im Zentrum von Wirklichkeitskonstruktionen steht. Gleichzeitig ist ihm klar, dass wir auch als Forschende keinen direkten Zugang zu den Sinnkonstruktionen der Individuen bekommen und deshalb auf einen quasi indirekten Weg angewiesen sind. Wir können das soziale Handeln immer nur in Form der Abweichung von einem konstruierten idealtypischen Handeln erfassen. Die Idealtypenkonstruktion geht jedoch der Analyse empirischer Wirklichkeit voraus. Eine Ex-Post-Extraktion von empirischen Typen ist aus der Perspektive Webers prinzipiell nicht möglich bzw. bleibt relativ schnell inhaltsleer. Das, was in der empirischen Sozialforschung unter dem Begriff der Typenbildung oftmals verhandelt wird, findet in der Weberschen Methodologie eher die Bezeichnung: Gattungsbegriff. Gattungsbegriffe operieren im Sinne einer Einordnungslogik, Idealtypen fokussieren hingegen auf den Grad an Abweichung von Typus und Wirklichkeit (vgl. Sukale 2002: 227ff.). Die Wirklichkeit, in der geforscht und gehandelt wird, ist ja nicht nur eine mit Sinn und Bedeutung zu versehende: „Welches immer dieser Sinn sein mag, er wird dazu führen, daß wir im Leben bestimmte Erscheinungen des menschlichen Zusammenseins aus ihm heraus beurteilen, zu ihnen als bedeutsam (positiv oder negativ) Stellung nehmen." (Weber 1904: 180f.). Weber bringt hier auf den Punkt, dass jenseits aller empirisch möglichen und wahrscheinlichen gegenseitigen Bezugnahme in der Wirklichkeitskonstruktion und der Auszeichnung dieser mit Sinn und Bedeutung, der Mensch als Einzelner hierzu Stellung nehmen muss. Diese immer mitlaufende „subjektive Dimension" ermöglicht es Weber, diesem Individuum dann auch „personale Verantwortlichkeit" zuzuschreiben.

Die sogenannten „materialen Studien" von Weber, also diejenigen Arbeiten, in denen er sich inhaltlichen Fragestellungen zuwandte – die religionssoziologischen, herrschaftssoziologischen aber auch politischen Schriften – sind entsprechend dieser Idealtypenlogik aufgebaut. Am markantesten zeigt sich dies vielleicht in seiner bekannten Studie zur *Protestantischen Ethik und dem Geist des Kapitalismus* (Weber 1991). Durch die Kombination aus Perspektivität und Fokussierung auf tatsächliches soziales Handeln, beeindruckt diese Studie in ihrer konsequenten Anwendung methodologisch und methodischer Standpunkte. So entwickelt Weber hier den Idealtypus des modernen westlichen „Geist des Kapitalismus" und zeigt im Hinblick auf die Träger – die Unternehmer – auf, inwieweit dieser Geist seine ursächlichen Wurzeln in dem hat, was er als „puritanische Lebensführung" bezeichnet.

In Bezug auf die Thematik des Sozialraumes lässt sich festhalten, dass man mit Weber eher nicht mit einer (gattungsbegrifflichen) Definition beginnen sollte, sondern vielmehr mit der Ausformulierung möglicher Idealtypen. Diese jedoch benötigen eine Verbindung zur Handlungsebene, denn – man kann es nicht oft genug wiederholen – nur in und durch soziales Handeln konstituiert sich soziale Wirklichkeit. Genau hierin formuliert Weber seine sogenannten Handlungstypen, welche nichts anderes darstellen als Idealtypen des sozialen Handelns. „Wie jedes Handeln kann auch das soziale Handeln bestimmt sein 1. zweckrational: durch Erwartungen des Verhaltens von Gegenständen der Außenwelt und von anderen Menschen und unter Benutzung dieser Erwartungen als ‚Bedingungen' oder als ‚Mittel' für rational, als Erfolg, erstrebte und abgewogene eigene Zwecke, – 2. wertrational: durch bewussten Glauben an den – ethischen, ästhetischen, religiösen oder wie auch immer sonst zu deutenden – unbedingten Eigenwert eines bestimmten Sichverhaltens rein als solchen und unabhängig vom Erfolg, – 3. affektuell, insbesondere emotional: durch aktuelle Affekte und Gefühlslagen, – 4. traditional: durch eingelebte Gewohnheit" (Weber 1972: 12).

Handlungstypen trifft man – in der idealtypischen Logik Webers – in dieser (reinen) Form in der empirischen Wirklichkeit nicht an – worauf Weber in den Anmerkungen zu diesem Paragraphen auch explizit hinweist. Sie stellen vielmehr Gedankengebilde dar. Damit fügt sich dieser Paragraph in einen der letzten Texte

Webers ein – eben die *Soziologischen Grundbegriffe*, in dem er genau das thematisiert: Die Vorstellung von Idealtypen, welche einem in der Erforschung sozialer Wirklichkeit dienlich sein können. Insofern wird man in der sozialen Wirklichkeit auf Phänomene und Handlungen treffen, die man wahrscheinlich besser mit dem Begriff des „Mischtyps" kennzeichnen würde. Aber natürlich kann man Mischungen nur dann erkennen, wenn man die Ingredienzen kennt und natürlich ist die entscheidende Frage: Welches Mischverhältnis? Idealtypen (inklusive der Handlungstypen) sind Mittel der Forschung und Analyse und nicht überzeitliche (quasi axiomatische) Beschreibungen von Möglichkeitsräumen. Will man im Geiste Webers forschen, dann heißt das eben auch, dass Idealtypen weiter zu entwickeln sind, weil die Forschungsinstrumente, und hierzu gehören Idealtypen, in einem direkten Beziehungsverhältnis zu sich verändernden Forschungsproblemen stehen.

4 Vergesellschaftung und Vergemeinschaftung als die zentralen Prozesskonzepte

Mit der Konzeption des Sozialraums als Handlungs- und Beziehungsraum sowie der Darstellung der Weberschen Handlungstypen besitzt man einen Zugang, der sowohl die subjektive als auch die intersubjektive Dimension zu problematisieren vermag. Einerseits steht der Einzelne in seinen Handlungsorientierungen im Blickfeld, der jedoch andererseits diese seine Orientierung immer nur in und durch soziale Beziehungen produziert und reproduziert. Sozialräume hängen in gewisser Hinsicht immer auch an der subjektiven Dimension was nichts anderes heißt, als dass man diese Sichtweise nicht ausblenden kann, wenn man über Sozialräume redet. Natürlich leben wir nicht alle in einem je individuellen Sozialraum. Vielmehr – und dies ist das Ergebnis der Einführung des Begriffs soziales Handeln – versuchen wir unsere eigene Wahrnehmung und unsere eigenen Bedeutungen immer auch mit anderen abzugleichen. Jeder derartige Abgleich erzeugt jedoch eine (normative) Bindekraft. So kann bzw. sollte man beispielsweise nicht andauernd zwischen zwei Alternativbegriffen – zum Beispiel Entwicklungshilfe und Wirtschaftsförderung – hin und her wechseln, wenn man eine soziale Beziehung unter einer bestimmten Definition etabliert hat, wenn sich die beteiligten Personen also auf eine soziale Beziehung eingelassen haben, die von allen in bestimmter Weise wahrgenommen wird.

Mit der Beschreibung von Sozialräumen als Beziehungsräume wird deutlich gemacht, dass Max Weber die handelnden Personen nicht als Akteure einführt, deren Leben sich als eine Summe von Einzelhandlungen begreifen und rekonstruieren lässt; vielmehr ist die Etablierung von über den Handlungsmoment hinausreichenden sozialen Beziehungen dasjenige, auf das wir im Regelfall treffen. In direkter Anknüpfung an seine Handlungstypen stellt uns Weber dazu zwei (idealtypische) Erzeugungsprozesse sozialer Beziehungen vor: Vergesellschaftung und Vergemeinschaftung. Letztere liegt für Weber immer dann vor: „wenn und soweit die Einstellung des sozialen Handelns – im Einzelfall oder im Durchschnitt oder im reinen Typus – auf subjektiv gefühlter (affektueller oder traditionaler) Zusammengehörigkeit der Beteiligten ruht." (ebd.: 21). Zweierlei ist hierbei wichtig: (1) Weber knüpft die Vorstellung von Vergemeinschaftung direkt an das soziale Handeln an und (2) er nennt und kennt diesen Begriff nur als Prozessbegriff. In dieser Hinsicht ist er äußerst konsequent. Wenn man sich gegen die Ontologisierung von überindividuellen Phänomenen wehrt dann macht es auch keinen (analytischen) Sinn von „Gemeinschaft" zu reden, sondern von Prozessen der Vergemeinschaftung, die immer und überall abhängig davon sind, dass handelnde Personen Vergemeinschaftung(en) erzeugen und auch aufrechterhalten.

„,Vergesellschaftung' soll eine soziale Beziehung heißen, wenn und soweit die Einstellung des sozialen Handelns auf rational (wert- oder zweckrational) motiviertem Interessenausgleich oder auf ebenso motivierter Interessenverbindung beruht." (ebd.). Damit wird deutlich, dass die beiden rationalen Handlungsmotivationen im Falle einer darauf beruhenden sozialen Beziehung zu dem führen, was Weber Vergesellschaftung nennt, die beiden nicht-rationalen zu Vergemeinschaftung. Weber selbst nennt in seinen Anmerkungen zu diesem Paragraphen die „Familiengemeinschaft" als eine typische Form von Vergemeinschaftung, den Markt als typische Vergesellschaftungsform.

Hält man sich in dieser Hinsicht sehr strikt an die grundsätzliche Idee von Weber, dann kann zumindest formuliert werden, dass Sozialräume etwas sind, was nicht unabhängig von Handlung existiert, wie oben bereits verdeutlicht wurde, und das wir wahrscheinlich in der sozialen Wirklichkeit sowohl auf Vergemeinschaftungen als auch Vergesellschaftungen treffen. Es reicht also auch nicht hin bei der oben angeführten Beschreibung stehen zu bleiben, dass Sozialräume „soziale Beziehungsräume" sind, ohne gleichzeitig die Qualität der Beziehungen zu untersuchen. Tritt man daher einen Schritt zurück und betrachtet die Ebene des wie auch immer gearteten Zugriffs auf Sozialräume (Wissenschaft, Sozialarbeit, Politik), dann ist es eben auch wichtig, die hier gezeigte Beziehungsqualität zu reflektieren.

Was uns Max Weber also mit seiner Beschreibung von „sozialem Handeln" und mit dem Begriffspaar „Vergesellschaftung/Vergemeinschaftung" bietet, ist vor allem ein präzises analytisches Rüstzeug, um sich nicht heillos in den durch Interessen- und Ideenpluralität ausgezeichneten Wirklichkeiten zu verlieren. Bevor man jetzt aber einen Begriff wie „Pluralität" zu harmonisch versteht und damit am Zentrum Weber'schen Verständnisses sozialer Wirklichkeit vorbeizielt, soll ein weiterer (auch und gerade im Zusammenhang mit Vergemeinschaftung und

Vergesellschaftung) relevanter Begriff eingeführt werden: Kampf. Vergemeinschaftung im benannten Sinne ist der radikale Gegensatz zu Kampf. Kampf ist für Weber natürlich auch eine soziale Beziehung, welche sich dadurch auszeichnet, dass das „Handeln an der Absicht der Durchsetzung des eigenen Willens gegen den Widerstand des oder der Partner orientiert ist"(ebd.: 20). Max Weber versteht so etwas auch nicht in dem Sinne von „das gibt es eben auch", sondern vielmehr stellt Kampf (und Konflikt) für ihn eine grundlegende „soziale Beziehungsform" dar. Auf Kampf in diesem Sinne trifft man eigentlich immer, wenn divergierende Interessen im Spiel sind und es keine Regelung darüber gibt, welches Interesse vorgeordnet sein soll.

5 Webers Wirkung und die Möglichkeiten der (Weiter-)Arbeit mit seinen Konzepten

Webers Wirkung

Im Gegensatz etwa zu Emile Durkheim gründete Max Weber weder eine „Schule" noch entfaltete er in den ersten Jahren nach seinem frühen Tod 1920 eine nachhaltige Wirkung. Sicherlich hing dies auch mit seinem bereits sehr frühen Ausscheiden aus dem ordentlichen Universitätsbetrieb zusammen. Darüber hinaus jedoch waren viele Texte und Manuskripte der – akademischen und interessierten – Öffentlichkeit (noch) nicht zugänglich. Letztlich ist es nicht ganz falsch, wenn man postuliert, dass Weber eigentlich erst auf dem Umweg über die amerikanische Soziologie wieder Eingang in die deutschsprachige Sozialwissenschaft fand. Gleichzeitig waren es vor allem deutsche Emigranten, die „ihren" Weber mit ins Exil nahmen und zur zunehmenden Bekanntheit beitrugen (vgl. Erdelyi 1992).

Die Möglichkeiten der Anknüpfung an einen Klassiker wie Max Weber sind zweifelsohne vielfältig und entsprechend groß ist die Pluralität im Umgang mit und in der Verwendung seiner Beiträge. Neben dem, was man vielleicht als Weberforschung im engeren Sinne bezeichnen kann und wofür in der deutschsprachigen Soziologie vor allem der Name Wolfgang Schluchter steht, finden sich zwei weitere Umgangsweisen mit dem „Klassiker" Max Weber. Zum einen fungiert er als eine Art „Stichwortgeber" und findet dabei in und durch Begriffe wie „Rationalisierung" und „Modernisierung" vielfältig Eingang in sozialwissenschaftliche Studien. In einer spezifischeren Form wird aus den Reihen der Vertreter des „rational choice"-Paradigmas zum anderen auf Weber als Handlungstheoretiker zugegriffen. Aus dieser Perspektive wird viel Energie auf eine entsprechende Uminterpretierung des Weber'schen Grundanliegens verwendet (vgl. Rohwer 2003).

Sozialraum als Herrschaftsraum

In der Einleitung wurde bereits auf eine dritte Dimension von Sozialräumen hingewiesen: die Herrschaftsdimension. Natürlich ist Herrschaft – in welcher Auffassung auch immer – eine Konkretisierung der intersubjektiven Dimension, denn Herrschaft bezeichnet eine Relation und keine (individuelle) Ressource. Herrschaft findet sich nunmehr in zweierlei Hinsicht in Sozialräumen. Einerseits manifestiert in den Beziehungen zwischen Forschenden/Intervenierenden und den Beforschten/den Interventionsobjekten, aber auch in den Beziehungen der „Teilnehmer" eines Sozialraums. Ein Anfangspunkt wurde oben mit der Einführung der beiden Prozesse Vergemeinschaftung und Vergesellschaftung bereits gesetzt. Für die empirische Sozialwissenschaft ist ihr Gegenstandsbezug immer eine Form von Vergesellschaftung, weil ihr Handeln (das Handeln der Forschenden) in Webers Begriffen formuliert ein zweckrationales ist, dessen Zweck jedoch einen deutlichen Wertbezug aufweist: denjenigen auf Wahrheit. Anders formuliert: Wissenschaft sollte – als selbst gewählten normativen Bezug – weder traditional noch affektuell motiviert sein, sondern eine in Gänze rationale Veranstaltung. Das gilt in selbiger Weise natürlich für jeden sich als professionell verstehenden intervenierenden Zugang, wobei Erforschung eben auch „Intervention" bedeutet. Wie distanziert oder eng auch immer der Kontakt zwischen Wissenschaftler bzw. Sozialarbeiter und denjenigen ist, die erforscht oder bearbeitet werden; niemals kommt man über die Rolle hinaus, welche Roland Girtler als „Mitglied im Schweben" bezeichnet hat (Girtler 2001), was nichts anderes heißt als dass man nicht zum tatsächlichen (gleichberechtigten) Teilnehmer der sozialen Beziehungen innerhalb eines Sozialraumes wird.

Eine der ersten Schwierigkeiten und eben auch eine der ersten Möglichkeiten das Potenzial Weberscher Soziologie einzusetzen, liegt in der Zweiseitigkeit jeder sozialen Beziehung begründet. Auch wenn man als von außen Forschender oder Intervenierender eine bestimmte Auffassung der eigenen Rolle und der eigenen Handlungsmotive hat, kann diese sich aus der Perspektive des Gegenübers anders darstellen. Weber ging es ja nicht darum die Handlungen von Individuen zu analysieren, sondern die sozialen Beziehungen, welche aus dem aufeinander bezogenen Handeln resultieren. Das ist der erste Haltepunkt: Man muss als Forschender die Qualität der sozialen Beziehung analysieren bzw. reflektieren und hier sollte man auch nicht dem eigenen Mythos erliegen. Wissenschaft ist in den Gesellschaften des „Okzidents" – wie Weber die abendländischen Kulturen zu nennen pflegt – oftmals ein Herrschaftsverhältnis. Die Akzeptanz der hier formulierten Aussagen über die soziale Wirklichkeit und der Gehorsam gegenüber den hier formulierten Lösungen für soziale Probleme finden innerhalb einer sozialen Herrschaftsbeziehung statt. Wie oben ausgeführt wurde, können die Gründe und Motivlagen für die Akzeptanz hierbei sehr unterschiedlich sein, mit den je entsprechenden Konsequenzen für die Stabilität dieser Beziehung. Reine Forschung versucht diese Manifestierung so gut wie möglich zu vermeiden; intervenierende Sozialarbeit basiert auf dieser sozialen Beziehungsform und macht die sozial Arbeitenden zu einem Bestandteil des sozialen Phänomens; immer jedoch in Form von Vergesellschaftungen und nicht in Form von Vergemeinschaftung: Man kann sich zwar emotional mit dem Leben der Menschen, die man erforscht oder in das man interveniert, verbunden fühlen; das ist jedoch eine individuelle Motivlage und findet in den sozialen Beziehungen im Regelfall keinerlei Niederschlag. Die Einstellung der Erforschten bzw. die Orientierung dieser auf die Forschenden beinhaltet nur in den seltensten Fällen, etwa bei teilnehmenden Beobachtungen über einen langen Zeitraum (vgl. Cole/Wolf 1999; Holzach 1996; Whyte 1996) das, was Weber affektuelle Motivlagen nennt.

Kaum jemand würde der Aussage zustimmen, dass es sich bei Menschen um Maschinen handelt und insofern muss jeder die damit verbundenen Konsequenzen im eigenen Handeln auch beachten. Nur wenn Menschen Maschinen wären, dann könnte man von ihren Handlungsgründen absehen und sich auf das konzentrieren, was bei Max Weber „Verhalten" heißt und was man etwas drastischer ausgedrückt schlicht „körperliche Bewegung" nennen würde. Jenseits der sozialen Beziehungen, die man als Forschender etabliert, ist man sicherlich zuvorderst an anderen sozialen Beziehungen und deren Einbettung interessiert. Die findet man jedoch nicht einfach in einer objektiven Wirklichkeit, sondern in einem Prozess des dauernden Abgleichs von idealtypischer Beschreibung und empirischer Analyse. Kurzum: Man braucht eine idealtypische Vorstellung und Ausformulierung dessen, was man wie als Sozialraum konzipiert. Man muss also aus dem Sozialraum als Gattungsbegriff einen oder mehrere Idealtypen „Sozialraum" machen. Um an dieser Stelle nicht zu ausufernd zu werden, sollen die beiden möglichen Idealtypen für Sozialraum angeführt werden, die wir bei Weber bereits kennengelernt haben: Sozialraum als Vergemeinschaftung oder als Vergesellschaftung. Etwas moderner ausgedrückt hieße das zum Beispiel: Man versteht (man konzipiert) den Sozialraum als eine Art von erweiterter Nachbarschaft, die vor allem auf dem Kriterium einer entsprechenden affektuellen Verbundenheit basiert oder aber: Sozialraum als die Manifestierung eines Zweckverbandes, der Menschen dazu dient ihren je eigenen Interessen im Rahmen einer erwartbaren und stabilen Ordnung nachzukommen. Empirisch ist sowohl beides möglich als auch in seiner Gleichzeitigkeit wahrscheinlich. Man wird auf engstem Raum auf sowohl Vergemeinschaftungen als auch Vergesellschaftungen treffen; aber man sollte zumindest wissen, auf was genau.

Die Platzierung in einem Territorium, also die räumliche Verortung der Handelnden ist zweifelsohne ein markantes Kriterium; in Zeiten zunehmender Mobilitätsmöglichkeiten und -zwängen hat sich dessen Bedeutung jedoch wahrscheinlich verändert. Ein weiteres Bestimmungskriterium für räumliche Verortung liegt in der damit eingegangenen Verpflichtung. Der Erwerb von Eigentum bindet Menschen in einer anderen Weise an bestimmte Orte als wenn dies nicht passiert und gleichzeitig entstehen divergierende Interessen und in der Konsequenz Interessenkonstellationen. Diese unterschiedlichen Interessen stellen nichts anderes dar als Bestimmungsgründe für das Handeln von Menschen, welches eben auch zu Vergesellschaftungen führen kann (in diesem Fall zum Beispiel zu einem Verband der Hausbesitzenden). So kann man in ein und derselben Straße eines Dorfes oder einer Kleinstadt auf eine Vielzahl von Vergemeinschaftungen und Vergesellschaftungen treffen und wird sehr schnell feststellen, dass diese nicht immer konfliktlos nebeneinander stehen.

Die Aufgabe von Wissenschaft ist hier jedoch nicht, zumindest wenn man Max Webers Auffassung zu folgen bereit ist, sich für die eine und gegen die andere Wahrnehmung zu entscheiden, also das eine Interesse gegen das andere zu präferieren, sondern, wie Weber in einer sehr bekannten Rede mit dem Titel „Wissenschaft als Beruf" ausführt (vgl. Weber 1919: 607ff.), den Menschen zu Klarheit bezüglich ihrer eigenen Wertstandpunkte zu verhelfen und deutlich zu machen, welche Folgen sich daraus ergeben, wenn man diese konsequent zur Anwendung bringt. Für jeden, der weniger Zurückhaltung möchte und dessen eigenes Interesse mehr in der Intervention liegt, hieße das zumindest: dass man eine Beschreibung von Sozialraum zu etablieren sucht, der sicherlich nicht alle Beteiligten zustimmen und dass man dann zuerst einmal für seine Wahrnehmung von Wirklichkeit zu werben hat. Kombiniert mit dem Weber'schen Realismus wird sich sicherlich sehr schnell herauskristallisieren, dass es meist eher um die dauernde friedliche Bearbeitung von Konflikten geht, die als solche nicht aufgelöst werden können, weil dies die Durchsetzung einer bestimmten Wirklichkeitsauffassung auch gegen den Widerstand der anderen bedeuten würde (in Weber'scher Terminologie dann reines Machthandeln wäre).

In diesem letzten Satz stecken zwei Möglichkeiten, welche bei Max Weber mit den Begriffen „Macht" und „Herrschaft" umrissen sind. Unter Macht versteht Weber „jede Chance, innerhalb einer sozialen Beziehung den eigenen Willen auch gegen Widerstreben durchzusetzen, gleichviel worauf diese Chance beruht."(ebd.: 28). Begreift man Macht in diesem Sinne, dann beinhaltet das Konzept natürlich kaum einen analytischen Gehaltüberschuss. Alles Handeln, welches fähig ist Zwecke nicht nur zu verfolgen sondern auch zu erreichen, ist dann per Definition: Machthandeln. Weber war sich dieses „amorphen" Charakters von Macht durchaus bewusst, wie man in der diesbezüglichen Anmerkungen lesen kann und gleichzeitig interessierten ihn diejenigen Machtphänomene, die eben gerade nicht gegen den Widerstand, sondern durch Zustimmung zustande kamen. Entsprechend begreift er „Herrschaft" als „die Chance, für einen Befehl bestimmten Inhalts bei angebbaren Personen Gehorsam zu finden"(ebd.). Die ausgehend von diesem (Definitions-)Satz ausgearbeitete sogenannte „Herrschaftssoziologie" Max Webers zählt sicherlich zu den innovativsten Beiträgen zur Sozialwissenschaft insgesamt (vgl. Breuer 1991).

Herrschaftsbeziehungen sind jedoch keineswegs deckungsgleich mit Vergesellschaftung; in diesem Fall wäre dann tatsächlich der kommunitaristische Weg offen und Sozialräume als Vergemeinschaftungen die Realisierung von Herrschaftsfreiheit. Ein konstitutives Element jeder Vergemeinschaftung ist jedoch, wie man bei Helmut Plessner (2001) prägnant nachlesen kann, die gleichzeitige Abgrenzung von denjenigen, die eben nicht dazugehören. Es ist vor allem die Unbeständigkeit derjenigen Motivlagen, die auf Vergemeinschaftung abzielen, welche den sozialen Gebilden eher eine Flüchtigkeit denn eine Dauerhaftigkeit verleihen. Ein Kommunitarist wie Michael Walzer war sich der damit einhergehenden Probleme zweifelsohne bewusst; nichtsdestotrotz hält er an dem normativen Ideal der Möglichkeit von Herrschaftsfreiheit fest (vgl. Walzer 1998). Empirisch zeigt sich hingegen immer wieder, dass das zentrale Problem: Die Stabilität von Vergemeinschaftungen, oftmals über die Aufrechterhaltung restriktiver Zugangsbarrieren gelöst wird (das fast klassische Beispiel hierfür sind religiöse Gemeinschaften).

Max Weber pflegte in dieser Hinsicht jedoch eine deutliche Nüchternheit, die mit seiner Wahrnehmung von sozialer Realität als grundlegend konflikthafte Realität koinzidierte. Da die Ausübung von Herrschaft für Weber eben auch „soziales Handeln" meint, dürfte deutlich werden, warum die Gründe (die Motivlagen) der Ausübung aber auch des Gehorsams für ihn ein zentrales Analysemoment bilden. Insbesondere seine Ausführungen zu dem, was er die „Legitimität von Herrschaft" nennt, also die Grundlagen der Herrschaftsanerkennung, stellten und stellen einen wichtigen Markstein in jeder entsprechenden Analyse dar. Dieses „Gehorchenwollen" basiert für Weber auf „Interesse (äußerem oder innerem) am Gehorchen" (ebd.: 122). Neben diesen „rational motivierten" Zustimmungen zu Herrschaft kennt und nennt Weber auch andere Gründe: „rein aus Opportunitätsgründen geheuchelt, aus materiellem Eigeninteresse praktisch geübt, aus individueller Schwäche und Hilflosigkeit als unvermeidlich hingenommen" (ebd.: 123). Relevant sind die konkreten Motivlagen für die Anerkennung von Herrschaft vor allem im Hinblick auf die damit einhergehende Stabilität des Herrschaftsverhältnisses. Das heißt nichts anderes, als dass die Gründe warum man gehorcht, ein zentraler kausaler Faktor für die Stabilität (und Kontinuität) dieses Gehorchens sind. Rein Materielle und allgemeiner „zweckrationale" Motive erzeugen hierbei für Weber eine labile Herrschaft. So ist Wissenschaft ja auch daran interessiert, dass ihre Anerkennung nicht darauf beruht, dass sie zum Beispiel im Falle von Interviews den Probanden Geld zahlt, sondern dass diese aus anderen Gründen

(Glauben an den Wert wissenschaftlicher Untersuchungen etc.) an Derartigem teilnehmen.

Bezüglich des Konzeptes von Sozialräumen lässt sich festhalten, dass wir mit Weber nicht nur die Perspektive auf handelnde Personen bekommen, deren soziale Beziehungen den Charakter von Vergemeinschaftungen und/oder Vergesellschaftungen besitzen, sondern auch, dass soziale Beziehungen oftmals Herrschaftsbeziehungen sind. Alles dies, wir hatten oben bereits davon gesprochen, gilt ja nicht nur für die Bereiche, denen sich Wissenschaften in analytischer und beispielsweise Sozialarbeit in praktischer Absicht zuwenden, sondern eben auch für die sich zuwendenden Personen selbst und deren eigene Einbettungen.

Hinter dem letzten Begriff verbirgt sich in modernen Gesellschaften vor allem eines: Organisationen. Sowohl die wissenschaftliche Analyse als auch die praktische Intervention finden vor allem durch Organisationen statt. Max Weber verwendet diesen Begriff nicht; bei ihm heißen Organisationen etwas allgemeiner „Verbände". Und auf derartige Formen sozialer Beziehung kann man und muss man selbstredend alle angeführten Analysekonzepte ebenso zur Anwendung bringen. Auch wenn solche Sätze oftmals als entweder selbstverständlich abgetan werden oder man sie eher als eine Form von unnötiger und unsinniger Zusatzarbeit empfindet; wenn reflektiertes Handeln in seinem Entstehungsprozess das Dunkel des subjektiven Kopfes verlassen soll, dann muss Reflektion als ein sozialer Prozess beschreibbar sein. Nimmt man die Soziologie Max Webers in allen vorgestellten Facetten ernst, dann zwingt er einen quasi zu dieser Form von transparenter Reflektion. Sozialräumliches Handeln ist in dieser Hinsicht (weberianisch gewendet) soziales Handeln, welches sich durch spezifische Motivlagen auszeichnet, aus einem bestimmten (organisierten) Kontext heraus erfolgt und auf die Etablierung spezifischer sozialer Beziehungen abstellt. Das führt dann unweigerlich zu einer weiteren Beschreibungsmöglichkeit von Sozialräumen: als Herrschaftsräume.

In den Diskursen über Sozialräume und Herrschaft taucht – wir haben einleitend darauf hingewiesen – in den Sozialwissenschaften mittlerweile natürlich sofort der Name des französischen Soziologen Pierre Bourdieu auf. Mittlerweile wissen wir auch über dessen starke Bezugnahme auf das Werk Max Webers (vgl. Bourdieu 2000). Gleichzeitig finden wir einiges von dem, was wir über die Stellung der Sozialwissenschaft in Bezug auf ihre „Gegenstände" aussagten, in den Reflektionen Bourdieus über die Soziologie wieder. „Das Gelände, auf dem um die Durchsetzung der angemessenen, richtigen, legitimen Weise, von der sozialen Welt zu sprechen, gekämpft wird, kann nicht ewig von der Analyse ausgeschlossen werden. (…) Jene, die das Denken der sozialen Welt monopolisieren wollen, möchten nicht soziologisch hinterfragt werden." (Bourdieu 1993: 61). Mit dieser provokativen Diagnose argumentiert Bourdieu entlang der Linie, die wir bei Max

Weber kennen gelernt haben. Entweder – in Bourdieuscher Terminologie – man ist Teilnehmer in einem sozialen Feld (einem Sozialraum), dann ist man aber auch Teil des Gegenstandes oder aber man wird nur schwerlich irgendetwas von dem verstehen, was dort passiert. Wird man jedoch zu einem Teilnehmer, und hier sind sich Weber und Bourdieu in ihrer Wirklichkeitsdiagnose sehr ähnlich, dann geht es um die Platzierung und Durchsetzung der eigenen Interessen. Will man Menschen „helfen", dann verlangt man von ihnen, sich in der sozialen Beziehung als entsprechend hilfebedürftig zu verhalten. Mit Weber gesprochen: Man verlangt, dass die von einem selbst mitgebrachte Sinndeutung der sozialen Beziehung Akzeptanz beim Anderen findet und er in einer positiven Weise Stellung dazu nimmt. Das kann problemlos stattfinden, muss es aber nicht.

Diese hier vorgenommene Art der Problematisierung, die den von außen Hinzutretenden seiner Gewissheiten beraubt, ist dann aber sehr mit einer Frage konfrontiert, die Weber sich selbst in seiner Rede zu „Wissenschaft als Beruf" stellte: „Wenn dem so ist, was leistet denn nun eigentlich Wissenschaft Positives für das praktische und ‚persönliche' Leben?" (Weber 1919: 607). Drei Aspekte nennt er im Folgenden: (1) Kenntnisse über die Techniken der Lebensgestaltung, (2) Methoden des Denkens und das Handwerkszeug dazu und (3) Klarheit. Während die meisten bei den ersten beiden Aspekten zustimmend nicken, stellt der dritte und für Weber wichtigste Aspekt eine deutliche Herausforderung dar, vor allem wenn man liest, was er darunter versteht. „Wir können so, wenn wir unsere Sache verstehen (…), den Einzelnen nötigen oder wenigstens ihm dabei helfen, sich selbst Rechenschaft zu geben über den letzten Sinn seines eigenen Tuns." (ebd.: 608). Da steht dann plötzlich das, was im ersten Teil zu seiner Soziologie gesagt wurde in voller Konsequenz vor einem. Der Einzelne (sei er das, was man als Mitglied eines Sozialraumes begreift oder derjenige, der in einen solchen zu intervenieren sucht) sollte sich (1) Rechenschaft über den Sinn seines Tuns zu geben bereit sein und (2) verstehen und akzeptieren, dass wir alle hierin autonom sind.

Auf der Ebene des Handelns treten wir uns zwar als „Interessen habende" gegenüber; hinter diesen verbergen sich jedoch Ideen und Werte. So kann man mit einem der bekanntesten Zitate von Weber schließen, welches in verdichteter Weise die Möglichkeiten aber eben auch Grenzen der Gegenseitigkeit thematisiert. „Interessen (materielle und ideelle), nicht: Ideen, beherrschen unmittelbar das Handeln der Menschen. Aber: Die ‚Weltbilder', welche durch ‚Ideen' geschaffen wurden, haben sehr oft als Weichensteller die Bahnen bestimmt, in denen die Dynamik der Interessen das Handeln fortbewegte" (Weber 1920: 252).

Michael Bayer

Literatur

Bourdieu, Pierre (1993): Soziologische Fragen. Frankfurt a.M.: Suhrkamp
Bourdieu, Pierre (2000): Das religiöse Feld: Texte zur Ökonomie des Heilsgeschehens. Konstanz: UVK
Breuer, Stefan (1991): Max Webers Herrschaftssoziologie. Frankfurt a.M./New York: Campus
Cole, John/Wolf, Eric (1999): The hidden frontier: ecology and ethnicity in an alpine valley. Berkeley: University of California Press
Erdelyi, Agnes (1992): Max Weber in Amerika: Wirkungsgeschichte und Rezeptionsgeschichte Webers in der anglo-amerikanischen Philosophie und Sozialwissenschaft. Wien: Passagen-Verlag
Girtler, Roland (2001): Methoden der Feldforschung. Wien: Böhlau (4. Aufl.)
Hennis, Wilhelm (1987): Max Webers Fragestellung. Tübingen: Mohr (Siebeck)
Holzach, Michael (1996): Das vergessene Volk: ein Jahr bei den deutschen Hutterern in Kanada. München: dtv
Landshut, Siegfried (1930): Max Webers geistesgeschichtliche Bedeutung. In: Landshut (1969): 119-130
Landshut, Siegfried (1969): Kritik der Soziologie und andere Schriften zur Politik. Neuwied: Luchterhand
Plessner, Helmuth (2001): Grenzen der Gemeinschaft. Frankfurt a.M.: Suhrkamp
Rohwer, Götz (2003): Modelle ohne Akteure. In: Kölner Zeitschrift für Soziologie und Sozialpolitik. 54. Jg. Heft 55: 340-358
Sukale, Michael (2002): Max Weber – Leidenschaft und Disziplin. Tübingen: Mohr (Siebeck)
Walzer, Michael (1998): Sphären der Gerechtigkeit. Frankfurt a.M.: Fischer
Weber, Max (1904): Die „Objektivität" sozialwissenschaftlicher und sozialpolitischer Erkenntnis. In: Weber (1988): 146-214
Weber, Max (1919): Wissenschaft als Beruf. In: Weber (1988): 582-613
Weber, Max (1920): Gesammelte Aufsätze zur Religionssoziologie I. Tübingen: Mohr (Siebeck)
Weber, Max (1972): Wirtschaft und Gesellschaft. Grundriss der verstehenden Soziologie. Tübingen: Mohr (Siebeck)
Weber, Max (1988): Gesammelte Aufsätze zur Wissenschaftslehre. Tübingen: Mohr (Siebeck) (7. Aufl.)
Weber, Max (1991): Die protestantische Ethik. Eine Aufsatzsammlung. Hrsg. von J. Winckelmann. München/Hamburg: Siebenstern (8. Aufl.)
Whyte, William Foot (1996): Die Street corner society: die Sozialstruktur eines Italienerviertels. Berlin: de Gruyter

Tertium datur? Johannes Tews' „Großstadtpädagogik" als Versuch einer statistisch informierten Erschließung von Raumordnungen

1 Einleitung

Johannes Tews (1860-1937) ist kein Name, der in aktuellen Diskussionen zum Thema „Sozialraum" besonders häufig fällt. Er ist Eingeweihten im Kontext sozial- und erwachsenenpädagogischer Historiographie bekannt, aber kaum über ihren Kreis hinaus. Zudem hat er, obwohl einschlägig mit entsprechenden Themen befasst, keine Theorie von Raumkonstruktionen oder einer raumbezogenen Wissenschaft vorgelegt. Dennoch lohnt es sich, sich mit ihm und seiner „Großstadtpädagogik" auseinanderzusetzen. Um dies zu begründen, bedarf es einer Kontextualisierung des Werkes im sozialwissenschaftlichen und (sozial-)pädagogischen Diskurs seiner Zeit. Genauer ausgedrückt ist eine Einbettung in die wissenskonstitutiven Voraussetzungen pädagogischer Stellungnahmen in jener Zeit nötig, um die Position zu markieren, die Tews' Beitrag originär beanspruchen kann. So ist zu begründen, dass seine nüchterne, pragmatische Herangehensweise an das pädagogische Thema „Großstadt" Argumente aufbieten kann, die es angemessen sein lassen, von einem „Schlüsselwerk" zu sprechen.

Anschaulich wird dies vorrangig an seiner Darstellung der Ambivalenzen des Aufwachsens und Lebens in der Großstadt. In einer Zeit, in der das Leben in der Stadt mit seinem Sozialisationsort „Straße" pädagogisch vor allem negativ wahrgenommen wurde (vgl. Reutlinger 2004: 401), bemühte sich Tews um eine sachliche Darstellung, die nüchtern auf Probleme aufmerksam machte. Wo sie auftraten, wollte er Kompensationsmöglichkeiten anbieten. Die „Großstadtpädagogik" beabsichtigte, Vorurteilen entgegen zu treten und ein Bewusstsein für „tatsächliche" Probleme zu schaffen. In dieser Hinsicht erweist sie sich als Vorläufer einer – nur vermeintlich – distanzierten, problemorientierten Annäherung, wie sie aktuelle sozialpolitische Raumordnungen prägt. Eine genealogische Analyse kann nachzeichnen, auf welchen perspektivischen Voraussetzungen ein solcher Anspruch beruht und welche normativen Orientierungen ihn begründen. Sozialer Raum wird *hergestellt*, gerade auch dort, wo er objektiv zu bestehen scheint. Im Wissen um diese grundlegende Perspektivität von Raumordungen wird Tews' Beitrag für die Sozialraumforschung in prinzipieller Hinsicht bedeutsam. Er kann exemplarisch zeigen, welche Stellungnahmen, Prämissen und „Raum-Logiken" die Ambition nüchterner Pragmatik voraussetzt. Sie blendet Positionierungen aus, die analytisch sichtbar gemacht und historisch verortet werden müssen. Es ist im Sinne einer reflexiven Sozialraumforschung (vgl. Kessl/Reutlinger 2007) zu kennzeichnen, welche verdeckten Deutungsmuster und Kategorisierungen sich auswirken, wenn auf scheinbar eindeutiger Evidenz beharrt wird.

2 Die „Großstadtpädagogik" im Kontext

Johannes Tews legte seine *Großstadtpädagogik* im Jahre 1911 vor[1] und reihte sich mit ihr in Diskurse ein, die seit längerer Zeit sowohl die Großstadt an sich als auch ihre Erziehungsleistungen zum Thema machten. Man kann als Hintergrund derartiger Ausführungen zunächst das Städtewachstum als Kennzeichen der Industrialisierung in Deutschland bzw. im deutschen Reich in den Blick nehmen. Es machte die Großstadt zum prototypischen Symbol der Moderne, das die Lebensformen von immer mehr Menschen bestimmte. Berlin, das bei Tews' *Großstadtpädagogik* im Vordergrund steht, erlebte in den 35 Jahren vor der Publikation der Schrift mehr als eine Verdoppelung der Einwohnerzahl. Als Deutschlands mit Abstand größte Stadt wuchs Berlin von 1875 bis 1910 um 114 Prozent (vgl. Hohorst u. a., in Berg/Herrmann 1991: 37). Über Berlin hinaus zog die Urbanisierung immer mehr Menschen in die Städte; 1910 lebten 21,2 % der Bevölkerung des deutschen Reichs in Städten über 100.000 Einwohnern; 1871 waren dies noch 4,8 % gewesen (vgl. Köllmann 1974b: 127). In den Großstädten war in der Konsequenz ein hoher Anteil zugewanderter Personen beheimatet; Marschalck (1984: 49) spricht von 55 % im Jahre 1907 bei insgesamt 47 % Binnenwanderern im deutschen Reich. Andere Städte wiesen z.T. höhere Zuwachsraten auf, aber in Berlin konzentrierte sich, was in Deutschland unter einer „Metropole" verstanden wurde und sich im Zuge der Verstädterung anschickte, mit anderen Metropolen der Welt gleichzuziehen.

Die „objektiven" Hintergrundfaktoren der Urbanisierung müssen hier nicht näher ausgeführt werden. Sie bezeugen Rahmenbedingungen einer Veränderung der Sozialordnung, von der die gesamte Gesellschaft erfasst wurde, auch in ländlichen Lebensräumen (vgl. Köllmann 1974b: 139). Aber entscheidend ist weniger eine per se gegebene Qualität als die Frage, wie die neuen Ordnungsstrukturen wahrgenommen und diskursiv als Möglichkeiten kollektiver und subjektiver Erfahrung repräsentiert wurden. Dies verweist vor allem auf Kritik, denn es wurde von wertenden Positionen aus auf beengte Lebensverhältnisse, einen Mangel an Privatsphäre, fehlende Hygiene und andere Problemlagen geblickt. Die Meinung der Sozialpolitikerin Marie Baum (1923: 213), es zeige sich „eine fürchterliche Gefahr für das Volksleben", scheint auch heute zustimmungsfähig. Aber plau-

---

[1] Die zweite Auflage folgte 1921. Sie wurde unter dem Titel *Großstadterziehung* vorgelegt. Zu Änderungen im Auflagenvergleich s. Abschnitt vier.

sibel waren die Kritiken letztlich nur auf der Basis spezifischer Wertrelationen. In die Frage nach dem Zusammenhang von „Wohnung und Sittlichkeit", auf die bezogen Baum Befunde zur Wohnungslage referierte, flossen symbolische Verdichtungen, Mythen über das großstädtische Leben und Perspektiven „normaler", „geordneter" Verhältnisse ein. Diese Normalitätserwartungen ließen es erst plausibel erscheinen, die „Großstadt" als Lebensraum in eigener Qualität abzugrenzen und ihre durch statistische oder andere Hilfsmittel identifizierten Probleme mit Interventionsforderungen zu assoziieren. Als soziale und kommunikative Referenz entstand die Großstadt – wie andere Raumkonzeptionen auch – in der Rede über sie, und in diese Rede gingen frühzeitig Problematisierungen von Gesundheit, Ordnung und Sicherheit ein (vgl. Dinges/Sack 2000; Labisch/Woelk 1998). So waren die Mittel, die das großstädtische Leben vermeintlich nur sichtbar machen sollten, Mittel zu seiner perspektivischen Hervorbringung. Am Beispiel von Gesundheitsausstellungen und ihrer Funktion der Konstitution einer Bevölkerung führt Nikolov (2002: 311) aus:

„Die Kurven, Diagramme und statistischen Modelle kamen hier nicht nur als wissensvermittelnde Technologien zum Einsatz, um dem Dargestellten in der graphisch-statistischen Repräsentation eine höhere Glaubwürdigkeit zu verleihen. In diesem Zusammenhang sei daran erinnert, dass das Dargestellte erst durch diese Form der Darstellung zu dem wird, was es vorgibt darzustellen."

Methodisierte Darstellungen beinhalten demnach Präsentationslogiken, die das explizit Gesagte und Illustrierte fundieren. Auch die Großstadt existierte nie als schlicht große Stadt, sondern als symbolische Verdichtung und Produkt auf sie bezogener Darstellungsweisen. Es dürfte deshalb gerechtfertigt sein, „objektive" Daten über Bevölkerungsverschiebungen, Wohnverhältnisse oder Krankheitsbelastungen nicht in den Vordergrund zu stellen, denn der *Mythos Metropole* (Fuchs/Moltmann 1995) überdauert nicht primär durch „reale" Lebensbedingungen, sondern durch symbolische Konnotationen, die erst den Anschein vermitteln, man könne den Mythos objektivieren, indem auf voraussetzungsvolle Methoden der Sichtbarmachung rekurriert wird.

Dies zu betonen, erscheint zunächst trivial. Im historischen Kontext betrachtet wird hingegen sichtbar, dass Auseinandersetzungen um Optionen einer statistischen Objektivierung des Großstadtlebens, wie sie Tews anstrebte, Grundfragen einer Sozialraumforschung ansprechen, die eine längere Geschichte aufweisen. Tews' Publikation ist an einer Schnittstelle entsprechender Thematisierungsformen angesiedelt, die verdeutlicht, dass es zu einem bestimmten historischen Zeitpunkt unter spezifischen kulturellen und disziplinären Voraussetzungen plausibel wurde, Objektivierungen vorzunehmen, um sozialräumlich rückgebundene

Erziehungsfragen zu klären. Gegen Spekulation und Vorurteil sollte nüchternes Wissen gestellt werden, um gesellschaftlich „neu" aufgebrochene Integrationsformen zu diskutieren.

In Rechnung zu stellen ist dabei, dass die (Groß-)Stadt kulturell als besondere Lebensform konstituiert war und auf sie bezogene wissenschaftliche Klassifikationen und Theoretisierungen vorgenommen werden konnten. Großstädte waren eine herausragende Erscheinung im *Zeitalter der Nervosität* (Radkau 1998). An ihnen wurden die negativen Folgen, aber auch die Chancen sozialen Wandels exponiert sichtbar. Sie waren der „Hauptschauplatz" (Schroer 2000: 147) von Modernisierungsprozessen und eigneten sich in besonderem Maße dazu, die Dynamik zeitgenössischer Vergesellschaftungsformen zu adressieren. Die „Großstadtpädagogik" kann auf dieser Grundlage kontextualisiert werden, indem sie in zwei Diskurse eingebettet wird: erstens in einen sozialwissenschaftlichen Diskurs, der – man denke an die bekannten Simmelschen Ausführungen (s.u.) – die kulturelle Dimension des Wissens um das Großstadtleben in zentraler Weise umfasste, und zweitens in sozialräumlich ausgerichtete pädagogische Diskurslinien.

a) Sozialwissenschaftliche Diskurskontexte

Ferdinand Tönnies brachte die epochale Relevanz des Lebens in Großstädten für seine Zeitgenossen auf den Punkt, indem er einen Wandel von der vorherrschenden Vergesellschaftung durch „Gemeinschaften" zur Integrationsform „Gesellschaft" bestimmte: „In dem früheren Zeitalter gibt Familienleben und Hauswirtschaft den Grundton ab, in dem späteren Handel und großstädtisches Leben" (Tönnies 1887/1991: 217). Er differenzierte zwar genauer und erkannte an, dass es sich nicht um eine gänzliche Ablösung handelte. Aber im neuen Zeitalter dominierte die Gesellschaft und mit ihr die Großstadt als „Gesellschaft schlechthin" (ebd.: 212): Menschen begegnen sich in ihr nicht aufgrund ihres tradierten sozialen Standpunktes, sondern zufällig oder willentlich und treten dabei als freie Einzelne in Interaktion. Anstelle einer Einheit des Lebens dominieren soziale Spannungen und partikulare Interessen.

Tönnies stellte eindrücklich die „moderne" Qualität des Großstadtlebens vor. Legte man den Maßstab der Großstadt zugrunde, so konnten Menschen sukzessiv plausibler danach klassifiziert werden ob sie in ihr lebten oder nicht, d.h. ob sie mehr oder weniger stark von Modernisierung tangiert waren. Die Art und Größe des Ortes, an dem sie beheimatet waren, wurde zur Botschaft über die Subjekte und ihre Modernität: Individuen kamen aus Dörfern, Städten oder eben Großstädten. Im Verbund mit anderen Kategorisierungen wie Geschlecht, Nation, Status oder Bildungsniveau wurden sie in „ihrer" Individualität durch eine weitere Kategorie adressierbar und traten damit als Individuen noch spezifischer in den Blick des Betrachters. Die Großstadt fügte der Wahrnehmbarkeit des Menschen eine weitere Dimension hinzu, die sie sozialräumlich und gewissermaßen auf einer Skala der Betroffenheit von Modernisierungsprozessen verortete.

Vor diesem Hintergrund wandten sich nicht zufällig Vertreter formaler Soziologien der Großstadt zu, um Strukturen sozialer Wechselwirkungen und Beziehungen zu dokumentieren. Für den Berliner *Georg Simmel* (vgl. den Beitrag von Ahrens in diesem Band) war „die ‚Großstadt' einer seiner bevorzugten soziologischen Untersuchungsgegenstände" (Nedelmann 2002: 127). Sie führte eine Vergesellschaftungsform vor Augen, die im Empirischen konkretisiert war und eigenständige Muster sozialer Distanzen und Distinktionen, zeitlicher Ordnungen, räumlicher Bewegungen und psychischer Verfasstheiten mit sich führte. In ihrem „tiefen Gegensatz" (Simmel 1903/1957b: 228) zu ländlichen und kleinstädtischen Lebensbedingungen konstituiere sie einen besonderen Typus mentaler Verfasstheit und kultureller Vergesellschaftung. Simmel wies diesbezüglich auf Ambivalenzen wie eine zunehmende Anonymisierung und gleichzeitige Erhöhung der Freiheitsspielräume für den Einzelnen hin, die eine einfache Bewertung nicht zuließen. Großstädtisches Leben war begleitet von neuartigen „elementaren Sozialisierungsformen" (ebd.: 234), die es in erster Linie zu verstehen und nicht zu beurteilen gelte. Nicht die „Attitüde des Richters" (ebd.: 242) zieme sich bei der Betrachtung der Großstadt, sondern das Bemühen, sie als Vergesellschaftungsform zu rekonstruieren[2].

b) Pädagogische Sozialraumorientierung

An dieses Bemühen suchte Tews (1911: 15) in explizitem – wenn auch selektivem – Bezug auf Simmel anzuschließen. Bevor hierauf inhaltlich eingegangen werden

---

2 Deutlicher wurde *Alfred Vierkandt*, für den die Großstadt als markantes Anzeichen der inneren Leere und Nervosität des modernen Lebens fungierte. Sie sei ein „Massenbetrieb" (Vierkandt 1931/1959b: 155), der echte, tiefgehende Beziehungen nicht kenne. Für den Eigenwert des Menschen, ja für Würde überhaupt, biete die Großstadt angesichts ihres Konkurrenz- und Existenzdrucks, ihrer Hektik und ihrer Oberflächlichkeit „keinen Boden" (ebd.: 152). So sei es wenig überraschend, dass sie ihre kulturelle Vorbildfunktion aus früheren Zeiten eingebüßt habe, und die Jugendbewegung lege ein beredtes Beispiel für die Abkehr von entsprechenden Lebensstilen ab. Nicht uninteressant ist demgegenüber der ebenfalls – und ebenfalls frei – an Simmels Vorgaben anschließende Versuch *Leopold von Wieses*, sozialräumliche Vergesellschaftungsformen am Beispiel von Dörfern zu untersuchen. Meist wurden ländliche Strukturen als mehr oder weniger implizite Voraussetzungen kommuniziert, um das Besondere und Neue (groß-)städtischer Vergesellschaftung zu untersuchen. Wiese drehte dies in Anlehnung an englischsprachige Analysen um. Neben dem Forschungsinteresse, welches „das spezifisch Beziehungswissenschaftliche" (Wiese 1928b, V) dörflicher Vergesellschaftung in den Blick nahm, erschien es ihm nicht zuletzt „in pädagogischer Hinsicht für unsere Großstadtstudenten nützlich zu sein" (ebd.), das Dorfleben im Rahmen einer sozialräumlich orientierten Soziologie – eben mit Hilfe von Studierenden – zu analysieren. Der Haltung Tews' zum Wissen über die Erziehungsqualität der Großstadt nicht unähnlich, machte Wiese (1928c: 5) bezüglich des Dorflebens kritisch darauf aufmerksam, die deutsche Literatur biete oftmals „bloßes ‚Sentiment' nach dem Muster der Spenglerscher Phrasen".

kann, ist zu betonen, dass Tews nicht nur auf aktuelle kulturelle und sozialwissenschaftliche Positionen rekurrierte. Auch im Bereich der sozialen Pädagogik war die Großstadt wohlbekannt, und spätestens mit Rousseaus (1762/1971: 35) Verdikt, die Stadt sei „das Grab des Menschen", war sie auch berüchtigt. Die zivilisatorischen Fehlentwicklungen, die Rousseau diagnostizierte, schienen in der Stadt und ihren negativen Sozialisationsbedingungen zu kulminieren.

Tews teilte jedoch die Haltung Rousseaus nicht. Winkler (1988: 259) verweist auf die *Großstadtpädagogik* als Beispiel einer pädagogischen Haltung, die für gesellschaftliche Prozesse offen war, ohne dem „Rousseauismus des ‚Emile'" (ebd.) zu verfallen. Eine sozialräumliche Pädagogik konnte Formen annehmen, in denen es um eine „pädagogische Insel" oder eine gegen-gesellschaftliche Rahmung des Einzelnen in gemeinschaftlichen Erziehungssettings ging. Sie konnte aber auch, wie im Falle von Tews, versuchen, konstruktiv auf die Erziehungsbedingungen in den konkreten Lebensorten der Heranwachsenden einzuwirken, und sie war hierzu darauf angewiesen, mehr oder weniger vorurteilslos auf die Lebensbedingungen in den Zentren der Modernisierung zu sehen. Im Mittelpunkt stand damit der Versuch, Erziehungs- und Sozialisationskonstellationen zu verstehen, hierbei auch die Perspektive der Heranwachsenden zu berücksichtigen und auf der Basis der gewonnenen Erkenntnis „adäquat" zu reagieren.

An der Großstadt als umfassendes Symbol für Prozesse von Modernisierung und Industrialisierung wurde dabei festgehalten. Die pädagogische und sozialpädagogische Tradition wurde von Tews nicht übernommen, insoweit sie in einer teilweise rigiden Bewertung großstädtischer Lebensformen verharrte; aber die Großstadt bedurfte als Erziehungsproblem in jedem Fall der gesteigerten pädagogischen Aufmerksamkeit. So stellte der Herbartianer Wilhelm Rein (1902: 226) fest: „Die Großstadt ist der Zerstörung der Familie nur zu günstig" und artikulierte die fundamentale pädagogische Angst, der „Boden", auf dem die intentionalen schulischen Erziehungsleistungen erbracht wurden und zur Geltung kamen, sei im Zuge sozialen Wandels brüchig geworden. Gewissermaßen als Warnung an die Zeitgenossen wurden von Rein die drohenden Auswirkungen am Beispiel wachsender Kriminalitätsraten vorgestellt, denn es sei eine „Thatsache, daß die Verdichtung der Bevölkerung den günstigsten Boden für die Vermehrung der Verbrechen liefert" (ebd.). Und wenn es auch nicht per se zu Verbrechen kam, so drohten immerhin Verwahrlosung oder Blasiertheit der Heranwachsenden. In der Großstadt, konstatierte Trüper (1899: 566), würden „die Sinne auf Schritt und Tritt gereizt und gelockt", und dies gab Anlass zur pädagogischen Sorge.

Die Großstadt war aus Sicht der sozialen Pädagogik grundlegend verdächtig. Sie verwirrte tradierte Strukturen und ließ Sozialisatoren wie Schaufenster, leicht zugängliche Schundlektüre, ein unkontrolliertes Straßenleben oder anonyme Sozialkontakte an ihre Stelle treten. Es war ein neues Verhältnis zwischen intentionaler Erziehung und Sozialisation zu konstituieren, und die Bemühungen, dies zu unternehmen, divergierten beträchtlich. Reformpädagogische Strömungen etwa tendierten zu einer Modernisierungskritik (vgl. Oelkers 1991), die bis zur jugendbewegten Stadtflucht oder zur *Land*-Erziehungsheimbewegung als Versuch reichte, Kinder und Jugendliche in geschützten, pädagogisch kontrollierten Settings zu erziehen. Aber auch hier ist zu unterscheiden. Es gab eine tendenzielle Annäherung mancher Spielarten entsprechender Pädagogiken an großstädtische Lebensformen, so dass die Pauschalisierung einer Feindlichkeit ihnen gegenüber zu relativieren ist (vgl. Hopfner 2006; Matthes 2005).

Tews' *Großstadtpädagogik* ist an entsprechenden Übergängen verortet, da sie einer vorurteilsbehafteten Kritik entgegen trat und alternative Zugänge einer „realistischeren" Einschätzung aufzuspüren suchte. Von dominierender Relevanz war in der Pädagogik gleichwohl eine kritische Haltung. Im Herbartianismus, der vor dem Ersten Weltkrieg die Pädagogik nachhaltig prägte, wurden Großstädte, wie beschrieben, kritisch-distanziert aufgenommen. Und auch die theoretischen Gegner – zu denken ist neben Reformpädagogiken mit Blick auf Sozialraumkonstruktionen etwa an den Neukantianer *Paul Natorp* (1899/1974) – stimmten zumindest mehrheitlich in diesen Kanon ein.

In die Auseinandersetzungen von Herbartianismus, neukantianischer und pestalozzischer Sozialpädagogik sowie den aufkommenden reformpädagogischen Strömungen mischte sich noch eine weitere Diskurslinie, die für das Verständnis der Ausführungen Tews entscheidend ist. Erst sie lässt ihren bewusst nüchternen und auf Objektivierung bedachten Zugang verständlich werden. Er ist eng assoziiert mit der in der Weimarer Republik – im Kontext des Erscheinens der zweiten Auflage von Tews' Großstadt-Publikation – auftretenden Expansion einer „Pädagogischen Soziologie" und mit Versuchen einer „pädagogischen Milieukunde". Sie brachten eine Problematik zum Vorschein, die bereits im Wilhelminischen deutschen Reich in der Sozialpädagogik aufbrach und die fraglich werden ließ, mit welcher wissenschaftlichen Legitimität eine Ausdeutung sozialräumlich verhafteter Erziehungsprozesse vonstatten gehen konnte. Maßgeblich ist dabei nicht die Zuordnung von Autoren zur Pädagogischen Soziologie oder zur Milieu- oder Sozialpädagogik; Tews (1898; 1900) zeigte eine besondere Nähe zur Sozialpädagogik. Bedeutsamer war der in die Auseinandersetzungen eingelassene Streit um die Normativität und/oder normative Enthaltsamkeit der Analyse oder Deskription sozialer bzw. sozialräumlicher Pädagogik.

Als Vertreter einer milieubezogenen Pädagogik insistierte etwa Adolf Busemann (1927: 3) darauf, es sei eine deskriptiv und erklärend angelegte Forschungslogik zu verfolgen, keine wertende. Ähnlich beharrte Carl Weiß (1929: 10) darauf, die Pädagogik sei v.a. als Sozialpädagogik bislang „an die Sozialdinge normativ" herangegangen, und stellte seine vermeintlich „wertfrei" und kausal erklärende

Pädagogische Soziologie gegen sie – dies explizit auch, um die besondere gesellschaftliche Bedeutung der Großstadt zu rekonstruieren (ebd.: 209). Von klärungsbedürftigen Werturteilen konnte sich Weiß gleichwohl nicht lösen. Die Wertneutralität blieb mehr Programm als eingelöste Realität.

Paul Barth, – der sowohl der Sozialpädagogik wie auch der Pädagogischen Soziologie zuzuordnen ist (vgl. Brinkmann 1986; Dollinger 2006) und mit dem nun unmittelbare zeitliche Nähe zum ersten Erscheinen der *Großstadtpädagogik* herzustellen ist[3] – musste die Bedeutung des Neutralitätspostulates rüde erfahren, als er auf dem Zweiten Deutschen Soziologentag im Oktober 1912 über die „Nationalität in ihrer soziologischen Bedeutung" (Barth 1913) referierte: „Werturteilspolizisten" (Brinkmann 1986: 62) unterbrachen seine Rede. In Persona von Ferdinand Tönnies als Tagungsleiter wurde Barth vorgeworfen, er habe sich unzulässig wertend artikuliert (vgl. Tönnies, in Barth 1913: 49). Unabhängig davon, ob dies zutreffend war oder nicht, zeigt die Begebenheit das Bewusstsein um die Relevanz und die (eventuelle) wissenschaftliche Notwendigkeit der Kontrolle wertender Stellungnahmen. Die entsprechenden Konflikte mussten nicht derart weit gehen wie im Falle der Auseinandersetzung von Tönnies und Barth. Aber es war plausibel, aus einer möglichst wertfreien Position heraus differentielle Raumordnungen zu untersuchen und dabei Mittel zu verwenden, die scheinbar ohne spekulativen Überschuss auskamen.

Der Liberale Friedrich Harkort hatte dies bereits seit der Mitte des 19. Jahrhunderts vorgemacht, um die Notwendigkeit einer verbreiterten Volksbildung plausibel zu machen (vgl. Hausmann 1966; Jeismann 1969). Tews teilte mit ihm eine Vorliebe für Vereinsarbeit und für extensive Volksbildungsbestrebungen, eine Neigung zu vielfältigen sozialpolitischen Reformbemühungen, eine liberale Grundhaltung, die Forderung nach einer sozialpädagogischen Umgestaltung der Erziehung und eine Affinität zu Statistiken, die objektivieren sollten, worüber andere philosophierten oder spekulierten. Diese Objektivierung durch statistische Methoden war zur Zeit Tews' in verschiedener Hinsicht wieder in Mode gekommen (vgl. Kemsies 1911; Meumann 1911, 1912; Willmann 1875/1980b). In diesem Sinne war Tews' sachliche, um statistische Objektivierung bemühte Herangehensweise an die Großstadt nicht nur im sozialwissenschaftlichen und kulturellen Diskurs verhaftet. Sie war auch in der Tradition und in den aktuellen Auseinandersetzungen der sozialen Pädagogik – trotz ihrer großstadtkritischen Tendenz – anschlussfähig und besetzte eine Position, die von Diskursteilnehmern unmittelbar „verstanden" werden konnte. Damit kann nun unmittelbar zu Tews übergegangen werden.

---

3 Eines der zentralen Werke Barths, *Die Geschichte der Erziehung in soziologischer und geistesgeschichtlicher Beleuchtung,* erschien in Erstauflage 1911 im Jahr der *Großstadtpädagogik* (vgl. Barth 1911/1925).

3 Biografie

Johannes Tews bezeichnete sich selbst als einen „Grenzmenschen", der „zwischen verschiedenen Zeiten und in sehr ungleichen Geisteswelten aufgewachsen" ist (Tews 1921b: 218). Tatsächlich sperren sich Biografie, politische Haltung und pädagogische Konzeptionen einer klar konturierten Kategorisierung. Ohne den Befund zu überspannen, zeigen sich zumindest Tendenzen der Ambivalenz, die seine *Großstadtpädagogik* bezüglich Sozialisations- und Erziehungseinflüssen rekonstruiert, auch in seiner Biografie. Elemente „modernen" Denkens und tradierte Wertvorstellungen stehen nebeneinander und vermischen sich; ein objektivierendes Denken sucht nach eindeutigen, nüchternen Orientierungen und greift doch immer wieder auf Spekulationen zurück und strebt zugleich an, subjektive Sichtweisen nicht zu übergehen. In gewisser Weise schien Tews als Mensch an einem Übergangspunkt zu stehen, der sich im Werk widerspiegelt.

Er wurde am 19. Juni 1860 als jüngstes von sechs Kindern einer bäuerlichen Familie in Heinrichsfelde bei Dramburg (Pommern) geboren und wuchs „in halb ländlichen, halb städtischen Verhältnissen" (Tews 1921b: 17) auf. Trotz der eher ländlichen Wohngegend fühlte Tews sich der Stadt mehr verbunden als dem Land.

Von 1867 bis 1874 besuchte er die Dorfschule in Heinrichsfelde, in der Mädchen und Jungen, jüngere und ältere Kinder gemeinsam unterrichtet wurden. Diese Struktur ermöglichte es ihm, sich die Lerninhalte höherer Klassenstufen, im Grunde als Autodidakt, anzueignen (vgl. Dräger 1981: 8ff). Nachdem er zunächst auf dem elterlichen Hof mitarbeitete, trat er 1877 in das Lehrerseminar in Dramburg ein, das er 1880 mit der ersten Lehrerprüfung abschloss. Im selben Jahr wurde er Lehrer in Falkenburg, 1881 in Dramburg.

1882 ging er nach Stettin und legte sein zweites Lehrerexamen ab. Dort wurde ihm, nun in der Funktion des Lehrers in einer Armenschule, bewusst, „was für eine ungeheure Bedeutung es hat, wenn die Kinder aller Bevölkerungsschichten zunächst in dieselbe Schule gehen" (Tews 1921b: 91). In der Folgezeit trat er „für die allgemeine Volksschule, für die Einheitsschule" (ebd.), ein. Im folgenden Jahr ging er schließlich nach Berlin, wo er ab 1883 als Lehrer tätig war. Seine Veröffentlichung über die *Durchführung der Schulklassen* im Jahrbuch des *Vereins für wissenschaftliche Pädagogik*, in der er sich u.a. auf Herbart bezog, brachte ihn in Kontakt mit den Herbartianern (ebd.: 107), während er ansonsten z.B. durch Mitarbeit an der ab 1897 erscheinenden *Deutschen Schule* an der Abkehr vom Herbartianismus partizipierte.

Er wurde zunehmend im Bereich der Volksbildung und Sozialpolitik aktiv (vgl. Dräger 1981: 11f). Ohnehin blieb eine sozial orientierte Pädagogik für ihn auf das Engste mit sozialpolitischen Reformen und einem in die Breite gehenden

Bildungsanspruch verbunden. Entsprechend weit gefasst war sein Verständnis von Sozialpädagogik: „Die Gesamtheit der Bemühungen, Wissenschaft und Kunst im Volke zu verbreiten, nicht nur durch die Schulen, sondern darüber hinaus bei Kindern und Erwachsenen, welche zu lernen und zu genießen willig sind, durch mannigfache andere Mittel, kann man mit dem Ausdruck Sozialpädagogik bezeichnen" (Tews 1900: 4), ließ er im Jahr 1900 wissen, und bereits kurz zuvor hatte er angemerkt, sein Zeitalter könne, da es sich der großen volkspädagogischen Aufgaben annehme und die schulpädagogische Verengung von Erziehungsfragen revidiere, „mit Recht ein sozialpädagogisches genannt werden" (Tews 1898: 543). Für Tews war die Pädagogik grundlegend an sozialen Verhältnissen und gegebenen Sozialräumen – wie eben der Großstadt – ausgerichtet und im Verbund mit sozialpolitischen Interventionen kompensierte sie Defizite des modernen Lebens. Es gab kaum Probleme, die man nicht durch nüchterne Analyse und rationale Bearbeitung beheben oder entscheidend mindern konnte.

In dieser Intention konkreter Problembearbeitung schloss sich Tews u. a. der Bewegung für die Fortbildungsschule an und engagierte sich beim Berliner Lehrerverein. In einem seiner ersten Vorträge befasste er sich gemäß seiner sozialpädagogischen Mission mit den lokalen Bildungsgegebenheiten seines Umfeldes, mit der *Berliner Lokalpädagogik* (Tews 1921b: 137), die er im Sinne der Einbeziehung der Umgebung in die Pädagogik thematisierte. Neben zahlreichen weiteren Vorträgen veröffentlichte er Artikel in Tageszeitungen und pädagogischen Zeitschriften, in denen er sich sowohl mit Schule als auch mit Volksbildung und anderen sozialpädagogischen Themen befasste.

1889 trat er der *Gesellschaft für Verbreitung von Volksbildung* bei, deren erster Vorsitzender Hermann Schulze-Delitzsch gewesen war (vgl. Böhmert 1907). Im folgenden Jahr wurde er Mitglied des Hauptausschusses und verantwortlich für die Publikation *Bildungsverein*, ab 1904 unter dem Titel *Volksbildung* erscheinend. 1891 bis 1904 hatte er, neben seiner Tätigkeit als Lehrer, das Ehrenamt des Geschäftsführers der Gesellschaft inne. 1904 gab er den Lehrerberuf schließlich auf und arbeitete bis 1933 als hauptamtlicher Geschäftsführer der *Gesellschaft für Volksbildung*, wie sie seit 1915 auf Vorschlag von Tews hieß.

Auf der Reichsschulkonferenz 1920 setzte er sich für die Einheitsschule ein, konnte sich aber nicht gegen die Verfechter des gegliederten Schulsystems durchsetzen. Sein Einsatz sowohl für die Einheitsschule als auch für die Gesellschaft für Volksbildung war vom Gedanken einer Bildung für alle Bevölkerungsschichten geprägt, der ihn auch dazu brachte, sich gegen den Gebrauch von Fremdwörtern einzusetzen; sie verhinderten seiner Meinung nach, dass Menschen mit geringer Bildung Reden und Aufsätze verstehen konnten (vgl. Tews 1921b: 153ff). Folgerichtig wurde aus der *Großstadtpädagogik* (1911) in zweiter Auflage die *Großstadterziehung* (1921a).

Im Juni 1930 wurde ihm die Ehrendoktorwürde der Universität Greifswald verliehen. Drei Jahre später trat Tews als Generalsekretär der Gesellschaft für Volksbildung zurück. Er starb am 28. Juni 1937 in Berlin. Die Ehrenschrift *Dr. e.h. Johannes Tews zum Gedächtnis* (Schleusner/Schloen 1937), die seine Töchter noch im selben Jahr herausgaben, verdeutlichte durch die Würdigungen von Wegbegleitern und die gesammelten Nachrufe das Ansehen, das Tews in seiner Zeit zukam.

4 Inhalt

Tews veranschaulichte vor allem am Beispiel Berlins die Lebensbedingungen von Menschen in den Großstädten seiner Zeit. *Großstadtpädagogik* war für ihn „Heimatpädagogik, also eine Pädagogik, die den besonderen Verhältnissen der Großstadt Rechnung tragen soll, die das Großstadtkind, seine nächste Umgebung, seine Erzieher, seine Schule in ihrer Eigenart auffassen lehren und aus dieser Eigenart heraus praktische Erziehungsforderungen stellen will." (Tews 1911: 1). Er beschrieb sie in neun Kapiteln, in denen er die einzelnen Aspekte des Lebens in der Großstadt, ihre Erziehungswirkung sowie die daraus abzuleitende Erziehungsreform darstellte.

Der Anspruch war objektivistisch. Neben Parteilichkeit, so teilte er mit, seien vor allem Unwissen (ebd.: 2; 7) und oberflächliche sowie einseitige Kenntnis (ebd.: 9) Ursachen für die zahlreichen Negativdarstellungen großstädtischen Lebens. An die in der Großstadt lebenden Menschen, sich selbst eingeschlossen, richtete er daher die Forderung, nicht „jedes Vorurteil über uns ergehen (zu; d.A.) lassen, wir sollten zwar die Anklagen sorgsam prüfen, wirkliche Schäden rückhaltlos eingestehen, aber ebenso auch der Vorzüge der Großstadt uns bewußt werden" (ebd.: 2). Dies setzte er unter anderem um, indem er gängige Vorurteile über die Großstadt zu hinterfragen suchte, z.B. fehlende Ortsverbundenheit (ebd.: 10), den „Verfall der Familie" (ebd.: 17) sowie die bisher wenig berücksichtigten negativen Aspekte des Lebens auf dem Land und in der Kleinstadt, die er immer wieder gegen die Schäden des Großstadtlebens aufrechnete. Dessen Probleme schienen nicht ausschließlich, aber in hohem Maße importiert zu sein. So schrieb er, dass die Großstadt von „tugendsamen Leuten, die von draußen kommen, oft genug als moralisches Klosett benutzt" (ebd.: 8) werde. Die Großstadt erzeuge das Laster seiner Meinung nach nicht, sondern biete ihm Raum. Die tatsächlichen Verursacher seien „Vaganten, Zugezogene, deren Wiege verhältnismäßig oft in kleinen, frommen Dörfern gestanden hat" (ebd.: 134). Mit diesen Thesen tendierte Tews zu einer Affirmation der Großstadt; Probleme wurden anerkannt, aber relativiert oder externalisiert. Ausführlich ging er in diesem Sinne auf die Vorzüge der Großstadt ein, beispielsweise größere Hilfsbereitschaft, mehr Gemeinsinn (ebd.: 13) oder eine fundiertere demokratische Gesinnung (ebd.: 14).

Hilfreich zur Vermittlung eines Anscheins der Objektivität waren ihm statistische Argumentationsmittel. Interessanterweise negierte er dabei die Schwachstellen von Statistiken nicht; so merkte er an, dass die Kriminalstatistik „nicht nur die Häufigkeit der Vergehen, sondern noch mehr den Eifer der Polizei und der Staatsanwälte zum Ausdruck" (ebd.: 18) bringt. Bei der Betrachtung jugendlicher Delinquenz wirke sich eine unterschiedliche Bewertungsgrundlage für dieselben Vergehen in Stadt und Land aus (ebd.: 61). Ähnliches gelte für die Überweisung an die Fürsorgeerziehung, die er mit dem „Eifer der öffentlichen Fürsorgeorgane" (ebd.: 63) erklärte. Trotz dieses kritischen Bewusstseins um den Konstruktionscharakter statistischen Wissens listete er Daten mitunter nur auf, ignorierte widersprüchliche Befunde und ergänzte sie spekulativ.

So kommt paradoxerweise vor der Hintergrundfolie der objektivistisch auftretenden Argumentation Tews' normative Grundüberzeugung recht deutlich zum Vorschein. Sie zielte im Kern auf die größere Egalität bzw. geringere sozialstrukturelle Distinktion der Menschen in der Großstadt. Sichtbar werde dies vor allem auf der Straße, wo „die sozialen Unterschiede in der äußeren Erscheinung stark zurück" (ebd.: 106) traten. Der Einwohner der Großstadt war für Tews ein „Gleicher unter Gleichen" (ebd.: 14): Der „ständischen Lebensauffassung" des Dorfes setzte er das großstädtische „demokratische Bürgertum" (ebd.: 15) entgegen. Großstädte waren für ihn „die Stätten, an denen der Gemeinsinn am lebendigsten sich entwickeln kann" (ebd.: 13), wobei das soziale Verhalten der Bürger durch ihre gegenseitige Abhängigkeit bedingt werde (ebd.).

Dieses Ideal betraf freilich nur die Bewohner der Großstadt, die „dazugehören", das heißt die dem implizit postulierten Arbeitsethos zu entsprechen vermochten. „Wer nicht arbeitet, gehört nicht eigentlich zu ihr" (ebd.: 24). Menschen ohne Arbeit fanden sich als „arbeitsscheue Gelichter", sogar als „Parasiten" (ebd.), tituliert. Symptomatisch war die Kritik am „Langschläfertum", das als „Kennzeichen von Trägheit, Bequemlichkeit, geringer Lebenslust und ungenügender Arbeitsfreude" (ebd.: 86) interpretiert wurde, obwohl Tews einige Zeilen zuvor feststellte, dass die Arbeit in der Stadt später begann und er damit eigentlich die Erklärung für Veränderungen im Tagesablauf der Menschen lieferte.

Von dieser normativen Haltung aus ist es nur ein kleiner Schritt zur Wertschätzung einer bürgerlich gedachten Arbeitserziehung. Die zentrale Rolle, die ihr Tews zusprach, kommt in folgenden Aussagen zum Ausdruck: „Die Großstadt erzieht durch die Arbeit und zur Arbeit" (ebd.: 24) und sichert dem Arbeiter „ein verhältnismäßig gutes bürgerliches Dasein" (ebd.: 11). Unter Berufung auf Pestalozzi und Kerschensteiner war er der Meinung, „daß die Arbeit im Kindesleben der stärkste Erziehungsfaktor ist und daß die großstädtische Erziehung, wenn sie vollwertige Resultate erzielen will, die Arbeit mehr in ihr Programm aufnehmen muß" (ebd.: 139). Abweichungen vom Katalog der Sekundärtugenden, vom bürgerlichen Leistungs- und Arbeitsethos, wurden als Abwendung von der Gemeinschaft diskreditiert; alternative Lebensentwürfe standen der angestrebten Bürgerkultur der Stadt entgegen. Als „eines der wesentlichen Kulturprobleme der Gegenwart" (ebd.: 131) ergab sich für Tews aus diesen Prämissen die Aufgabe eines Bildungstransfers von der Bürger- zur Arbeiterkultur in der Intention einer „Höherentwicklung" (ebd.) des Arbeiterhauses. Diese impliziten Verhaltensmaximen gratifizierten Tews, dem scheinbar „neutralen" Beobachter, die Perspektive, von der aus auf sozialräumliche Lebens- und Erziehungsverhältnisse geblickt werden konnte. Und diese stehen letztlich im Zentrum der „Großstadtpädagogik", nicht die Großstadt als solche.

Arbeit war wichtig, aber nicht der einzige Sozialisationsfaktor, denn Heranwachsende wurden in der Stadt durch zahlreiche „Erzieher" geprägt: „Die Mütter, die Väter, die sonstigen Angehörigen, alle, die ins Haus kommen und dem Kinde näher treten; dann die Lehrer, die Schul- und Spielgenossen, die Dinge in der Umgebung des Kindes, das Leben auf der Straße, das Schaufenster, im reiferen Alter die Fortbildungskurse, die öffentlichen Vorträge, die Hochschulkurse, die Denkmäler, die Museen, die Bibliotheken, das Leben und Treiben der Großstadt, das öffentliche Leben usw." (ebd.: 21). Während die Großstadt für kleine Kinder nach Meinung Tews' ein wenig geeigneter Lebensort sei, biete sie älteren Kindern und Jugendlichen zahlreiche Möglichkeiten der Erziehung und Bildung: „Ist so die Erziehung des jüngeren Kindes in der Großstadt im ganzen ärmlich, freudearm, fehlt es oft an alle dem, das das Kind als unantastbares Naturrecht verlangen kann, so gestaltet sich das Los des heranwachsenden Kindes, insbesondere des Knaben, mit jedem Tage besser" (ebd.: 22f). Für kleine Kinder sei sie zu unruhig, zu schnelllebig und zu unkontrolliert – für Ältere warte sie mit Sozialisationserfahrungen auf, die nur der Großstadt eigen seien und die pädagogisch genutzt werden konnten, um drohende Defizite auszugleichen. An einer grundlegenden Ambivalenz der pädagogischen Qualität von Großstädten hielt Tews demnach fest. Sie beinhalteten sowohl Chancen als auch Risiken für die Erziehung und Entwicklung der heranwachsenden Generation. Den Bildungsmöglichkeiten, die es nur in der Großstadt gab, standen spezifische Gefahren gegenüber. So konnte, um ein Beispiel zu nennen, das Schaufenster „Schulbuch" (ebd.: 112), aber auch „Schauer- und Schundroman" (ebd.: 114) sein. Es konnte lehrreich wirken wie auch vom rechten Weg abbringen.

Im Fortgang seiner Argumentation stellte Tews das „Großstadtkind" in den Mittelpunkt seiner Betrachtungen. Er beschrieb das Kind nicht nur aus der Außensicht des Erwachsenen, sondern versuchte die Sicht des Kindes einzunehmen, die Stadt mit seinen Augen zu sehen (vgl. Tews 1911: 111; s.a. Henseler/Barth 2006: 193f).

Bezüglich der Schule führte dies zur Kritik der fehlenden Berücksichtigung der konkreten Umgebung bei der Gestaltung der Lehrpläne und des Unterrichts: „Da das Leben in Dorf und Kleinstadt von dem der Großstadt durchaus verschieden ist, so kann die Aufgabe der Schule hier und dort nicht dieselbe sein" (Tews 1911: 69). Erziehung musste ausgehend von gegebenen Raumverhältnissen geplant und durchgeführt werden. Insbesondere war in Rechnung zu stellen, dass die Schule nicht als einzige „Erziehungsmacht" fungierte, weshalb weitere erzieherische Einflüsse zu berücksichtigen waren, z.B. durch „Unterricht im Freien" (ebd.: 72) oder das Lernen vor Ort (ebd.: 71f). Pädagogik sollte an den faktischen Lebensverhältnissen der Heranwachsenden ausgerichtet sein. Sie war keine bloße Didaktik und keine Unterrichtung, sondern eine mit Einflüssen des „Lebens" assoziierte Einwirkung. Intentionale Erziehung war nur Teil des gesamten Erziehungsgeschehens – möglicherweise ein wirksamer, aber keinesfalls ein entscheidender, solange er nicht mit den anderen Sozialisationsmächten paktierte: „Die Schule ist nicht die einzige Erziehungsanstalt, neben ihr nehmen das Haus und der Spielplatz und nach diesen die Werkstatt, das Kontor, der Ackerplan den jungen Menschen in die Schule und bilden ihn nach ihren Anforderungen weiter. (…) Darum müßten die Schulpläne auch die Leistungen der neben der Schule tätigen Erziehungsfaktoren feststellen und danach das Gebiet der Schulerziehung und des Schulunterrichts abgrenzen." (ebd.: 69).

Angesichts der Ambivalenz großstädtischer Erziehung war Kompensation nötig und möglich, um den spezifischen Bedürfnissen der Kinder in der Großstadt gerecht zu werden. So konnte die Schule den Turnunterricht ausdehnen, um die Bewegungsmöglichkeiten der Kinder zu vergrößern, oder sie konnte „Ausflüge ins Freie" in den Schulalltag einplanen, um „Bewegung und frische Luft" sowie „Leben mit und in der Natur" zu ermöglichen. Sie konnte zudem ihre Räumlichkeiten den Bedürfnissen des Großstadtkindes anpassen (ebd.: 70).

Eine zentrale Rolle in Tews' Rekonstruktion der unzureichend befriedigten kindlichen Bedürfnisse nahm das Fehlen von Raum zum Spielen und Bewegen in der Natur ein: „In der Großstadt bleibt kein Raum für das freie Spiel und seine natürlichen Mittel. Keine Gräben, die man überspringen, keine Bäume, die man erklettern, keine alten Hütten, in denen man sich verstecken kann. Alles ist geradlinig und durchsichtig, und wo noch ein Plätzchen für die spielende Jugend wäre, da vertreibt sie der Straßenverkehr oder der Ziergärtner, der mit seinen Blumenbeeten und Ziersträuchern das letzte Plätzchen in Anspruch nimmt" (ebd.: 92). Er betonte „Licht, Luft und Grün" (ebd.: 104), Spielplätze und weitere Räume für Kinder, beispielsweise die Nutzung der Schulhöfe am Nachmittag. „In der Vernachlässigung der Spielplätze liegt einer der einschneidensten Mängel der großstädtischen Erziehung" (ebd.: 91), denn der Spielplatz stelle für Kinder einen Raum zur Selbsterfahrung dar, in dem sie sich selbst und andere anders wahrnehmen können, als dies in der Schule möglich sei. Die Einrichtung von Spielplätzen war für Tews umso wichtiger, als die Straße als Spielort für Kinder zunehmend gefährlicher wurde (ebd.: 98) – gefährlich wohlgemerkt vorrangig nicht im sittlichen Sinne. Er meinte dies ganz physisch, denn der zunehmende Autoverkehr gefährde die Gesundheit der Kinder. Andere Risiken, wie sie vor allem das Nachtleben mit sich brachte, waren kontrollierbar. Die Straße wurde im Blick des pädagogischen Betrachters gleichsam entmoralisiert; sie bot überschaubare, kalkulierbare Risiken, denen abzuhelfen war. Und nicht zuletzt übte die Straße auch einen erziehenden und bildenden Einfluss auf die Kinder und Jugendlichen aus: Sie „erweitert den Blick des Kindes" (ebd.: 108). Den wichtigsten Bildungsort der Straße stellten für Tews Schaufenster und Läden dar, die „geradezu ein Schulbuch" (ebd.: 112) waren und Kindern und Jugendlichen vielfältige Inhalte anschaulich näher brachten. Im Gegensatz dazu standen Schaufenster, deren Inhalte für Kinder ungeeignet waren, da sie „die schamlosesten Darstellungen in Wort und Bild" (ebd.: 114) zeigten. Schülerbibliotheken, Volksbibliotheken, Kinderlesezimmer in den Schulen oder Leseerziehung waren wichtige Mittel, um dem entgegenzuwirken. Auch hier galt: Man musste Ambivalenzen nüchtern erkennen, abwägen und ihnen gezielt abhelfen[4].

5 Rezeption und Einordnung in die aktuelle Diskussion

In seiner Zeit stand Tews unmittelbar neben den prominenten Pädagogen, die sozialwissenschaftlich argumentierten und heute breiter rezipiert werden. Er wurde neben dem Neukantianer Paul Natorp, dem Herausgeber der „Deutschen Schule" Robert Rissmann, dem Kulturpädagogen Paul Bergemann, den Herbartianern Otto Willmann und Johannes Trüper, dem Arbeitsschulpädagogen Georg Ker-

---

4   Der Auflagenvergleich ergibt neben dem bereits erwähnten Ersatz von Fremdworten durch deutsche Begriffe nur geringe Unterschiede. Bei der zweiten Auflage übertreffen die Kürzungen von Stellen die neu hinzugefügten, so dass sie insgesamt weniger umfangreich ist als die Erstauflage. Weggefallen sind vor allem zahlreiche veranschaulichende Zitate, mit denen Tews seine Argumentation in der ersten Auflage belegte (vgl. u. a. Tews 1911: 99f; Tews 1921a: 94; Tews 1911: 102f; Tews 1921a: 95; Tews 1911: 103f; Tews 1921a: 96; Tews 1911: 114f; Tews 1921a: 106; Tews 1911: 124f; Tews 1921a: 113). Hinzu kamen Anmerkungen, die sich auf die durch den Ersten Weltkrieg und seine Auswirkungen veränderten Lebensbedingungen beziehen. Verschlechterungen betrafen beispielsweise den Verlust des alten Arbeitsgeists der Großstadt (ebd.: 28), von dem Tews jedoch zuversichtlich annahm, dass er wiederkehren werde; ferner die Wohnverhältnisse (ebd.: 49), die fehlenden finanziellen Mittel für die Jugend (ebd.: 96) oder die Beeinträchtigung der Volksbildung durch gestiegene Papierkosten (ebd.: 107). Es gab aber auch Verbesserungen, zum Beispiel die veränderte staatsbürgerliche Stellung des Arbeiters (ebd.: 33), die gestiegene Bedeutung der Jugend für die Parteien (ebd.: 119), die „Zulassung der Volksschullehrer zum regelrechten Hochschulbesuch" (ebd.: 45). Der Eindruck einer sachlich konstatierten Ambivalenz, deren Schattenseiten reformerisch zugänglich waren, blieb auch in der zweiten Auflage erhalten.

schensteiner und anderen geführt. So nannte Stengel (1925: 46) Tews in einem Überblicksband zur zeitgenössischen Erziehungswissenschaft einen der „Pädagogen mit sozialem Einschlag". Timmen (1916: 77ff) ging ausführlicher auf Tews ein und subsumierte ihn unter praktisch orientierte Sozialpädagogen, die einen wesentlichen Akzent auf Volksbildung und Volksschule legen. Bamberger (1906: 86) stellte Tews als einen „der hervorragenden Wortführer der Sozialpädagogik" vor, der sie in schulpolitischer Motivation eng mit der Sozialpolitik assoziiere. An Tews führte im pädagogischen Diskurs der Zeit, soweit gesellschaftliche und sozialpolitische Aspekte bedacht werden sollten, kein Weg vorbei.

Dies änderte sich. Erst im Zuge des in den vergangenen Jahren wieder bestärkten Bewusstseins, dass die Konstitution sozialer Orte einen zentralen Fokus sozialpädagogischen Denkens bildet und dies historiographisch zu rekonstruieren ist, kam die „Großstadtpädagogik" wieder in Betracht. Wie oben erwähnt, wird Tews als charakteristischer Vertreter einer sozialen Pädagogik ins Gedächtnis gerufen, die sich den (einfachen) Weg versagt, pädagogische „Insel-Lösungen" zu unternehmen und Heranwachsende pädagogisch gewissermaßen einzuhegen. Auch in der reformpädagogischen Historiographie kommt Tews wieder zu Ruhm als Beleg der Differenziertheit pädagogischer Haltungen zur Großstadt und damit zur Modernität in toto. In diesem Kontext verweist Matthes (2005: 343) mit Recht auf die „Ambivalenz, die Tews der erzieherischen Wirkung der Großstadt zuspricht".

Diese Ambivalenz verdeutlicht am Eindrücklichsten die besondere Bedeutung der Tewsschen *Großstadtpädagogik* mit Blick auf sozialräumliche Fragestellungen. Sie ist sicherlich kein Schlüsselwerk, wenn diese Ambivalenz aus „realen" Lebensverhältnissen der Großstadt deduziert werden soll; dies wäre angesichts des etablierten Kenntnisstandes um Möglichkeiten und Prämissen der Sozialraumforschung unzureichend. Es ist zu bedenken, dass der Eindruck von Ambivalenzen erst aus besonderen Beobachtungsperspektiven resultiert. Und genau dies macht Tews deutlich. Er legte die Publikation als Versuch vor, den dichotomisierten Wahrnehmungsformen seiner pädagogischen Zeitgenossen eine differenzierte Analyse an die Hand zu geben. Sie sollte sachlich angelegt sein und kompensatorische Interventionen an den Stellen ermöglichen, an denen die Betrachtung sie notwendig erscheinen ließ. Sie implizierte den Versuch einer Vermittlung, eines tertium datur, zwischen Gemeinschaft *oder* Gesellschaft, Kultur *oder* Zivilisation, Krise *oder* „heiler" pädagogischer Welt. Tews blieb nicht bei diesen Polaritäten stehen, sondern holte sie als Ambivalenz in die Großstadt hinein. Dadurch wurde sie in ihren Erziehungs- und Sozialisationseinflüssen zwar unklar und vielschichtig, zumal Tews (1921a: 51) anerkannte, dass sie ihrerseits von allgemeinen gesellschaftlichen Verhältnissen abhängig war. Aber diese Unruhe konnte sachlich „abgearbeitet" und praktisch kompensiert werden, wo es nötig schien. Tews suchte Kompromisse auf der Ebene der Interpretation und der Praxis anzuregen und stand durch die Mittel und Perspektiven, auf die er hierzu zurückgriff, an den Übergangsstellen, die zu Beginn des 20. Jahrhunderts in der Pädagogik und in den Sozialwissenschaften aufbrachen und die sich in der *Großstadtpädagogik* wieder finden. Sie muss deshalb in den Diskurs der Zeit zurück versetzt werden, um kenntlich zu machen, welche Auseinandersetzungen und welche normativen Prämissen ihr eingeschrieben sind.

In dieser Komplexität zeigt die *Großstadtpädagogik*, dass sie nicht erfolgreich sein konnte, wo sie auf bloßer Evidenz insistierte. Tews letztlich vergebliches integratives, pragmatisches Bemühen verweist auf prinzipielle Konfliktlinien einer Sozialraumorientierung, die weder auf den Anspruch des „Objektiven" verzichten, noch dessen Prämissen außer Acht geraten lassen kann[5]. Tews zeigt, dass „Objektivität" eine normative Haltung verkörpert und, weitergehend, den Blick in Richtungen lenkt, die der Analyse bedürfen.

Andere Kritikpunkte an der *Großstadtpädagogik* seien damit nicht verschwiegen. Das traditionelle, patriarchale Frauenbild etwa irritiert. Auch andernorts geäußerte Forderungen, aus pädagogischen Kräften eine „wohlorganisierte pädagogische Polizei" aufzustellen und sich „durch Vertrauenspersonen über die Erziehungstätigkeit der Familien Kenntnis" (Tews 1900: 14) zu verschaffen, gehen relativ arglos mit staatlichen Kontrollbestrebungen um und sie stehen im Widerspruch zu dem Aufruf, die Schule solle ihre ordnungsstaatlichen, polizeilichen Funktionen abstreifen (vgl. Tews 1911: 82). Anderes hingegen, wie Tews' Einsatz für eine Einheitsschule, hat nicht an Aktualität eingebüßt. Aber entscheidend ist letztlich nicht die eine oder andere normative Position von Tews. Wichtiger ist der Versuch, seine Haltungen durch objektive Erkenntnismittel zu begründen und gleichzeitig die subjektiven Sichtweisen der Betroffenen, hier der Kinder und Jugendlichen in Großstädten, zu berücksichtigen. Die *Großstadtpädagogik* führt diesen Anspruch vor Augen und zeigt gleichzeitig, wie die Intention, antagonistische Orientierungen durch sachliche und integrative Bemühungen zum Ausgleich zu bringen, selbst grundlegend perspektivisch durchsetzt ist und Sichtweisen artikuliert, die reflexiv aufzuschließen sind. So ist zuletzt, wenig überraschend, ein Scheitern der *Großstadtpädagogik* festzustellen. Immerhin aber handelt es sich

---

5 Im Bereich der Statistik wird dies symptomatisch deutlich. Wie oben beschrieben wusste Tews, wie fragil eine Objektivierung sozialer Lebensformen mit Hilfe von Statistiken war, und dennoch setzte er nachhaltig auf sie. In der *Deutschen Schule* wurde dazu aufgerufen, Statistiken als argumentatives Hilfsmittel im Kampf gegen weltanschauliche Gegner zu verwenden, die möglicherweise selbst statistisch argumentierten und dieses Mittel dauerhaft für sich in Anspruch nehmen konnten (vgl. Rosin 1902). Gleichwohl wurde Tews attestiert, durch die Inanspruchnahme statistischen Wissens die relevanten Fragen „aus der engen Sphäre bloßer Interessenvertretung und einseitiger Berufsanschauungen auf ein höheres, weitere Ausschau gewährendes Niveau erhoben" (Deutsche Schule 1905: 255) zu haben.

um ein Scheitern, aus dem Lehren gezogen werden können, indem die Evidenzen aufgesucht und hinterfragt werden, welche die Intention, „nur" Evidenzen zu artikulieren, möglich machen.

Bernd Dollinger und Astrid Mittmann

Literatur

Bamberger, Isaak (1906): Die sozialpädagogischen Strömungen der Gegenwart. Bern: Scheitlin, Spring & Cie.
Barth, Paul (1911/1925): Die Geschichte der Erziehung in soziologischer und geistesgeschichtlicher Beleuchtung. 5. u.6. Aufl. Leipzig: Reisland
Barth, Paul (1913): Die Nationalität in ihrer soziologischen Bedeutung. In: Deutsche Gesellschaft für Soziologie (1913): 21-54
Baum, Marie (1923): Wohnung und Sittlichkeit. In: Soziale Praxis und Archiv für Volkswohlfahrt. 32. Jg.: 179-181, 211-214
Berg, Christa (Hg.) (1991): Handbuch der deutschen Bildungsgeschichte. Bd. 4: 1870-1918. Von der Reichsgründung bis zum Ende des Ersten Weltkriegs. München: C. H. Beck
Berg, Christa/Ellger-Rüttgart, Sieglind (Hg.) (1991): „Du bist nichts, Dein Volk ist alles". Forschungen zum Verhältnis von Pädagogik und Nationalsozialismus. Weinheim: Dt. Studienverlag
Berg, Christa/Herrmann, Ulrich (1991): Industriegesellschaft und Kulturkrise. Ambivalenzen der Epoche des Zweiten Deutschen Kaiserreichs 1870-1918. In: Berg (1991): 1-56
Böhmert, Karl Viktor (1907): Die Entstehung der Gesellschaft für Verbreitung von Volksbildung. Berlin: Gesellschaft für Verbreitung von Volksbildung
Brinkmann, Wilhelm (1986): Die Entstehung der Pädagogischen Soziologie in Deutschland. Dogmenhistorische Studien zu ihrer Entstehung und Entwicklung. Würzburg: Königshausen und Neumann
Busemann, Adolf (1927): Pädagogische Milieukunde. 1. Bd.: Einführung in die Allgemeine Milieukunde und in die Pädagogische Milieutypologie. Halle a.d.S.: Schroedel
Deinet, Ulrich/Sturzenhecker, Benedikt (Hg.) (2004): Handbuch Offene Kinder- und Jugendarbeit. 3. Aufl. Wiesbaden: VS Verlag für Sozialwissenschaften
Deutsche Gesellschaft für Soziologie (1913): Schriften der Deutschen Gesellschaft für Soziologie. Serie I, 2. Bd. Verhandlungen des Zweiten Deutschen Soziologentages vom 20.-22.10.1912 in Berlin. Tübingen: J. C. B. Mohr
Deutsche Schule (1905): Personalien. 9. Jg.: 254-256
Dinges, Martin (Hrsg.) (2000): Unsichere Großstädte? Vom Mittelalter bis zur Postmoderne. Konstanz: Universitätsverlag Konstanz
Dinges, Martin/Sack, Fritz (2000): Unsichere Großstädte? In: Dinges (2000): 9-65

Dollinger, Bernd (2006): Die Pädagogik der sozialen Frage. Wiesbaden: VS Verlag für Sozialwissenschaften
Dräger, Horst (1981): Verdienst und Scheitern des Volkslehrers Johannes Tews 1860-1937. In: Tews (1981): 6-82
Fuchs, Gotthard/Moltmann, Bernhard/Prigge, Walter (Hg.) (1995): Mythos Metropole. Frankfurt a.M.: Suhrkamp
Harkort, Friedrich (1969): Schriften und Reden zu Volksschule und Volksbildung. Paderborn: Schöningh
Hausmann, Gottfried (1966): Harkort – ein früher Vertreter Vergleichender Pädagogik. In: Die Deutsche Schule. 58. Jg.: 561-564
Henseler, Joachim/Barth, Gernot (2006): Großstadterziehung – ein sozialpädagogisches Reformprojekt. In: Skiera u.a. (2006): 185-203
Hopfner, Johanna (2006): Aufwachsen in der Großstadt. Einige vergessene Positionen der Reformpädagogik. In: Skiera u.a. (2006): 204-220
Hurrelmann, Klaus/Laaser, Ulrich (1998): Handbuch Gesundheitswissenschaften. Weinheim und München: Juventa
Jeismann, Karl-Ernst (1969): Friedrich Harkort und die Volksbildung. In: Harkort (1969): 153-160
Kemsies, Ferdinand (1911): Schülervergehen und Schulstrafen unter statistischen Gesichtspunkten. In: Zeitschrift für pädagogische Psychologie und Jugendkunde. 12. Jg.: 520-530
Kessl, Fabian/Reutlinger, Christian (2007): Sozialraum. Eine Einführung. Wiesbaden: VS Verlag für Sozialwissenschaften
Kaesler, Dirk (Hrsg.) (2002): Klassiker der Soziologie. Bd. 1. Von Auguste Comte bis Norbert Elias. 3. Aufl. München: Beck
Köllmann, Wolfgang (1974a): Bevölkerung in der industriellen Revolution. Studien zur Bevölkerungsgeschichte Deutschlands. Göttingen: Vandenhoeck & Ruprecht
Köllmann, Wolfgang (1974b): Der Prozess der Verstädterung in Deutschland in der Hochindustrialisierung. In: Köllmann (1974a): 125-139
Labisch, Alfons/Woelk, Wolfgang (1998): Geschichte der Gesundheitswissenschaften. In: Hurrelmann et al. (1998): 49-89
Mackensen, Rainer (Hg.) (2002): Bevölkerungslehre und Bevölkerungspolitik vor 1933. Opladen: Leske und Budrich
Marschalck, Peter (1984): Bevölkerungsgeschichte Deutschlands im 19. und 20. Jahrhundert. Frankfurt a.M.: Suhrkamp
Matthes, Eva (2005): Kind und Großstadt im reformpädagogischen Diskurs. In: Mühleisen et al. (2005): 335-346
Meumann, Ernst (1911): Experimentelle Pädagogik und Schulreform. In: Zeitschrift für pädagogische Psychologie und Jugendkunde. 12. Jg.: 1-13
Meumann, Ernst (1912): Die Untersuchung der sittlichen Entwicklung des Kindes und ihre pädagogische Bedeutung. In: Zeitschrift für pädagogische Psychologie und experimentelle Pädagogik. 13. Jg.: 193-213
Mühleisen, Hans-Otto/Stammen, Theo/Ungethüm, Michael (Hg.) (2005): Anthropologie und Kulturelle Identität. Lindenberg: Kunstverlag Josef Fink

Natorp, Paul (1899/1974): Sozialpädagogik. Theorie der Willensbildung auf der Grundlage der Gemeinschaft. Paderborn: Schöningh

Nedelmann, Birgitta (2002): Georg Simmel. In: Kaesler (2002): 127-149

Nikolov, Sybilla (2002): Die graphisch-statistische Herstellung der Bevölkerung. In: Mackensen (2002): 297-314

Oelkers, Jürgen (1991): Erziehung und Gemeinschaft. Eine historische Analyse reformpädagogischer Optionen. In: Berg u.a. (1991): 22-45.

Radkau, Joachim (1998): Das Zeitalter der Nervosität. Deutschland zwischen Bismarck und Hitler. München/Wien: Hanser

Rein, Wilhelm (Hg.) (1899): Encyklopädisches Handbuch der Pädagogik. Bd. 2. Langensalza: Beyer

Rein, Wilhelm (1902): Pädagogik in systematischer Darstellung. Bd. 1: Die Lehre vom Bildungswesen. Langensalza: Beyer

Reutlinger, Christian (2004): Urbane Lebenswelten und Sozialraumorientierung. In: Deinet u.a. (2004): 400-406

Rosin, Hans (1902): Volksbildung und Volkssittlichkeit im Lichte der Statistik. In: Die Deutsche Schule. 6. Jg.: 22-40

Rousseau, Jean-Jacques (1762/1971): Emil oder Über die Erziehung. Paderborn u.a.: Schöningh

Schleusener, Elsa/Schloen, Gertrud (1937): Dr. e.h. Johannes Tews zum Gedächtnis. Berlin: s.n.

Schroer, Markus (2001): Das Individuum der Gesellschaft. Frankfurt a.M.: Suhrkamp

Simmel, Georg (1903/1957a): Brücke und Tür. Essays des Philosophen zur Geschichte, Religion, Kunst und Gesellschaft. Stuttgart: Koehler

Simmel, Georg (1903/1957b): Die Großstädte und das Geistesleben. In: Simmel (1903/1957a): 227-242

Skiera, Ehrenhard/Németh, András/Mikonya, György (Hg.) (2006): Reformpädagogik und Lebensreform in Mitteleuropa. Budapest: Gondolat Kiadó

Stengel, G. (1925): Die Probleme der Sozialpädagogik. In: Zieroff (1925): 1-99

Tews, Johannes (1898): Was ist Sozialpädagogik? In: Pädagogische Zeitung. 27. Jg. 541ff

Tews, Johannes (1900): Sozialpädagogische Reformen. Langensalza: Beyer

Tews, Johannes (1911): Großstadtpädagogik. Leipzig: Teubner

Tews, Johannes (1921a): Großstadterziehung. 2. Aufl. Leipzig: Teubner

Tews, Johannes (1921b): Aus Arbeit und Leben. Erinnerungen und Rückblicke. Berlin/Leipzig: De Gruyter

Tews, Johannes (1981): Geistespflege in der Volksgemeinschaft. Beiträge zur Förderung der freien Volksbildungsarbeit. Stuttgart: Klett-Cotta

Timmen, Wilhelm (1916): Deutsche Sozialpädagogen der Gegenwart. Paderborn (Diss. Univ. Würzburg): Schöningh

Tönnies, Ferdinand (1887/1991): Gemeinschaft und Gesellschaft. Grundbegriffe der reinen Soziologie. 3. Aufl. Darmstadt (Neudruck d. 8. Aufl.): Wissenschaftliche Buchgesellschaft

Trüper, Johannes (1899): Genusssucht. In: Rein (1899): 566-568

Vierkandt, Alfred (Hg.) (1931/1959a): Handwörterbuch der Soziologie. Stuttgart: Enke

Vierkandt, Alfred (1931/1959b): Kultur des 19. Jahrhunderts und der Gegenwart. In: Vierkandt (1931/1959a): 141-160

Weiß, Carl (1929): Pädagogische Soziologie. Leipzig: Klinkhardt

Wiese, Leopold von (Hg.) (1928a): Das Dorf als soziales Gebilde. München/Leipzig: Duncker & Humblot

Wiese, Leopold von (1928b): Vorwort. In: Wiese (1928a): V-VIII

Wiese, Leopold von (1928c): Die Problematik einer Soziologie des Dorfes. In: Wiese (1928a): 1-9

Willmann, Otto (1875/1980a): Sämtliche Werke. Bd. 4. Aalen: Scientia-Verlag

Willmann, Otto (1875/1980b): Vorlesung „Allgemeine Pädagogik (Die Erziehung als Erneuerung der Gesellschaft)". In: Willmann (1875/1980a): 1-145

Winkler, Michael (1988): Eine Theorie der Sozialpädagogik. Über Erziehung als Rekonstruktion der Subjektivität. Stuttgart: Klett-Cotta

Zieroff, Franz (Hg.) (1925): Richtungen und Probleme in der Erziehungswissenschaft der Gegenwart. 2. Teil. Nürnberg: Korn

Georg Simmel – phänomenologische Vorarbeiten für eine Sozialraumforschung

1 Einleitung

Mit Georg Simmel begegnet uns ein Denker, der als „Pionier" raumsoziologischen Denkens gilt, und dies insbesondere aufgrund seiner soziologischen Bestimmung der Grenze als eine sich räumlich formende soziale Tatsache. Gleichzeitig wird sich jedoch auch auf Simmel bezogen, wenn es darum geht, den Modernisierungsprozess als einen Prozess der zunehmenden Emanzipation vom Raum zu lesen. Danach verliert die Raumkategorie im Zuge gesellschaftlicher Modernisierung zunehmend an Relevanz zugunsten sozialer Bezüge. Lediglich in vormodernen Gesellschaften fungiere der Raum als eine zentrale Dimension der Vergesellschaftung. Die Konsequenz dieser Lesart war (und ist), dass soziologische Analysen sich auf soziale Handlungs- und Kommunikationszusammenhänge konzentrier(t)en. Diese Widersprüchlichkeiten in Simmels Arbeiten lassen es folgerichtig erscheinen, dass Andrea Glauser in ihrer aktuellen Rezeption der raumsoziologischen Arbeiten Simmels von Simmel als einem „Pionier mit paradoxen Folgen" ausgeht (Glauser 2006). Diese Interpretation gründet sich insbesondere auf Simmels Analyse des Bedingungsgefüges des Sozialen und des Räumlichen. Es finden sich in seinen Schriften gleichermaßen Aussagen, die die Behälterraumvorstellung nähren – insbesondere seine These des „unerfüllten Raumes", als auch Hinweise dafür, dass erst soziale Praktiken und menschliche Wahrnehmungen sowie Vorstellungen den Raum konstituieren:

> „Wir schauen nicht den Raum der Dinge als ein Objekt an, sondern das eben heißt Anschauen, dass wir Empfindungen in die eigentümliche, nicht zu beschreibende, nur zu erlebende Ordnung bringen, die wir Räumlichkeit nennen" (Simmel 1997: 80).

Simmel lässt sich also keineswegs vorschnell als Vertreter der Containervorstellung und des Obsoletwerdens des Räumlichen im Zuge fortschreitender Modernisierung bestimmen. Nicht nur, dass er an verschiedenen Stellen die kulturelle und symbolische Hervorbringung von Raum betont, darüber hinaus sind Simmels Aussagen zum Raum in ihrem zeitgeschichtlichen Kontext zu betrachten. Angesprochen ist in diesem Zusammenhang der Einfluss der Gemotrie Euklids auch auf geisteswissenschaftliches Denken. Die euklidische Geometrie – Geometrie der Erdvermessung – erhebt den Anspruch, den realen Raum allein durch Messverfahren erfassen zu können. Während Kant die euklidische Struktur des Raumes insofern übernimmt, dass er die Wahrnehmung von Raum als eine apriorische Erkenntnis begreift, wendet Simmel sich gegen das euklidische Raumverständnis, das den Raum als dreidimensionalen Punktraum versteht, der unabhängig von den in ihm stattfindenden Vorgängen existiert.

An zentraler Stelle steht für Simmel das Verhältnis zwischen sozialen Beziehungen und Raum, das er insbesondere durch die Rede von „Raumqualitäten" und „Raumgebilden" verdeutlicht, die im Folgenden vorgestellt werden sollen. Welche Impulse sich dadurch für die Sozialraumforschung ableiten lassen, wird am Ende des Beitrages skizziert. Anzumerken bleibt an dieser Stelle, dass es sich hierbei um einen selektiven Zugriff auf Simmels Arbeiten handelt, dass beispielsweise Simmels Figur des „Fremden", die durchaus auch raumsoziologische Implikationen beinhaltet ebenso außen vor bleiben muss, wie seine Ausführungen zur *Soziologie der Sinne* (Simmel 1992), die Simmels Privilegierung nahräumlicher Beziehungen unterstreichen.

2 Biografische Bezüge

Georg Simmel wurde am 1. März 1858 als siebtes Kind des Kaufmanns Edward Simmel und seiner Frau Flora, geborene Bodtsein, in Berlin geboren. Obgleich Simmels Eltern jüdischer Herkunft waren, ist Simmel selbst nicht jüdischer Konfession gewesen. Seine Eltern konvertierten zum Christentum und Simmel wird protestantisch getauft. Dennoch bekommt Simmel den damals herrschenden Antisemitismus zu spüren. 1933 verbrennen die Nationalsozialisten seine Bücher, sein Nachlass wird von der Gestapo beschlagnahmt und gilt bis heute als verschollen. Sein Sohn Hans stirbt in den USA an den Folgen seiner Gefangenschaft im Konzentrationslager Dachau. Das Ende des 19. Jahrhunderts, der Beginn des 20. Jahrhunderts ist eine Zeit der radikalen Veränderungen. Prozesse der (kulturellen) Modernisierung, der Säkularisierung und der Nationbildung beginnen sich durchzusetzen, die Allmacht der Geldwirtschaft und ihrer Effekte auf die Gesellschaft werden spürbar. Im Zuge der Säkularisierung verliert die Religion als höchstes sinnstiftendes Moment irdischen Lebens an Bedeutung zugunsten von Wissenschaft und Bildung. In den Vordergrund treten unter anderem die philosophischen Folgen der Naturwissenschaften und der Evolutionstheorie von Darwin. Gegenüber der noch im Entstehen begriffenen Disziplin der Soziologie herrschte eine kritische Haltung. Die Soziologie gilt zu dieser Zeit noch als eine Art „Halbwissenschaft".

Die Stadt Berlin Anfang des 20. Jahrhunderts prägte Simmel.

„Über seinem Geburtshaus flammte nicht, wie über Bethlehems Krippe der Friede verheißende Weihstern. Nein! Schreiende Lichtreklamen prahlten von einer Schmutzwelt grosstädtischer Lustorgien. Bahnen rasselten! Omnibusse keuchten vorüber. Und die Geschäftswagen stauten sich in den vier aneinander kreuzenden Straßenzügen, deren glattes Trottoir allabendlich das giftige grüne Gaslicht aus hundert Laternen zurückwarfen. (…) Der kleine Georg aber schlief in der geräuschvollsten Wiege, die wohl je einen Philosophen gewiegt hat" (Lessing, zit. nach Jung 1990: 7).

Simmel lebte in Berlin in bildungsbürgerlichen Kreisen. Das gesellschaftliche Leben ereignete sich in den Salons, wobei Simmel mehr und mehr dazu überging, die Salongespräche in seinen privaten Wohnräumen zu verlagern. Durch die Ehe mit Gertrud Klinel (1890) entstanden freundschaftliche Beziehungen u. a. zu den Familien Sabine und Reinhold Lepsius sowie Marianne und Max Weber. Das Leben in der Stadt bzw. wie sich Modernisierungsprozesse emblematisch in der Großstadt manifestieren, ist eine der zentralen soziologischen Untersuchungsgegenstände Simmels. 1903 veröffentlichte er seinen Aufsatz *Die Großstädte und das Geistesleben*[1]. Simmel zufolge zeichnet sich in der Großstadt ein neuer Modus von Vergesellschaftung – der moderne, urbane Stil des Lebens – ab.

Seine wissenschaftliche Laufbahn beginnt Simmel 1876 an der Königlichen Friedrich-Wilhelms-Universität zu Berlin mit dem Studium der Geschichte, Völkerpsychologie, Philosophie und Kunstgeschichte, das er 1881 mit einer Promotion über Kant – *Das Wesen der Materie nach Kants Physischer Monadologie* – abschließt. Vorausgegangen war die 1880 abgelehnte Dissertation *Psychologisch-ethnographische Studien über die Anfänge der Musik*. Der auch im Universitätsbereich zu spürende latente Antisemitismus hat mit dazu beigetragen, dass Simmels Universitätslaufbahn nur zögerlich verlief. Lange Zeit arbeitete Simmel als Privatdozent. Erst auf Empfehlungen von Dilthey und Schmoller wurde Simmel im Frühjahr 1900 nach einem ersten abgelehnten Antrag in Berlin zum Extraordinarius ernannt. Gleichwohl war es ihm nicht gestattet, Doktoranden anzunehmen. Dadurch, dass Simmel auch als Extraordinarius kein reguläres Gehalt bezieht sondern lediglich Hörgelder, sind seine finanziellen Verhältnisse beschränkt. Erst im Alter von 56 Jahren gelang Simmel 1914 die Berufung zum ordentlichen Professor, und zwar in Straßburg. Vorausgegangen waren 1908 und 1915 fehlgeschlagene Berufungen auf den Lehrstuhl für Philosophie in Heidelberg, an denen auch die Fürsprache von Max Weber nichts bewirken konnten. In Straßburg verstarb Simmel 1918 im Alter von 60 Jahren an Leberkrebs.

---

1 In der Rezeption der Arbeiten Simmels fällt die selektive Bezugnahme auf einzelne Schriften auf. So ist beispielsweise Simmels Text *Die Großstadt und das Geistesleben* (1995) in erster Linie in der Stadtsoziologie verankert, eine Verknüpfung und Auseinandersetzung mit seiner Soziologie des Raumes findet so gut wie nicht statt (vgl. Schroer 2006).

3 Der soziologische Ansatz von Simmel im disziplingeschichtlichen Kontext

Das Werk Simmels begegnet dem Leser nicht als einheitliche in sich geschlossene Schrift. Vielmehr kennzeichnen sich Simmels Schriften durch einen fragmentarischen Charakter aber auch einen essayistischen Stil. Simmel äußert sich zu Fragen der Philosophie, Geschichtswissenschaft, Kunstgeschichte und Ethnologie. Dennoch gilt Simmel neben Max Weber, Werner Sombart und Ferdinand Tönnies als Wegbereiter und Klassiker der Soziologie. Dazu gehören auch seine Aktivitäten bei der Gründung der Deutschen Gesellschaft für Soziologie (1910)[2]. Klaus Lichtblau betrachtet Simmel als einen „kulturtheoretischen Denker ersten Grades" (Lichtblau 1997: 15), für den Engländer Frisby gilt Simmel als „erster Soziologe der Moderne" (Frisby 1995: 9). Simmels sicherlich bekanntestes Werk ist die *Philosophie des Geldes* (1908)[3].

Diese Interpretationen der Arbeiten Simmels als soziologisch einflussreich sind keineswegs selbstverständlich, denn noch zu seinen Lebzeiten reduzierte man Simmel auf eine „Übergangserscheinung" (Lichtblau 1997: 143). Im Vergleich beispielsweise zu seinem Zeitgenossen Max Weber (vgl. den Beitrag von Bayer in diesem Band) ist die Simmelforschung und -rezeption nur zögerlich vorangeschritten. Erst mit Ortheim Rammstedt und dessen Mitarbeitern erfährt die Simmelforschung deutlichen Anschub.

Simmel hat keine in sich geschlossene Theorie hinterlassen – Lichtblau vergleicht die Herangehensweise von Simmel daher auch mit der eines Sammlers (ebd.: 19). Dennoch lassen sich bestimmte systematische Dimensionen in seinen Schriften markieren (vgl. Nedelmann 2006: 138), und zwar die Zahl im Sinne der Anzahl von Individuen, die miteinander „wechselwirken", der Raum, die Zeit und der Dualismus. Das dualistische Prinzip liegt dabei quer zu den anderen Dimensionen und versteht sich in Simmels Arbeiten als ein Organisationsprinzip. Dies drückt sich darin aus, dass Simmel immer de Ambivalenz der Kräfte, Beziehungen und Formen, durch die die Menschen sich vergesellschaften, im Blick hat – also beispielsweise die Beobachtung, dass jede Freisetzung aus sozialen Kontexten immer auch zu neuen Bindungen führt. Für Simmel liegt die soziale Qualität von Wechselwirkungen in dem gleichzeitigen Wirken gegenseitiger Kräfte. Erst durch das gleichzeitige Vorhandensein dualistischer bzw. ambivalenter Kräfte werden soziale Beziehungen zu *sozialen* Gebilden (vgl. Nedelmann 1995: 92).

---

2   Aufgrund seiner vielschichtigen Interessen und Arbeiten hat Simmel der Soziologie eher den Weg bereitet, als dass er als systematischer Theoretiker die Soziologie als Disziplin zu institutionalisieren vermochte (vgl. Dahme 1981).
3   In der *Philosophie des Geldes* führt Simmel die Rolle der Geldwirtschaft als Motor für die Ausdehnung sozialer Kreise aus. Durch das unpersönliche Tauschmedium Geld sind Beziehungen nicht mehr an den Ort gebunden.

Für Simmel ist allein die Soziologie die Wissenschaft, die in der Lage ist, gesellschaftliche Entwicklungen und Prozesse zu analysieren. Simmel geht es um die empirische Beobachtung der Gesellschaft. Der Fokus richtet sich dabei in erster Linie auf die *Wechselwirkungen* zwischen den Menschen und Gruppierungen. Diese verschiedenen Formen der Wechselwirkung werden von Simmel als Formen der „Vergesellschaftung" begriffen. Simmel selbst zieht den Begriff der Vergesellschaftung dem Gesellschaftsbegriff vor, um eine deutliche Abgrenzung zu substantialistischen Gesellschaftsauffassungen zu ziehen und die Betonung auf die Dynamik und das Prozesshafte zu legen: „Für Simmel liegt die Aufgabe der Soziologie in der Beschreibung, Systematiseerung und Erklärung der sozialen Formen und Gebilde, der sozialen Bewegungen und Zustände" (Dahme 1981: 466). Gesellschaft besteht für Simmel aus den sozialen Wechselwirkungen, dem dichten Netz und Geflecht vielfältiger Relationen und Abhängigkeiten (vgl. Jung 1990). In Abgrenzung zum Positivismus geht es Simmel um das Verstehen sozialer Prozesse und deren Vielschichtigkeit. Am Beispiel der Durchsetzung der Geldwirtschaft zeigt er beispielsweise auf, wie dadurch nicht nur ein hoher Individualisierungsprozess freigesetzt wird, sondern gleichzeitig eine wachsende Entfremdung und Versachlichung sozialer Beziehungen entsteht.

Der Begriff der Wechselwirkung wird bei Simmel in zweierlei Hinsicht verwendet: Zum einen als Relationsbegriff, zum anderen als heuristisches Prinzip. Letzteres stellt darauf ab, dass soziale Phänomene erst in ihrer jeweiligen Beziehung zueinander und ihrer Funktion füreinander angemessen verstanden werden können. Dabei geht Simmel soweit, den Begriff der Wechselwirkung als „metaphysisches Prinzip" (Simmel 1958: 9) zu begreifen, denn erst die Analyse der Relationalität, Reziprozität und Dynamik sozialer Vorgänge führt zu deren Verständnis (vgl. Dahme u. a. 1981; Nedelmann 1995). Die enge Korrespondenz zwischen räumlichen Ordnungen und sozialen Wechselbeziehungen macht Simmel am Beispiel der Groß- bzw. Kleinstadt deutlich:

> „Während die Kleinstadt durch zahlenmäßig geringe, lang andauernde und weniger intensive Wechselwirkungen gekennzeichnet ist, werden die Individuen in der Großstadt mit zahlenmäßig häufigen, flüchtigen und intensiven Wechselwirkungen konfrontiert" (Simmel, zit. nach Nedelmann 1995: 93).

Hinsichtlich des Raumes geht es Simmel also um die Frage, welche räumlichen Eigenschaften die jeweiligen Formen der Wechselwirkungen zwischen den Individuen bestimmen. Folgende Aspekte stehen dabei im Vordergrund: Nähe und Distanz, Mobilität versus Fixierung an einem Ort, Einfluss der räumlichen Grenzen auf die Prozesse der Wechselwirkungen. Für Simmel entsteht der Raum erst durch die Erfahrung und Wahrnehmung des Menschen. Es sind die Wechselwirkungen, die den vorher abstrakten, leeren Raum zu einem sozialen bzw.

„erfüllten" (Simmel 1992: 690) Raum machen. Durch den Raum sind wir in der Lage, das Wahrgenommene in eine Ordnung zu bringen.

Simmels Arbeiten zum Raum sind in verschiedenen Aufsätzen verstreut. An prominenter Stelle steht sein Aufsatz *Der Raum und die räumlichen Ordnungen der Gesellschaft* (1992), den er in das Kapitel über die *Formen der Vergesellschaftung* platziert. Weitere raumsoziologisch relevante Schriften von Simmel sind *Brücke und Tür* (1984[1]), *Philosophie der Landschaft* (1984[2]) sowie die vielfach vernachlässigte erstmals 1904 veröffentlichte Schrift *Kant. Sechzehn Vorlesungen gehalten an der Berliner Universität* (1997). In seinen Arbeiten zum Raum steht Simmel unter dem Einfluss von Kant (1724-1804), der im Sinne Euklids den Raum als eine Form der Anschauung des äußeren Sinns begreift und demzufolge jeder Erkenntnis vorausgeht[4].

Gegenüber Kant betont Simmel, dass dem Raum als formale Bedingung, nicht aber als Ursache von Vergesellschaftungsprozessen Bedeutung zukommt. So dient die Beschäftigung mit dem Raum dem Ziel, die *sozialen* Wirkfaktoren aufzudecken. Der Raum selbst verhält sich gegenüber dem Sozialen indifferent, d. h. nur ein von sozialen Wechselbeziehungen „erfüllter" Raum ist als sozialer Raum zu verstehen. Handelt es sich um ein bloßes Nebeneinander von Personen, spricht Simmel von einem „unerfüllten" Raum. Jede soziale Wechselwirkung kann demzufolge als „Raumerfüllung" (Simmel 1908: 689) verstanden werden[5]. Der abstrakte leere Raum wird bei Simmel zwar mitgeführt, aber in seinen Ausführungen vernachlässigt. Erst durch die Wechselwirkungen der sozialen Akteure erfährt der Raum als formale Bedingung seine soziologische Relevanz. Zu betonen ist, dass Simmel keiner deterministischen Raumvorstellung anhängt, wonach der Raum als bereits Vorhandenes das Soziale prägt. Von Interesse sind vielmehr die sozialen Projektionen in den Raum. In seinem Aufsatz *Der Raum und die räumlichen Ordnungen der Gesellschaft* fragt Simmel (ebd.: 222) nach der „Bedeutung, die die Raumbedingungen einer Vergesellschaftung für ihre sonstige Bestimmtheit und Entwicklungen in soziologischer Hinsicht besitzen". In seiner historischen Entwicklungsgeschichte der Emanzipation vom Raum richtet Simmel sein Interesse in erster Linie auf die Art und Weise der Anordnung der Dinge und Personen im Raum, denn nach Simmel sind der Wechselwirkungs- und Gegenseitigkeitscharakter sozialer Beziehungen sowie die Formen, in denen soziale Wechselwirkungen stattfinden, Gegenstand der Soziologie. Der Raum erhält danach eine Funktion innerhalb des Vergesellschaftungsprozesses in der Form,

---

4 Dieses Apriori von Kant ist erst mit dem Aufkommen der nichteuklidischen Geometrie durch die Mathematiker Carl Friedrich Gauß, Nicolaj Iwanowitsch Lobatschewskij und Janos Bolyai widerlegt worden.

5 Erst die „Tätigkeit der Seele" erfüllt den Raum mit Bedeutung: „Nicht der Raum, sondern die von der Seele her erfolgende Gliederung und Zusammenfassung seiner Teile hat gesellschaftliche Bedeutung" (Simmel 1992: 688).

dass sich gesellschaftliche Entwicklungsstufen in bestimmten räumlichen Aggregatzuständen äußern, die ihrerseits den erreichten sozialen Wandel festschreiben.

Hervorzuheben ist, dass Simmel zwei Raumbegriffe unterscheidet: den abstrakten leeren Raum und den durch die „Tätigkeit der Seele" erfüllten Raum. Interpretationen, die Simmel aufgrund seiner These des „unerfüllten Raumes" einseitig als einen Vertreter der Behälterraumvorstellung ausweisen, greifen zu kurz (vgl Schroer 2006)[6]. Simmel begreift diesen „leeren Raum" ähnlich wie Kant als „bloße Abstraktion" (Simmel 1997: 80), die keine soziologische Relevanz besitzt. Relevant wird der Raum durch die sozialen Wechselwirkungen, die wiederum auf den Raum angewiesen sind, um als formale Bedingung Wirksamkeit zu entfalten. Damit gelingt es Simmel den Raum als ein soziales Phänomen empirisch beobachtbar zu machen.

„Simmel ‚soziologisiert' die von Kant hergeleitete Kategorie des Raumes, indem er sie in sozial relevante Raumqualitäten einerseits und sozial strukturierte und strukturierende Raumqualitäten andererseits aufbricht" (Glauser 2006: 258).

Für Simmel fungiert die euklidische Geometrie als eine Art „idealtypisches Hilfskonstrukt" (ebd.: 254), das er als Möglichkeitsbedingung für die den Raum konstituierenden sozialen Formen begreift[7].

„Wenn man von den Beziehungen zwischen Raumgestaltungen und socialen Vorgängen spricht, so pflegt es sich um die Wirkungen zu handeln, die von der Weite oder Enge des Gebietes, der Zerrissenheit oder Arrondierung der Grenzen, dem Flächen- oder Gebirgscharakter des Territoriums auf die Form und das Leben der gesellschaftlichen Gruppe ausgehen. Der Gegenstand der nachfolgenden Untersuchungen ist, umgekehrt, die Einwirkung, die die räumlichen Bestimmtheiten einer Gruppe durch ihre sozialen Gestaltungen und Energien erfahren" (Simmel 1995: 201)

---

6   In seinem Aufsatz *Essay über den Raum* (1991) bezieht *Dieter Läpple* sich auf Simmel, um die Raumblindheit der Sozialwissenschaften zu erklären. Dass diese einseitige Interpretation jedoch nicht hinreichend ist, zeigt sich in Simmels Ausführungen zum Raum in seinen Kant-Vorlesungen. Dort beschreibt er den Raumbegriff wie folgt: „Was bedeutet dieses unendliche Gefäß um uns herum, in dem wir als verlorene Pünktchen schwimmen und das wir doch samt seinem Inhalt *vorstellen*, das also ebenso in uns ist, wie wir in ihm sind" (Simmel 1997: 81; Hervorhebung im Original). Für Simmel ist die Vorstellung des Raums als „Gefäß" ein „bloßes Gedankending" (ebd.: 80). An anderer Stelle führt er aus: „Angesichts jener Gewöhnung, uns und die Dinge innerhalb eines vor allem einzelnen bestehenden Raum vorzustellen, ist es ein schwieriger Gedanke, dass – mit etwas paradoxer Kürze ausgedrückt – der Raum selbst nichts Räumliches ist: grade so wenig wie die Vorstellung des Roten selbst etwas Rotes ist" (Simmel 1905: 55).

7   Wie schwierig es ist, die Existenz eines Raumes an sich gedanklich und begrifflich zu verabschieden, zeigt sich auch bei *Martina Löw,* deren Formulierung deutliche Parallelen zu Simmel aufweist: „Ich verwende Raum als eine begriffliche Abstraktion, die den Konstitutionsprozess benennt. Empirisch erhebbar ist niemals der Raum an sich, sondern immer einzelne Räume" (Löw 2001:131).

Der Raum fungiert bei Simmel als Bedingungs- und Möglichkeitsform. In diesem Zusammenhang formuliert Simmel fünf Raumqualitäten, die gleichermaßen die sozialen Wechselwirkungen ermöglichen und limitieren.

4 Grundqualitäten des Raumes

Simmel nennt fünf Grundqualitäten des Raumes, mit denen Vergesellschaftungsformen zu rechnen haben. Als erste Grundqualität nennt er die *Ausschließlichkeit des Raumes*, wonach jeder Körper bzw. jedes Objekt nur eine bestimmte Position im Raum einnehmen kann bzw. jede Raumstelle nur einmal besetzt werden kann und dadurch ihre Besonderheit und Unterscheidbarkeit erfährt.

„wie es nur einen einzigen allgemeinen Raum gibt, von dem alle einzelnen Räume Stücke sind, so hat jeder Raumteil eine Art von Einzigkeit, für die es kaum eine Analogie gibt" (Simmel, zit. nach Dahme 1981: 133).

„Einen bestimmt lokalisierten Raumteil in der Mehrzahl zu denken, ist ein völliger Widersinn" (Simmel 1992: 690). Simmel geht hier von den Gegebenheiten des geographischen Raumes aus. Die konstitutive Bedeutung der Ausschließlichkeit des Raumes veranschaulicht er am Beispiel des Raumgebildes „Staat". Nach Simmel kann der Staat gerade dadurch seine Integrationsfunktion erfüllen, dass er aufs engste mit einem bestimmten Territorium verbunden ist, so dass kein zweiter gleichzeitiger Staat auf demselben Territorium realisierbar ist[8]. Während der Staat respektive die Staatsgrenze bei Simmel als absolut unteilbar bzw. ausschließlich gedacht wird, relativiert er diese Ausschließlichkeit bei der Stadt und geht so weit, die Kirche am Ende der Ausschließlichkeitsskala als „unräumliches" Gebilde zu beschreiben. Da die sozialen Gruppen innerhalb der Stadt auch über ihre Grenzen hinweg Wirkungen haben, verliert die Stadt ihre „lokale Ausschließlichkeit" (ebd.: 692). Simmel erläutert dies am Beispiel der Zünfte.

„Sie teilten die gegebene Ausdehnung nicht quantitativ, sondern funktionell, sie stießen sich nicht im Raume, weil sie als soziologische Gebilde nicht räumlich, wenn auch *örtlich* bestimmt waren" (ebd.: 692).

Gegenüber dem territorial fixierten Raum bezeichnet Simmel das Prinzip der Kirche aufgrund ihres Anspruches der universalen Ausbreitung als „unräumlich". Die Kirche ist angesichts ihrer inhaltlichen Ausrichtung an keinen bestimmten

---

8 Dass Simmel den Staat als primäres Beispiel für die Ausschließlichkeit des Raumes nennt, markiert ein Novum in der Geschichte, denn in mittelalterlichen Stadtverbänden herrschten vielfach miteinander konkurrierende Verbände – Fronhof des Königs, Bischöfe, unabhängige Klöster – so dass die Stadt immer mehr als nur einen Eigentümer hatte (vgl. Schroer 2006).

Ort gebunden und entfaltet ihre Kräfte an allen Raumpunkten in gleicher Weise. Kirchen repräsentieren als Adressen ihre Religion, wobei durchaus mehrere Religionen in einer Stadt vorhanden sein können.

Die zweite Grundqualität bezieht sich auf die *Zerlegbarkeit und Begrenzung* des Raumes in verschiedene Raumeinheiten durch Grenzziehungen. Grenzen fungieren als Rahmen für soziale Gruppen. Die für die Vergesellschaftung relevanten Grenzen sind nach Simmel die *sozial* hergestellten Grenzen:

> „Die Grenze ist nicht eine räumliche Tatsache mit soziologischen Wirkungen, sondern eine soziologische Tatsache, die sich räumlich formt" (ebd.: 697).

Simmel unterscheidet hier zwischen dem „natürlichen Raum", der keine absolute Grenze besitzt, und dem gesellschaftlich verfassten Raum, der sich durch Grenzziehungen kennzeichnet. Danach erscheint jede Grenzziehung gegenüber der Natur als Willkür. Simmel grenzt sich an dieser Stelle deutlich von geopolitischen Überlegungen ab, indem er vermeintlich geographische Grenzen als sozial hergestellte Grenzen betont: „Der Natur gegenüber ist jede Grenzsetzung Willkür, selbst im Fall einer insularen Lage, da doch prinzipiell auch das Meer ‚in Besitz genommen' werden kann" (Simmel 1983: 227). Grenzziehungen stehen bei Simmel im Dienst sozialer Differenzierung, d.h. es handelt sich um „*seelische* Begrenzungsprozesse" (ebd.: 697, Hervorh.i.O.), die zwar durch Linien oder ähnliches im Raum gesetzt werden können, aber in erster Linie soziale Gegenseitigkeitsverhältnisse ausdrücken. Haben sich diese Grenzen, die Simmel als eine Form der „Raumgestaltung" begreift, im Raum manifestiert, prägen sie gleichsam die jeweiligen sozialen Verhältnisse innerhalb dieser Grenzen.

Die dritte Bedeutsamkeit des Raumes für soziale Prozesse liegt in der *„Fixierung"*, die der Raum den Inhalten ermöglicht. So ermöglichen gerade (unbewegliche) Immobilien oder andere räumliche Festlegungen bestimmte soziale Beziehungsformen, die sich um diesen Gegenstand gruppieren. Die Bedeutung der Fixierung liegt somit in ihrer Funktion als „Drehpunkt" (Simmel 1992: 706). Danach ist nahezu jedes unbewegliche Gut „ein stabiler Drehpunkt labiler Verhältnisse und Wechselwirkungen" (ebd.). Im Gegensatz zur Grenzziehung kommt hier der Stabilisierung und Bindung sozialer Begrenzungsprozesse entscheidende Bedeutung zu. So erhalten mehr oder weniger graduelle Unterschiede eine unvergleichliche Festigkeit und Anschaulichkeit.

„Jede Grenze ist ein seelisches, näher: ein soziologisches Geschehen; aber durch dessen Investierung in eine Linie im Raum gewinnt das Gegenseitigkeitsverhältnis nach seinen positiven wie negativen Seiten eine Klarheit und Sicherheit – freilich oft eine Erstarrung –, die ihm versagt zu bleiben pflegt, solange das Sich-treffen und Sich-scheiden der Kräfte und Rechte noch nicht in eine sinnliche

Gestaltung projiziert ist und deshalb immer sozusagen in *status nascens* verharrt" (ebd.: 699).

In vormodernen Gesellschaften war es beispielsweise üblich, die Lage von Häusern nicht durch Nummern, sondern durch Eigennamen zu bestimmen. Auf diese Weise wurde die soziale „Zugehörigkeit zu einem *qualitativ* festgelegten Raumpunkt" (ebd.: 711) ausgedrückt. Während bei benannten Häusern die Sozialdimension noch aufs engste mit dem Raum verflochten ist und das Aufsuchen eines solchen Hauses mit einem Wissen um die jeweiligen sozialen Beziehungen einherging, zeugen die modernen Hausnummern von Anonymität und einer objektiven Rekonstruierbarkeit ihrer geographischen Lage. Insgesamt lässt sich für die Raumqualität der Fixierung also sagen, dass der Grad der Fixierung mit dem gesellschaftlichen Modernisierungsprozess korrespondiert. Je entwickelter eine Gesellschaft ist, desto weniger ist sie auf räumliche Fixierungen angewiesen und desto mehr entkoppeln sich damit soziale und räumliche Integration.

> „Je primitiver die Geistesverfassung ist, desto weniger kann für sie Zugehörigkeit ohne lokale Gegenwärtigkeit bestehen und desto mehr sind dem entsprechend auch die realen Verhältnisse auf diese persönliche Anwesenheit der Gruppenmitglieder angelegt" (ebd.: 706).

Als vierte Grundqualität des Raumes nennt Simmel das Verhältnis von *Nähe und Distanz* zwischen den Personen, wobei das vorhandene Maß an Abstraktionsfähigkeit über die räumliche Zusammengehörigkeit des räumlich Getrennten oder die Nichtzusammengehörigkeit des räumlich Nahen entscheidet. Oder anders gesprochen: Mit zunehmender Ausdifferenzierung und der Einführung der Geldwirtschaft wächst die Versachlichung räumlicher Nähe. Als einer der ersten verweist Simmel hier auf die notwendige Voraussetzung der Relativierung physischer Nähe für eine soziale Differenzierungsperspektive. Denn für Simmel spielt die Unterscheidung nah/fern eine zentrale Rolle hinsichtlich der Qualität sozialer Beziehungen. Dabei betont er, dass die räumliche Nähe, der wechselseitige Blickkontakt, eine wesentliche Voraussetzung für Intimität und Nähe ist[9]. Lediglich hinsichtlich des Lebens in der Großstadt macht er eine Ausnahme. In der Großstadt betrachtet Simmel die Ausbildung sozialer Indifferenz als eine notwendige Voraussetzung für den Menschen, um den zahlreichen und heterogenen Begegnungen auf engstem Raume nicht hilflos ausgeliefert zu sein. Anonymität

---

9   Spätestens mit dem Internet ist die Unterscheidung zwischen Nähe und Ferne wieder aktuell geworden. Vor dem Hintergrund Simmels Argumentation müsste man mit Blick auf die neuen Formen mediengestützter Nähe zu dem Schluss kommen, dass der physischen Nähe eine höhere integrative Kraft zukommt. Simmel betont zwar den restriktiven Charakter lokal gebundener Sozialformen, hält aber an der Integrationskraft räumlicher Nähe fest.

und das Sich-Nicht-Einlassen trotz räumlicher Nähe fungieren in der Stadt quasi als Schutzvorrichtungen des Individuums. Gerade in der Stadt konzentriert sich der Geldverkehr und provoziert zunehmende Individualisierung und Anonymität, die bei Simmel jedoch nicht kulturkritisch abgewertet werden.

Als fünfte und letzte Grundqualität nennt Simmel die *Bewegung im Raum*, das Wandern. Die Kreuzung und Durchmischung sozialer Räume wurde in vormodernen Gesellschaften in erster Linie durch das Wandern ermöglicht. Durch die Bewegung von Ort zu Ort geraten die räumlichen Bedingtheiten sozialen Lebens in Fluss. Dies geschah gleichsam allmählich, da es – gegenüber der Mobilität moderner Gesellschaften – nur wenig Anlässe zum Ortswechsel gab. Indem Simmel die Wirkung des Wanderns betont, verweist er auf die wechselseitige Abhängigkeit zwischen Vergesellschaftungsprozessen und der Bewegung im Raum. So besaß das Wandern in vormodernen Gesellschaften eine hohe integrative Funktion, da es jenseits der physischen Nähe keine Möglichkeiten des Austausches gab.

Simmels Grundqualitäten des Raumes können als eine Verabschiedung raumdeterministischer Annahmen verstanden werden. Simmel veranschaulicht, wie sich soziale Gruppierungen zu diesen Raumqualitäten verhalten und wie diese Grundqualitäten das Soziale prägen[10]. Staatsgebilde sind beispielsweise auf die Grundqualität der Ausschließlichkeit angewiesen, um Wirksamkeit zu entfalten.

Neben den fünf Raumqualitäten unterscheidet Simmel *Raumgebilde* als räumliche Strukturen, die als räumliche Ordnungen durch die Prozesse der Wechselwirkung zustande kommen. Dabei betont er Raumgebilde anhand politischer und wirtschaftlicher Organisationsprinzipien sowie Raumgebilde durch Herrschaft:

„In der Art, wie der Raum zusammengefaßt oder verteilt wird, wie die Raumpunkte sich fixieren oder verschieben, gerinnen gleichsam die soziologischen Beziehungsformen der Herrschaft zu anschaulichen Gestaltungen" (Simmel 1908: 779).

Mit dem Verweis auf Raumgebilde lenkt Simmel den Blick darauf, dass es einen Unterschied macht, ob es sich eher um „freischwebende Verbindungen", wie etwa Freundschaft und politische Vereinigungen, handelt oder um „feste Lokalitäten", also um Gruppierungen, die sich an einem bestimmten räumlichen Ort etablieren. Beispielhaft nennt Simmel hier das Haus als „Wohn- und Versammlungsstätte" (Simmel 1992: 780). Je nachdem, ob soziale Beziehungen nur durch gemeinsame Ideen und Anschauungen oder aber durch eine konkrete Lokalität miteinander verbunden sind, hat dies Auswirkungen auf ihre soziale Stabilität. Diese Vorstellung hat bis heute nur wenig an Aktualität verloren. Nach wie vor wird dem räumlich

---

10 In seiner Studie zum Heimatgefühl von Flüchtlingen greift Treinen auf Simmel zurück bei der Definition symbolischer Ortsbezogenheit. Im Anschluss an Simmel sieht Treinen die Voraussetzung dafür, dass Orte für Symbolisierungsprozesse genutzt werden können in der Eigenschaft des Raumes als Resultat sozialer Beziehungen (vgl. Dahmen 1981; Treinen 1965).

Zusammenlebenden ein höheres Maß an Bedeutung und Stabilität zugeschrieben, auch wenn Abwesendes zunehmend die Vorortgegebenheiten prägt[11].

5 Simmels Bedeutung für die Sozialraumforschung

Die eingangs formulierte Ambivalenz in Simmels Überlegungen und hier insbesondere seine These der Emanzipation vom Raum zugunsten der Durchsetzung abstrakterer Vergesellschaftungsformen führte dazu, dass bei Simmel neben zentralen raumsoziologischen Überlegungen, der „Keim zur Vernachlässigung dieses Aspekts der Vergesellschaftung angelegt ist" (Sturm 2000: 160). Schroer (2006) interpretiert diese Widersprüchlichkeit in Simmels Argumentation durch dessen Betonung auf Nahbeziehungen als intensivere Form der Vergesellschaftung. Diese Interpretation wird durch Simmels Ausführungen über die *Soziologie der Sinne* und hier insbesondere der Betonung des gegenseitigen Sich-Anblickens gestützt. Auch in aktuellen Debatten lässt sich eine Privilegierung von Mikrostrukturen beobachten, wenn es um die Relevanz der räumlichen Dimension geht. Deutlich zeigt sich dies in der Globalisierungsdebatte, wenn es um Regionalisierungs- und Lokalisierungsentwürfe geht oder aber auch im Zuge der Mediatisierung der Kommunikation und der Renaissance von Dialog- und Gemeinschaftsmetaphern hinsichtlich des Internets („virtuelle Gemeinschaft", „globales Dorf").

Festhalten lässt sich an dieser Stelle, dass Simmel in zweierlei Hinsicht für die Sozialraumforschung von Bedeutung ist. Zum einen ist nach Simmel die Vorstellung, Räume als unabhängig von den sozialen Strukturen, Interaktionen und deren Interpretationen existierende Einheiten zu denken, unsinnig. Mit seinem Hinweis, dass der Raum seine Bedeutung erst durch die Art und Weise der Wechselwirkungen und deren Anordnung erfährt, legt Simmel einen Grundstein für ein relationales Raumverständnis. Damit liefert er fruchtbare Anknüpfungspunkte für die Sozialraumforschung, in deren Zentrum die sozialen Beziehungsstrukturen der beteiligten Akteure stehen (vgl. Kessl/Reutlinger 2007: 24). Legt man die Definition von Kessl und Reutlinger zugrunde, wonach sich das Interesse der Sozialraumperspektive auf den „von Menschen konstituierten Raum der Beziehungen, der Interaktionen und der sozialen Verhältnisse" (ebd.: 23) richtet, zeigen sich deutliche Parallelen zu Simmels Konzept der Wechselbeziehungen. Einschränkend muss jedoch gesagt werden, dass Simmel dem Raum in vormodernen, primitiven Gesellschaften eine höhere Funktion für Vergesellschaftungsprozesse zuschreibt als in der sich ausdifferenzierenden Moderne.

---

11 Mit Blick auf den Raum ist dieses Verhältnis der Ent- und Wiedereinbettung wohl von Giddens am deutlichsten herausgearbeitet. Unter Modernitätsbedingungen wird der Ort, wie es bei Giddens heißt, in immer höherem Maße „phantasmagorisch" (Giddens 1995:30), d.h. „der lokale Schauplatz wird nicht bloß durch Anwesendes strukturiert, denn die ‚sichtbare Form' des Schauplatzes verbirgt die weit abgerückten Beziehungen, die sein Wesen bestimmen" (ebd.).

Die Schwierigkeit der Bestimmung des Verhältnisses des Sozialen zum Raum ist heute noch in raumsoziologischen Diskussionen aktuell. Offen bleibt nach wie vor, ob die Bezugnahme auf den Raum lediglich als eine Art „Zusatzargumentation" (Brüsemeister 2002: 315) bei der Analyse sozialer Prozesse fungiert oder neben der sozialen, sachlichen und zeitlichen Dimension als konstitutive Dimension in die Analyse gesellschaftlicher Prozesse einzubeziehen ist. So liegt die Herausforderung in der Herausarbeitung einer „Gleichwertigkeit und Aufeinanderbezogenheit von herausfordernder Materialität und hervorbringender Sozialität" (Sturm 2000: 145). Dieser Konflikt zwischen einem „Raumvoluntarismus" auf der einen und einem „Raumdeterminismus" auf der anderen Seite (Schroer 2005: 186) wird bei Simmel ebenso wie in der Sozialraumforschung zugunsten der Privilegierung der Handlungsebene entschieden. Der Spielraum möglicher Raumkonstruktionen wird im Fall der Sozialraumforschung allerdings durch die Bezugnahme auf die politische Ebene eingeschränkt, so dass der Raum immer auch als Indikator für die Manifestierung von Ungleichheiten fungiert. Prozesse der Verräumlichung sind demnach das „Resultat machtförmiger sozialer Praktiken" (vgl. die Einleitung zu diesem Band)[12]. Raumordnungen stellen damit Materialisierungen politisch motivierter Auseinandersetzungen dar.

Der zweite hier hervorzuhebende Aspekt betrifft Simmels Grundqualitäten, die nicht nur nach wie vor aktuelle Unterscheidungen für räumliche Differenzierungsprozesse liefern, sondern den Blick auf die Strukturqualitäten des Raumes lenken. Ob und in welchem Maße räumliche Unterscheidungen soziale Praktiken prägen, ist für raumbezogene Analysen nach wie vor eine zentrale Frage. Mit Blick auf die Sozialraumforschung ist zu erwarten, dass beispielsweise Simmels Grundqualität der Zerlegbarkeit und Begrenzung des Raumes wertvolle Hinweise für die Praktiken der Verräumlichung liefert, etwa wenn es darum geht, wie sich in den städtischen Räumen Sozialräume ausbilden und zu ihrer Stabilisierung symbolische Grenzziehungen vornehmen. Welche Kriterien sind maßgeblich dafür verantwortlich, dass sich Grenzziehungen als soziale Konstrukte räumlich manifestieren und wie lassen sich Grenzen neu bestimmen? Welche Überschneidungen oder aber auch Diskrepanzen lassen sich hinsichtlich politisch-administrativer Grenzziehungen und sozialen Schliessungsprozessen beobachten? Ein von Simmel in diesem Zusammenhang aufgeworfener Aspekt betrifft die von ihm als Grundqualität formulierte Fixierung. Gerade die Sozialraumforschung verweist darauf, dass auch unter globalisierten Bedingungen und den Möglichkeiten der modernen Vernetzungstechnologien lebensweltbezogene Verräumli-

---

12 Kessl/Reutlinger weisen die politische Kontextualisierung von Raum als ein Merkmal einer reflexiven räumlichen Haltung aus: „Raumbezogene Praktiken müssen die Macht- und Herrschaftsverhältnisse, in die sie eingebunden sind, realisieren und sich bewusst dazu positionieren. Das ist notwendiger Bestandteil einer *reflexiven räumlichen Haltung*" (Kessl/Reutlinger 2007: 29, Hervorh.im Orig.).

chungsprozesse notwendig sind. Die Qualität von Räumen unterscheidet sich in hohem Maße darin, inwieweit die Personen auf einen bestimmten Ort oder Lokalität begrenzt bzw. „fixiert" sind und in welchem Maße diese Fixierungen soziale Gruppierungen und ihre Austauschbeziehungen prägen. Vor dem Hintergrund von Simmels Grundqualitäten ließen sich weitere Fragestellungen auf gegenwärtige Bedingungen übertragen. Zu nennen wäre hier das Wandern bzw. das Reisen, das bei Simmel noch als Notwendigkeit, um eine Form der Einheit zu erzeugen, verstanden wird. Angesichts moderner Informations- und Kommunikationstechniken sowie den Möglichkeiten der virtuellen „Datenreisen" korrespondiert die Bewegung im Raum heute nicht mehr unbedingt mit einer Bewegung in der Zeit. Dennoch besitzt Mobilität in unserer Gesellschaft nicht nur nach wie vor einen hohen Stellenwert, darüber hinaus wird die physische Anwesenheit auch heute noch als Notwendigkeit der Integration und Partizipation verstanden.

Zusammenfassend lässt sich also sagen, dass es Simmel seinen Lesern durch seinen zum Teil essayistischen Stil zwar nicht immer leicht macht. Dennoch ist es sein Verdienst, auf die sozialen Verknüpfungs- und Syntheseleistungen zu verweisen, die bestimmte Raumformen konstituieren. (Sozial)Raumanalysen lassen sich auch heute noch im Anschluss an Simmels Kriterien durchführen. Simmels Kriterien sind aber angesichts der neuen technischen Möglichkeiten der Herstellung von Nähe und Ferne analytisch anzureichern. Wichtig für eine Sozialraumforschungsperspektive ist außerdem Simmels Hinweis auf den engen Zusammenhang von näräumlichen Beziehungen und sozialer Bindungskraft, ohne diesen zugunsten einer Seite zu bewerten, denn Nähe steht bei Simmel auch für Antipathie. Sozialraumforschung im Anschluss an Simmel hieße aber vor allem eine modernisierte Variante zu präferieren, denn mit Blick auf die Großstadt hebt er die Versachlichung näräumlicher Beziehungen als Gewinn und Notwendigkeit städtischen Lebens hervor. Und nicht zuletzt diese ambivalente Haltung zeigt die Modernität Simmels.

Daniela Ahrens

Literatur
Brüsemeister, Thomas (2002): „Zwischen Welt und Dorf – Raum als Differenzierungsprinzip von Gegenwartsgesellschaften". In: Volkmann u. a. (Hg.) (2002): 315-340
Dahme, Heinz-Jürgen (1981): Soziologie als exakte Wissenschaft: Georg Simmels Ansatz und seine Bedeutung in der gegenwärtigen Soziologie, 2 Bände. Stuttgart: Ferdinand Enke Verlag
Dahme, Heinz-Jürgen/Rammstedt, Ottheim (Hg.) (1983): Georg Simmel: Schriften zur Soziologie. Eine Auswahl. Frankfurt a.M.: Suhrkamp

Dahme, Heinz-Jürgen/Rammstedt, Ottheim (Hg.) (1995): Georg Simmel und die Moderne. Neue Interpretationen und Materialien. Frankfurt a.M.: Suhrkamp

Frisby, David P. (1995): Georg Simmels Theorie der Moderne. In: Dahme/Rammstedt (Hg.) (1995): 9-80

Gassen, Kurt/Landmann, Michael (Hg.) (1958): Buch des Dankes an Georg Simmel. Briefe, Erinnerungen, Bibliographie. Berlin: Dunker und Humblot

Glauser, Andrea (2006): Pionierarbeit mit paradoxen Folgen? Zur neueren Rezeption der Raumsoziologie von Georg Simmel. In: Zeitschrift für Soziologie 35. Jg., Heft 4: 250-268

Giddens, Anthony (1995): Konsequenzen der Moderne. Frankfurt a.M.: Suhrkamp

Häußermann, Hartmut/Ipsen, Detlev (Hg.) (1991): Stadt und Raum. Pfaffenweiler Centaurius

Jung, Werner (1990): Georg Simmel zur Einführung. Hamburg: Junius

Käsler, Dirk (Hg.) (2006): Klassiker der Soziologie. Von Auguste Comte bis Alfred Schütz. Hamburg: Beck'sche Reihe (5. Aufl.)

Kessl, Fabian/Reutlinger, Christian (2007): Sozialraum. Eine Einführung. Wiesbaden: VS Verlag für Sozialwissenschaften

Kramme, Rüdiger/Ramstedt, Angela/Rammstedt, Ottheim (Hg.) (1995): Georg Simmel. Aufsätze und Abhandlungen, 1901-1908, Bd. 1. Frankfurt a.M.: Suhrkamp

Läpple, Dieter (1991): Essay über den Raum. Für ein gesellschaftswissenschaftliches Raumkonzept. In: Häußermann/Ipsen (Hg.) (1991): 157-207

Lichtblau, Klaus (1997): Georg Simmel. Frankfurt a.M./New York : Campus

Löw, Martina (2001): Raumsoziologie. Frankfurt a.M.: Suhrkamp

Nedelmann, Brigitta (1995): Georg Simmel als Klassiker soziologischer Prozessanalysen. In: Dahme/Rammstedt (Hg.) (1995): 91-116 (5. Aufl.)

Nedelmann, Birgitta (2006): Georg Simmel. In: Käsler (Hg.) (2006): 28-151

Rammstedt, Ottheim (Hg.) (1992). Georg Simmel. Soziologie. Untersuchungen über die Formen der Vergesellschaftung. Gesamtausgabe Bd. 11. Frankfurt a.M.: Suhrkamp

Schroer, Markus (2005): Raumqualitäten und Raumgebilde. Georg Simmels Beitrag zu einer Soziologie des Raumes. In: Sociologica Internationalis. Heft 1 & 2: 169-190

Schroer, Markus (2006): Räume, Orte, Grenzen. Auf dem Weg zu einer Soziologie des Raumes. Frankfurt a.M.: Suhrkamp

Simmel, Georg (1958): Anfang einer unvollendeten Selbstdarstellung. In: Gassen/Landmann (Hg.) (1958): 9-10

Simmel, Georg (1905): Kant. Sechzehn Vorlesungen gehalten an der Berliner Universität. Frankfurt a.M.: Suhrkamp

Simmel, Georg (1983): Soziologie des Raumes (1903). In: Dahme/Rammstedt (Hg.) (1983): 221-243

Simmel, Georg (1984): Philosophie der Landschaft (1913). In: Das Individuum und die Freiheit. Essays. Berlin: Wagenbach: 130-139

Simmel, Georg (1989): Philosphie des Geldes (1908). Frankfurt a.M.: Suhrkamp

Simmel, Georg (1992): Der Raum und die räumliche Ordnungen der Gesellschaft (1908). In: Rammstedt (1992): 687-790

Simmel, Georg (1995): Über räumliche Projektionen socialer Formen. In: Kramme/ Rammstedt/Rammstedt (Hg.) (1995): 201-220

Simmel, Georg (1997): Kant. Sechzehn Vorlesungen gehalten an der Berliner Universität 1904.

Sturm, Gabriele (2000): Wege zum Raum. Methodologische Annäherung an ein Basiskonzept der Raumplanung. Opladen: Westdeutscher Verlag

Treinen, Heiner (1965): Symbolische Ortsbezogenheit. Eine soziologische Untersuchung zum Heimatproblem. In: Kölner Zeitschrift für Soziologie und Sozialpsychologie 17. Jg., Heft 1: 73-97

Volkmann, Ute/Schmak, Uwe (Hg.) (2002): Soziologische Gegenwartsdiagnosen II. Opladen: Leske und Budrich

Ziemann, Andreas (2000): Die Brücke zur Gesellschaft. Erkenntniskritische und topographische Implikationen der Soziologie Georg Simmels. UVK: Konstanz

Kurt Lewin und die Topologie des Sozialraums

1 Elemente der topologischen Sozialraumtheorie: Feld – Vektor – Weg

Der sozialraumtheoretische Ansatz des Psychologen Kurt Lewin ist von einem hohen Methodenverständnis geprägt, bei dem er sich vor allem an naturwissenschaftlichen und mathematischen Modellen orientiert.[1] Dies ist kein Selbstzweck, sondern einem Paradigmenwechsel geschuldet, der von dem philosophischen Lehrer Lewins in Berlin, dem Kulturtheoretiker und Wissenschaftshistoriker *Ernst Cassirer* (1999b; 2000), als die Umstellung vom Substanz- auf das Funktionsdenken charakterisiert wurde und welches Lewin (1981a) im Anschluss daran den Schritt von der aristotelischen zur galileischen Denkweise nennt: Unter erstem subsumierte Cassirer Natur- aber auch Kulturvorstellungen, die sich seit der Antiken Physik aristotelischer Prägung an der *physis* als einer materiellen Objektwelt orientiert hatten. Galilei steht für Lewin dabei als das Emblem einer dynamischen Auffassung des Universums, durch welche eine funktionale Weltsicht erst begründet wurde. Cassirer konstatierte ein Andauern dieser Vorstellung weit über die Antike oder das christliche Mittelalter hinaus, welches in weiten Teilen der Physik des Aristoteles verpflichtet war: Substanzvorstellungen finden sich demnach noch Anfang des 20. Jahrhunderts, wenngleich eben hier die entscheidende Umstellung auf ein Funktionsdenken vollzogen wurde. Für Cassirer wie in der Folge auch für Lewin sind insbesondere die Vorläufer der Relativitätstheorie maßgebend; allen voran gehört hierzu die elektromagnetische Feldtheorie von James Clerk Maxwell (vorbereitet durch die Experimente von Michael Faraday), die von zwei Raumvorstellungen zugleich Abschied nimmt: Zum einen von der traditionellen Substanzvorstellung des Raumes, deren Überwindung durch die neuzeitliche Physik eingeläutet wurde, sodann aber auch die Annahme eines homogenen, stetigen Raums. Die Feldtheorie geht vielmehr von einer relativen, lokal begrenzten Homogenität aus, weshalb sie auch weniger von ‚Raum' als vielmehr eben von ‚Feld(ern)' spricht, in denen Raum elektromagnetische Eigenschaften aufweist.[2] Ein jeweiliges Feld kann mittels Vektoren beschrieben werden, die jedem Punkt eine Richtung zuweisen. Lewin, der den Feldbegriff direkt aus der Physik übernimmt, aber erstmals anschaulich am ‚Feld' des Kriegsschauplatzes explizieren wird, gewinnt daraus die Figur sozialräumlicher Felder,

---

1 Für eine Einschätzung dieses Verhältnisses im Hinblick auf Wirkung Lewins siehe Lück 2007.
2 *Albert Einstein* (2006) wird hieraus die Einsicht ziehen, dass Bewegung nicht als konstante Geschwindigkeit durch den leeren Raum zu denken ist, sondern treffender als einen Wechsel des Feldes zu definiert ist, weshalb physikalische Eigenschaften letztlich als ‚relativ' betrachtet werden müssten.

in denen es ebenfalls nicht um absolute Raumbeschreibungen geht, sondern um *relative*: und zwar relativ im Hinblick auf das soziopsychische Bezugssystem. Anders als einem Physiker geht es Lewin daher nicht allein um eine Bewegungsbeschreibung, sondern darüber hinausum die Analyse von Verhalten. Das bedeutet für seine Sozialpsychologie, dass Raum nicht das Ziel, sondern ein Mittel der Beschreibung ist: Raum ist die Matrix menschliches Verhaltens und Interaktion, oder moderner gesprochen: Raum ist das Medium, in dem sich Verhalten konkretisiert und worüber es vergleichbar wird.

Dem Funktionsdenken ist also eigen, dass es, wenn überhaupt, auch Substanzen nur in ihrer Funktion beschreibt. Damit wird nicht geleugnet, dass es die materielle Welt gibt, sondern nur betont, dass sich daraus nicht der spezifische Sinn menschlichen Verhaltens ableiten oder beschreiben, geschweige denn erklären ließe. Neben der Feldtheorie greift Lewin daher auch auf ältere, mathematische Vorläufer des Raumdenkens zurück: namentlich auf Topologie. Darunter wird seit Ende des 19. Jahrhunderts die algebraische Beschreibung räumlicher Verhältnisse verstanden. Zurück geht die Bezeichnung auf den Gaußschüler Johann Benedict Listing (1847) in Göttingen, der den schließlich durch Henri Poincaré etablierten Forschungsbereich in der Mathematik nominell begründete.[3] Der Ansatz ist jedoch wesentlich älter und geht letztlich auf das Vorhaben einer Algebraisierung der Geometrie durch Descartes zurück, wofür das später nach ihm benannte Koordinatensystem sinnbildlich ist: Jegliche geometrische Relation lässt sich demnach auch als eine Gruppe von Zahlen(werten) kommunizieren. Es ist dabei nicht einmal notwendig, dies in bezug auf einen Nullpunkt des Koordinatensystems vorzunehmen, sondern kann von einem beliebigen Punkt aus auch über die Angabe von Richtungen, die durch einen Punkt und eine Winkelangabe identifiziert werden, beschrieben werden. Im ersten Fall handelt es sich um eine klassische Dreikoordinaten-Angabe, im letzten Fall dagegen um Vektorkoordinaten. Es ist insbesondere die Vorstellung von Vektoren oder Richtungen, die Lewin versucht aus der Mathematik in die Psychologie zu importieren; wobei es sich in der Zeit Lewins jedoch nicht um einen solitären Versuch handelt, sondern derartige Überträge in der behavioristischen Psychologie durchaus verbreitet sind.[4]

Die mathematische Topologie steht aber nicht nur Pate für die konkrete Raumbeschreibung – oder vielmehr für die Beschreibung *räumlicher Verhältnisse* –,

---

3 Für Lewin selbst ist darüber hinaus insbesondere die topologische Fassung der Mengenlehre durch Felix Hausdorff (1914) relevant.

4 Zu nennen sind hierbei B. F. Skinner und Edward C. Tolman, wobei jedoch besonders erster die Determiniertheit und daher auch Konditionierbarkeit und Prognostizierbarkeit des Verhaltens betont, während Lewin eine possibilistische Perspektive auf Verhalten hat. Das zeigt sich nicht zuletzt daran, dass er im Unterschied zu den beiden genannten keine Vergleiche zum Verhalten von Tieren anstellt, geschweige denn, von hier aus Rückschlüsse auf dasjenige von Menschen zieht.

sondern markiert zugleich den vielleicht wichtigsten Schritt in der Abwendung vom Substanzdenken. Für die Topologie insgesamt wie auch für den von Cassirers (1999a) diagnostizierten Paradigmenwechsel im Besonderen ist hierbei die Raumtheorie von Leibniz (2006) zentral: Als Mathematiker gehörte Leibniz zu den größten Kritikern der Newtonschen Raumauffassung und der Annahme, dass es notwendig sei, einen absoluten Raum anzunehmen, im Hinblick auf welchen jede relative Raumbeschreibung vergleichbar sein muss. Leibniz war dagegen der Auffassung, dass es ausreicht, die Relationen einzelner Punkte eines räumlichen Gebildes zu beschreiben; also die internen geometrischen Verhältnisse. Freilich liegt es an Leibniz mathematischer Ausrichtung, dass er die Bewegungsdynamik dabei vernachlässigt, die für Newton als zentral gilt. In der Naturbeschreibung durchgesetzt hat sich daher zunächst dessen Naturvorstellung, nicht zuletzt da Bewegung das Enigma nicht nur der neuzeitlichen Physik, sondern der Naturwissenschaft bis dato überhaupt war. Was zuvor einem externen Gott oder Schöpfer des Kosmos' zugeschrieben wurde, wurde von Newton in die Materie verlegt und mittels der Gravitationskraft (abhängig von der Masse) erklärt. Zwar war damit der eine obskure Wirkgrund nur durch einen anderen ersetzt, aber er war nun etwas greifbarer geworden und vor allem berechenbar. Die von Leibniz (1904) im Nachgang zu Descartes Algebraisierungsvorhaben sogenannte ‚Analysis der Lage' (*analysis situs*) geriet daher als Alternative in Vergessenheit respektive wurde für andere Zwecke genutzt. Nicht zuletzt für solche, in denen es nicht mehr nur um die Beschreibung eines Naturraums oder dem räumlichen Verhalten von Materien geht: Vielmehr ist hierin der Anfang raumlogischer Analysen zu sehen, in denen menschliche (oder auch animalische) Entscheidungen in Abhängigkeit von Möglichkeiten der Raumnutzung beschrieben werden. Anders als die Physik, welche eine Erklärung des Geschehens liefern will, geht es diesem Ansatz zunächst nur um die Beschreibung und ist daher der Versuch einer rationalen oder zumindest neutraleren Herangehensweise.

Zur Anwendung raumlogischer Beschreibungen kommt es prominent erstmals durch *Leonhard Euler* (1736), der für ein zeitgenössisches Rätselspiel mit einer mathematischen Antwort aufwartet: Im Königsberg des 17. Jahrhunderts war es ein gesellschaftlicher Zeitvertreib, die sieben Brücken, welche die Inseln der Innenstadt miteinander verbanden, in einem Raumspiel zu überqueren, wobei die Aufgabe darin bestand, nach dem Spaziergang wieder am Ausgangspunkt anzugelangen (vgl. Velminski 2007). Die Rahmenbedingungen der Aufgabe waren so, dass alle Brücken überquert und dabei jede nur einmal verwendet werden durfte. Dass die Aufgabe nicht gelöst wurde, spornte nur mehr Personen zum Versuchen an, brachte aber keinen Erfolg. Euler dagegen, halb erblindet und fernab in Petersburg, löste das Rätsel hingegen dadurch, dass er auf dem Rechenweg entschied und belegte, dass der verlangte Spaziergang unter den genannten Bedingungen – *a priori* – nicht möglich sei: Dies belegte er dadurch, in dem er von den materiellen, ‚realräumlichen' Vorkommnissen abstrahierte und nur noch die entscheidungslogisch relevanten Punkte betrachte. Er betrachtete sie aber nicht als Punkte, sondern als Verbindungsstellen, weshalb er sie in der von ihm dann sogenannten Graphentheorie auch ‚Knoten' nannte und die Relationen zwischen ihnen ‚Kanten'. Ein Graph wäre sodann die diese Knoten verbindende Linie, welche aber keine Linie im Sinne der Physik ist, sondern ein Abbild oder besser ein Ausdruck der Struktur insgesamt. Der Graph ist damit das Objekt des entscheidungslogisch beschriebenen Raums und damit aber kein materielles, sondern ein abstraktes, mithin wesentliches Objekt. Auch auf diesen Zweig der Topologie wird Lewin letztlich rekurrieren und von einem *hodologischen Raum* sprechen; womit er den Weg (gr. *hodos*) oder die Wege meint, durch die ein Raum im Hinblick auf das verhalten von Individuen oder Gruppen bestimmt ist und damit einen Raumtyp designiert, der seit Lewin diesen Namen trägt.

Dass Lewin also letztlich verschiedene Perspektiven auf Raum und Räumlichkeit hat sollte nicht darüber hinwegtäuschen, dass alle zusammengehören und einem gemeinsamen Grundgedanken entspringen: *Feldtheorie*, *Vektorenpsychologie* und *Hodologie* gehen gleichermaßen auf einen *topologischen Ansatz* zurück, der deshalb auch als das Dach oder Ausgangspunkt von Lewins Sozialraumtheorie angesehen werden kann.[5] Die vermeintliche Inkonsequenz von Lewin, die Kritiker darin sehen, dass er die mathematische Topologie nicht in jeder Konsequenz überträgt, zeugt nur um so mehr davon, dass es Lewin nicht auf eine Mathematisierung des Geistes ankam (vgl. Marrow 1997: 48), sondern auf eine Akkuratheit in der räumlichen Beschreibung, die nicht substantialistischer Art ist. Der theoretische ‚Kollateralschaden' ist dabei gleichwohl nicht gering: Er besteht in einer Psychologie, in der das Individuum nicht als dasjenige des Humanismus in Erscheinung tritt. Wie wenige ist die Psychologie von Lewin daher ‚ahuman' und hat sich insofern von der Vorstellung eines Subjekts verabschiedet, als es in seiner Raumkonzeption nicht als Instanz des Psychischen auftaucht. Dies darf aber nicht als Antihumanismus gelesen werden, sondern muss vielmehr als Fortführung der wissenschaftlichen Aufklärung – mit all ihren Konsequenzen – verstanden werden. Hierin steht Lewin einer ansonsten nicht verwandten Position nahe: Der Systemtheorie, in welcher das Projekt der Aufklärung soziologisch radikalisiert wird und das Individuum als Transzendenz gänzlich unthematisch bleibt.

---

5 In gleicher Allgemeinheit verwendet Lewin manchmal den Begriff des „Lebensraums" (*life space*), wobei dieser ‚Raum' keineswegs vitalistisch oder gar ‚völkisch' gedacht wird, wie dies etwa in der Politischen Geographie von Ratzel (1966) bis in die Geopolitik um Haushofer der Fall war, sondern wiederum funktional (vgl. Wittmann 1998: 74-79): Als das Setting, in welchem ein Individuum sich verhält oder, wie Lewin sich ausdrückt: Lebenswelt ist der „Inbegriff möglichen Verhaltens" (Lewin 1969: 36).

2 Phänomenologie der Kriegslandschaft

Die Verwandtschaft zwischen Systemtheorie und topologischer Psychologie sind insofern nicht verwunderlich, als beide einen gemeinsamen Vorläufer haben, der heute kaum noch als solcher gekannt wird: Die Phänomenologie oder besser die phänomenologische Methode, wie sie vor allem mit dem Namen Edmund Husserls verbunden ist.[6] Dessen Vorgehen bestand darin, zugleich an den erscheinenden Gegebenheiten festzuhalten, dabei aber ihre Geltung unberücksichtigt zu lassen. ‚Geltung' bedeutet hier, entweder was es für jemanden meint oder bezieht sich auf ontologische Annahmen. Grundlage der phänomenologischen Beschreibung ist die Wahrnehmung, jedoch nicht die beliebige Wahrnehmung, sondern nur *notwendige* Elemente darin. Dies entspricht nicht dem landläufigen Verständnis von Phänomenologie, wobei meist und völlig entgegen dem phänomenologischen Ansatz an Phänomenalität und Subjektivität, nicht aber an die asubjektive *Logik* der Phänomene gedacht wird. Doch um eben diese ging es Husserl und der phänomenologischen Bewegung, wie ebenfalls auch Kurt Lewin.

Lewins erster für die Sozialraumtheorie relevanter Aufsatz, der 1917 in der *Zeitschrift für angewandte Psychologie* erscheint, wird von ihm mit dem Satz eingeleitet: „Die folgenden Ausführungen betreffen ein Kapitel der Phänomenologie der Landschaft." (Lewin 1982b: 315) Lewin signalisiert damit für den zeitgenössischen Leser, dass er eine besondere Methode erprobt: Nämlich diejenige der phänomenologischen Reduktion, welche eben darin besteht, vom Kontingenten abzusehen und auf das Wesentliche zu kommen. Es geht aber nicht um ein überzeitlich Wesentliches, wie es die Geometrie zufolge der platonistischen Auffas-

---

6 Lewin und Husserl hatten einen gemeinsamen Lehrer: Den Psychologen Carl Stumpf, bei dem sie jedoch an unterschiedlichen Orten studierten. Während Husserl von 1886-87 in Halle bei Stumpf über den Begriff der Zahl habilitierte, so besucht Lewin von 1910 an Veranstaltungen bei Stumpf, der seit 1894 in Berlin lehrte, und promovierte 1916 bei diesem. Obwohl Phänomenologie bei Stumpf noch nicht die Bedeutung, welche er durch Husserl erlangt, so wird Phänomenologie von beiden als zentrale Methode der Psychologie respektive der Philosophie angesehen. Eine gemeinsame Verbindung zwischen der Phänomenologieauffassung von Stumpf und Husserl besteht durch Franz Brentano, bei dem Husserl in Wien studierte und der Husserl an Stumpf empfahl: Brentano versuchte die Psychologie durch den Gedanken der ‚Intentionalität' zu reformieren, welcher im Kern besagt, dass Wahrnehmungen keine inneren Geschehnisse sind, sondern gleichwohl im ‚Außen' sind. Nur sei das Bewusstsein auf diese in einer bestimmten Weise gerichtet. Der endgültige Schritt zur Phänomenologie erfolgt in dem Moment, wenn auch Intentionalität – die bei Brentano gleichwohl noch eine Innerlichkeitsfigur ist (‚von-Innen-nach-Außen-gerichtet-sein') – als Äußerlichkeit und damit *räumlich* konzipiert wird. Für dieses Phänomenologieverständnis bei Lewin dürfte daher vor allem auch Cassirer ausschlaggebend gewesen sein, der seine Philosophie der symbolischen Formen ausdrücklich eine Phänomenologie nennt (vgl. Cassirer 2002). – Weit mehr als die zumeist für Lewin als relevant erachtete Gestaltpsychologie (die wiederum eine Nähe zur Phänomenologie aufweist, insofern beide Gedanken von Christian von Ehrenfels aufgriffen), ist die Phänomenologie daher wichtig für ein Verständnis von Lewins Herangehensweise insofern die raumanalytischen Aspekte seiner Arbeit betroffen sind (vgl. Lewin 1981b).

sung darstellt, sondern das Wesentliche eines konkreten Raums oder Raumzustandes, wie Lewin später sagen wird, „zu einer gegebenen Zeit" (Lewin 1982a). Das klingt zunächst paradox und ist in der Tat keine leichte Aufgabe: Denn die Frage bleibt, woher der Maßstab für das Wesentliche der Erscheinungswelt genommen werden kann. – Die Antwort ist denkbar einfach: Aus demjenigen, der Raum erlebt; denn dieser kann davon ausgehen, dass zwar die Zuschreibungen (Bedeutungen) variieren, nicht aber die Erscheinungen, welche dem zugrunde liegen. Dies ist schwer vorstellbar, weil es sich bei der Betrachtung nicht um Subjektivismus handelt, sondern um das Gegenteil: einem Asubjektivismus, der aber dennoch von einem einzelnen Betrachter oder systemtheoretisch gesprochen: von einem Beobachter aus erfolgt.[7]

Die Phänomenologie wie auch Lewins Topologie sind daher weder objektiv-materialistisch, noch subjektiv-individualistisch. Wie dieser Spagat aussehen kann, zeigt eben sein erster Text über *Kriegslandschaft* von 1917, den der verwundete Soldat Lewin im Lazarett verfasst, und dessen Relevanz für das Verständnis seiner Raumtheorie nicht überschätzt werden kann:[8] Lewin unternimmt in diesem – im wörtlichen Sinne – essayistischen Text den Versuch, Landschaft als *variabel* zu beschreiben:[9] einmal als Landschaft *im Krieg* und einmal als Landschaft *in Friedenszeiten*. Es wäre dabei naheliegend zu sagen, dass die Landschaft sich dadurch unterscheidet, dass sie in Kriegszeiten Spuren von Bombeneinschlägen aufweist und im Frieden zumeist nicht. Doch darum geht es Lewin nicht; denn das wäre genau eine Beschreibung materieller Gegebenheiten. Dass er hierbei den Landschaftsbegriff bemüht ist insofern wichtig, als Landschaft bereits signalisiert, dass es sich um eine so-und-so bestimmte Natur handelt: ‚Landschaft' war zwar ursprünglich eine verwaltungstechnische Bezeichnung, avancierte im 19. Jahrhundert jedoch zu einer ästhetischen Kategorie: Das heißt, dass das Ansprechen der Natur als Landschaft bereits eine konstruktivistische Sichtweise voraussetzt. Jedoch handelt es sich in der Phänomenologie nicht um einen puren Konstruktivismus, weil eben nicht davon ausgegangen wird, dass die Erscheinungswelt auf rein kognitive Vorgängen beruht, sondern dass sie als Wirklichkeit in der Wahrnehmung und für den Wahrnehmenden gegeben ist; weshalb Phänomenologen statt dessen treffender von ‚Konstitution' sprechen.

---

7   Die Nähe von Systemtheorie und Phänomenologie wurde von Luhmann (2005) selbst hervorgehoben.
8   Lück spricht vom „Grundstein" (Lück 2001: 20) der Lewinschen Feldtheorie (vgl. Kruse 1974: 101).
9   Laut Pierre Kaufmann (1968: 28f.) könnte Lewin hierbei durch einen Aufsatz von Moritz Wlassak (1892) inspiriert worden sein, wo die Wahrnehmung der Landschaft in Abgrenzung zur derjenigen eines geschlossenen Raums oder Hauses beschrieben wird (vgl. Graumann 1982: 14.). – Lück (2001: 22) vermutet zudem eine Inspiration durch Hellpachs *Geopsychologie*, was sachlich jedoch überraschen würde.

Nach Lewins Phänomenologie kann eine Landschaft jeweils verschieden konstituiert sein. Hierzu gehört insbesondere, dass die Landschaft nur in Friedenszeiten offen und weit ist; in Kriegszeiten hingegen eng und begrenzt. Vor allem aber ist sie nach Lewin *gerichtet*. – Und hier bringt Lewin erstmals den Kerngedanken seiner Vektorenpsychologie vor: In Friedenszeiten umschließt die Landschaft den Menschen, weshalb auch deren Kontemplation möglich ist: „*Die Landschaft ist rund, ohne vorn und hinten*" (Lewin 1982a: 316). – Ganz anders verhält es sich in Kriegszeiten: Hier geht es um Stellung und die geradezu existentielle Relevanz von *vorn* (Feind) und *hinten* (Freund). Unter der Hand kritisiert Lewin damit auch die Phänomenologie als eine Beschreibung des Friedenszustands, da in der Phänomenologie oftmals die Horizonthaftigkeit in der Wahrnehmung von Welt hervorgehoben wird (und wogegen das räumliche Urbild der Vektorenpsychologie also die gerichtete Kriegslandschaft wäre). Lewin kritisiert also das vermeintliche Apriori jeglicher Raumerfahrung, indem er den Horizont dezidiert an eine bestimmten Gegebenheitsweise (die Phänomenologie spricht mit Husserl hierbei von der *noese* eines Phänomens) bindet. Dem gemäß erscheint auch die Landschaft als ‚Inhalt' (das *noema*) nicht unbeeindruckt von dieser Art der Gegebenheit: Während die Landschaft im Frieden ‚rund' erscheint und den Betrachter sphärisch umfängt, wird sie im Krieg als *qualitativ* verschieden erfahren: „Nur überhaupt gerichtet erscheint die Landschaft; sie kennt ein Vorn und Hinten; und zwar ein Vorn und Hinten, das nicht auf den Marschierenden bezogen ist, sondern der Gegend selbst fest zukommt" (ebd.).

Gerade aber weil es sich nicht um die subjektive, ‚eingebildete' Erfahrung handelt, kann der spezifische Zustand (die Konstituiertheit) der Landschaft beschrieben werden – und zwar anhand der Logik ihres Erscheinens. Zu dieser Phänomenologie gehört neben der Gerichtetheit die ‚Zone', die ‚Grenze' sowie die ‚Gefechtsgebilde' (zu denen Dinge, aber auch Schutzzonen oder unsicheres Gelände gehören) und die ‚Stellung' bzw. ihr Verlassen: „Nähert man sich jedoch der Frontzone, so gilt die Ausdehnung ins Unendliche nicht mehr unbedingt. Nach der Frontseite hin scheint die Gegend irgendwo aufzuhören; die Landschaft ist *begrenzt*. Die Begrenztheit der Gegend tritt beim Anmarsch zur Front bereits beträchtliche Zeit vor dem Sichtbarwerden der Stellung ein. Dabei ist die Entfernung der ‚Grenze' zunächst recht unbestimmt: So weit der Blick reicht, liegt sie dann jedenfalls noch nicht, und ob über die Sehweite hinaus noch 10 oder nur noch 2 km ‚zugehöriges Land' sich erstreckt, bleibt ungewiss. Nur überhaupt *gerichtet* erscheint die Landschaft; sie kennt ein Vorn und Hinten, und zwar ein Vorn und Hinten, das nicht auf den Marschierenden bezogen ist, sondern der Gegend selbst fest zukommt. Es handelt sich auch nicht etwa um das Bewusstsein der nach vorn wachsenden Gefährdung und der schließlichen Unzugänglichkeit, sondern um eine Veränderung der Landschaft selbst. Die Gegend scheint da ‚vorne' ein Ende zu haben, dem ein ‚Nichts' folgt. Diese Stelle des Abbrechens wird um so bestimmter, je näher man der vorderen Stellung kommt und je präziser die Vorstellung von der Lage des ersten Grabens wird; denn in seine Nähe verlegt man die ‚Grenze der Gegend'. Solange z. B. beim Anstieg zu einem Hügel noch zweifelhaft ist, ob noch der ganze Hügel vor der ersten Stellung liegt, bleibt die Entfernung der Grenze unbestimmt; mit dem Sichtbarwerden der vorderen Stellung auf der Kuppe des nächsten Hügels weiß man: Hügel und Tal gehören noch uns, aber gleich hinter dem Kamme des nächsten Hügelzuges liegt unser erster Graben und die Grenze der Gegend. Dadurch kommt es hier nicht wie bei dem vorhergehenden Hügel zu einer Hügelgestalt, sondern die Gegend endet mit einem ‚Anstieg' und ein wenig ‚Kuppenfläche'. Zugleich mit der Präzisierung der Entfernung der Grenze und ihrer Verknüpfung mit anschaulich gegebenen Momenten wird das *Gerichtetsein* der Landschaft ausgesprochener: Die Gegend zeigt sich als eine *Zone,* die ungefähr parallel der Grenze verläuft. Während im vorhergehenden Bereich die Richtung auf die Grenze zu als Richtung der Landschaft erlebt wird, bestimmt jetzt die Ausdehnung *längs* der Grenze die Richtung der Landschaft. Es entsteht eine Grenzzone, die sich in ihrem Charakter als solche gegen den Feind hin rasch verdichtet" (ebd.: 441f.). – Viele dieser Elemente von Lewins Phänomenologie der Kriegslandschaft kehren später in der topologischen Psychologie wieder (vgl. Heider 1959: 7), so etwa als Figuren des „Bereichs" (*region*), der „Barriere" (*barrier*) und als Mischung von beiden in der Figur der „Grenzzone". Es ist weniger, dass Lewin darüber die Psychologie militarisieren würde, als dass er beides aus einer ahumanen – eben feldtheoretischen Perspektive betrachtet.

3 Spezieller und allgemeiner hodologischer Raum

Die phänomenologische Ausrichtung von Lewins Sozialraumforschung hat nicht nur später in den Verhaltenswissenschaften Wirkung gezeigt, sondern wurde zuallererst von Phänomenologen sowie darüber hinaus von phänomenologisch arbeitenden Sozialwissenschaftlern übernommen: Die wohl prominenteste Aufnahme erfolgt durch Jean-Paul Sartre, der in seinem Hauptwerk *Das Sein und das Nichts* von 1943, in Subjektivität als das „Vom-Anderen-gesehen-werden" definiert und diese Dialektik sodann noch einmal räumlich-intersubjektiv wendet und hierbei mit Lewin von einem hodologischen Raum der relationalen Beziehungen spricht, welcher der einzig „reale Raum" sei – sprich, die einzig angemessene Weise, Intersubjektivität zu beschreiben: „[N]icht unserer Erkenntnis von ihnen [sc. Körpern] sind sie relativ, sondern unserem ursprünglichen Engagement in der Welt. […] Diese Relativität ist kein ‚Relativismus' […]. Der Mensch und die Welt *sind* relative Wesen [*êtres*], und das Prinzip ihres Seins *ist* die Relation. […] Das heißt, dass Erkenntnis und Handeln nur zwei abstrakte Seiten einer ursprünglichen und konkreten Beziehung sind. Der reale Raum der Welt ist der Raum, den Lewin ‚hodologisch' nennt" (Sartre 1994: 547).

Wiederum kann die Bezeichnung „hodologischer Raum" in die Irre führen, da es sich – ganz wie bei Konstrukten der Mathematik und wie schon in der Landschaftsbeschreibung – nicht um objekthafte ‚Räume' handelt, sondern um die ausgezeichnete Beschreibungen von Räumlichkeit, welche durch eine spezifische, überindividuelle Raumwahrnehmung bestimmt ist und die in der Sozialpsychologie als Raumverhalten thematisch wird. Die Vokabel „Raum" ist daher als Kurzfassung von „Raumbeschreibung" (oder auch „Beschreibung von Raumverhalten") zu lesen und „hodologischer Raum" muss demnach vollständig heißen: „hodologische Raumbeschreibung". Lewin ist also nicht der Ansicht, dass es mehrere Räume (substantiell) am selben Ort gibt, sondern, dass der selbe physische Raum für einen Benutzer (funktional) verschieden strukturiert erscheinen kann respektive dass sich ein Benutzer darin verschieden verhält und spezifisch agiert. Im Gegensatz zur nicht endlichen Strukturbeschreibung des geometrischen Raumes ist der hodologische Raum nach Lewin „ein endlich strukturierter Raum": Das heißt nach Lewin, dass „seine Teile [...] aus bestimmten Einheiten oder Regionen zusammengesetzt [sind]. Richtungen und Distanzen sind durch ‚ausgezeichnete Wege' [...] definiert" (Lewin 1938: 223; dt. nach Kruse/Graumann 1978: 178).

Dabei unterscheidet Lewin in Anlehnung an die Relativitätstheorie zwischen einem ‚speziellen' und einem ‚allgemeinen' hodologischen Raum: Unter einem *speziellen hodologischen Raum* versteht Lewin eine Struktur in der „*die Richtung R_{ab} als Anfangsdifferential des ausgezeichneten Wegs von a nach b definiert ist*" (Lewin 1934: 265), das heißt, bei dem zurückgelegten Weg handelt es sich um die (hodologisch) kürzeste Strecke.[10] Richtung definiert Lewin wiederum nicht als „Weg oder sonst ein Raumgebilde", sondern als „*Relation* zwischen Raumgebilden": „Aber es besteht eine enge Beziehung zwischen dem Richtungs- und dem Wegbegriff. Diese Beziehung ist gerade unter dynamischen Gesichtspunkten besonders wichtig: *Die Richtung R_{ab} bestimmt den Anfangsschritt des ausgezeichneten Weges von a nach b.*" (ebd.) In einem gegebenen Labyrinth ergibt sich demnach folgendes Relationsbeschreibung: Die kürzeste Verbindung zwischen den Punkten *a* und *b* wird durch $R_{ab\,(euklidisch)}$ angezeigt. Für den Benutzer des Labyrinths, der sich am Punkt *a* befindet ist die direkte Strecke *ab*,

---

10 Diese kann mit der geometrisch kürzesten Strecke identisch sein, was aber wiederum ein Spezialfall des (speziellen) hodologischen Raums wäre: „Bei Fortfall aller Inhomogenitäten geht der hodologische Raum [...] in den Grenzfall des euklidischen Raums über, und der ausgezeichnete Weg ist die geradlinige Verbindung" (Bollnow 1964: 197).

die dieser Richtungsbeschreibung entspricht, jedoch nicht *als Weg* begehbar, da die Wände des Labyrinths dies verhindern. $R_{ab\,(hodologisch)}$, in die er sich daher zu Anfang bewegt oder bewegen muss ist daher nahezu entgegengesetzt zum Ort *b*. Das Anfangsdifferential besteht nun in der Abweichung zwischen den beiden Richtungen.[11] Diese Beschreibung gilt sowohl für unikursale („einwegige")

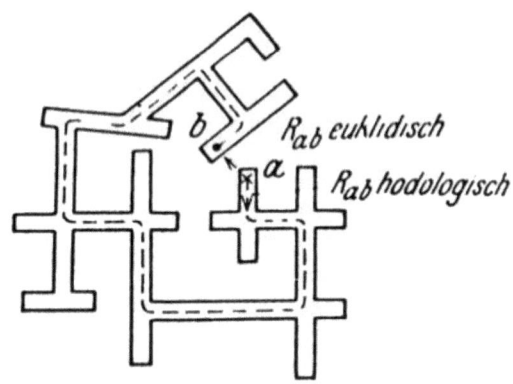

Abb. 1 (Lewin 1934: 266 - Abb. 21)

wie auch für multikursale („mehrwegige") Labyrinthe, nur dass in letzterem der hodologisch kürzeste Weg mittels „Trial and Error" gefunden wird, wohingegen er in ersteren vorgegeben ist.

Eine solche hodologische Beschreibung ist nun auch für räumliche Situationen möglich, bei denen das Labyrinth nicht unmittelbar aus vorgegebenen Wegstrecken resultiert, sondern vor allem Sichtblockaden vorliegen. Die euklidische Richtung, deren Vektor auf der Linie der kürzesten Verbindung zwi-

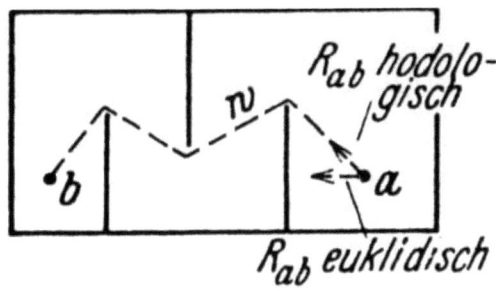

Abb. 2 (Lewin 1934: 266 - Abb. 22)

schen beiden Punkten liegt, verläuft waagerecht (←). Die anfängliche einzuschlagende Bewegungsrichtung differiert hiervon. Die Beschreibung von $R_{ab\,(hodologisch)}$ ist bei Lewin aber die Beschreibung eines speziellen hodologischen Raumes, da hier gleichwohl der Bewegungsverlauf beschrieben wird, der dem kürzest möglichen Wege von *a* nach *b* entspricht: „Die Richtung im hodologischen Raume stimmt also sehr gut mir jener Richtung zusammen, die psychologisch tatsächlich für eine Person besteht, die das Labyrinth hinreichend gut kennt" (ebd.: 266).

Im Gegensatz zum speziellen hodologischen Raum werden mit dem ‚allgemeinen hodologischen Raum' nicht Punkte oder die Verbindungen zwischen

---

11 Von einem „Differential" spricht Lewin immer im Hinblick auf den Vektor der Bewegungsrichtung: Die Bewegung („Lokomotion") in Richtung (*R*) eines Punktes weicht vom tatsächlich resultierenden (hodologischen) Weg ab.

ihnen beschrieben sondern Punktmengen oder, wie sie Lewin nennt: „Gebiete". In Abb. 3 sind diese durch Großbuchstaben *A*, *C*, *D*, *E*, *F*, *K*, *G*, *H* und *S* bezeichnet, wobei letzteres wiederum ein umschlossenes Gebiet ist. Allen Gebieten ist gemeinsam, dass sie vom Standpunkt *p* aus betrachtet (also der euklidischen Richtung nach) durch Barrieren verdeckt sind. Die schraffierten Flächen indizieren daher Gebiete, in denen Punkte oder Orte liegen, deren Erreichen eine Abweichung zwischen der euklidischen und der hodologischen Richtung mit sich bringt. Die Orte 1-8 oder 19-21 etwa sind derart indifferent. Der hodologisch kürzeste Weg (für einen Benutzer) ist mit dem (vom Benutzer unabhängigen) geometrisch kürzesten Weg identisch. Für das Erreichen der Orte 9-17 und 22-24 hingegen ist eine Abweichung nötig. Letztere liegen in den Gebieten *A* und *C*, die vom Benutzer am Standpunkt *p* aus gesehene durch die Barriere *B* verdeckt sind. Die anderen Punkte liegen hingegen vor oder neben der Barriere, wobei es unerheblich ist, ob sie der Distanz nach weiter entfernt sind als die Barriere. Ihre Erreichbarkeit setzt in keinem Fall eine Abweichung vom geometrisch kürzesten Weg voraus.

In einem allgemeinen hodologischen Raum sind daher nicht einzelne Punkte, sondern insgesamt *Gebiete*, auf denen Punkte liegen, voneinander qualitativ unterschieden (Lewin 1963a: 74f.). Eben von daher konnte Lewin seine Beschreibung in die Tradition der physikalischen Feldtheorie stellen:[12] Für die elektromagnetische Feldtheorie unterscheiden sich vermeintlich ‚leere' Raumbereiche dann voneinander, wenn ihnen eine andere elektromagnetische Struktur vorhanden ist. Um einen magnetischen Eisenkörper herum gibt es etwa ein Feld, das sich zwischen dem Plus- und dem Minuspol um den Körper herum aufspannt. Anschaulich gemacht werden kann dieses Feld, wenn etwa Eisenspäne darüber gestreut oder der magnetische Körper über die in der Fläche ausgebreiteten Späne gehalten wird. Diese richten sich dann entlang des Feldes aus. Der leere Raum hat hier also sehr wohl eine bestimmte Struktur oder ist ‚qualitativ' unterschieden von anderen Raumabschnitten oder genauer: von anderen *Feldern*. In der Raumbeschreibung gibt es nach Lewin daher mindestens zwei Typen von Raumbereichen oder Gebieten, die ungeachtet ihres qualitativen Verhältnisses zueinander (Ausdehnung) qualitativ unterschieden sind; hodologisch gewendet: Solche, in denen Punkte liegen, deren Erreichen durch den Raumnutzer zu einer Abweichung vom geometrisch kürzesten Weg führt und solche, bei denen das nicht nötig ist.[13]

---

12 Lewin selbst führt wiederum Einstein an, der ein Feld definiert als die „Gesamtheit gleichzeitig bestehender Tatsachen, die als gegenseitig voneinander abhängig begriffen werden" (Lewin zit. n. Mey 1965: 35).

13 Die Beschreibung einer Bewegung hinsichtlich des allgemeinen hodologischen Raums würde daher wie folgt lauten: „*[D]ie Richtung R_{AB} im allgemeinen hodologischen Raum ist zu definieren als der Schritt von A zu dem ersten Gebiet E, durch das der ausgezeichnete Weg von A nach B geht*" (Lewin 1934: 292).

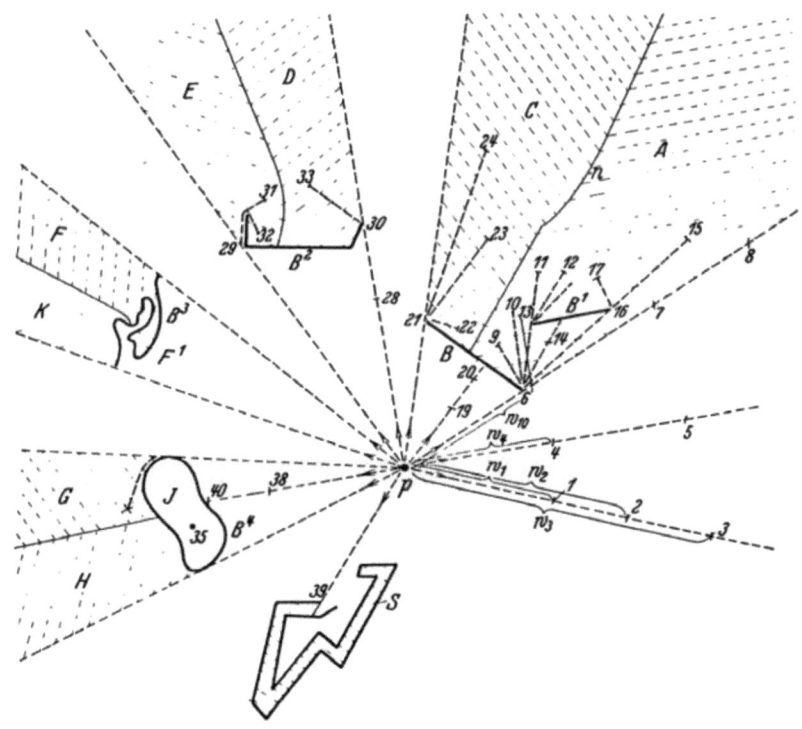

Abb. 3 (Lewin 1934: 266 - Abb. 23)

4 Ökologische Psychologie als ‚dritter Weg'

Dass Lewin zumeist als Psychologie firmiert und sein Projekt auch selbst als Psychologie bezeichnete darf nicht darüber hinwegtäuschen, dass er eine Psychologie im Sinn hat, die bereits im Ansatz mit einer Individualpsychologie nichts zu tun hat: Lewin ist deshalb ein Sozialraumtheoretiker, weil er gerade nicht beim Individuum, sondern beim kollektiven Individuum oder beim Individuum in kollektiven – sozialen – Raumbezügen ansetzt. Die Feldtheorie Lewins kann damit als *dritter Weg* gelten, die Psychologie aus ihren selbstgesetzten egologischen Grenzen zu befreien. Damit konkurriert er mit zwei anderen zeitgenössischen Strömungen in der Psychologie, die auf je unterschiedlichem Wege ebenfalls einen Ausweg aus der Individualpsychologie suchten, und dabei wie Lewin auf Topologie rekurrierten. – Die Rede ist von der Entwicklungspsychologie und der Psychoanalyse: An beiden wird jedoch nicht nur deutlich, in welch unterschiedlicher Weise ‚Topologie' aufgefasst werden kann, sondern warum auch nur Lewins Ansatz für die Sozialwissenschaften nutzbar war. Es ist daher weniger ein gemeinsamer Ursprung von Lewin und den Berliner Gestalttheoretikern, der beide Projekte zusammenrückt, als vielmehr deren gemeinsame Entwicklung nach der Emigration in die USA, nämlich hin auf die Entwicklung eines ökologischen Ansatzes in der Sozialpsychologie.

Die beiden konkurrierenden Unternehmen Anfang des 20. Jahrhunderts, Topologie in der Psychologie zu etablieren, findet sich bei *Sigmund Freud* einerseits und bei *Jean Piaget* andererseits. Bei Freud firmiert Topologie noch unter dem Namen der ‚Topik'. Im Unterschied zu Lewin geht es Freud nicht um eine Beschreibung räumlicher Verhältnisse oder Prozesse, sondern um die Erklärung psychischer Vorgänge mittels räumlicher Figuren. Es geht also um die Entwicklung von Modellen, deren Modellcharakter jedoch im Laufe der Entwicklung der Psychoanalyse in Vergessenheit gerät und womit die Modelle Freuds von Analytikern nicht mehr als Konstrukte, sondern vielmehr als ontologische Strukturen behandelt werden. Dies geschieht insbesondere in der Anverwandlung der Freudschen Psychoanalyse durch Jacques Lacan (vgl. Wegener 2007): Dieser greift auf die bei Freud sogenannte zweite Topik zurück. Während die erste Topik ein Modell des Bewusstseins lieferte, indem Freud die verschiedenen Funktionsweisen des ‚Unbewussten' und des ‚Vorbewussten' hervorhebt, liefert die zweite Topik das heute noch populäre Modell der psychischen Instanzen von *Ich*, *Es* und *Über-Ich*, die Freud eben durch räumliche Relationen veranschaulichte.[14] *Jacques Lacan* (2006) griff darauf zurück und ersetzt die drei Instanzen der zweiten Topik durch das *Imaginäre*, das *Reale* und das *Symbolische*. Topologisch ist dieses Modell nach Lacan deshalb, weil mit ihm sämtliche Konstellationen und vor allem Sinngebungsprozesse im Bereich des Soziokulturellen erklärt werden können sollen (vgl. Ragland/Milovanovic 2004). Nach Lacan gibt es immer bildhafte Vorstellung über das Selbst oder das ‚Eigene' einer Kultur, die einerseits durch die letztlich nicht feststellbare Realität als dem Gesamten aller Sachverhalte unterminiert werden und die andererseits durch eine allgemeine Ordnung (abstrakt: Zeichen, konkret: Sprache und Moral) an ihrer Umsetzung gehindert werden, weshalb sie unweigerlich ein (Ideal-)Bild blieben.

Die Allgemeinheit von Lacans topologischem Modell und des daraus resultierenden Erklärungspotentials führen jedoch wie schon bei der Freudschen Psychoanalyse dazu, dass jede mögliche Beschreibung bereits vorab gedeutet ist. Ebenso, wie bei Freud alles auf verdrängte Erlebnisse zurückgeführt wird, ist zufolge Lacans Topologie menschliches Handeln immer zum Scheitern oder zur Verfehlung verurteilt. – Ganz anders dagegen Lewin: Bei ihm kommt es nicht

---

14 Siehe hierfür Freuds Schrift *Das Ich und das Es* von 1923; zur ersten Topik bereits die *Traumdeutung* (veröffentlicht 1900).

auf eine Deutung des Verhaltens an, sondern auf dessen Beschreibung; weshalb auch denkbare Therapien ganz anders ausfallen als bei Lacan: Dem psychoanalytischen Ansatz zufolge kann ein Mensch nicht geheilt werden oder die Therapie jemals abgeschlossen werden, bei Lewin dagegen sind fast immer Alternativen zu einer gegebenen Situation vorstellbar, durch welche sich Konflikte entschärfen oder gar lösen lassen – eben weil sie sich räumlich ausdrücken müssen und ihnen daher auch räumlich entgegengewirkt werden kann.

Der andere Versuch, Topologie in der Psychologie zu thematisieren, findet sich bei Jean Piaget: Aufgrund von Versuchen geht er in seiner Entwicklungspsychologie davon aus, dass sich die euklidische Vorstellungsfähigkeit von Raum bei Kindern erst allmählich herausbildet (vgl. Piaget et al. 1971; 1974). So sei etwa die Wahrnehmung von Orthogonalen erst spät möglich; auf einer frühen Stufe in der Herausbildung der Raumwahrnehmungen werden dagegen nur Verhältnismäßigkeiten und Ein- oder Ausschlussbeziehungen erfasst, wie etwa Nachbarschaftsbeziehungen oder darauf dann auch der Unterschied von ‚geschlossen' und ‚offen' (z. B. die Möglichkeit, durch die Öffnung einer Stuhllehne ‚hindurchgreifen' zu können). Obwohl Piaget damit die entwicklungspsychologischen Grundlagen der Geometrie beschreibt, ist das im Verständnis von Topologie hier eher metaphorischer Art:[15] Denn die von Piaget angesprochenen Formen oder Gebilde des Einschlusses und Ausschlusses sind wiederum mengentheoretische Repräsentationen, nicht aber selbst topologische Relationen: Denn Gebilde wie etwa die ‚Kleinsche Flasche' oder der ‚euklidische Torus' visualisieren Mengen von Elementen, deren algebraische Beschreibung auch ohne diese auskommen würde. Auch bei Lacan gibt es diese Verwechslung, etwa wenn er das ‚Möbiusband' als Modell für den Befund der Unmöglichkeit heranzieht, jemals eine objektive Sicht der Dinge von einem äußern Standpunkt zu erlangen (vgl. Kleiner 2002). Diese Figuren sind daher letztlich Hilfen, die abstrakte Denkweise der Topologie zu vermitteln, aber eben nicht selbst topologische Beschreibungen.[16]

Lewins Position setzt zwar die mathematische Topologie ebenfalls nicht in jeder Konsequenz um, aber im Gegensatz zur Entwicklungspsychologie Piagets und der Psychoanalyse nach Freud und Lacan trifft er das, worum es der Topologie vorrangig geht: die Beschreibung von Räumlichkeit unter Absehung von physikalischen Eigenschaft der Objektwelt. Die Topologie beschreibt nicht allein Faktizität, sondern vor allem einen Möglichkeitsspielraum und die Interdependenz der Relata in einer gegebenen Situation. Die sozialpsychologische Bewegung, welche sich aufgrund der biographisch-politischen Situation hieraus zunächst vor allem

---

15 Zu den topologischen ‚Fantasien' der Entwicklungspsychologie und in anderen Bereichen siehe Pichler/Ubl (2008).
16 Nur an einer Stelle in einer frühen Untersuchung findet sich auch bei Lewin (1923: 257) eine Verwendung des Topologiebegriffs in dieser Bedeutung.

in den USA entwickelt, ersetzt den Feldbegriff von daher durch eine allgemeine sozialwissenschaftliche Umweltvorstellung und durch das Konzept der *Ökologie*. Damit wird die bisweilen statische Beschreibung der psychologischen Topologie weitergehend dynamisiert respektive die Interdependenzen in einem System noch deutlicher als funktionale Beziehungen gedacht.

Menschliches Verhalten (V) lässt sich nach Lewin daher als Funktion (f) von Person (P) und Umwelt (U) anschreiben: $V = f_{(P,U)}$ und zeichnerisch durch eine in der Mathematik sogenannte ‚Jordankurve', die einen Bereich umgrenzt. Innerhalb dieses Bereichs wirken die Kräfte des Feldes und je nach Situation können diese Kräfte oder vielmehr die Vektoren, welche die einzelnen Punkte im Feld beschreiben, anders ausgerichtet sein. Lewins einschlägiges Beispiel sind zwei Kinder, die in einer Badewanne sitzen und diesen Bereich zu gegebenen Zeitpunkten unterschiedlich funktionalisieren: Sie können ihn indifferent belassen, ohne Binnenaufteilungen vorzunehmen (a), sie können eine deutliche Grenze einziehen und Bereiche abteilen (b), oder eines der Kinder kann den gesamten Bereich für sich reklamieren (c).[17]

---

17 Den letzten Fall erläutert Lewin wie folgt. „Am Anfang besitzt der Raum – so scheint es zunächst – den Charakter eines einfach zusammenhängenden Bereiches. Mathematisch ergibt sich dies aus der Tatsache, daß die Bereichsgrenze durch eine Jordan-Kurve repräsentiert wird. Aber die Charakterisierung des Bewegungsspielraumes von A ist nicht ganz korrekt. In diesem Raum besteht eine ‚Insel', nämlich der Junge B. Wäre B nicht gegenwärtig, würde das Verhalten von A ganz anders sein. […] B ist Teil des Lebensraumes von A und ist daher entsprechend unserer Definition selbst ein Bereich. Der Körper von B hat den Charakter eines Dinggebildes, d. h. eines Gebietes, das A weder betreten noch durchqueren kann. Er ist deshalb nicht Teil des Bewegungsspielraumes von A. Bei exakter Beurteilung des Sachverhalts kann man sagen: Die Anwesenheit von B in der Wanne macht den freien Bewegungsraum zu einem zweifach zusammenhängenden Gebiet. Stellt B eine Verbindung zwischen seinem Körper und dem Wannenrand dadurch her, daß er den Rand r (Abb. c) mit seiner Hand B' anfaßt, vollzieht B einen Schnitt durch den freien Bewegungsraum; der Raum behält jedoch seine Zusammenhangsverhältnisse bei. A vermag noch alle Punkte der Wanne durch Umwege um B zu erreichen" (Lewin 1969: 123).

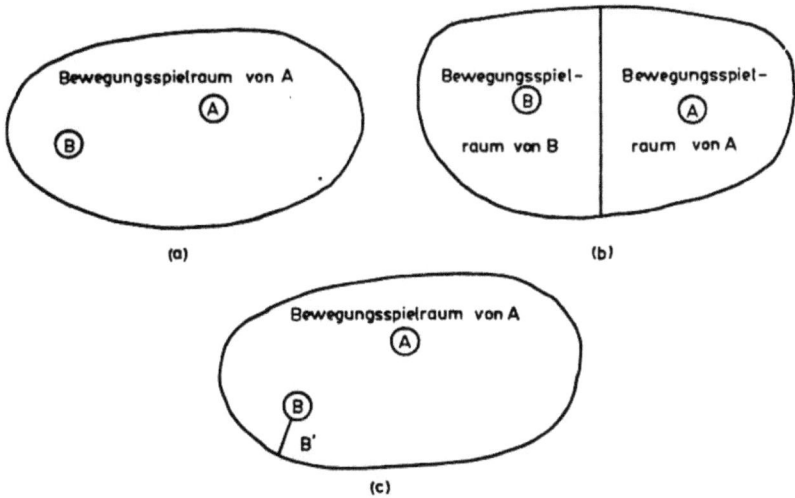

Bewegungsspielraum (Raum freier Bewegung). (a) Bewegungsräume von *A* und *B* sind nicht getrennt; (b) sie sind getrennt; (c) siehe Text

Abb. 4 (Lewin 1969: 62 - Abb. 1)

Über diese Mikroanalyse der sozialen Räumlichkeit hinaus ist Lewins Ansatz aber auch für die Makroanalyse der sogenannten Umweltpsychologie (je nach Autor als *Ecological Psychology* oder *Environmental Psychology* bezeichnet) bedeutsam, die sich unter diesem Namen seit den 1960er Jahren herausgebildet hat.[18] Paradigmatisch für diesen Ansatz sind die Arbeiten Roger Barkers, der bereits seit 1947 in der *Oskaloosa Observation Station* (offiziell: *Midwest Psychological Field Station*) das beobachtete Raumverhalten der Bevölkerung einer ganzen Stadt dokumentierte.[19] Neben Lewin gehören insbesondere der ökologische Ansatz (*ecological approach*) von *James J. Gibson* und *Urie Bronfenbrenner* (vgl. den Beitrag von Grundmann/Kunze in diesem Band): Während Gibson (1982) vor allem den Organisationsaspekt des Wahrnehmungsfeldes betonte, hob Bronfenbrenner (1993) die Relevanz von Umweltsystemen für die psychologische Entwicklung Heranwachsender hervor. Der Ansatz von Lewin nimmt auch hierbei eine Sonderstellung ein, weil er Umwelt in der Makroperspektive gerade nicht als Feld oder mehr oder minder ‚sphärischen' Bereich von Menschen dekliniert, sondern die Umwelt als ein System von Kanälen begreift, in denen die Dinge zirkulieren oder transportiert werden, durch die Menschen leben – also insbesondere

---

18 1946 wird der Name erstmals von William Ittelson und Harold Proshansky verwendet. – Für einen Überblick siehe Bonnes/Secchiaroli (1995).
19 Einschlägig hierfür ist die Studie von Barker/Wright (1954).

Nahrungsmittel. Wieder ist er konsequent als er hierbei den Menschen nicht als einen individuellen Verbraucher definiert, sondern als Schnittstelle im Wegesystem der Waren; das heißt, topologisch gesprochen als Knotenpunkt oder Element eines Graphen.

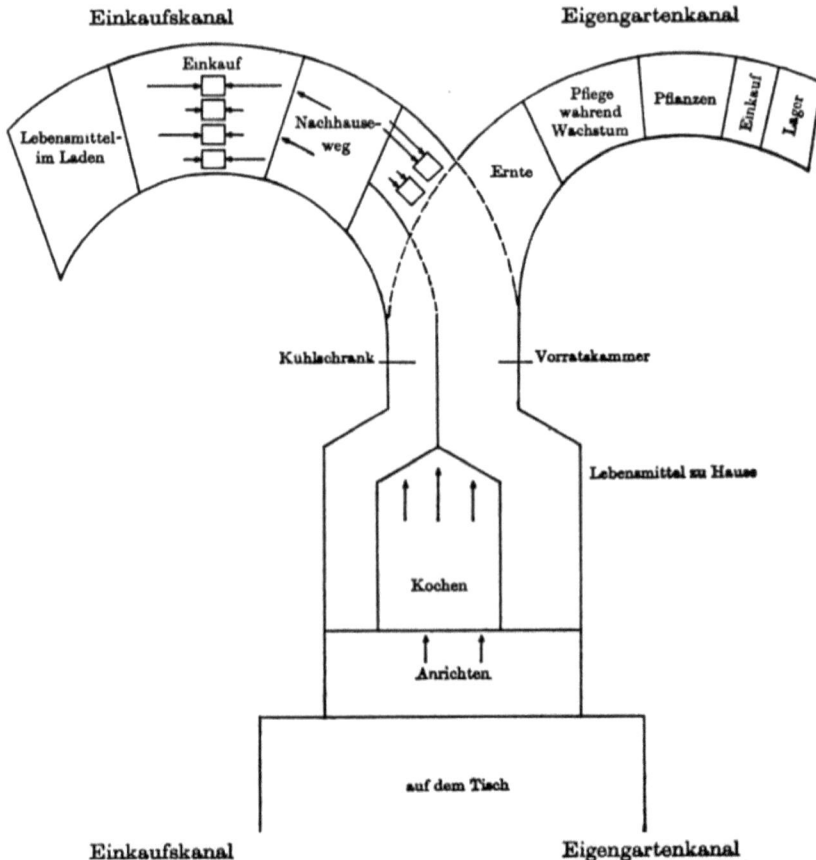

Abb. 5 (Lewin 1963 a: 211 – Figur 19)

Teile des hierfür maßgeblichen Beitrags von Lewin (1943) werden in das Kapitel über „Psychologische Ökologie" (Lewins 1963a) der *Feldtheorie* aufgenommen. Eine Abbildung daraus (Abb. 5) geht wiederum auf die Arbeit eines Forscherteams der *Iowa State University* zurück, das sich mit den Essgewohnheit der US-amerikanischen Bevölkerung befasste. Lewin greift deren Beschreibung von

Warenkanälen auf und hebt insbesondere die bis heute mit seinem Namen verbundene Funktion des „Pförtners" (ebd.: 212) (*gatekeeper*) hervor, also desjenigen, der an den entscheidenden Stellen im Verbund der Kanäle über den Warenfluss entscheidet. Diese Personen nennt Lewin doppelsinnig auch die „Funktionäre" (ebd.: 222) eines gegebenen sozialen Systems, deren Identifikation er aber vor allem für die Analyse von Diskriminierungen in größeren Firmen oder Schulen für relevant erachtet: „Die Theorie der Kanäle und Pförtner trägt zu präziseren Kenntnissen darüber bei, wie sich gewisse ‚objektive' soziologische Probleme der Lokomotion von Gütern und Personen mit den ‚subjektiven' psychologischen und sozio-kulturellen Problemen überschneiden. Sie zeigt bestimmte, soziologisch definierte Stellen wie die Pforten und sozialen Kanäle auf, wo Haltungen für das soziale Geschehen bedeutsam sind und wo die Entscheidungen von Individuen oder von Gruppen eine besonders starke soziale Auswirkung haben." (ebd.: 222)

5 Lewin heute

Unter den sozialraumtheoretischen Gesichtspunkten liegt die Bedeutung von Lewins Ansatz heute vor allem in dem konsequenten Funktionalismus und seinem Antisubstantialismus. Mit zunehmender Aufmerksamkeit für die Relevanz räumlicher Settings kann vergessen werden, dass eine raumspezifische Beschreibung sich nicht auf die Objektwelt als kausalursächlich für soziales Verhalten und Agieren richten sollte, sondern auf den Raum als Produkt von sozialer Interaktion. Die konkreten Begriffe von Lewin sollten dabei weniger wichtig sein als das, was sie ausdrücken: Die Spezifikation räumlicher Modi des menschlichen Verhaltens. Der Feldbegriff und andere Anleihen aus Physik oder auch Mathematik, wie insbesondere die Sozialraumtopologie sollten daher auch nicht als eine orthodoxe Grammatik Anwendung finden, sondern in ihrer Konsequenz für die jeweilige Forschungsfrage und -methode: Dazu gehört in erster Linie die Aufmerksamkeit auf die Relationalität räumlicher Bezüge und die Relativität der Konstitution des Wahrnehmungsraums. Die heuristische Gefahr besteht durchaus, den hodologischen Raum als einen relationalistischen Containerraum vorzustellen, „in" dem dann gehandelt wird. Der hodologische Raum ist vielmehr das Ergebnis der Handlungen oder noch genauer: Er ist die spatiale Summe dieser Handlungen.

Stephan Günzel

Literatur

Barker, Roger G./Wright, Herbert F. (1954): Midwest and its Children. The Psychological Ecology of an American Town. Evanston: Row
Bollnow, Otto Friedrich (1964): Mensch und Raum. Stuttgart: Kohlhammer
Bonnes, Mirilia/Secchiaroli, Gianfranco (1995): Environmental Psychology. A Psycho-Social Introduction, a. d. Ital. von Claire Montagna. London/Thousand Oaks/New Delhi: SAGE [1992]
Bronfenbrenner, Urie (1993): Die Ökologie der menschlichen Entwicklung. Natürliche und geplante Experimente, a. d. Amerik. von Agnes Cranach. Frankfurt a. M.: Fischer [1979]
Cartwright, Dorwin (Hg.) (1968a): Lewin Kurt. Feldtheorie in den Sozialwissenschaften. Bern/Stuttgart: Huber
Cassirer, Ernst (1904): Leibniz, Gottfried Willhelm. Hauptschriften zur Grundlage der Philosophie. Hamburg: Meiner
Cassirer, Ernst (1999a): Leibniz' System in seinen wissenschaftlichen Grundlagen, Gesammelte Werke, hg. v. Birgit Recki, Bd. 1. Hamburg: Meiner [1902]
Cassirer, Ernst (1999b): Das Erkenntnisproblem in der Philosophie und Wissenschaft der neueren Zeit, 3 Bde. und ein Nachlassband, Gesammelte Werke, hg. v. Birgit Recki, Bde. 2-5. Hamburg: Meiner [1906ff.]
Cassirer, Ernst (2000): Substanzbegriff und Funktionsbegriff. Untersuchungen über die Grundfragen der Erkenntniskritik, Gesammelte Werke, hg. v. Birgit Recki, Bd. 6. Hamburg: Meiner [1910]
Cassirer, Ernst (2002): Philosophie der symbolischen Formen, Dritter Teil, Phänomenologie der Erkenntnis, Gesammelte Werke, hg. v. Birgit Recki, Bd. 13. Hamburg: Meiner [1929]
Dünne, Jörg (Hg.) (2006): Raumtheorie. Grundlagentexte aus Philosophie und Kulturwissenschaften. Frankfurt a.M.: Suhrkamp
Einstein, Albert (2006): „Raum, Äther und Feld in der Physik". In: Dünne (Hg.) (2006): 94-101
Euler, Leonhard (1736): „Solution problematis ad geometriam situs pertinentis". In: Commentarii Academiae Scientiarum Imperialis Petropolitanae 8, 128-140
Gibson, James J. (1982): Wahrnehmung und Umwelt. Der ökologische Ansatz in der visuellen Wahrnehmung, a. d. Amerik. von Gerhard Lücke und Ivo Kohler. München/Wien/Baltimore: Urban & Schwarzenberg [1979]
Graumann, Carl-Friedrich (Hg.) (1981): Kurt Lewin-Werkausgabe. Bd. 1 Wissenschaftstheorie I. Bern/Stuttgart: Huber/Klett-Cotta
Graumannn, Carl-Friedrich (Hg.) (1982): Kurt Lewin-Werkausgabe. Bd. 4: Feldtheorie. Bern/Stuttgart: Huber/Klett-Cotta
Graumann, Carl-Friedrich (1982): „Einführung". In: dies. (1982): 11-37
Günzel, Stefan (Hg.) (2007). Topologie. Zur Raumbeschreibung in den Kultur- und Medienwissenschaften. Bielefeld: Transcript
Hammerlich, Kurt/Klein, Michael (Hg.) (1978): Materialien zur Soziologie des Alltags. Opladen: Westdeutscher Verlag
Hausdorff, Felix (1914): Grundzüge der Mengenlehre. Leipzig: Veit

Heider, Fritz (1959): „On Lewin's Methods and Theory". In: Journal of Social Issues, Supplement Series 13, 3-13

Hilbert, David (Hg.) (1911): Gesammelte Abhandlungen von Hermann Minkowski. Bd. 2. Leipzig/Berlin: Teubner

Kant, Immanuel (1907): Die Probleme der Geschichtsphilosophie. Gesamtausgabe, Bd. 9. Frankfurt a.M.: Suhrkamp

Kaufmann, Pierre (1968): Kurt Lewin. Une théorie du champ dans les sciences de l'homme. Paris: Vrin

Kleiner, Max (2002) „Der borromäische Knoten und andere Figuren des Realen". In: RISS 53, 87-105

Kruse, Lenelis (1974): Räumliche Umwelt. Die Phänomenologie des räumlichen Verhaltens als Beitrag zu einer psychologischen Umwelttheorie. Berlin/New York: de Gruyter

Kruse, Lenelis/Graumann, Carl F. (1978): „Sozialpsychologie des Raumes und der Bewegung". In: Hammerlich/Klein (Hg.) (1978): 177-219

Lacan, Jacques (2006): „Die Topik des Imaginären (Seminar vom 24. Februar 1954)". In: Dünne (Hg.) (2006): 212-225 [1966]

Leibniz, Gottfried Wilhelm (1904): „Zur Analysis der Lage (1693)", a. d. Lat. von Artur Buchenau. In: Cassirer (1904) 49-55 [1858]

Leibniz, Gottfried Wilhelm (2006): „Briefwechsel mit Samuel Clarke (1715/16)". In: Dünne (Hg.) (2006) 58-71 [1717]

Lewin, Kurt (1923): „Über die Umkehrung der Raumlage auf dem Kopf stehender Worte und Figuren in der Wahrnehmung". In: Psychologische Forschung 4, 210-261

Lewin, Kurt (1934): „Der Richtungsbegriff in der Psychologie. Der spezielle und allgemeine hodologische Raum". In: Psychologische Forschung. 19. Jg., Heft 3-4, 249-299

Lewin, Kurt (1938): The Conceptual Representation and the Measurement of Psychological Forces. Durham: Duke University Press

Lewin, Kurt (1943): „Forces Behind Food Habits and Methods of Change". In: Bulletin of National Research Council 108, 35-65

Lewin, Kurt (1963a): „Psychologische Ökologie". In: Cartwright (Hg.) (1963): [1951], 206-222 [1943]

Lewin, Kurt (1963b): „Konstrukta in der Feldtheorie". In: Cartwright (Hg.) (1963) [1951], 74-85 [1944]

Lewin, Kurt (1969): Grundzüge der topologischen Psychologie, a. d. Amerik. von Raymund Falk und Friedrich Winnefeld. Bern/Stuttgart: Huber [1936]

Lewin, Kurt (1981a): „Der Übergang von der aristotelischen Denkweise zur galileischen Denkweise in Biologie und Psychologie". In: Kurt-Lewin-Werkausgabe, hg. von Carl-Friedrich Graumann, Bd. 1: Wissenschaftstheorie I. Bern/Stuttgart: Huber/Klett-Cotta, 233-278 [1931]

Lewin, Kurt (1981b) „Carl Stumpf". In: Graumann (Hg.) (1981): 339-345 [1937]

Lewin, Kurt (1982a): „Definition des ‚Feldes zu einer gegebenen Zeit'". In: Graumann (Hg.) (1982): 133-155 [1943]

Lewin, Kurt (1982b): „Kriegslandschaft". In: Graumann (Hg.) (1983): 315-325 [1917]

Listing, Johann Benedict (1847): „Vorstudien zur Topologie". In: Göttinger Studien 2, 811-875

Lück, Helmut E. (2001): Kurt Lewin. Eine Einführung in sein Werk. Weinheim/Basel: Beltz [1996]

Lück, Helmut E. (2007): „Topologie in der Psychologie". In: Günzel (Hg.) (2007): 251-263

Luhmann, Niklas (2005): Soziologische Aufklärung, Bd. 6: Die Soziologie und der Mensch. Wiesbaden: VS Verlag für Sozialwissenschaften

Luhmann, Niklas (2005): „Intersubjektivität und Kommunikation. Unterschiedliche Ausgangspunkte soziologischer Theoriebildung". In: dies. (2005): 162-179 [1995], [1986] (2. Aufl.)

Marrow, Alfred J. (1977): Kurt Lewin. Leben und Werk, a. d. Amerik. von Hainer Kober. Stuttgart: Klett [1969]

Mey, Harald (1965): Studien zur Anwendung des Feldbegriffs in den Sozialwissenschaften. München: Piper

Minkowski, Hermann (1911): „Raum und Zeit (1908)". In: Hilbert (Hg.) (1911): 431-444

Piaget, Jean/Inhelder, Bärbel (1971): Die Entwicklung des räumlichen Denkens beim Kinde, a. d. Franz. von Rosemarie Heipke. Stuttgart: Klett [1948]

Piaget, Jean/Alina Szeminska (1974): Die natürliche Geometrie des Kindes, a. d. Franz. von Rosemarie Heipke. Stuttgart: Klett [1948]

Pichler, Wolfram/Ubl, Ralph (Hg.) (2008): Verkehrte Symmetrien. Zur topologischen Imagination in Kunst und Theorie. Wien: Turia + Kant

Ragland, Ellie/Milovanovic, Dragan (Hg.) (2004): Lacan: Topologically Speaking. New York: Other Press

Ratzel, Friedrich (1966): Der Lebensraum. Eine biogeographische Studie. Darmstadt: WBG [1901]

Sartre, Jean-Paul (1994): Das Sein und das Nichts. Versuch einer phänomenologischen Ontologie, a. d. Franz. von Hans Schöneberg und Traugott König. Reinbek bei Hamburg: Rowohlt [1943]

Velminski, Wladimir (2007): „Zwischen Gedankenbrücken und Erfindungsufern: Leonhard Eulers Poetologie des Raums". In: Günzel (Hg.) (2007): 171-182

Wegener, May (2007): „Psychoanalyse und Topologie – in vier Anläufen". In: Günzel (Hg.) (2007): 235-249

Wittmann, Simone (1998): Das Frühwerk Kurt Lewins. Zu den Quellen sozialpsychologischer Ansätze in Feldkonzept und Wissenschaftstheorie. Frankfurt a. M./Berlin/Bern/New York/Paris/Wien: Lang

Wlassak, Moritz (1892): „Zur Psychologie der Landschaft". In: Vierteljahresschrift für wissenschaftliche Philosophie XVI: 333-354.

Potenziale von Alexejew Nikolajew Leontjews Tätigkeitskonzept für die Erforschung gesellschaftlicher Lebensräume

Es ist das Verdienst von Ulrich Deinet (1990) erstmals die Tätigkeitstheorie Leontjews in die neueren Sozialraumdebatten eingebracht und das darin enthaltene Schlüsselkonzept der *Aneignung* schließlich bis zu einer spezifisch sozialpädagogisch ausgerichteten *Bildungstheorie* weiterentwickelt zu haben (vgl. zum aktuellen Stand Deinet/Reutlinger 2004). Dabei griff er auch auf Arbeiten der *Kritischen Psychologie* zurück, besonders ihre „Geburtsurkunde", die *Sinnliche Erkenntnis* von Klaus Holzkamp (1973), die den Ansatz sowohl in der damaligen BRD bzw. in Berlin/West wie auch in Teilen Westeuropas bekannt gemacht hatte (vgl. Braun 1982: Kap. 1.5; 3.2.1; Holzkamp/Schurig 1973; Keiler 1977; Schurig 1982).

Das hier ausführlich darzustellende Schlüsselwerk Probleme der *Entwicklung des Psychischen*[1] (im weiteren abgekürzt als: PEP) ist ein Sammelband mit Arbeiten aus den Jahren 1933 bis 1959[2] und dokumentiert eine besondere Entwicklungsrichtung und den international einflussreichsten Forschungsansatz der ehemaligen sowjetischen Psychologie. Diese wird in ihrer ersten Phase bestimmt durch die *„spontan-materialistischen"* Ansätze einerseits der sog. „Reflexiologie" von Wladimir Michailowitsch Bechterew (1857-1927; er wurde vermutlich auf Geheiß von Stalin ermodert); und andererseits der „Physiologie der höheren Nerventätigkeit" von Iwan Petrowitsch Pawlow (1849-1936; er erhielt 1904 den ersten Nobelpreis für Medizin). Ihre zweite Phase wurde besonders durch die Arbeiten von Lew Semjonowitsch Wygotski (1896-1934) eingeleitet, der den *kulturhistorischen* Forschungsansatz begründete, indem er – ausgehend von kunstpsychologischen Untersuchungen (vgl. Wygotzki 1976; Leontjew 1987: 15ff) – die Bedeutung gesellschaftlich hervorgebrachter sprachlicher Kommunikationsmittel für die Entwicklung des Denkens untersuchte. Dabei schenkte er speziell dem Verhältnis von Wortbedeutung und Begriffsentwicklung Aufmerksamkeit. Deren neurophysiologische Grundlage sah er in funktionalen Verbindungen verschiedenster niederer geistiger Funktionskomplexe, und ihre ontogenetischen Fort-

---

1 Dabei wird auf Teil- und Zwischenresultate des vom Jubiläumsfond der österreichischen Nationalbank unter Nr. 12347 geförderten Forschungsprojektes *Soziale Desintegrationsprozesse im Alltagsleben von Kindern und Jugendlichen in Österreich: Gesellschaftliche Ursachen und pädagogische Interventionsmöglichkeiten* (Projektträger: Österreichisches Institut für Kinderrechte und Elternbildung in Wien) zurückgegriffen.
2 Auch bezogen auf Leontjews Werk ist dieses Buch sein zentrales Werk, denn seine Monographie *Tätigkeit Bewusstsein Persönlichkeit* (russisch 1975, deutsch 1979; im weiteren zitiert als: TBP)) ergänzt und vertieft bestimmte Aspekte von PEP, ohne radikal neue Perspektiven zu eröffnen (es wird daher nur verdeutlichend einbezogen).

schritte verallgemeinerte er zu „Zonen der nächsten Entwicklung" (von der „sozialen" über die „egozentrische" zur „inneren Sprache"; vgl. Wygotzki 1987: Bd.2, Kap. 1-3). Sein Hauptwerk *Denken und Sprechen* aus dem Jahre 1934 (vgl. Wygotzki 1974) ist nicht nur das am meisten verbreitete Werk der kulturhistorischen Schule (und dies trotz der phasenweise wissenschaftspolitischen Disziplinierung in Folge des sog. „Pädologie"-Dekrets vom 4.8.1936; vgl. Papadopoulos 1999: 280), sondern auch ein Klassiker der Psychologie allgemein (vgl. ebd.: Kap. 3). Von solchen Fragestellungen war zunächst auch Alexander Romanowitsch Lurija (1902-1977) ausgegangen. Er wandte sich aber dann – teilweise aufgrund von Berufsverboten in psychologischen Forschungseinrichtungen während des Stalinismus – ab den 1940er Jahren verstärkt der *Neurophysiologie* zu, als deren eigentlicher Begründer er gilt (vgl. Lurija 1982).

Der am 5.2.1903 geborene Leontjew hatte sich ab 1924 intensiv mit Fragen der Besonderheiten der kindlichen Entwicklung beschäftigt und bereits sehr früh auf die zentrale Bedeutung der *gegenständlichen Tätigkeiten* verwiesen (vgl. Leontjew 2001). Diesen Ansatz hatte er – mit immer deutlicherem Bezug auf den kulturhistorischen Forschungsansatz und in Kooperation mit Wygotski und Lurija – ab 1932 in Charkow in Bezug auf die Ontogenese der praktischen geistigen Tätigkeiten des Kindes weiterentwickelt (die sog. Interorisation als „Verinnerlichung" der äußeren, objektiven Gegebenheiten[3]) und dabei – schrittweise über Wygotzkis Konzeption hinausgehend – auf die notwendige interdisziplinäre Verschränkung von phylogenetischen, gesellschaftshistorischen und ontogenetischen Forschungsfragen und -verfahren hingewiesen. Denn nur auf diese Weise könnten in empirisch gehaltvoller und theoretisch überzeugender Weise die qualitativen Unterschiede zwischen tierischer *Psyche* und menschlichem *Bewusstsein* herausgearbeitet werden (vgl. Leontjew/Lurija 1964: 20ff). Letzteres zeichne sich u. a. dadurch aus, dass es die Möglichkeit und Notwendigkeit der *Verobjektivierung* der menschlichen Erfahrungen und Fähigkeiten in materiellen und symbolischen („geistigen" bzw. „ideellen") Produkten beinhalte. Daraus resultiere umgekehrt die ontogenetische Notwendigkeit, sich dieses materielle und ideelle menschliche Sozialerbe *anzueignen*, um am gesellschaftlichen Leben aktiv und verantwortungsvoll teilnehmen zu können. Schrittweise wurden diese Arbeiten (auch als Ausdruck und Element der „Entstalinisierung" nach dem XX. Parteitag der KPdSU von 1956) innerhalb und außerhalb der damaligen Sowjetunion anerkannt: So erhielt Leontjew für PEP 1963 den Leninpreis. Er wurde u. a. Dekan der von ihm (mit-)gegründeten Psychologischen Fakultät der *Lomonossow Universität* in

---

3   Diese Fragestellung ist dann besonders durch die Forschungen von Pjotr Jakowlewitsch Galperin (1902-1988) entfaltet und zu einer entwicklungslogischen Stufenfolge verallgemeinert worden: Danach nimmt die Interorisation ihren Ausgang in der materiellen Handlungen und führt über die materialisierten Handlungen, die Übertragung der Handlungen in gesprochene Sprache und dann der äußeren Sprache bis hin zur inneren Sprache, dem Denken (vgl. Galperin 1980: Kap.3, 5).

Moskau, Mitglied der *Akademie der Pädagogischen Wissenschaften* der UdSSR, Vorstandsmitglied der *Sowjetischen Psychologischen Gesellschaft* und schließlich auch Vizepräsident der *International Union for Psychological Science*. Er starb am 21.1.1979 in Moskau[4].

Die folgende Einführung in *PEP* kann und will einerseits die Lektüre des Textes nicht ersetzen, und darf zugleich dessen Kenntnis nicht voraussetzen. Deshalb wird anhand von vier, die Sozialraumforschung besonders betreffenden Problemdimensionen, erst einmal Leontjew selber ausführlich zu Wort kommen: Zunächst wird ausführlich sein historisch-logischer Denkansatz analysiert (1.), dann dessen universelle Bedeutung für das Verhältnis von Vergegenständlichung und Aneignung (2.) und die Relation von Individuum und Gesellschaft (3.) erörtert. Schließlich wird der Frage nachgegangen, was dieses Theoriemodell für eine kritisch-konstruktive Analyse der raumbezogenen Herrschafts- und Machtverhältnisse in (kapitalistischen) Klassengesellschaften zu leisten vermag (4.). Dabei wird – darauf verweist der Begriff „Potenzial" in der Überschrift – die Interpretation und Darstellung dadurch verkompliziert, dass Leontjew die Möglichkeiten seines theoretisch-methodologischen Konzeptes nicht ausgeschöpft hatte[5], und dass er selber (im Unterschied zu den anderen, in diesem Band vorgestellten Ansätzen) keine explizite Theorie des gesellschaftlichen Lebensraums[6] entwickelt hat. Seine Bedeutung für dessen Erforschung muss also jeweils durch eine „Transformation" seines Konzeptes erschlossen werden, die der Sozialraumforschung zugleich bestimmte neue Akzentsetzungen erlaubt.

1 Biologischer Naturraum und Gesellschaftsraum im historischen Forschungsparadigma

Die zentrale Leistung der Evolutionstheorie von Charles Robert Darwin (1809-1892) bestand – und besteht weiterhin und entgegen ihren sozialdarwinistischen Fehldeutungen – darin (vgl. Heberer 1959: 26ff; 68ff), dass die Natur selber nicht mehr geschichtslos gedacht und als ein absoluter Gegensatz zur Gesellschaft konstruiert werden kann. Es gibt einen umfassenden *historischen* Prozess, bei dem vormenschliche Naturräume und menschliche Gesellschaftsräume eigenständige, aber aufeinander bezogene Entwicklungsetappen darstellen. Vor dem

---

4 Zu seinen letzten Arbeiten gehörte Leontjews *Psychologie des Abbilds* (1982).
5 Es ist gewiss das Verdienst der *Kritischen Psychologie,* diesen Ansatz qualitativ ausgebaut zu haben; zur Entwicklung und Grenze ihres Aneignungsverständnisses (vgl. Braun 2004).
6 Gewiss ist der Begriff des „Lebensraumes" (ähnlich wie der der „Geopolitik" bzw. „Gemeinschaft") durch seine sozialdarwinistisch-rassistische und (prä)faschistische Vereinnahmung hochgradig belastet. Gleichwohl bezeichnen diese Konzepte reale Sachverhalte, die einer systematischen wissenschaftlichen Erforschung bedürfen (auch das soll mit Blick auf den Begriff des „gesellschaftlichen Lebensraumes" hier gezeigt werden).

Hintergrund dieser Einsicht konzentrierte sich Leontjew auf das *Tier-Mensch-Übergangsfeld (TMÜ)*:

„Im ersten Stadium wird der Übergang zum Menschen eingeleitet. Es beginnt im späten Tertiär und reicht bis zum Anfang des Quartärs, in dem der Pithecanthropus entsteht. Der Vertreter dieses Stadiums war der Australopithecus (4-2,5 Mill. Jahre vor heute; K.-H.B.). Diese Affen lebten in Herden auf der Erde; sie gingen aufrecht und konnten komplizierte Operationen mit den Händen vollziehen. Dadurch waren sie in der Lage, rohe, noch nicht bearbeitete Werkzeuge zu benutzen. Da sie in Herden lebten, gab es bei ihnen vermutlich auch schon elementare Formen des Umgangs" (PEP: 276). Dennoch erscheint Leontjew in dieser Entwicklungsetappe das biologische Selektionsgesetz noch bestimmend. „In diesem Übergangstadium unterlagen die Individuen, die jetzt Subjekte des gesellschaftlichen Prozesses geworden waren, sowohl biologischen Gesetzen (durch die sich die morphologischen Veränderungen vollzogen, nach denen die Entwicklung der Produktion und des Umgangs verlangte) als auch sozialen Gesetzen (die die Entwicklung der gesellschaftlichen Produktion lenkten). Dabei wurden die neu aufkommenden gesellschaftlichen Gesetze offensichtlich noch durch die Ergebnisse der biologischen Entwicklung beeinträchtigt, in deren Verlauf sich erst der eigentlich Mensch – homo sapiens (oder auch Präsapiens; 300.000-50.000 Jahre vor heute; K.-H.B.) – bildete. Je weiter dieser Prozeß aber fortschritt, desto mehr Entfaltungsmöglichkeiten erhielten die gesellschaftlichen Gesetze und desto weniger hing das Tempo der gesellschaftlichen von der biologischen Evolution ab" (ebd.: 277). Der entscheidende Umschlag in der historischen Anthropogenese werde demnach eingeleitet als die Selektionsvorteile von Arbeit (und Sprache, die bei Leontjew unterschiedlich gewichtet wird) das Selektionsgesetz schrittweise außer Kraft setzen. „Den zweiten Wendepunkt in der Phylogenese des Menschen gab es beim Übergang zum Neoanthropus (heute homo sapiens sapiens genannt; ab 40.000 Jahre vor heute; K.-H.B.), das heißt zum Stadium des biologisch völlig ausgebildeten Menschen von heute. Die gesellschaftlich-historische Entwicklung befreit sich nun gänzlich von ihrer früheren Abhängigkeit von der morphologischen Entwicklung. Es beginnt die Ära, in der einzig und allein die sozialen Gesetze herrschen" (ebd.). Dadurch entstehe ein historisch neuer Entwicklungstypus und dieser bringe *gesellschaftliche* Zeitverhältnisse hervor. „Auf der einen Seite verändern sich die Lebensbedingungen und Lebensweise einschneidend und immer schneller, während die morphologischen Besonderheiten der Menschenart konstant bleiben; Veränderungen auf diesem Gebiet gehen nicht über den Rahmen von *Varianten* hinaus, die im Hinblick auf die *soziale Anpassung keine wesentliche Bedeutung haben*. [...] Die Menschheit hat im Laufe ihrer Geschichte große geistige Kräfte und Fähigkeiten entwickelt. Die Zehntausende von Jahren der gesellschaftlichen Geschichte lieferten in dieser Hinsicht viel mehr als die Millionen von Jahren der biologischen Evolution. Die Errungenschaften der Entwicklung menschlicher Fähigkeiten und Eigenschaften wurden gesammelt, indem sie von Generation zu Generation weitergegeben wurden. [...] Diese neue Form, phylogenetische Erfahrungen zu sammeln, wurde beim Menschen möglich, weil seine Tätigkeit im Gegensatz zu der der Tiere produktiven Charakter hat. Wir sprechen hier von der Haupttätigkeit des Menschen – der Arbeit" (ebd.: 279).

An diesen Überlegungen ist primär die *theoretisch-methodische Herangehensweise* für die Sozialraumforschung von Interesse:

a) Leontjews Ansatz geht von der Grundeinsicht aus, dass ein Gegenstand (hier der Raum) in seinen inneren Gesetzmäßigkeiten nur aus seiner Gewordenheit zu verstehen ist, dass sich nur von daher seine Strukturen und Funktionen erschließen. In diesem Sinne sind die universellen gesellschaftlichen Raumstrukturen aus deren *natur*-geschichtlicher Entstehung zu erklären, womit auch die äußerliche Entgegensetzung von Natur und Gesellschaft aufgehoben wird und die Interdisziplinarität der Sozialraumforschung ein stabiles inhaltliches Fundament erhält. Zugleich bietet dieser Ansatz die Chance, die in den bisherigen Raumtheorien vorherrschende Tendenz zu überwinden, ihre *naturwissenschaftlichen* Grundlagen weitgehend auf die der *Physik* zu reduzieren (vgl. Dünne/Günzel 2006: Teil I; Löw 2001: Kap.2.1)[7] und systematisch *biologische* Fragestellungen einzubeziehen. Um dies zu verdeutlichen sind die kommentierenden Überlegungen dieses Abschnitts auch ausführlicher als die der anderen.

Ein solches Forschungsparadigma beinhaltet konkret die Aufgabe, in historisch-*empirischer* Weise die jeweils relevanten Ursprungs- und Differenzierungsprozesse der Evolution zu rekonstruieren (z.B. den Ursprung der belebten Materie vor 3,5 Mrd. Jahren, die Ausdifferenzierung in pflanzliches und tierisches Leben vor ca. 1 Mrd. Jahren; oder die Entstehung des Werkzeuggebrauchs und die dann entstehenden Formen der stabilen sozialen Arbeitsteilung beim homo erectus vor 1,6 Mill. Jahren). Diese Prozesse sind historisch-*logisch* als Entwicklungsnotwendigkeiten (im Sinne einer allgemeinen Richtungsbestimmung) zu deuten, also ist der Frage nachzugehen, welche Art von Not jeweils wie „zu wenden" gewesen ist. Auf *biologischem* Niveau geht es dabei – im Sinne einer Höherentwicklung – stets um die Verbesserung der Überlebenschancen und auf *gesellschaftlichem* um die Erweiterung der verallgemeinerten Lebensvorsorge, also um den ständigen „Kampf gegen den Kampf ums Dasein" (vgl. PEP: 278). Die Realisierung dieser Notwendigkeiten erfolgt dabei niemals gradlinig und alternativlos, sondern

---

7   Das ist auch deshalb sehr erstaunlich, weil das öffentliche Interesse an den Naturwissenschaften sich seit ca. 20 Jahren von der Physik zur Biologie verlagert hat und auch ökologische Probleme seit dieser Zeit eines der Zentren der gesellschaftspolitischen Debatten ausmachen.

ist über Zufallskonstellationen sowie evolutionäre Sackgassen und Rückschläge vermittelt. In diesem Sinne müssen die jeweiligen Raumstrukturen immer auch als Versuch verstanden werden, den jeweiligen Entwicklungsherausforderungen Rechnung zu tragen (vgl. Krohs/Toepfer 2005: Teil III; Schurig 1999).

Die schon etwas älteren Arbeiten Leontjews im Detail anhand unseres aktuellen empirischen und theoretischen Wissens zu kritisieren wäre unfair[8]. Dennoch sollen zwei grundsätzliche Erweiterungen seines Ansatzes dargestellt werden, die für die Sozialraumforschung von besonderer Bedeutung sind: Der Stellenwert der tierischen „Sozial"- und „Kommunikationsstrukturen" (b) und die Bedeutung der Herausbildung der sog. Hochkulturen" für das gesellschaftliche Raumverständnis (c).

b) Wie die vagen Hinweise auf „Umgangsformen" schon andeuten, denkt Leontjew das tierische Leben weitgehend vom einzelnen Organismus aus, also „asozial" und zum Teil auch physiologistisch (vgl. PEP: 202). Daher übersieht er, dass die tierischen Einzelorganismen bereits in sehr komplexe, raumverankerte „Sozial"- und „Kommunikationsstrukturen"[9] integriert sind, weil er die Forschungstraditionen der *Soziobiologie* weitgehend unberücksichtigt lässt (vgl. Schurig 1979; Voland 2000: Kap.1):

Sie hatte sich zunächst als Tiersoziologie in den 1880er Jahren herausgebildet, beschäftigte sich empirisch mit Rangstrukturen („Staatenbildungen" z.B. bei Ameisen), Gruppenbildungen (z.B. offene vs. geschlossene Gesellungsformen) und besonderen Weisen des Sozialverhaltens (z.B. Körperpflege oder Stressbewältigung). Theoretisch standen dann ab den 1930er Jahren Fragen der Selektionsvor- und -nachteile im Vordergrund. – Heute gilt das Interesse empirisch besonders der Analyse der lebensraumsspezifischen Anpassungszwänge bei der Nahrungssuche (z.B. „Schwirrflügen" bei den Insekten), der Anpassung der Fortbewegungsmöglichkeiten an die ökologischen Besonderheiten des jeweiligen Naturraums (z.B. unterschiedliche Klettertechniken wie Greifklettern und Schwing-Hangel-Klettern) sowie der Anpassung des Sozialverhaltens an den jeweiligen Lebensraum. Theoretisch gilt das Interesse der kausalen bzw. funktionalen Analyse der Beziehungen zwischen der Verhaltensebene (Ethologie), der physiologischen und der genetischen Ebene (mit den vermittelnden Analyseebenen der Verhaltensphysiologie und der Verhaltensgenetik). – Die Ergebnisse der Tiersoziologie können hier

---

8   Eine wissenschaftshistorische Analyse würde allerdings der Frage nachgehen, welche der international bedeutsamen und bekannten Forschungsresultate von Leontjew – zum Teil aufgrund der wissenschaftspolitischen (Selbst-) Isolation der damaligen Forschungspraxis – nicht berücksichtigt werden konnten bzw. durften.

9   Solche und ähnliche Begrifflichkeiten stehen immer vor der Schwierigkeit, dass sie weder in anthropomorpher Weise gesellschaftliche Tatbestände in biologische Gesellungsformen hineininterpretieren dürfen noch gesellschaftliche Zusammenhänge pseudo-biologisch zu erklären versuchen. Die Anführungsstriche sollen deshalb Problembewusstsein hinsichtlich des schwierigen Verhältnisses von evolutionärer Kontinuität und Erneuerung signalisieren..

selbstverständlich nicht dargestellt werden; es müssen einige Stichworte genügen, die zumindest die Umrisse eines dezidiert biologischen Raumverständnisses andeuten (vgl. Holzkamp-Osterkamp 1975: Kap.2; 3.2; Schurig 1975: Bd.1, Kap.4; Voland 2000: Kap.2-4; Braun 1982: Kap.2.1).

Ausgangspunkt sind Tierhäufungen aufgrund von Zufallsbedingungen (weil z.b. ein Biotop ausgetrocknet ist), aus denen sich dann Formen einer stabilen räumlichen Dichte ergeben, die eine Koordination der Verhaltensweisen der Einzeltiere erfordern. Diese haben den (Selektions-)Vorteil der sozialen Erleichterung und zum Teil auch schon der Absicherung, aber auch den Nachteil der möglichen Überfüllung (wenn dann z.b. zu wenig Nahrung für alle vorhanden ist). Deshalb setzt sich hier regulativ eine optimale Gruppengröße und eine entsprechende Distanz zwischen ihnen durch. Daraus entsteht dann das Territorialverhalten, mit dem bestimmte Reviere (von Einzeltieren, „Familien", „Sippen" usw.) gegenüber anderen abgegrenzt und ggf. verteidigt werden. Alles dies erfordert bereits sowohl ein Explorations- und Kontrollverhalten und -bedarf wie auch ein entsprechendes räumliches Lernen. Zugleich macht dies auch Formen der Koordination der „Interaktionsweisen" innerhalb der jeweiligen Gesellungseinheit erforderlich. Dazu gehören die Reduktion der intrapspezifischen Aggressionsaktivitäten (z.B. gegen schwächere Mitglieder), einfache Formen der Summierung von Einzelaktivitäten (z.B. beim Jagen von Fresswild oder bei der Abwehr von Feinden) und besonders die Festlegung von (lockeren oder fest gefügten, einfachen oder komplexen) Dominanz- und Abhängigkeitspositionen (die z.T. durch Rangkämpfe ermittelt werden) die dann auch eine bestimmte räumliche Position implizieren (z.B. die des Leittiers). In diesem Kontext entstehen aber auch die verschiedenen Formen der Hilfe und der „Freundschaften" und zugleich der Bedarf nach ihnen.

Nun sind alle diese Verhaltskoordinationen schon so komplex, dass sie die *Aufnahme* das *Sendens* von Informationen erforderlich machen, um ein entsprechendes überlebensrelevantes Verhalten auszulösen (z.B. Angriffs- bzw. Fluchtverhalten aufgrund von optischen oder akustischen Signalen). Dabei ist die Reizsummierung für die niederen, die Gestaltwahrnehmung für die höheren Tiere charakteristisch. Die Auslösemechanismen können angeboren, aber auch – als Element der Lernfähigkeit – erworben sein. Durch die Ausbildung der Fähigkeit, Signale selber zu erzeugen, wird die „monologische" in eine „dialogische" Struktur verwandelt und damit die soziale Seite des Informationsübertragung nachhaltig zu erweitern (z.B. akustische Signale bei Vögeln wie Störungs-, Schwarm-, Nest, Bettel-, Angriffs- oder Alarmrufe). Insofern haben wir es schon bei Tieren nicht nur mit „*Sozialräumen*" (im engen Sinne verstanden als Verhaltensstrukturen), sondern auch mit „*Kommunikationsräumen*" zu tun.

Von besonderer Bedeutung sind diese „Sozial- und Kommunikationsstrukturen" bei der Ermöglichung und Durchsetzung der „individuellen" Lernfähigkeit, denn nun bedarf es einerseits des Schutzes dieser aufwachsenden Tiere gegenüber den vorerst übermächtigen Feinden und andererseits eines Gefüges von Interaktionsmustern und -abläufen, um die entsprechenden Lernaktivitäten anzuregen und abzusichern. Daraus resultiert eine enge Wechselbeziehung zwischen Jungenaufzucht und „Familienverband" (in dem es zumeist eine geschlechtsspezifische Funktionsteilung gibt), der jetzt zu einer eigenständigen, raumverankerten Evolutionsebene unterhalb der übergeordneten „Sozial-" und „Kommunikationsstrukturen" wird. Zugleich ist dieses Lernen ein Medium der „sozialen" Kontaktaufnahme und Integration (also ein „Sozialisationsprozess"), wobei die Nichtbefriedigung dieses Bedarfs zu psychischen Störungen führt (insofern stellt sich die Frage nach der angemessenen „sozialen" Integration der Einzeltiere in die jeweilige Gesellungseinheit schon auf diesem Evolutionsniveau).

Die nähere Betrachtung dieser tierischen Traditionsbildung und -weitergabe macht deutlich, dass diese Formen der gattungsspezifischen Erfahrungsakkumulation auch bei den höchst entwickelten Tieren außerordentlich gering entfaltet und sehr instabil sind. Zu den herausragenden Entwicklungsdimensionen des Tier-Mensch-Übergangsfeldes gehört, dass nun Formen einer nicht mehr von ökologischen Zufälligkeiten abhängige und auf die „Interaktionsebene" beschränkte Form der Erfahrungstradierung sich immer mehr durchsetzt und schließlich dominant wird, die als materielle und symbolische Entäußerungen, Verobjektivierung und Vergegenständlichung auch den Tod einer Art oder Gattung übersteht, und damit auch neue Formen und Strukturen der Raumkontinuität geschaffen werden. Ein wichtiges Ergebnis dieser biologischen Raumanalysen ist aber auch, dass schon auf diesem Evolutionsniveau sich die Trennung von *Ort* und *Raum* durchsetzt: Wir haben an *einem* Ort (z.B. einem Wald) immer schon *verschiedenen* Biotope (Lebensräume), die von den Tierarten sehr unterschiedlich genutzt („bewohnt") werden und innerhalb solcher Soziotope bilden sich wiederum verschiedenartige Psychotope (im Sinne von „Interaktionsmustern") aus. Das gilt auch umgekehrt, dass nämlich *ein* Lebensraum *verschiedene* Orte miteinander verknüpft (man denke nur an die Zugvögel). Aber auch in diesem Fall ist die Trennung nicht total (denn ohne einen Ort gibt es auch keinen Raum), weshalb deren funktionale Wechselbeziehungen empirisch und theoretisch zu rekonstruieren sind.

c) Die zweite Erweiterung von Leontjews Ansatz betrifft die Frage, ab wann die jeweilige Gesellungsform tatsächlich schon als Gesellschaft bezeichnet werden kann, also ab wann eine Kontinuität bis zu unserer (räumlichen) Gegenwart besteht. Er selber ging davon aus – wie die Übernahme der klassisch-marxistischen Bezeichnung der Urgesellschaft als frühester Gesellschaftsformation (vgl. PEP: 224ff) deutlich macht –, dass bei den in der Tat bereits relativ hoch entwickelten Jäger-, Sammler-, Ackerbau- und Tierzüchtergesellschaften bereits von einer Dominanz der gesellschaftlichen gegenüber den biologischen Entwicklungsgesetzen auszugehen ist. Das ist aber unzutreffend (vgl. Holzkamp 1983: Kap. 5.4; Müller-Karpe 1998: 75ff., 163ff.; Schurig 1976, Kap. 7-10; Tomasello 2002: Kap.2), weil eine ganze Reihe dieser Gesellungsformen – die auch als Höhlenmalereikulturen bezeichnet werden und vor 40.000 bis 20.000 Jahren existierten – ausgestorben sind[10]:

Erst in dem Maße, wie der überschaubare und für die Subjekte selbstevidente Zusammenhang von individueller und sozialer Reproduktion dieser Stammesgesellschaften aufgebrochen, eine erhebliche Verdichtung der Sozial- und Kommunikationsstrukturen erreicht, ein immer stabileres gesellschaftliches Mehrprodukt erzeugt, dieses Mehrprodukt zunächst zentral gesammelt und (ungleich) rückverteilt und dann auch systematisch („geplant"), also relativ stabil hergestellt wurde, wie in Form der Staatsentstehung sich politische Machtzentren herausbildeten, die die gesellschaftlich relevanten Entwicklungsentscheidungen trafen und durchsetzten, wie die Wohnorte immer mehr wuchsen und die Strukturen des Zusammenlebens immer dichter wurden und sich so erste Formen von Städten ausbildeten, wie die gesprochene Sprache in geschriebener vergegenständlicht und so zuverlässiger tradiert wurde, wie in den religiösen Weltdeutungen sich eine Spannung auftat zwischen göttlicher Vorsehung und menschlicher Freiheit (häufig als „Sündenfall" der Menschen gedeutet) wird das Entwicklungsniveau der Stammesgesellschaften überschritten, verselbständigt sich die gesellschaftliche Reproduktion durch ihre zunehmende Systemqualität von der sozialen Unmittelbarkeit des Zusammenlebens. Alles das wird vorbereitet im Neolithikum (zwischen dem 8. bis 4. Jahrtausend v. Chr.) und dabei sind die ökologisch günstigen Bedingungen im Zweistromland von zentraler Bedeutung, weshalb hier die Wiege der eigentlichen menschlichen Gesellschaft liegt.

Der qualitative Umschlag von der Natur- zur Gesellschaftsevolution ist somit erst mit der Herausbildung der städtisch geprägten Tempel- und Palastwirtschaften und Hochkulturen in Mesopotamien (um 3300 v.Chr.) abgeschlossen, die dann auch entsprechende Entwicklungen in Ägypten (um 2900 v.Chr.) ermöglichten und förderten. – Evolutionstheoretisch ist dies zu verstehen als der *Ursprung* spezifisch humaner Entwicklungs-*Möglichkeiten* mit einer perspektivischen Gleichwertigkeit von Arbeit und Sprache sowie von funktionaler und kommunikativer Vernunft; die empirisch immer wieder nachweisbare *faktische* Anhängigkeit der Kommunikation von der Produktionsweise (klassisch-marxistisch formuliert: des Überbaus von der Basis) sowie der kommunikativen Vernünftigkeit von ihrer

---

10 Obwohl diese Erkenntnis längst die Tagespresse und anspruchsvolle Reiseliteratur erreicht hat, wird von vielen Museumsleitungen dieser Sachverhalt übergangen oder extrem relativiert (vgl. auch DIE ZEIT 2006).

funktionalistischen Verwertbarkeit ist jeweils als *kritischer* Befund zu verstehen, also als Ausdruck und Element von Entfremdungsverhältnissen (vgl. Abschnitt 4).

Für die Theorie gesellschaftlicher Räume (und ihre Integrationsaufgaben) sind das zentrale Sachverhalte: Während in den Stammesgesellschaften aufgrund ihrer rein sozialen Unmittelbarkeit auch nur *Sozialräume* existierten (und Leontjews Theorie und Empirie beschränkt sich auf diesen Typus bzw. diese Dimension), entstehen nun mit den im vollen Begriffssinne *komplexen*[11] Gesellschaften *systemische Räume*, besonders Wirtschaftsräume und Staatsräume bzw. politische Räume (also „Reiche") und als Vermittlung zwischen diesen sozialen und systemischen Räumen *Kulturräume*. Zugleich wird die Eigenständigkeit der Räume gegenüber den Orten nochmals verstärkt, ohne sich allerdings völlig von ihnen abzulösen. Was bedeuten diese evolutionstheoretische Erwägungen nun für die nähere Charakterisierung der Sozialräume?

2 Sozialräume als Resultat und Voraussetzung gegenständlicher Tätigkeit

Das thematische Zentrum von Leontjews psychologischer Theorie bilden die wechselseitig aufeinander verweisenden Begriffe *gegenständliche Tätigkeit* (als spezieller menschlicher Lebenspraxis) und *personale Aneignung* (als Besonderheit der sozialhistorischen Tradierung)[12]:

„Die tatsächliche Umwelt, die das menschliche Leben am meisten bestimmt, ist eine Welt, die durch die menschliche Tätigkeit umgewandelt wurde. Als eine Welt gesellschaftlicher Gegenstände, die die im Laufe der gesellschaftlich-historischen Praxis gebildeten menschlichen Fähigkeiten verkörpern, wird sie dem Individuum nicht unmittelbar gegeben; in *diesen* Eigenschaften offenbart sie sich jedem einzelnen Menschen als Aufgabe" (PEP: 281). Daraus resultiert nach Leontjew die grundlegende Differenz zwischen tierischen Anpassungs- und menschlichen Aneignungsprozessen. „Auch das Tier passt sich mit seiner Tätigkeit der Umwelt an, es eignet sich dabei jedoch niemals die Errungenschaften der phylogenetischen Entwicklung an. Während ihm diese in den natürlichen, angebornen Besonderheiten[13] *gegeben sind*, sind sie dem

---

11 Selbstverständlich sind die *modernen* Gesellschaften durch einen besonderen Komplexitäts-*Zuwachs* charakterisiert, aber *nicht* durch die *erstmalige* Ausbildung von gesellschaftlichen Systemstrukturen und der damit verbundenen Spannung zwischen System- und Sozialintegration.

12 Vgl. zu den vielfältigen philosophischen und psychologischen Bedeutungstraditionen und -schichten der Begriffe „Vergegenständlichung" und „Aneignung" Keiler (1997: Kap. 2-7).

13 Wenn Leontjew hier von angeborenen Besonderheiten spricht, so will er damit nicht behaupten, dass Tiere nicht auch über eine wie immer begrenzte *Lernfähigkeit* verfügen (vgl. ebd.: 288) und dass bei ihnen nicht sowohl *angeborene* sowie *erworbene* Auslösemechanismen für die Aktivitäten gibt, sondern dass die Kontinuität der Psychophylogenese wesentlich *genetisch* gesichert wird.

Menschen dagegen in den objektiven Erscheinungen seiner Umwelt *aufgegeben*. Um diese Errungenschaften in seiner ontogenetischen Entwicklung zu realisieren, muss er sie sich *aneignen*; nur durch diesen, stets aktiven Prozeß ist das Individuum in der Lage, deren wahre menschliche Natur, deren Eigenschaften und Fähigkeiten zutage treten zu lassen, die aus der gesellschaftlich-historischen Entwicklung der Menschheit resultieren und objektiv gegenständliche Form erlangt haben" (ebd.: 281; vgl. ebd. 283). Dabei gebe es keine *unmittelbare* Beziehung zwischen dem tätigen Subjekt und dem jeweiligen Gegenstand, sondern diese sei *vermittelt* über gesellschaftliche Bedeutungszusammenhänge. „Unter normalen Bedingungen werden die Beziehungen des Menschen zu seiner gegenständlichen Umwelt *stets* durch sein Verhältnis zu anderen Menschen, zur Gesellschaft vermittelt. Der *Umgang,* sowohl in seiner ursprünglichen äußeren Form als einer Seite der gemeinsamen Tätigkeit, einer ‚unmittelbaren Kollektivität', als auch in seiner inneren, interiorisierten Form bildet die [...] notwendige und spezifische Bedingung, unter der sich das Individuum die Errungenschaften der historischen Entwicklung der Menschheit aneignet" (ebd.: 284; vgl. TBP: 82). Dabei kommt der Kommunikation eine besondere Funktion zu: „Mit Hilfe der Sprache werden die Erfahrungen der gesellschaftlich-historischen Praxis den Individuen überliefert. Die Sprache ist folglich auch ein Mittel des Umgangs, sie ist ferner Bedingung für den Erwerb dieser Erfahrungen, und sie ist schließlich die Form, in der diese Erfahrungen im Bewußtsein existieren" (PEP: 285f; vgl. Leontjew 1974b: 20ff.).

Aus den kritischen Erwägungen in Abschnitt 1c ergibt sich bereits die Konsequenz, dass sich der Anspruch Leontjews, mit Hilfe des Begriffspaares gegenständliche Tätigkeit und personale Aneignung, *gesellschaftliche* (Raum-)Entwicklungen erklären zu können, nicht durchhalten lässt. Vielmehr sind diese Überlegungen eingeschränkt als ein Ansatz zur Erforschung der Oberflächen- und Tiefenstrukturen der *Sozialräume* zu verstehen. Diesbezüglich ist daran Folgendes hervorzuheben:

a) Zunächst einmal kann die Tätigkeitstheorie in jene wissenschaftlichen und philosophischen Traditionen eingeordnet werden, die Hannah Arend (1991: bes. Kap. 3-5) unter den Begriff *Vita Activa* zusammengeführt hat, und die die Subjekthaftigkeit der menschlichen Lebenspraxis – auch bei der Raumgestaltung – hervorheben. Danach machen die Menschen ihre Geschichte selber, wenn auch stets unter bestimmten Voraussetzungen, die sie zwar überschreiten, nicht jedoch überspringen können. Daraus resultiert die emanzipatorische (kategoriale, normative oder utopische) Perspektive eines Gleichgewichts von *objektiver Bestimmtheit* und *subjektiver Bestimmung*. Insofern muss Leontjews Hinweis auf die *Relativität* von Objektivität und Subjektivität (vgl. PEP: 20) radikalisiert werden, hin zu einer *Symmetrie* dieser Beziehung. Und weil die Gesellschaftsräume nicht auf Sozialräume reduziert werden können, sondern diese in wichtigen Aspekten bestimmen, muss eine *gesellschaftliche* Symmetrie von Objektivität und Subjektivität eine *gleichwertige* Komplexität aufweisen. Vor diesem Hintergrund wird allerdings auch deutlich, dass die Begriffe Vergegenständlichung und Aneignung keineswegs gleichrangig sind: Denn gegenständliche Tätigkeiten vermögen nur sozialräumliche Beziehungen zu konstituieren. Der Versuch, mit ihrer Hilfe die Entstehung von Gesellschaftsräumen zu erklären, liefe auf eine Verdinglichung gesellschaftlicher Verhältnisse (als einer besonderen Form ihrer Entfremdung) hinaus (vgl. Abschnitt 4). Demgegenüber ist das Aneinungskonzept – wie schon seine rechtsphilosophischen Ursprünge und Traditionen deutlich machen – in der Lage, den Vermittlungsprozess zwischen den systemischen und den Sozialräumen zu erklären und hat damit einen vergleichbaren Status wie das der Kulturräume (vgl. Braun 2004: 19ff.; 43ff.) [14].

b) Als eine besondere Leistung Leontjews ist der Bruch mit dem sog. Unmittelbarkeitspostulat der traditionellen („bürgerlichen") Psychologie anzusehen, also der Vorstellung, dass es eine unmittelbare Einwirkung der gegenständlichen oder sozialen Umwelt auf das einzelne Individuum gäbe. Dieser Zweigliedrigkeit stellt er die Dreigliedrigkeit entgenen, also die Vermitteltheit dieser Beziehung durch die gegenständliche Tätigkeit (vgl. Leontjew 1983: 15ff.). Das ist für die Sozialraumforschung insofern wichtig, als auch hier die Bedeutung materieller und symbolischer Strukturen nicht wie Einzelreize oder Reizwelten auf das Individuum einwirken, sondern durch die aktive, und in einem sehr weiten Sinne gegenständliche Tätigkeit vermittelt wird, in der die Subjekthaftigkeit dieser Raumbeziehung zum Ausdruck kommt. – Sofern man den Anspruch der Interorisationstheorie auf diese soziale Unmittelbarkeit einschränkt, so erfasst sie einige wichtige Aspekte der tätigen Raumaneignung, insbesondere die dazu notwendigen materiellen und materialisierten Auseinandersetzungsweisen und die verschiedenen Stufen ihrer sprachlichen Deutung, die Notwendigkeit *anschaulichen* Denkens und jenes Niveau motivationaler Anstrengungsbereitschaft, welches die Übernahme solcher Entwicklungsanforderungen erlaubt, für die der individuelle Beitrag zur gemeinsamen sozialräumlichen Lebenspraxis eine gewisse Offensichtlichkeit und Selbstevidenz hat[15]. – Das macht aber auch deutlich, dass die aktive Mitgestaltung von *Gesellschaftsräumen* so nicht erklärbar wird, weil sie nämlich einerseits *begreifendes* Denken erfordert (im Sinne der historischen Rekonstruktion der zukunftsoffenen Beziehungen von Sozial- und systemischen

---

14 Da auch der Entfremdungsbegriff vergleichbare rechtsphilosophische Traditionen aufweist (vgl. Halfmann/Zimmer 1990), hat er für die Theorie gesellschaftlicher Lebensräume den gleichen Status wie der Aneignungsbegriff (vgl. Abschnitt 4).
15 Der Wiener Projektbericht zu sozialräumlich ausgerichteten Beschäftigungsangeboten für Jugendliche von Oehme/Behne/Krisch (2007) enthält eine Fülle von empirischem Material zu solchen Aneignungsprozessen.

Räumen und deren Verklammerung durch die Kulturräume). Und andererseits erfordert sie eine motivationale Anstrengungsbereitschaft, die in einem erheblich spannungsreicheren Verhältnis zur unmittelbaren emotionalen Befindlichkeit steht, als es bei der reinen Sozialraumaneignung erforderlich ist. Was ist damit gemeint?

3 Kooperativ vermittelte Tätigkeitsmotive und persönlicher Sinn im Kontext der Sozialraumaneignung

Im Zentrum von Leontjews psychologischem Entwurf steht die gegenständliche Tätigkeit. Im Gang ihrer Erforschung hatte er sie dann in dreifacher Weise ausdifferenziert.

„Der Gesamtstrom der Tätigkeit, der das menschliche Leben in seinen höheren, durch die psychische Widerspiegelung vermittelten Erscheinungsformen bildet, unterscheidet die Analyse [...] einzelne (besondere) Tätigkeiten anhand der sie initiierenden Motive, des weiteren Handlungen als bewußten Zielen untergeordnete Prozesse und schließlich Operationen, die unmittelbar von den Bedingungen zur Erlangung des konkreten Ziels abhängen" (TBP: 108; vgl. PEP: 226f.; 411f.; Leontjew 1984: 21ff.). Dabei wird der Begriff Motiv nicht eingeführt, „um das Erleben des Bedürfnisses zu bezeichnen, sondern (um) den objektiven Tatbestand zu charakterisieren, in dem dieses Bedürfnis unter den gegebenen Bedingungen konkretisiert ist, der die Tätigkeit anregt und worauf sie sich richtet" (PEP: 221). Der Zusammenhang zwischen Motiv und Ziel (Gegenstand) erschließe sich dem Subjekt im kollektiven Arbeitsprozess. „Die Tätigkeit wird von ihm nicht mehr in ihrer subjektiven Verschmelzung mit dem Ziel, sondern als praktische, objektive Beziehung des Subjekts zu ihm widergespiegelt. Unter den hier erörterten Bedingungen handelt es sich natürlich stets um ein kollektives Subjekt" (ebd.: 207). Dies erläutert Leontjew an seinem berühmten Jäger-Treiber-Beispiel: Während der *Jäger* am Ende der urgesellschaftlichen arbeitsteiligen Handlungskette das Wild erlegt und dadurch die Befriedigung des Nahrungsbedürfnisses unmittelbar ermöglicht, verfolgt der *Treiber* „das Ziel, die Tierherde zu erschrecken, um sie anderen Jägern zuzutreiben, die im Hinterhalt lauern. Damit ist seine Arbeit vollendet; alles übrige erledigen die anderen Jagdteilnehmer. Selbstverständlich befriedigt diese Tätigkeit des Treibers sein Bedürfnis nach Nahrung oder Kleidung an sich noch nicht. Das Ziel, auf das seine Tätigkeitsprozesse gerichtet sind, deckt sich nicht mit dem Motiv seiner Tätigkeit. Beide sind voneinander getrennt"(ebd.: 204). Die Bedürfnisbefriedigung des Treibers werde erst durch die gesellschaftliche Kollektivität dieses arbeitsteiligen Prozesses ermöglicht; der stelle sicher, dass er einen Teil der Beute erhält. Auf diese Weise erhalte die menschliche Daseinssicherung eine neue Qualität: „Das neue Verhältnis beruht auf der gemeinsamen Tätigkeit der Menschen und ist ohne sie nicht möglich. Es hat zur Folge, daß das Ziel an sich für den Menschen keinen direkten biologischen Sinn zu haben braucht, ja, diesem sogar mitunter widersprechen kann. Die Tätigkeit des Treibers ist biologisch an sich sinnlos. Sie bekommt ihren Sinn erst bei kollektiver Arbeit. Das alles verleiht den Handlungen erst ihren menschlichen Sinn" (ebd.: 206).

Ihre entscheidende subjektwissenschaftliche Wende und Zuspitzung finden diese Überlegungen in der Differenz zwischen *objektiven Bedeutungen* (bei Leontjew meist auf sprachliche beschränkt) und *persönlichem Sinn*: „Die Bedeutung ist eine Widerspiegelung der Wirklichkeit, und zwar unabhängig von der individuellen Beziehung, in der der Mensch zu ihr steht. Der Mensch findet bereits ein fertiges, historisch entstandenes System von Bedeutungen vor und lernt es ebenso wie ein Werkzeug – dieses materielle Urbild der Bedeutung – beherrschen. Damit wird die Tatsache, ob er eine Bedeutung beherrscht oder nicht, ob er sie sich aneignet oder nicht, inwieweit er sie sich aneignet und was sie für ihn, für seine Persönlichkeit darstellt, zur eigentlichen psychologischen Tatsache seines Lebens" (ebd.: 220). Dabei müssten die Bedeutungszusammenhänge *subjektiviert* werden, um lebenspraktische Relevanz zu erhalten. „Für dass Subjekt selbst sind das Bewusstwerden und das Erreichen der konkreten Ziele sowie die Aneignung der Mittel und Operationen einer Handlung die Bestätigungsweise seines Lebens, die Art und Weise der Befriedigung und Entwicklung seiner materiellen und geistigen Bedürfnisse, welche in den Motiven seiner Tätigkeit vergegenständlicht und transformiert sind. Ganz gleich, ob die Motive dem Subjekt bewusst werden oder nicht, ob sie über sich selbst als Interesse, als Wunsch oder als Leidenschaft signalisieren, ihre Bewußtseinsfunktiion besteht darin, dass sie sozusagen die Lebensbedeutung der objektiven Bedingungen und der Handlungen des Subjekts unter diesen Bedingungen für das Subjekt ‚werten', ihnen persönlichen Sinn geben, einen Sinn, der nicht direkt mit der erfaßten objektiven Bedeutung übereinstimmt" (TBP: 145). Insofern drücke „der persönliche Sinn [...] die *Beziehung* des Subjekts zu bewußtgewordenen objektiven Erscheinungen aus" (PEP: 222f.).

Wie schon deutlich gemacht wurde, kann Leontjews Tätigkeitstheorie nur einen Beitrag zur Erforschung von Sozialräumen, nicht aber von Gesellschaftsräumen leisten. Unter diesem eingeschränkten Blickwinkel sind zwei weitere Aspekte anerkennend bzw. kritisch hervorzuheben.

a) Zunächst einmal ist das Bemühen zu unterstreichen, zwischen der Objektivität des Sozialraumes und dem subjektiven Verhältnis zu ihm zu unterscheiden. Damit eröffnet Leontjew der Sozialraumforschung eine dezidiert *subjektwissenschaftliche* Perspektive. Diese muss allerdings erheblich radikalisiert werden, denn seine unbeschwerte Verwendung des Widerspiegelungstheorems schränkt die Eigenlogik der Subjektentwicklung deutlich ein. Denn auch wenn er über ein rein passives Verständnis der psychischen Reproduktion der objektiven Räume hinausgeht und *Vor*-Spiegelungen (im Sinne von Antizipationen) wie auch von *Rück*-Spiegelungen (also Veränderungen der objektiven Raumkonstellationen) anerkennt, so knüpft er die Motive dieser Veränderungen letztlich an die Bedingungen, die doch antizipierend verändert werden sollen. Das grenzt die Reichweite der Tätigkeitsmotive bereits deutlich ein (vgl. PEP: 224). Dieses Dilemma eines offenen oder verdeckten Objektivismus kann die Sozialraumforschung nur durch die Anerkennung der oben erwähnten *Gleichursprünglichkeit* objektiver und subjektiver sozialer (und umfassend: gesellschaftlicher) Raumstrukturen überwinden.

b) Sehr problematisch ist die von Leontjew eingeführte Differenz zwischen Tätigkeitsmotiv und Handlungsziel (vgl. Holzkamp-Osterkamp 1975/76: Kap. 4.4.3): Wie schon in Anschnitt 1b ausgeführt, ist es bereits auf tierischem Evolutionsniveau nicht möglich die aktionsspezifischen Bedarfsgrundlagen auf die aktuelle Überwindung organismischer Mangel- oder Spannungszustände zu reduzieren, weil es bereits einen davon verselbständigten und zu befriedigenden Bedarf nach raumbezogener Exploration und Umweltkontrolle sowie nach „sozialer" Integration gibt. Diese Bedarfsgrundlagen werden auf humanem Evolutionsniveau nicht abgeschafft, sondern in das Bedürfnis nach aktiver Teilhabe an den gesellschaftlichen Prozessen der verallgemeinerten Lebensvorsorge transformiert, die nämlich die Aufgabe hat, zu verhindern, dass die Menschen auf ihre unmittelbare sinnlich-vitale Bedürfnisbefriedigung reduziert und damit aktuellen Notlagen ausgeliefert werden. In diesem Kontext ist die (raumbezogene) Arbeitsteilung zwar ein notwendiges, aber untergeordnetes Moment: Die Ausrichtung an Teilzielen ist dann sehr wohl im Interesse des handelnden Subjekts, wenn sie als integraler Bestandteil zur Realisierung des Gesamtziels der Erweiterung der menschlichen Entwicklungsmöglichkeiten antizipierend erkannt und so motiviert übernommen werden können. Die Aufspaltung in Tätigkeitsmotive und Handlungsziele löst diesen inneren Zusammenhang auf und ist so – entgegen den besten Absichten – in der Gefahr, das unabschließbare Bedürfnis der Menschen nach aktiver Mitgestaltung nicht nur der Sozialräume, sondern aller Gesellschaftsräume grundsätzlich in Frage zu stellen und damit die Entfremdung von diesem Räumen zu legitimieren, weil jetzt die Handlungsziele mit Inhalten „besetzt" werden können, die nicht mit den spezifisch menschlichen Emanzipationsbedürfnissen vereinbar sind. Unter Berücksichtigung der formulierten Erweiterungen wird der *kritischen* Interperetation Leontjews eine neue *konstruktive* Perspektive eröffnet. Warum?

4 Entfremdung von den Naturräumen, Gesellschaftsräumen und Subjekträumen in (kapitalistischen) Klassengesellschaften

Der Bezug auf den klassischen Marxismus wird bei Leontjew am deutlichsten, wenn er die marxistische Kapitalismuskritik in seine Analysen (wenn auch eher randständig) einbezieht und dabei die Entfremdungsproblematik[16] ins Zentrum stellt.

Danach ist eine wesentliche Folge der gesellschaftlichen Spaltung durch die antagonistischen Klassenstrukturen für ihn das Auseinanderfallen von Sinn und Bedeutung: „Erst mit der Entwicklung der gesellschaftlichen Arbeitsteilung und der Entstehung des Privateigentums an Produktionsmitteln konnte die frühere durch eine Bewußtseinsstruktur abgelöst werden, die den neuen ökonomisch-gesellschaftlichen Lebensbedingungen der Menschen entsprach. Sie ist durch ein völlig anderes Verhältnis zwischen den bewußtseinsbildenden Faktoren – dem Sinn und der Bedeutung – gekennzeichnet", denn nun werden Sinn und Bedeutung einander fremd. Man könnte diese Bewußtseinsstruktur unter Vorbehalt als ‚desintegriert' bezeichnen." (PEP: 236; vgl. TBP: 145). Dabei wird von ihm besonders der sich durchsetzende Antagonismus von geistiger und körperlicher Arbeit hervorgehoben (ebd.: 237f.). Die *gesellschaftlichen* Widersprüche führen zu *innerpsychischen* Widersprüchen: „Unter diesen Umständen teilt sich das Leben nicht einfach in seinen eigentlichen Sinn und in einen Inhalt, der ihm entfremdet ist. Für den Menschen selbst bleibt das gesamte Leben einheitlich. Es nimmt die Form des inneren Kampfes an, in dem sich die Auflehnung des Menschen gegen die Verhältnisse offenbart, die ihn beherrschen. Der Mensch ist sich nicht bewusst, dass Sinn und Bedeutung einander fremd sind; diese Tatsache bleibt seiner Selbstbeobachtung verborgen. Sie offenbart sich ihm aber in einer anderen Form: eben in diesem inneren Kampf. Die dabei ablaufenden Prozesse werden gewöhnlich ‚Widersprüche des Bewußtseins', zuweilen auch ‚Bewußtseinsqualen' genannt. Der Sinn der Wirklichkeit wird dabei bewusst erfasst, der persönliche Sinn hinter den Bedeutungen erkannt" (ebd.: 248). Und diese Art der Bewusstheit ist subjektive Voraussetzung zur Rezeption des die kapitalistische Gesellschaft überschreitenden gesellschaftlichen Deutungsangebots: Die (arbeitenden) Menschen

---

16 Vgl. zur klassisch-marxistischen Theorie der Entfremdung Sève (1978) und Tomberg (1974). Eine dazu äquivalente Kritik an den damaligen, sich selbst „sozialistisch" verstehenden Gesellschaftsordnungen findet sich aber weder in den Arbeiten der kulturhistorischen Schule noch bei den KollegInnen in der DDR (vgl. Leontjew 1968; Busse 2004: Kap. 9). Dies hat gewiss theorieimmanent auch damit zu tun, dass es in der gesamten kulturhistorischen Schule keine systematische Rezeption des klassischen Marxismus gegeben hat (vgl. TBP: Kap.1; Galperin 1980: Kap. 2), wie sie sich gerade in der Arbeit von Sève (1972) findet, in der das immanente Potenzial der Arbeiten von Marx und Engels für die Fundierung anthropologischer bzw. psychologischer Forschungen umfassend aufgedeckt wurde. Es ist in dem Fall das Verdienst der *Kritischen Psychologie* – besonders von Holzkamp (1973, Kap. 8) – die gesellschaftskritischen (speziell die kapitalismuskritischen) Potenziale von Leontjews Psychologie herausgearbeitet zu haben.

„verneinen nicht das Leben, dessen Sinn sie durchaus erkennen. Sie verneinen und beseitigen jedoch die inadäquaten Bedeutungen, die die Wirklichkeit entstellt im Bewusstsein widerspiegeln" (ebd.: 252). Indem sich so „eine Abkehr von früher eng gefassten Sinninhalten vollzieht, wird die Desintegration des Bewusstseins beseitigt. Das menschliche Bewusstsein ist in seiner Struktur wieder integriert" (ebd.: 255).

Dazu drei abschließende Bemerkungen:

a) Vor dem Hintergrund der bisherigen Überlegungen kann zunächst die Entfremdung der Menschen von der *Natur* thematisiert werden: Sie wird dann nicht in ihrer Eigenlogik anerkannt, sie wird rein instrumentell lediglich als Voraussetzung der menschlichen Lebenserhaltung betrachtet und industriell ausgebeutet (z.B. durch Viehzucht oder die Verwertung von Rohstoffen). Zugleich werden die Menschen von der *Gesellschaft* entfremdet, sie unterwerfen sich den scheinbar unveränderbaren Zwängen oder versuchen unter ihnen „hinwegzutauchen" oder schließen sich in der Unmittelbarkeit ihrer Sozialwelt scheinbar selbstgenügsam ein. Man kann die vorstehenden Kritiken an Leontjews naturhistorischen und anthropologischen Auffassungen auch als Kritik einer unbeabsichtigten theoretischen Verdoppelung der Entfremdung der Menschen von der Natur bzw. der Gesellschaft deuten (z.B. seine Unkenntnis tierischer „Sozial"- und „Kommunikationsstrukturen" oder die Reduktion der Gesellschaftsräume auf Sozialräume).

b) Resultat und Voraussetzung dieser Entfremdung von der Natur und der Gesellschaft ist die Entfremdung der Menschen von sich selbst (letztere hebt Leontjew hervor). Unabhängig von den Einwänden gegen die allgemeine Trennung von Tätigkeitsmotiv und persönlichem Sinn (auch dies eine Form der Selbstentfremdung) wird damit ein zentrale Fragestellung berührt, ohne dass sie allerdings wirklich entfaltet wird, weil Leontjew ein der Komplexität der menschlichen Lebensführung angemessenes psychodynamisches Konfliktmodell fehlt. Dieses kann deutlich machen (vgl. Braun 2006: 146ff.), dass die Menschen unter den Bedingungen des Ausschlusses von der gesellschaftlichen Realitätskontrolle zutreffende *Angst* entwickeln, von Entscheidungsprozessen betroffen, ja ihnen ausgeliefert zu sein. Sehen sie gleichzeitig keine Chance diesen Zustand individuell wie kollektiv zu überwinden (eine solche Perspektive würde dann emotional positiv bewertet und wäre als Glückerwartung erfahrbar), müssen sie diese Ängste psychodynamisch *abwehren*, um sich wenigstens eine eingeschränkte Form der Handlungs-, Reflexions- und Genussfähigkeit zu erhalten. Um diese stabilisieren zu können, müssen die subjektiven Konflikte und ihre objektiven Ursachen aus dem Bewusstsein eliminiert werden. Deshalb werden sie *unbewusst* und es gibt dann psychische Prozesse, die zwar innerhalb der Subjekte sich vollziehen, auf die sie aber keinen reflexiven Einfluss haben. In diesem Sinn kann als Folge umfassender Entfremdungsprozesse – mit Lichtman (1990: Kap. 7) – von einem wechselseitigen Verweisungszusammenhang zwischen *gesellschaftlichem* und *personalem Unbewussten* gesprochen werden. – Für die raumtheoretische Deutung dieser personalen Selbstentfremdung sind zwei weitere psychoanalytische Betrachtungsweisen von Interesse: Einerseits die – metaphorische – Deutung der Person als eines *Innen*-Raums: Der Konflikt zwischen bedürftigem Individuum und versagender Gesellschaft stellt sich danach topisch dar entweder als Differenz von Bewusstem, Vorbewusstem und Unbewusstem oder von Es, Ich und Über-Ich. Andererseits entfaltet sich die *Inter*-Subjektivität als *Zwischen*-Raum und das Begehren der durch die Haut begrenzten Körper nach Vereinigung („Einverleibung") und Eigensinn wird entfremdet durch den Versuch der Vereinnahmung der anderen Körper oder die kalte soziale Distanz zu ihnen (vgl. Irigaray 2006: 252ff.; Löw 2001: Kap. 3.5).

c) Selbstverständlich ist auch für die Sozialraumforschung das Abstraktionsniveau „Kapitalismuskritik" so unverzichtbar wie konkretionsbedürftig. Deshalb sollte sie (ganz im Sinne des historischen Forschungsparadigmas; vgl. auch Koselleck 2000) weiterentwickelt werden zu einer Analyse *epochaltypischer Konfliktlagen und Aufgabenstellungen der Raumaneignung* (bei denen es immer auch um den Zusammenhalt der modernen Gesellschaften geht). Dazu gehören u. a. (vgl. die anderen Beiträgen dieses Bandes auch; Kessl/Otto 2007; Pries 2008) die Auseinandersetzungen um einen Schutz bedrohter Pfanzen- und Tierarten bzw. Biotope, des Klimas und von Rohstoffquellen, die soziale und demokratische Regulierung des Zuwachses der Weltbevölkerung und die zunehmende Verstädterung, die gerechtigkeitsorientierte Abstimmung und die Umgestaltung der regionalen, nationalen, internationalen und globalen Wirtschaftsräume, die friedliche Regulierung der Konflikte zwischen den (nationalen/internationalen) Staatsräumen, der egalitär-plurale Austausch zwischen den Kulturräumen, die entwicklungsoffene Balance zwischen De- und Reterritorialisierung der ökonomischen, politischen und kulturellen Räume durch die neuen Verkehrs- und Kommunikationssysteme, die Öffnung der gesellschaftlichen und sozialen Makro-, Meso- und Mikromilieus – auch durch die Neukonzipierung und Erweiterung der sozialstaatlichen Daseinsvorsorge, die Sicherung und Erweiterung der zivilgesellschaftlichen Einflussnahme auf alle relevanten Prozesse der Raumgestaltung (angefangen vom Wohnungsbau [einschließlich seiner ästhetischen Gestaltung} und den Wohnanlagen, über den Stadtteil, das Dorf, die ganze Stadt bis hin zu regionalen und nationalen Raumplanung), neue Formen de Vermittlung zwischen öffentlichem und privatem Raum und nicht zuletzt der Schutz der Integrität der Subjekträume vor ihrer ökonomischen und technisch-medizinischen Indienstnahme (z.B. durch die Schönheitschirurgie) und die Entfaltung einer emanzipatorischen Körperkultur).

Karl-Heinz Braun

Literatur

Arendt, Hannah (1981): Vita Activa oder Vom tätigen Leben. München: Piper
Böhnisch, Lothar/Münchmeier, Richard (1990): Pädagogik des Jugendraums. Weinheim und München: Juventa
Braun, Karl-Heinz (1982): Genese der Subjektivität. Köln: Pahl-Rugenstein
Braun, Karl-Heinz (2004): Raumentwicklung als Aneignungsprozess. In: Deinet/Reutlinger (2004): 19-48
Braun, Karl-Heinz (2006): Psychoanalyse und Soziale Arbeit. Neue praxis, 36. Jg., Heft 2, 139-156
Busse, Stefan (2004): Psychologie in der DDR. Weinheim und Basel: Beltz, Psychologie-VerlagsUnion
Deinet, Ulrich (1990): Raumaneignung in der sozialwissenschaftlichen Theorie. In: Böhnisch/Münchmeier (1990): 57-66
DIE ZEIT (Hg.) (2006): Welt- und Kulturgeschichte. Bd. 1. Hamburg: Zeitverlag
Deinet, Ulrich/Reutlinger, Christian (Hg.): (2004): „Aneignung" als Bildungskonzept der Sozialpädagogik, Wiesbaden: VS Verlag
Dünne, Jörg/Günzel, Stephan (Hg.) (2006): Raumtheorie. Frankfurt/M.: Suhrkamp
Galperin, Pjotr J. (1980): Zu Grundfragen der Psychologie. Köln: Pahl-Rugenstein
Halfmann, Jost/Zimmer, Jörg (1990): Entfremdung. In: Sandkühler (Hg.) (1990): 697-703
Heberer, Gerhard (1959): Charles Darwin. Stuttgart: Franckh'sche Verlagshandlung
Henke, Winfried (2003): Menschwerdung. Frankfurt a.M.: Fischer
Holzkamp, Klaus (1973): Sinnliche Erkenntnis. Frankfurt a.M.: Fischer Athenäum
Holzkamp, Klaus (1983): Grundlegung der Psychologie. Frankfurt a.M.: Campus
Holzkamp, Klaus/Schurig, Volker (1973): Zur Einführung in A.N.LEONTJEWs „Probleme der Entwicklung des Psychischen". In: Leontjew (1973): XI - LII
Holzkamp-Osterkamp (1975/1976): Grundlagen der psychologischen Motivationsforschung. 2 Bde. Frankfurt a.M: Campus
Irigaray, Luce (2006): Der Ort, der Zwischenraum. In: Dünne/Günzel (2006): 244-258
Keiler, Peter (1977): Wissenschaftstheoretische und methodische Probleme einer Phylogenese des Psychischen. In: Schneewind (Hg.) (1977): 117-154
Keiler, Peter (1997): Feuerbach, Wygotzki & Co. Hamburg: Argument
Kessl, Fabian/Otto, Hans-Uwe (Hg.) (2007): Territorialisierung des Sozialen. Opladen Farmington Hills: Barbara Budrich

Koselleck, Reinhardt (2000): Raum und Geschichte. In: ders.: Zeitschichten. Frankfurt a.M.: Suhrkamp: 78-96
Krohs, Ulrich/Toepfer, Georg (Hg.) (2005): Philosophie der Biologie. Frankfurt a.M.: Suhrkamp
Leontjew, Alexejew Nikolajew (1968): Einige aktuelle Aufgaben der Psychologie. In: Sowjetwissenschaft – Gesellschaftswissenschaftliche Beiträge, 1968, Heft 7, 665-682
Leontjew, Alexejew Nikolajew (1973): Probleme der Entwicklung des Psychischen. Frankfurt a.M.: Fischer Athenäum
Leontjew, Alexejew Nikolajew (1974a): Das Lernen als Problem der Psychologie. In:ders. u. a.: 11-32
Leontjew, Alexejew Nikolajew u.a. (1974b): Probleme der Lerntheorie. Berlin: Volk und Wissen
Leontjew, Alexejew Nikolajew (1979): Tätigkeit Bewußtsein Persönlichkeit. Köln: Pahl-Rugenstein
Leontjew, Alexejew Nikolajew (1982): Psychologie des Abbilds. In: Forum Kritische Psychologie. Band 9, Berlin: Argument: 5-19
Leontjew, Alexejew Nikolajew (1983): Der allgemeine Tätigkeitsbegriff. In: Viehweger, (Hg.) (1983)
Leontjew, Alexejew Nikolajew (1987): Der Schaffensweg Wygotskis. In: Wygotski (1987, Bd.1), 9-55
Leontjew, Alexejew Nikolajew (2001): Frühschriften. Berlin: Pro Business
Leontjew, Alexejew Alexejewitsch/Leontjew, Alexejew Nikolajew (1975): Über eine psychologische Konzeption der sinnlichen Erkenntnis. In: Voprosy Psichologii. 21.Jg., Heft 4, 3-10 (russ.)
Leontjew, Alexejew Nikolajew/Lurija, Alexander Romanowitsch (1964): Die psychologischen Anschauungen L. S. Wygotzkis. In: Wygotksi, Lew Semjonowitsch (1974): 1-33
Lichtman, Richard (1990): Die Produktion des Unbewussten. Hamburg, Berlin: Argument
Löw, Martina (2001): Raumsoziologie. Frankfurt a.M.: Suhrkamp
Müller-Karpe, Hermann (1998): Grundzüge früher Menschheitsgeschichte. 1. Bd. Darmstadt: Wissenschaftliche Buchgesellschaft
Oehme, Andreas/Beran, Christina M./Krisch, Richard (2007): Neue Wege in der Bildungs- und Beschäftigungsförderung für Jugendliche. Wien: Verein Wiener Jugendzentren
Papadopoulos, Dimitris (1999): Lew S. Wygotski – Werk und Wirkung. Frankfurt a.M: Campus
Pries, Ludger (2008): Die Transnationalisierung der sozialen Welt. Frankfurt/M.: Suhrkamp
Lurija, Alexander Romanowitsch (1982): Sprache und Bewusstsein, Köln: Pahl-Rugenstein
Sandkühler, Hans-Jörg (Hg.) (1990): Europäische Enzyklopädie zu Philosophie und Wissenschaften. Hamburg: Meiner
Schneewind, Klaus, A. (Hg.) (1977): Wissenschaftstheoretische Grundlagen der Psychologie. München/Basel: Ernst Reinhard

Schurig, Volker (1975): Naturgeschichte des Psychischen. 2 Bde. Frankfurt a.M.: Campus

Schurig, Volker (1976): Die Entstehung des Bewusstseins. Frankfurt a.M.: Campus

Schurig, Volker (1979): Gegenstand und Geschichte der Soziobiologie. In: Das Argument, 21. Jg., Heft 115: 410-415

Schurig, Volker (1982): „Sprache und Bewusstsein" als Gegenstand der sowjetischen Psychologie. In: Lurija, Alexander Romanowitsch IX-XV

Schurig, Volker (1999): Entwicklung. In: Sandkühler, Hans Jörg (Hg.) (1999): 334-339

Sève, Lucien (1977): Marxismus und Theorie der Persönlichkeit. Mit einem Nachwort zur 3. franz. Auflage. Frankfurt a.M.: Marxistische Blätter

Sève, Lucien (1978): Marxistische Analyse der Entfremdung. Frankfurt a.M.: Marxistische Blätter

Tamberg, Friedrich (1974): Basis und Überbau. Darmstadt und Neuwied: Luchterhand

Tamberg, Friedrich (1974): Der Begriff der Entfremdung in den „Grundrissen" von Karl Marx. In: ders.: 147-204

Tomasello, Michael (2002): Die kulturelle Entwicklung des menschlichen Denkens. Frankfurt a.M.: Suhrkamp

Viehweger, Dieter (Hg.) (1983): Grundlagen einer Theorie der sprachlichen Tätigkeit. Berlin: Akademie-Verlag

Voland, Eckart (2000): Grundriss der Soziobiologie, Stuttgart/Jena: Gustav Fischer

Wygotkski, Lew Semjonowitsch (1974): Denken und Sprechen. Frankfurt/M.: Fischer

Wygotksi, Lew Semjonowitsch (1976): Psychologie der Kunst. Dresden: VEB Verlag der Kunst

Wygotski, Lew Semjonowitsch (1987): Ausgewählte Schriften. 2 Bde. Köln: Pahl-Rugenstein

Learning to Labour – Paul Willis als Vordenker einer kulturtheoretischen Perspektive in der Sozialraumforschung

1 Zum Forschungskontext von *Learning to Labour*: die Cultural Studies

Das *Center for Contemporary Cultural Studies* (CCCS) wurde in den fünfziger Jahren in Birmingham gegründet und war bis zur Schließung 2002 der zentrale Ort einer der innovativsten interdisziplinären kulturwissenschaftlichen Forschungsrichtungen – eben der *Cultural Studies*.[1] Diese haben, so lässt sich ohne Übertreibung feststellen, zahlreiche sozialwissenschaftliche Bereiche beeinflusst: von der Jugend- und Populärkultur- über die Medien- und Genderforschung bis zu Multi- und Transkulturalitätsstudien. Auch die ethnografische Schulstudie *Learning to Labour* von Paul Willis (1977), die hier zur Diskussion steht, ist in diesem Kontext entstanden. Um den spezifischen Ansatz der *Cultural Studies* zu verstehen, sind unterschiedliche Faktoren in Rechnung zu stellen. Zum einen ist der institutionelle Kontext zu berücksichtigen. Damit ist schlicht gemeint, dass die *Cultural Studies* nicht direkt an der Universität, sondern *extra mural*, außerhalb der universitären Mauern, in der Erwachsenenbildung entstanden sind. Dies ist in zweierlei Hinsicht von Bedeutung. Zum einen ist die wichtigste Organisationsform der universitär vertretenen Fächer die der akademischen Disziplinen, die darauf bedacht sind, sich voneinander abzugrenzen. Ein von Anfang an inter- bzw. transdisziplinäres Unternehmen wie die *Cultural Studies* hätte es in den fünfziger Jahren schwer gehabt, sich erfolgreich zu etablieren, weil es sich nicht der disziplinären Ordnung fügt, sondern quer dazu liegt. Zweitens sind die *Cultural Studies* kein rein theoretisches Unternehmen; vielmehr befassen sie sich seit den Anfängen mit dem Verhältnis zwischen sozialer Praxis, Kultur und Macht. Zentrales Verdienst der *Cultural Studies* ist es, die Alltags- und Populärkultur zu einem seriösen wissenschaftlichen Gegenstand erhoben zu haben. Im Zentrum des Interesses der Gründergeneration stand die Arbeiterkultur. In den damaligen Forschungen, zu nennen sind vor allem die Arbeiten von Richard Hoggart (1957), Raymond Williams (1958) und Edward P. Thompson (1963), wird noch sehr stark mit geistes-, vor allem aber textwissenschaftlichem Instrumentarium operiert. Dies hängt damit zusammen, dass die Initiatoren der Cultural Studies philologisch-textwissenschaftlich sozialisiert und in diesen Fächern tätig waren. Die Forschungen der

---

[1] Es gibt eine Fülle von Literatur zu den *Cultural Studies*. Exemplarisch sei auf die Einführungen von Jan Engelmann (1999), Roger Bromley/Udo Göttlich/Carsten Winter (1999), Karl H. Hoerning/Rainer Winter (1999) und Elisabeth Bronfen/Benjamin Marius/Therese Steffen (1997) verwiesen, um nur einige der allgemeinen deutschsprachigen Einführungen zu erwähnen. Speziell für die pädagogische Diskussion sei auf den von Paul Mecheril und Monika Witsch (2007) herausgegebenen Band verwiesen

späten 1960er und 70er Jahre, zu denen *Learning to Labour* zu rechnen ist, waren dagegen bereits stärker sozialwissenschaftlich orientiert. Mit der Wende von einer primär literaturwissenschaftlichen zu einer primär sozialwissenschaftlichen Betrachtung von „Kultur" geht eine deutlichere Fokussierung der sozialen Praxis einher und damit auch, wie besonders in *Learning to Labour* festzustellen ist, eine sozialräumliche Orientierung. Darüber hinaus sollte die Beziehung zwischen den *Cultural Studies* und der britischen Neuen Linken, der New Left, nicht vergessen werden. Diese internationale linke Bewegung der sechziger und siebziger Jahre war dadurch gekennzeichnet, dass sie ihre Aktivitäten nicht nur an den Belangen und Bedürfnissen der Arbeiterklasse ausrichtete, sondern sich einer Vielzahl sozialer und politischer Themen annahm. Sie interessierte sich grundsätzlich für soziale Bewegungen, für die Studenten- und die Frauenbewegung und für das, was seit den siebziger Jahren Identitätspolitik genannt wird. Zudem ist der Einfluss Stuart Halls festzustellen, der nach Richard Hoggart die Leitung des Birmingham Zentrums übernahm und sich gegenüber innovativen intellektuellen Strömungen wie dem französischen Poststrukturalismus und den Beiträgen von Michel Foucault als ausgesprochen aufgeschlossen erwies. Es bleibt aber festzuhalten, dass im CCCS nie Kulturstudien im ideengeschichtlichen Sinne betrieben wurden, sondern die britischen *Cultural Studies* von Anfang an immer mit Bezug auf konkrete Lebensumstände und deren Theoretisierung mit einem gesellschaftstheoretischen Kulturbegriff arbeiteten. Dies wird bereits aus dem Forschungsprogramm ersichtlich, das sich um eine Aufwertung der Alltagskultur bemühte. Ohne eine gehaltvolle Theorie wäre diese Neuorientierung mit ihrer Absage an eine rein geisteswissenschaftliche, „elitäre" Ausrichtung an Kanon und Hochkultur nicht durchführbar gewesen. Obwohl der Marxismus einen wichtigen Bezugspunkt bildete, lehnten die Mitarbeiter des CCCS von Anfang an ein simples Basis-Überbau Modell ab, betonten stattdessen die Eigenständigkeit des Kulturellen und erhoben die Forderung, Kultur als „whole way of life" zu untersuchen. Um zu verstehen, worum es dabei im Kern ging, ist es hilfreich, sich des Ausspruchs zu erinnern, Marx habe Hegel auf die Füße gestellt. Dies soll heißen, dass anstelle der Betonung der Sphäre des Ideellen als gesellschaftsbestimmende Kraft, die Bedeutung der materialen Lebensumstände ins Zentrum der Analyse gerückt wurde. „Das Sein bestimmt das Bewusstsein", lautet das zugehörige berühmte Zitat. Aus diesem Verständnis heraus, das den Primat der materialen Lebensumstände betont (die *Basis*), kommt in vielen marxistisch orientierten Schriften dem Bereich des Kulturellen bestenfalls eine sekundäre (abgeleitete) Bedeutung zu, sie wird also bestenfalls als *Überbau* thematisiert. Dagegen verwahren sich die Vertreter der *Cultural Studies*, die im Kulturellen keinen Widerspruch zum Realen sehen, sondern eine eigenständige realitätsbestimmende Kraft.

2 *Learning to Labour:* Erste Annäherungen

Die für die *Cultural Studies* charakteristische kreative Verbindung von unterschiedlichen Forschungs- und Theorietraditionen schlägt sich in *Learning to Labour* etwa darin nieder, dass unter anderem auf die Reproduktionstheorie Pierre Bourdieus ebenso verwiesen wird wie auf die Semiotik Roland Barthes (vgl. dazu auch Moebius/Quadflieg 2006). Bourdieu hat sich in seinen pädagogischen Schriften insbesondere der Frage zugewendet, welche Rolle das von ihm so bezeichnete „kulturelle Kapital" spielt, das ihm neben den anderen Kapitalsorten, „ökonomisches", „symbolisches", „soziales" Kapital, für das Verständnis der Mechanismen und Strukturen bei der Reproduktion sozialer Verhältnisse zentral erscheint. Der Schule wird klar ein Bias in der Ausrichtung auf die Mittelklasse bescheinigt. Dadurch falle es ihr schwer, mit der proletarischen Kultur produktiv umzugehen. Die Schule kann in dieser Perspektive den „whole way of life" der Arbeiterkinder daher nur als defizitär wahrnehmen und den Arbeiterkindern bleibt nur die Wahl zwischen Anpassung und damit „Verrat" an ihrer Herkunft oder Widerstand gegen die schulischen Zumutungen. Ein weiterer zentraler Gedanke Pierre Bourdieus besteht in der In-Beziehung-Setzung von individuellen Lebensstilen und objektiver Positionierung im sozialen Raum. Damit ist auch das zentrale Thema von *Learning to Labour* angesprochen: Wie kommt es, fragt Willis, dass die Kinder von Arbeitern als Erwachsene wieder die gleiche soziale und ökonomische Position einnehmen, wie ihre Eltern? Die Antwort bei Bourdieu und bei Willis lautet: Weil es einen engen Zusammenhang gibt zwischen der „objektiven" Position im sozialen Raum, angezeigt vor allem durch den Beruf und die Wahl und die Ausübung von individuellen oder auch gruppenbezogenen Präferenzen, die Lebensstilen. Mit der Mit der Lebensstilfrage deutet sich auch der Bezug der Cultural Studies auf Roland Barthes „Zeichentheorie" (1995) an.

Dieser befasst sich unter anderem auch mit der Mode, der Werbung und anderen kulturellen Äußerungen. Da die in *Learning to Labour* untersuchte Gruppe von Jugendlichen eindeutig kommerziell ausgerichtet ist – ohne dass Willis den Kulturpessimismus etwa der Frankfurter Schule, die der Populärkultur nicht viel abgewinnen konnte, teilte – spielt das Thema Mode als wichtiger Ausdruck des Lebensstils eine bedeutende Rolle und zwar sowohl als individuelle Ausdrucksform als auch als Zeichen kollektiver Zugehörigkeit. Die von Willis hauptsächlich untersuchte Gruppe Jugendlicher erkennt sich durch die „Zeichen" der Kleidung und der Haartracht untereinander und setzt sich damit gleichzeitig von anderen ab.

Grundsätzlich lässt sich sagen, dass Paul Willis die Relevanz des sozialen Raumes mit anderer Akzentuierung als Pierre Bourdieu betont. Es geht ihm stärker um eine akteurstheoretische und weniger um eine strukturelle Analyse. Für die sozialwissenschaftliche Forschung und die Produktivität des ethnografischen Zugangs der *Cultural Studies* für die kritische Erziehungswissenschaft hat sich dies als sehr wichtig erwiesen. Mit dem Benennen einiger für das Sozialraumverständnis von Willis wesentlichen Bezügen sollte deutlich geworden sein, dass er den sozialen Raum nicht als Container versteht. Der Sozialraum ist nicht einfach vorgegeben oder vorgefunden. Zwar sind die materialen sozialen Räume wie die Schule, das Stadtviertel usw. bedeutsam. Aber ebenso bedeutsam ist der Raum, der durch soziale Interaktionen entsteht. Anders gesagt: Es ist die Wechselbeziehung zwischen materialen Gegebenheiten und Signifikationen, die im Mittelpunkt des Interesses steht.

Diese Perspektive hat sich als sehr produktiv für die Entwicklung der angelsächsischen Kritischen Erziehungswissenschaft erwiesen, welche unter Nutzung der *Cultural Studies* und der ethnografischen Methode eine Vielzahl einschlägiger Studien hervorgebracht hat. Stellvertretend genannt seien die Arbeiten von Henry Giroux (z. B. 1993, 1994 und 1996), Stanley Aronowitz (1993 und 1994) und Jay McLeod (1995). Diese Verknüpfung hat in Deutschland keine breite Forschungsspur hinterlassen. Überhaupt ist festzustellen, dass sich die deutsche Erziehungswissenschaft mit der Perspektive von Willis, Schule als Teil der kapitalistischen Herrschaftsordnung zu betrachten, nicht wirklich auseinandergesetzt hat (vgl. Sauter 2007).

Solche nationalen Pfadabhängigkeiten außer Acht lassend, lässt sich pauschal feststellen, dass die Studie von Paul E. Willis bis heute die internationale Jugend-, Populärkultur- und die soziale Reproduktionsforschung beeinflusst, wenn auch einige zentrale Prämissen, wie die Existenz einer Arbeiterklassenkultur und die marxistische Rahmung des Werkes, nie ungebrochen geteilt wurden. Die Kritik an der marxistischen Rahmung hängt mit dem jeweils präferierten Modell zur Erklärung sozialer Reproduktion zusammen. Die „linken" ForscherInnen betonen die Herrschaftsfunktion der schulischen Mittelklasseorientierung, die „rechten" betonen die Wirksamkeit des Leistungsprinzips (der Meritokratie), dem sie ein Verstricktsein in Herrschaftsbeziehungen absprechen. Willis selbst, der noch immer an der Universität von Keele tätig ist, hat sich in seiner weiteren Forschungsarbeit vor allem mit der Jugendsubkultur- und der Medienforschung befasst.

Trotz des beachtlichen Einflusses, ersichtlich auch an der Vielzahl der Übersetzungen, handelt es sich bei *Learning to Labour* nicht um einen sozialwissenschaftlichen „Evergreen", der sich durch eine kontinuierliche Verfügbarkeit des Buches oder seine Aufnahme in den Kanon des englischen und internationalen sozialwissenschaftlichen Mainstreams auszeichnen würde. Im Gegenteil, wie die deutschsprachige Rezeption zeigt. Die bei Syndikat erschienene Ausgabe mit dem bezeichnenden Titel *Spaß am Widerstand. Gegenkultur in der Arbeiterschule* wurde 1982 zum zweiten und letzten Mal publiziert und zählt mittlerweile zu den Raritäten deutscher Bibliotheken. Für die Rezeption von *Learning to Labour* lässt sich grundsätzlich sagen, dass sie in den 1980er Jahren am lebhaftesten verlief und danach abebbte. Anders als andere Werke geriet *Learning to Labour* aber nie vollständig in Vergessenheit und insofern kann man auch bei abnehmender Aufmerksamkeit von einer gewissen Kontinuität sprechen. Dies wird besonders mit Blick auf die internationale Rezeption ersichtlich. Dies lässt sich etwa mit dem Hinweis illustrieren, dass die *American Educational Research Association* (AERA)[2] anlässlich des 25-jährigen Jubiläums von *Learning to Labour* im Jahr 2002 (ausgerechnet im Jahr der Schließung von CCCS) in zwei in eine einschlägige Publikation (Dolby/Dimitriadis 2004) mündenden Symposien an das Werk erinnerte und dessen aktuelle Relevanz diskutierte. Dies geschah bemerkenswerter Weise just zu der Zeit, als sich die erziehungswissenschaftliche Forschung verstärkt dem Paradigma naturwissenschaftlich inspirierter evidenzbasierter Forschung zuzuwenden begann und damit experimentellen Settings und quantifizierenden Methoden gegenüber den klassischen qualitativen Verfahren den Vorzug gab.

3 *Learning to Labour*. Anmerkungen zur Studie und den sozialräumlichen Rahmenbedingungen

Learning to Labour ging aus einem qualitativen Forschungsprojekt hervor, das den Übergang zwischen Schule und Erwerbstätigkeit einer Gruppe männlicher weißer Jugendlicher aus der Arbeiterklasse zum Gegenstand hatte.

Der Ort der Untersuchung mit dem fiktiven Namen Hammertown wurde als prototypische Industriestadt ausgewählt. In der damaligen Ortsbeschreibung heißt es, dass die Bevölkerung in den 1950er Jahren ihren Höhepunkt erreicht habe und – ungeachtet einer signifikanten Einwanderungsbewegung – seitdem beständig geschrumpft sei. Während Altersstruktur und quantitative Geschlechterverhältnisse der Verteilung in anderen Städte entsprachen, war Hammertown hinsichtlich der Zusammensetzung der erwerbstätigen Bevölkerung eindeutig als Arbeiterstadt zu klassifizieren: nur 8 % der ansässigen Wohnbevölkerung zählten zu den so genannten professional oder managerial classes. An der hohen Beschäftigungsrate der Arbeiter in den großen industriellen Fertigungsbetrieben Hammertowns lässt sich illustrieren, dass die Beschreibung als fordistisch damals durchaus noch zutraf: „Hammertown is altogether something of an archetypal industrial town. It has all the classic industrial hallmarks as well as those of modern monopoly capitalism in conjunction with a proletariat which is just about the oldest in the world" (Willis 1977: 6).[3]

---

2 Die AERA stellt grob gesprochen das US-amerikanische Pendant zur *Deutschen Gesellschaft für Erziehungswissenschaft* (DGfE) dar.
3 Ich habe diese Hintergrundinformationen deswegen zur Sprache gebracht, weil sie in der deutschen Ausgabe fehlen. Alle folgenden Verweis beziehen sich auf die deutsche Ausgabe (vgl. Willis 1982).

Die Schule Hammertowns, welche die in der Hauptuntersuchung begleiteten Jugendlichen besuchten, war in der Zeit zwischen den Kriegen errichtet worden und lag inmitten einer intakten Wohnsiedlung. Während der Forschung war die Schule eine reine Jungenschule, eine „non-selective, secondary modern school". Eine entsprechende Mädchenschule befand sich in räumlicher Nähe. Die Schulpopulation (der untersuchten Schule) betrug ungefähr 600 Schüler, zu einem nicht unerheblichen Teil befanden sich darunter Minderheiten aus Westindien und Asien. Die Schule nahm nur Kinder aus der Arbeiterklasse auf, hatte aber dennoch einen Ruf als gute Schule mit, wie es heißt, engagierten, hohe Verhaltensanforderungen stellenden Lehrern. Zeitgleich mit der Hauptuntersuchung wurden mehrere Vergleichsstudien durchgeführt. Diese bezogen sich auf eine Gruppe von konformistischen Jungen im gleichen Jahrgang und an der gleichen Schule wie die Hammertown Boys, eine Gruppe von Jungen aus der Arbeiterklasse in einer koedukativen secondary modern school – informell bekannt als die „brutalere" Schule (wegen des als schwierig geltenden Sozialverhaltens der Schülerpopulation), eine Gruppe non-konformistischer Jungen in einer non-koedukativen grammar school (etwa dem Äquivalent zum deutschen Gymnasium) sowie eine ähnliche Gruppe in einer Gesamtschule und schließlich eine gemischte Klasse non-konformistischer Jungen in einer sehr profilierten grammar school in einem der besten Teile Hammertowns. So weit es möglich war, wurden diese Gruppen ausgewählt, weil sie untereinander freundschaftlich verbunden waren und alle vorhatten, die Schule mit Erreichen des gesetzlichen Mindestalters von 16 Jahren zu verlassen. „Soziale Klasse", „Begabung", „Schulregime", „Einstellung gegenüber der Schule" bildeten die den Vergleich leitenden Parameter. Die Hauptstudie bezog sich auf eine Gruppe von zwölf widerständigen Arbeiterjugendlichen. Diese Fallstudie wurde auf der Basis von Freundschaftsbeziehungen erhoben, deren gemeinsames Merkmal in der Opposition gegenüber der Schule bestand. Der Kontakt mit der Gruppe wurde zu Beginn des zweiten Halbjahres des letzten Schuljahres hergestellt und blieb während der ersten Monate ihres Arbeitslebens erhalten. Vor allem diese Hauptgruppe wurde mit ethnografischem Forschungsrepertoire extensiv untersucht: Einzel- und Gruppeninterviews, teilnehmende Beobachtung in allen Schulklassen, am Arbeitsplatz und in der Freizeit und ergänzend andere Methoden wie Interviews mit Schulleitern, Lehrpersonen, dem Berufsberater und Eltern.

4 Kulturelle Praxis ist räumliche Praxis – die Kultur des Widerstands

Untersuchungsleitend für *Learning to Labour* ist die Frage nach der Beziehung zwischen den kulturellen Praktiken der Jugendlichen und deren gesellschaftlicher Platzzuweisung als Fabrikarbeiter. So heißt es im ersten Satz der Einleitung im englischen Original: „The difficult thing to explain about how middle class kids get middle class jobs is why others let them. The difficult thing to explain about working class kids get working class jobs is why they let themselves." Diese Feststellung wird vor dem Hintergrund getroffen, dass gering qualifizierte monotone manuelle Tätigkeiten in den fortgeschrittenen Industriegesellschaften wenig erstrebenswert sind – weder mit Blick auf die Entlohnung, auf die soziale Anerkennung noch mit Blick auf eine Reihe von anderen Faktoren, wie Gesundheit und Arbeitsplatzsicherheit. Wie kommt es also, dass sich die Arbeiterkids dennoch freiwillig für die Übernahme solcher wenig attraktiven Tätigkeiten entscheiden?

Die Forschungsfrage war also, wie diese Prozesse einerseits die Kultur der Arbeiterklasse unterstützten und somit auch, sozusagen als logische Kehrseite, zur Aufrechterhaltung und Reproduktion der sozialen Ordnung beitrugen. Der Schlüssel zum Verständnis dieses erstaunlichen Zusammenhangs, so der Befund von Willis, liegt im Verständnis der kulturellen Praktiken der Gruppe. Diese werden als Ausdrucksformen einer typischen Peer Culture interpretiert, die sich durch das auszeichnet, was im deutschen Titel explizit angesprochen ist: *Spaß am Widerstand*. Die Identifikation mit der und durch die Zugehörigkeit zu einer bestimmten Jugendgruppe kommt vor allem durch Abgrenzung zu anderen zustande. Diese Abgrenzung bezieht sich in erster Linie auf die anderen „angepassten" Jungendlichen, aber auch die ethnischen Minderheiten, vor allem Jamaikaner und Pakistaner. Darüber hinaus spielen die Geschlechterbeziehungen eine wichtige Rolle. All diese Gruppenbeziehungen geraten in der Forschung aber nur insoweit in den Blick, als sie für die Erklärung der Widerständigkeit der „lads" – so die Bezeichnung für diese Jugendlichen – von Bedeutung sind.

Der Darstellung der Ergebnisse der empirischen Erhebung, der „dichten Beschreibung" der kulturellen Praktiken, dient der erste Teil des Buches. Hier werden die zur Anwendungen kommenden Taktiken und Praktiken der Jugendlichen bis in die feinen Verästelungen hinein genau beschrieben. Das Ziel der vielfältigen Aktivitäten besteht in erster Linie darin, so Willis, der Missachtung gegenüber den Autoritäten – vor allem gegenüber den Lehrern – Ausdruck zu verleihen und die Schule vor allem dazu zu nutzen, „Spaß" zu haben. Der Ehrgeiz richtet sich damit nicht (mehr) auf den institutionell geforderten Wissenserwerb und schon gar nicht auf Konformität gegenüber den von der Schule erwarteten Verhaltensweisen und damit eine Verinnerlichung entsprechender Einstellungen. Vielmehr zielt das Verhalten der Schüler auf eine möglichst provozierende, Missachtung und Disrespekt ausdrückende Nutzung der materiellen und immateriellen schulischen Ressourcen. Anders gesagt: Es geht darum, die formellen schulischen Strukturen durch das Einführen informeller Strukturen zu irritieren, ohne dass damit die Funktionsweise des Formellen gestört wird. Diese Differenz zwischen formell und informell lässt sich mit Willis auch im Begriffspaar: „Integration versus Differenzierung" ausdrücken, wobei Differenzierung für Willis eng mit der „Arbeiterkultur" verknüpft ist: „Den Prozeß, durch den die Arbeiterkultur sich als konkrete Form innerhalb der jeweiligen Institution kreativ manifestiert und zugleich, wiewohl von dieser beeinflusst, sich von ihr absondert, bezeichne ich als *Differenzierung*. *Differenzierung* ist jener Prozeß, durch den die typischen Interaktionen, wie sie im formellen institutionellen Paradigma erwartet werden, reinterpretiert, isoliert und im Hinblick auf die Interessen, Gefühle und Bedeutungen der Arbeiterklasse abgetrennt werden. Ihre Dynamik ist die Opposition gegen die Institution; diese wird übernommen, weitergegeben und mit den größeren Themen und Problemen der Klassenstruktur in Verbindung gebracht. *Integration* ist das Gegenteil der *Differenzierung*, und ist der Prozeß, durch den Opposition und Intentionen der Klasse umdefiniert, abgeschwächt und in ein Gefüge von anscheinend legitimen institutionellen Beziehungen und Interaktionen eingegliedert werden. Während *Differenzierung* das Eindringen in das Informelle ist, ist *Integration* die progressive Verankerung des informellen im formellen oder offiziellen Paradigma. [...] In der Institution Schule bezieht sich das zentrale offizielle Paradigma auf eine bestimmte Auffassung von Unterricht, und seine *Differenzierung* produziert Formen der Gegen-Schulkultur" (Willis 1982: 101f.; Hervorh. im Orig.).

Diesen gegenläufigen Strukturen entsprechen die Akteure: die Lehrer auf der einen Seite und die Schüler auf der anderen. In dieser Auseinandersetzung müssen die Lehrer einen Begründungsaufwand leisten, moralische Gründe anführen, um ihre Autorität zu erhalten, da die direkte Zwangsausübung aufgrund der Bildungsreformen nicht mehr legitimiert ist. Anders gesagt: Aufgrund des sich wandelnden Erzieher-Zögling Verhältnisses in den Nachkriegsgesellschaften wird die Anwendung körperlicher Züchtigung tabuisiert. Entscheidend ist aber, dass die Macht der Institution auch ohne diesen gleich ersichtlichen Zwang aufrechterhalten wird.

Das Aufrechterhalten der institutionellen Ordnung, die Garantie des Fortbestehens der schulischen Hierarchien, geschieht nicht zuletzt durch eine komplizierte Choreografie der Anordnung und Verteilung von Körpern im sozialen Raum. Wenn Willis hier über die Wirkung der Schülerbänke und Lehrerpulte, über „Lehrerräume" und das Nichtvorhandensein eines Rückzugsraums für Schüler spricht, wenn er die zahllosen schulischen Regeln und die minutiös geplanten Zeittafeln anführt – Techniken, die zur Disziplinierung der Schülerkörper eingesetzt werden (ebd.: 109f.) – so entspricht dies im Kern genau dem, was Michel Foucault in *Überwachen und Strafen* (1977) als eine „Mikrophysik der Macht" bezeichnet und damit als Kern der Disziplinargesellschaft identifiziert hat. Dieser „Kern" schulischen institutionellen Geschehens ist in den Augen von Willis durch die zahlreichen Bildungsreformen gänzlich unangetastet geblieben. Hinsichtlich der Bestandssicherung der schulischen Funktionsweise spielt es letztlich keine

Rolle, so Willis, ob sich die Programmatik am klassischen Paradigma der „Relevanz" der Unterrichtsfächer oder an innovativen, an den Bedürfnissen der Schüler, also von den progressiven Erziehungsbewegung in den Mittelpunkt gestellten Paradigmen, orientiert.[4]

Das eigentlich Bedrohliche an dem jugendlichen Verhalten aus schulischer Sicht ist das Überhandnehmen des „Privaten" in dieser öffentlichen Institution. Dieses „Private" oder anders gesprochen: das Moment der „Differenzierung" ist nach Willis nichts anderes als das Einführen der Arbeiterklassenkultur in den schulischen Alltag. „Wo das Grundparadigma die Klasse (gemeint ist die soziale Klasse, K.A.) aus dem Bereich der Bildung ausschließt, lädt *seine Differenzierung* sie hingegen ein" (ebd.: 110). Die hier angesprochenen kulturellen Prozesse sind sozialräumliche Prozesse: „In den obigen Berichten, wie einzelne Jungen zu den ‚lads' stießen, ist interessant zu verfolgen, wie die Entwicklung sowohl der Kultur als auch der Individuen, die ihr angehören oder sich ihr nähern, von der Schule ausgeht und sich von da aus verbreitet, über Straße und Nachbarschaft, dabei einen immer größeren Inhalt von Arbeiter-Werten, Einstellungen und Praktiken der Arbeiterschicht mit sich ziehend. Gewiß ist es dieser expandierende Bereich, der informelles und inoffizielles Material für die *Differenzierung* des Unterrichtsparadigmas in der Schule liefert" (ebd.: 118)[5]. Der Standort der Schule, ihre sozialräumliche Einbindung, spielt also eine wesentliche Rolle für die jeweils vorherrschenden Differenzierungsmuster. In Rede stehen hier nicht nur die Unterschiede zwischen den Mittel- und den Arbeiterschichten, sondern auch die zunehmende ethnisch-kulturelle Pluralisierung, deren Einfluss und Einwirkungsrichtung Willis andeutet (ebd.: 138f.).

Alles in allem liefert die genaue Beschreibung des Interagierens von schulischer und Arbeiterkultur die Voraussetzung für das Verständnis des *Learning to labour* – das Einüben gegenkultureller Praktiken steht nicht im Widerspruch zum Arbeiterleben, sondern führt dieses fort. Für die Sozialraumforschung relevant sind diese Befunde auch deshalb, weil sie nicht nur den Raum als vorgefundenen physischen Ort erscheinen lassen, sondern auch erklären, wie durch die komplexen Wechselwirkungen zwischen integrierenden und differenzierenden Praktiken unterschiedliche soziale Räume entstehen. Die Klassenzimmer mit ihrer komple-

---

4   Dies soll nicht heißen, dass sich durch das Einführen und damit die Anerkennung kultureller Elemente der Arbeiterklasse in den Unterricht, wie es die progressive Erziehungsbewegung vorsieht, nicht doch einige wesentliche Veränderungen für die schulische Sozialisation von Arbeiterkindern ergeben haben.

5   Das Unterrichtsparadigma beruht für Willis auf der Tauschbeziehung, die für moderne Gesellschaften konstitutiv ist. Denn erst durch sie wird der Einzelne in die Lage versetzt, weitere attraktive Tauschakte einzugehen. Ihr Kern besteht darin „Wissen gegen Qualifikation, qualifizierte Tätigkeit gegen hohes Gehalt, hohes Gehalt gegen Güter und Dienstleistungen" einzutauschen (ebd.: 104).

xen auf Integration zielenden disziplinierenden Choreographien bilden nur einen sozialen Raum; gleichzeitig entsteht durch die auf Differenzierung abhebenden widerständigen Praktiken der lads ein sozialer Gegenraum – beide am gleichen physischen Ort.

5 Die Kulturtheorie der *Cultural Studies*

Willis gibt sich in *Learning to Labour* nicht damit zufrieden, die gängigen Kausalitäts-Deskriptoren: kulturelle Deprivation und individuelle Pathologie durch neue: kulturelle Kreativität und Kontinuität zu ersetzen. Entscheidend ist für ihn vielmehr, die beschriebene kulturelle Artikulationsform der Widerständigkeit theoretisch zu durchdringen und zu interpretieren. Wie lassen sich die Determinanten dieser Kultur fassen? War Differenzierung und Integration das Begriffspaar, mit dem im deskriptiven Teil des Buches operiert wurde, so verwendet Willis im interpretativen Teil die Begriffe „Penetration" und „Limitation". Penetration bezeichnet die Möglichkeit, die Widersprüche zwischen gesellschaftlicher Praxis und ihren Deutungen, ihrer Ideologie, zu durchschauen – Willis spricht in diesem Zusammenhang auch von Impulsen, um anzudeuten, dass es sich nicht um vollständige und abgeschlossene Einsichten in die Existenzbedingungen handelt. Limitation bezeichnet die Blockaden, Zerstreuungen und die Effekte, die dem zuzurechnen sind, was er als Ideologie bezeichnet. Diese Effekte sind gegenläufig zu den penetrierenden Impulsen. So kommt Willis dazu, von einer „teilweisen Penetration" zu sprechen, um zu verdeutlichen, dass beide Momente in einer bestimmten Kultur zusammenwirken. Ethnografische Studien können daher nur den durch die Kombinationen zwischen Impulsen und Limitationen entstehenden Raum beschreiben; oder besser: sie können nur das wechselseitige Verhältnis zwischen beiden in den Blick nehmen, sie aber nicht isoliert betrachten. Walker veranschaulicht Willis' kulturtheoretischen Ansatz in folgender Graphik:

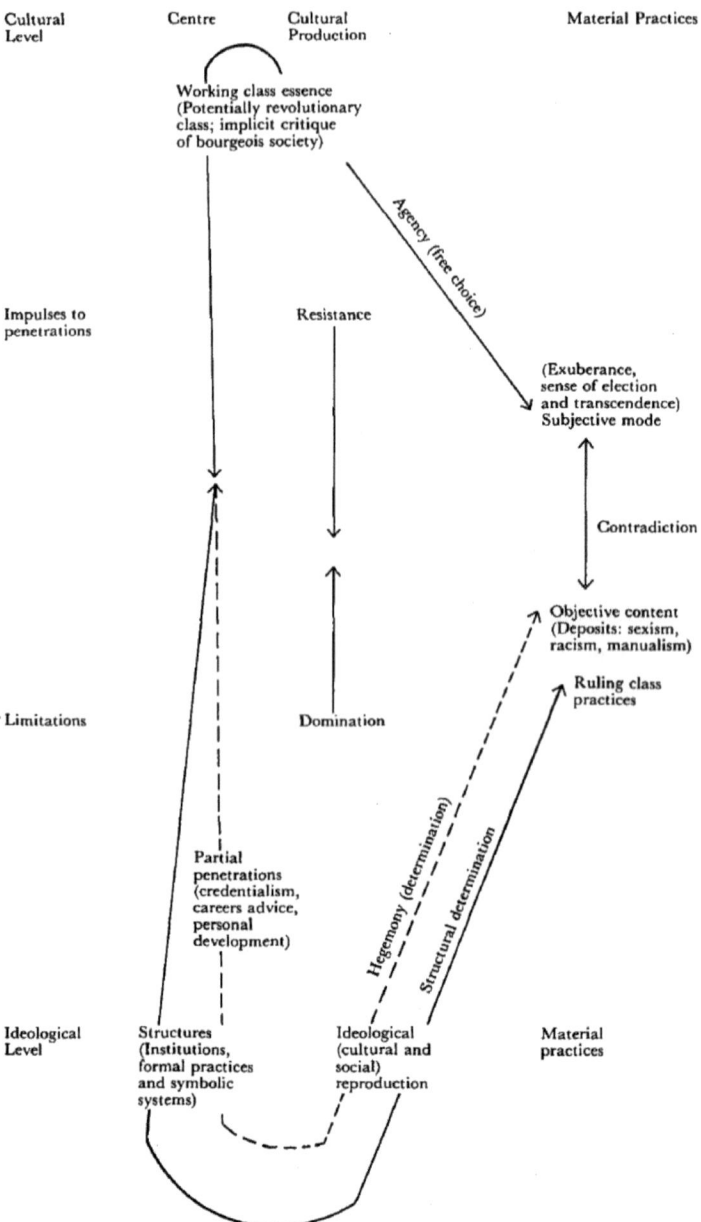

Abb. 1: Willis kulturtheoretischer Ansatz nach Walker (1986: 66)

Widerständigkeit erscheint zum einen als Penetrationsimpuls und zum anderen als Limitation, das heißtals Befreiung und als Falle. Um dies zu verstehen, muss der Zusammenhang zwischen gering entlohnter Tätigkeit, formalen Bildungstiteln und individuellen Bildungsprozessen in den Blick genommen werden.[6] Das scheinbar „kulturblinde" meritokratische Prinzip, demgemäß der Platz im sozialen Gefüge, den ein Individuum einnimmt, gemäß der individuellen Leistung und Fähigkeit zugewiesen/erworben wird, wird sowohl von Bourdieu als auch von Willis kritisch hinterfragt. In der meritokratischen Logik wird eine Skala der Begabungen angenommen, mit den am wenigsten erwünschte Tätigkeiten ausübenden Personen in der Nähe des Nullpunkts. Willis lehnt diese Sichtweise ab. Seine Perspektive stützt die These nicht, dass die „versagenden" Arbeiterkinder die abfallende Linie, also die wenig wünschenswerten Tätigkeiten da aufnehmen, wo die weniger begabten oder faulen Kinder der Mittelklasse und die begabteren Kinder der Arbeiterklasse aufgehört haben. Er sieht also keine Kontinuität, kein harmonisches Ganzes, in dem ein jedes Individuum seinen Platz in einer Art „prästabiliertem Ordnungsgefüge" einnimmt. Statt dessen vertritt er die These, dass radikale Brüche anzunehmen sind, die sich an der Schnittstelle kultureller Formen verorten lassen. Somit ist nach der Spezifik der kulturellen Muster „des Versagens" in der Arbeiterklasse zu fragen und danach, wie sich diese von anderen Mustern unterscheiden. Die wesentliche Differenz zur weit verbreiteten Sichtweise liegt also darin, dass Willis nicht davon ausgeht, dass alle der gleichen Logik folgen, sich alle auf die gleiche Linie beziehen, um im Bild zu bleiben, sondern dass „Erfolg" und „Versagen" durch kulturelle Muster mitbestimmt werden, die klassenspezifisch und inkompatibel sind. Hier zeigt sich die Fassung von Klassenkultur in den *Cultural Studies*. Diese werden nicht als neutrales Muster oder als mentale Kategorie betrachte, die als Set von äußeren Variablen an die Schulen herangetragen würde. In Willis' Perspektive handelt es sich vielmehr um Erfahrungen, Beziehungen und Beziehungsmuster, die nicht nur bestimmten Wahlen und Entscheidungen zu bestimmten Zeiten zugrunde liegen, sondern die Erfahrung und Wirklichkeit auch strukturieren. *Cultural Studies* weisen durchaus zu sozialkonstruktivistischen Perspektiven eine Affinität auf.

In Bezug auf die Arbeiterkultur, um die es Willis in *Learning to Labour* geht, ist die Frage nach der Arbeitskraft zentral. Arbeitskraft wird hier allgemein definiert als das Einwirken auf die Natur mittels Werkzeugen, um etwas Bestimmtes herzustellen, das der Bedürfnisbefriedigung und Reproduktion dient. Dieser grundlegenden Bestimmung ungeachtet, ändern sich doch die spezifischen For-

---

6 Letztere haben Pierre Bourdieu und Jean-Claude Passeron (1977) in der Unterscheidung zwischen institutionalisiertem und inkorporiertem kulturellen Kapital zum Ausdruck gebracht. Diese Unterscheidung ist im Kontext von Bourdieus Interesse am Zusammenhang zwischen (individuellen) Lebensstilen und objektiven sozialen Positionen zu betrachten.

men je nach historischer und gesellschaftlicher Bedingung. Es handelt sich also nicht um eine unwandelbare a-historische Tätigkeit. Da sich Form und Bedeutung ändern, ist es zentral, die Prozesse zu verstehen, die bestimmte gesellschaftliche Formationen hervorbringen. Diese Prozesse, so Willis, haben sowohl mit der Bildung subjektiver Identität zu tun, wie auch mit den distinkten Klassenformen auf der kulturell-symbolischen Ebene wie auch auf der ökonomisch-strukturellen Ebene.

Von der Reproduktion einer Klassenidentität lässt sich in der kulturtheoretischen Perspektive von Willis nur dann sprechen, wenn sie sowohl das Individuum als auch die soziale Gruppe passiert hat, also erst dann, wenn die vorgegebenen Praktiken angeeignet und umgearbeitet werden. Die Arbeitskraft ist hierbei ein wichtiger Angelpunkt, weil sie eine der zentralen Formen des sich Verbindens mit der Welt ist. Anders gesagt: Auch die *Cultural Studies* sind praxeologisch orientiert und postulieren, dass sich der Sinn des menschlichen Tuns in erster Linie aus der Tätigkeit ergibt. In anderer intellektueller Tradition stehend, aber im Befund ähnlich, argumentiert der amerikanische Pragmatismus, dass er Mensch in erster Line ein tätiges und erst in zweiter ein denkendes oder reflektierendes Wesen sei.

Das Argument lautet, dass das spezifische Milieu, in dem die Arbeiterklasse einen subjektiven Sinn für die manuelle Arbeitskraft entwickelt, in einer für diese soziale Klasse spezifischen Gegenkultur zu sehen ist. In dieser Gegenkultur finde der komplizierte Vermittlungsprozess statt, in dem Themen der Arbeiterklasse an Individuen und Gruppen weiter gegeben und von diesen in ihrer Umwelt verarbeitet werden, um schließlich Aspekte der übergreifenden Kultur in ihrer eigenen Praxis zu reproduzieren und zwar so, dass sie schlussendlich auf bestimmte Arbeitstätigkeiten gelenkt werden. So gelingt es den Subjekten zwar, so Willis im interpretierenden Teil des Buches, die tatsächlich bestimmenden Bedingungen der Arbeiterklasse zu durchdringen, aber die Tragödie und der Widerspruch bestehen darin, dass diese Durchdringung begrenzt, verzerrt und gegen sich selbst gerichtet ist. Dies geschieht oft unbeabsichtigt durch komplexe Prozesse, die sowohl allgemein ideologische Prozesse innerhalb der Schule und den Hilfeagenturen bis hin zum weit verbreiteten Einfluss einer Form männlicher Herrschaft und Sexismus innerhalb der Arbeiterkultur selbst umfassen. Die Prozesse der Selbstinsertion in den Arbeitsprozess schließlich tragen zur Reproduktion und Regeneration der Arbeiterkultur bei und sind gleichzeitig mit den regulativen staatlichen Institutionen verwoben – in diesem Fall der Schule. Sie sind also eng mit dem Erhalt des gesellschaftlichen Gefüges und der Reproduktion der sozialen Beziehungen verbunden.

6 Zur Relevanz von *Learning to Labour* für pädagogisches professionelles Handeln

Der entscheidende Beitrag der Studie von Paul Willis für die Sozialraumforschung ist, so lässt sich das bisher Dargestellte zusammenfassen, die heute breit anerkannte Sichtweise, dass der soziale Raum nicht als Container zu verstehen ist, sondern in sozialen Interaktionen in individuellen und kollektiven symbolischen und materialen Handlungen hergestellt wird. Doch nicht nur das, denn auch umgekehrt üben die sozialräumlichen Konstellationen, die Individuen und Gruppen vorfinden, eine Wirkung auf ihre Handlungen aus. Es ist diese Dialektik zwischen dem Vorgefunden und seinen Umarbeitungen und Appropriationen, für die Willis in *Learning to Labour* sich interessiert. Ähnlich wie Ende der 1990er Jahre der Soziologe Dirk Baecker (1999, 2004) plädiert auch Willis für eine kulturelle Kompetenz, die, so wäre durch Willis zu ergänzen, immer in ein bestimmtes sozialräumliches Setting eingebettet ist und auf dieses bezogen sein sollte. Wie das folgende ausführliche Schlusszitat verdeutlicht, ist diese kulturelle Kompetenz der handlungstheoretische Schlüssel für professionelles pädagogisches Handeln. Hierin wird auch deutlich, dass sich die Protagonisten der britischen *Cultural Studies* einem politischen Projekt verpflichtet sahen, nämlich zur Veränderung gesellschaftlicher Verhältnisse beizutragen. Daher auch die im Zitat evident starke normative Ausrichtung. Gleichzeitig wird deutlich, dass hier die Verbindung zur kritischen Pädagogik/Erziehungswissenschaft liegt:

- „Erkenne die kulturelle Ebene in ihrer relativen Einheit, statt dich durch ihre augenfälligen und äußerlichen Elemente persönlich beleidigen und abstoßen zu lassen.
- Erkenne die potentiellen oder unterschwelligen Bedeutungen hinter Einstellungen und Verhaltensweisen, die für sich genommen strikt zu verurteilen wären.
- Versuche zu verstehen, welche produktiven Funktionen die kulturelle Ebene zu erfüllen vermag.
- Lerne von den kulturellen Formen und versuche, zwischen ihren Durchdringungen und Beschränkungen zu unterscheiden (...)
- Handle so, daß die kulturellen Prozesse aufgedeckt, nicht mystifiziert oder gestärkt werden" (Willis 1982: 265f.).

In Bezug auf eine Veränderung der Dynamik zwischen schulischer Gegenkultur und dem Verwiesensein auf schlechte Arbeitsplätze schlägt er vor:
- „Benutze die kulturelle Perspektive, um wahrscheinliche „Problemfälle" zu identifizieren – solche nämlich, die von ihren kulturellen Ursprüngen isoliert sind oder sich im Übergang zu ganz anderen befinden.

- Ermutige Arbeiter-Jugendliche (...) ihre Ausbildung fortzusetzen. Arbeite für höhere Stipendien für diese Kategorie.
- Erkenne, daß solche Veränderungen nur in Einzelfällen eine Verbesserung bedeuten und daß die Chancen in der Wirtschaft heute einem Nullsummenspiel gleichen. Während einige Arbeiter-Jugendliche die bestehenden Chancen nutzen können, verlieren andere sie. Was die Ausgeschlossenen und Unzufriedenen betrifft, so erkenne die Logik ihrer kulturellen Formen nicht als Mystifikation und Illusion, sondern als Aufrichtigkeit und Illusionslosigkeit. Insbesondere
  - erkenne die strikte Sinnlosigkeit der heutigen Proliferation wertloser Qualifikationen;
  - erkenne die innere Sinnlosigkeit und Langeweile der meisten unqualifizierten und semiqualifizierten Arbeit;
  - erkenne den Widerspruch zwischen einer meritokratischen Gesellschaft und einem Erziehungssystem, in dem die Mehrzahl verlieren muß, aber von allen verlangt wird, die gleiche Ideologie zu glauben;
  - erkenne die Möglichkeit der Arbeitslosigkeit sowohl erzwungen wie als gewählte Alternative zu den gebotenen realen Chancen und zu dem, was Arbeiten wirklich bedeutet – mit oder ohne Berücksichtigung der kulturellen Ebene;
  - nutze verstärkt die Möglichkeiten kollektiver Praktiken, Gruppendiskussionen und Projekte, um die „kulturelle Landkarte der Arbeit" aufzuzeigen und zu erkunden. Die Gruppenlogik, die alle kulturellen Formen aufweisen, kann auch für die Praxis der Berufsberatung relevant sein." (ebd.: 268)

7 Kritik und aktuelle Bedeutung von *Learning to Labour* für die Sozialraumforschung

Wie jedes einflussreiche Werk blieb auch *Learning to Labour* nicht unkritisiert (vgl. stellvertretend die im Literaturverzeichnis gelisteten Rezensionen und Walker 1986). Die Stichworte für die Auseinandersetzung waren u. a. die üblichen „-ismen": Funktionalismus, Determinismus, Essentialismus und Dualismus. Welche Begrifflichkeit auch immer im einzelnen verwendet wurde: Die Kritik bezog sich im Kern auf die vermeintliche Unausweichlichkeit des Versagens, unterstellte Willis also, er habe die Übermächtigkeit der Strukturen und die Ohnmacht der Individuen zeigen wollen. In diesem Zusammenhang wurde auch oft auf die unterstellte essentialistische Fassung der Arbeiterkultur durch Willis verwiesen. Dieser habe keine kontingente, also auch anders mögliche soziale Praxis beschrieben, sondern verstehe die Arbeiterkultur quasi als gesellschaftliche

Konstante. Dessen ungeachtet liegt die Produktivität von Willis Studie deutlich in der Anschlussfähigkeit markanter Schnittstellen, die in der Folge dann auch tatsächlich weiterentwickelt wurden. Das Thema Migration etwa und damit eine weitere Raumdimension wurde von Stuart Hall, dem Leiter des *Center for Contemporary Cultural Studies*, konsequent weiterverfolgt. Gemeinsam mit anderen Strömungen entwickelten sich die *Postcolonial Studies* mit ihrem zentralen, wenn inzwischen auch kritisierten Begriffen der „Hybridität" und der „Liminalität" – wobei gerade letzterer einen eindeutigen sozialräumlichen Bezug aufweist. Auch die Gender-Perspektive wurde in den weiteren Forschungen konsequenter ausgearbeitet, als dies aus forschungspraktischen Gründen bei Willis der Fall war – wobei Willis im zweiten Teil von Learning to Labour, den Theoretisierungen, sehr luzide Beobachtungen zur Intersektion von Arbeiterkultur und den gesellschaftlichen Geschlechterbeziehungen in der fordistischen Gesellschaft gemacht hat. Zur kulturtheoretischen Perspektive ist schließlich zu sagen, dass sich seit den 1990er Jahren interessante Entwicklungen im Schnittfeld Kulturwissenschaft im Sinne der *Cultural Studies*, Soziologie und Kognitionswissenschaften ergeben haben (vgl. DiMaggio 1997 und Baecker 1999).

Abschließend möchte ich das Stichwort Fordismus oder neutraler: klassische Industriegesellschaft aufgreifen, denn damit wird angesprochen, welche neuen Fragen die Studie bezüglich der Sozialraumforschungsfrage provoziert. Die „lads" entsprechen – dies hat Willis in aller wünschenswerten Klarheit herausgearbeitet – trotz und wegen ihrer „Abweichung" dem Modell der klassischen Normalbiografie, die das individuelle (männliche) Leben an kontinuierlicher lebenslanger (bis zur Rente) andauernder Erwerbstätigkeit ausrichtet. Diese Verbindung ist heute für eine große Gruppe von Jugendlichen permanent gekappt. Es liegt also nahe, die veränderten gesellschaftlichen Bedingungen zu beziehen auf soziale Praktiken und kulturelle Artikulationsformen. Dies impliziert darüber hinaus auch, die unterschiedlichen sozialen Räume stärker mit Blick auf ihre Beziehungskonstellationen zu untersuchen. Dies betrifft zum einen die sozialen Räume als „Rahmen" oder Rahmenbedingungen schaffende: die transnationalen Räume, die nationalen, regionalen und lokalen. In Bezug darauf sind aber auch die von Willis vorgenommenen Unterscheidungen: Differenzierung/Integration und Penetration/Limitation zu schärfen, und zugleich zu überdenken. So führt die kulturtheoretische Perspektive zu einem komplexen Raumbegriff, dessen handlungstheoretische Implikationen sicher auch weiterhin vor allem auf der lokalen Ebene liegen. Dennoch ist es erforderlich, die unterschiedlichen Kulturbegriffe und Ebenen stärker aufeinander zu beziehen und das, was Willis als Ideologie bezeichnet und von (arbeits- bzw. alltags)kultureller Bedeutung unterschieden hat, verstärkt im Zusammenhang und im Lichte anderer Theorieangebote zu untersuchen. So wäre es beispielsweise besonders provozierend die *Cultural Studies* und den US-amerikanischen Neoinstitutionalismus in einen Dialog zu bringen oder auch die Bezüge zur sozialen Exklusions- und Stadtforschung näher zu untersuchen (vgl. Harvey 1985; Soja 1994; Wacquant 2008). Stellvertretend für andere Zugänge möchte ich den letztgenannten Literaturverweis aufnehmen und an diesem Beispiel zeigen, wie eine Weiterentwicklung aussehen könnte. Gleichzeitig knüpfe ich damit an die Publikation von Dolby und Dimitriadis (2004) an. Loïc Wacquant hat in seiner einschlägigen Publikation *Urban Outcasts* eine vergleichende soziologische Perspektive zu fortgeschrittener Marginalität vorgelegt. Er schließt damit an ähnliche Perspektiven wie die der Exklusionsforschung an. Wacquant zeigt, dass aus einer Kombination aus politischen Entscheidungen und sozio-ökonomischen Veränderungen grundlegend neue Bedingungen entstanden sind, die ganze Bevölkerungsteile in eine extreme und ausweglose Position der Marginalisierung zwingen. Damit geht es für diese Gruppe von vorwiegend urbanen Jugendlichen nicht mehr darum, das Arbeiten zu lernen, wie bei Willis, weil es die Arbeitsplätze und die entsprechende Kultur gar nicht mehr gibt. Der Widerspruch zwischen den schulischen Erwartungen und Anforderungen und der Sozialisation und der Kultur, dem „whole way of life" der Jugendlichen, ist noch eklatanter als in den siebziger Jahren, dem zeitlichen Referenzrahmen der Studie von Willis. Damit wird, so Wacquant, der Widerspruch zwischen den schulisch versprochenen Aufstiegsmöglichkeiten durch individuelle Anstrengung und den tatsächlich vorhandenen Beschäftigungsbedingungen noch deutlicher. In weniger dramatischer Form geht die aktuelle bildungspolitische Diskussion um „Risikoschulen" und „Risikoschüler" in eine ähnliche Richtung. Die Frage, die sich aus einer sozialraumorientierten *Cultural Studies*-Perspektive ergibt, ist diejenige nach individuellen Umgangsweisen, nach den Handlungsstrategien von Jugendlichen. Auch heute nutzen Schüler und Schülerinnen die Schule nicht erwartungskonform, also nicht so, wie es die gesellschaftlich verbreiteten Sinn- und Deutungsmuster nahe legen. Im Unterschied zu den Beobachtungen und Befunden von Paul Willis aber, ist widerständiges schulisches Verhalten nicht länger kompatibel mit der Arbeitskultur eines Bevölkerungsteils – schulische Exklusion als vereinbar mit Beschäftigungsinklusion. Widerständiges schulisches Verhalten ist unter aktuellen Bedingungen vielmehr integraler Teil von Exklusionskarrieren. Dies im Lichte der Erkenntnis sozialwissenschaftlicher Differenztheorien zu untersuchen ist sicher ein Forschungsdesiderat, dass sich im Anschluss an *Learning to Labour* formulieren lässt.

Karin S. Amos

Literatur

Aronowitz, Stanley (1993): Roll over Beethoven: Return of Cultural Strife. Hanover, NH: University Press of New England
Aronowitz, Stanley (1994): A Different Perspective on Educational Inequality. In: The Review of Education/Pedagogy/Cultural Studies 16. (1994): 135-151
Baecker, Dirk (2000): Wozu Kultur? Berlin: Kadmos
Baecker, Dirk (2004): Kulturelle Orientierung. In: Burkhart/Runkel (2004): 58-89
Barthes, Roland (1995): Elements of Semiology. New York: Hill and Wang
Bourdieu Pierre/Passeron, Jean-Claude (1977): Reproduction in Society, Education and Culture. London: Sage
Bromley, Roger/Göttlich, Udo/Winter, Carsten (Hg.) (1999): Cultural Studies. Grundlagentexte zur Einführung. Lüneburg: zu Klampen
Bronfen, Elisabeth/Marius, Benjamin/Steffen, Therese (Hg.) (1997): Hybride Kulturen. Beiträge zur anglo-amerikanischen Multikulturalismusdebatte. Tübingen: Stauffenburg
Burkhart, Günter/Runkel, Gunter (2004) (Hg.): Luhmann und die Kulturtheorie. Frankfurt a.M.: Suhrkamp
DiMaggio, Paul (1997): Culture and Cognition. In: Annual Review of Sociology 23: 263-288
Dolby, Nadine/Dimitriadis, Greg (Hg.) (2004): Learning to Labour in New Times. New York: Routledge Falmer
Engelmann, Jan (Hg.) (1999): Die kleinen Unterschiede. Der Cultural Studies Reader. Frankfurt a. M.: Campus
Foucault, Michel (1977): Überwachen und Strafen: Die Geburt des Gefängnisses. Frankfurt a.M.: Suhrkamp
Giroux, Henry (1993): Living Dangerously: Multiculturalism and the Politics of Difference. New York: Peter Lang
Giroux, Henry (1994): Disturbing Pleasures: Learning Popular Culture. New York: Routledge
Giroux, Henry (1996): Fugitive Cultures: Race Violence & Youth. London und New York: Routledge
Harvey, David (1985): Consciousness and the Urban Experience: Studies in the History and Theory of Capitalist Urbanization. Baltimore: John Hopkins UP
Hörning, Karl H./Winter, Rainer (Hg.) (1999): Widerspenstige Kulturen: Cultural Studies als Herausforderung. Frankfurt a. M.: Suhrkamp
Hoggart, Richard (1957): The Uses of Literature. London: Chatto and Windus
Lemke, Thomas (1997): Eine Kritik der politischen Vernunft. Foucaults Analyse der modernen Gouvernementalität. Berlin und Hamburg: Argument
McLeod, Jay (1995): Ain't No Making It: Boulder. Aspirations and Attainment in a Low Income Neighborhood. Boulder: Westview Press
Mecheril, Paul/Witsch, Monika (Hg.) (2007): Cultural Studies und Pädagogik. Kritische Annäherungen. Bielefeld: transcript
Moebius, Stephan/Quadflieg, Dirk (Hg.) (2006): Theorien der Gegenwart. Wiesbaden: VS Verlag für Sozialwissenschaften

Sauter, Sven (2007): Die Schule als Kampfplatz und Aushandlungsraum. Über die soziale Bedeutung des Wissens aus der Perspektive der Cultural Studies. In: Mecheril/Witsch (2007): 111-148

Soja, Edward (1994): Postmodern Geographies: The Reassertion of Space in Critical Social Theory. London: Verso

Thompson, Edward P. (1963): The Making of the English Working Class. London: Victor Gollancz

Wacquant, Loic (2008): Urban Outcasts: A Comparative Sociology of Advanced Marginality. Cambridge: Polity Press

Walker, J. C. (1998): Romanticising Resistance, Romanticising Culture: Problems in Willis' Theory of Cultural Production. In: British Journal of Sociology of Education 7: 59-80

Williams, Raymond (1958): Culture and Society, 1780-1950. London: Chatto and Windus

Willis, Paul E. (1977): Learning to Labour. How Working Class Kids Get Working Class Jobs. Westmead, Farnborough: Saxon House [deutschsprachig: (1979/1982): Spaß am Widerstand: Gegenkultur in der Arbeiterschule. Frankfurt a. M.: Syndikat (2. Aufl.)]

Rezensionen zu Paul Willis: Learning to Labour:

Jefferson, Tony (1979): Review von: Learning to Labour, Young Workers: From School to Work und Knuckle Sandwich: Growing up in the Working Class City. In: The British Journal of Sociology, (Special Issue. Current Research on Social Stratification) 30: 528-531

Everman, Ron (1982): Review von: Learning to Labour, Working Class Culture, The Affluent Worker: Industrial Attitudes and Behavior, The Working Class in Welfare Capitalism. In: Theory and Society, 11: 541-553

Wexler, Philip (1981): Review von: Learning to Labour. In: Contemporary Sociology, 10: 158-159

Pierre Bourdieu – ein ungleichheitstheoretischer Zugang zur Sozialraumforschung[1]

Einführung

Der französische Soziologie Pierre Bourdieu (1930-2002) dürfte zu den bedeutendsten europäischen Intellektuellen seiner Zeit gehört haben, der weit über sein Fach hinaus respektiert und kritisiert wurde.

Geboren und aufgewachsen in einem kleinen südwest-französischen Dorf, studierte er Philosophie an der École Normale Superérieure in Paris und wurde, nach einer kurzen Zeit als Lehrer, zum Militärdienst eingezogen und im Algerienkrieg eingesetzt. Im Anschluss daran führte er von 1958-1960 in der Kabylei im nördlichen Algerien Feldforschungen zur Kultur der Berber durch, deren Ergebnisse auch in seinen späteren Arbeiten immer wieder auftauchen (vgl. u. a. Bourdieu 1997). Nach mehreren Jahren an der Universität Lille wechselte er 1964 an die École des Hautes Études en Sciences Sociales und 1981 an das Collège de France, wo er einen Lehrstuhl für Soziologie inne hatte.

Seine soziologischen Arbeiten sind vor allem durch eine enge Verknüpfung von Empirie und Theorie gekennzeichnet. Die theoretischen Konzepte entwickelte er in enger Auseinandersetzung mit dem Forschungsgegenstand, worin auch gewisse Unschärfen und Uneindeutigkeiten begründet liegen. Zu seinen Leitbegriffen gehören der soziale Raum, der Habitus, das soziale Feld, das Kapital und die Klasse sowie die Lebensstile. Auf dem Gebiet der Ungleichheits- und Sozialstrukturforschung stellt die Analyse der Zusammenhänge zwischen gesellschaftlichen Strukturen und Kultur sein großes Verdienst dar: Kultur ist für ihn keine unschuldige Sphäre, sondern ein entscheidender Mechanismus zur Reproduktion der ungleichen Klassenstrukturen (vgl. Schilcher 2005). Mit seinem konstruktivistischen Strukturalismus bzw. strukturalistischen Konstruktivismus (vgl. Bourdieu/Wacquant 1996) zielt sein Ansatz auf die Überwindung der traditionellen Gegensätze von Objektivismus und Subjektivismus sowie von Struktur und Handlung, die die soziologische Theoriediskussion durchziehen.

Während sein Werk vor allem von der Ungleichheitsforschung und Kultursoziologie sowie der Erziehungswissenschaft rezipiert wurde, finden sich in der Geografie sowie der disziplinübergreifenden Sozialraumforschung bislang eher unsystematische Verweise auf seine Konzepte. Mit dem wachsenden sozialwissenschaftlichen Interesse am „Raum" als soziologischer Kategorie erden in den letzten Jahren auch die Arbeiten Bourdieus verstärkt in den Blick genommen. Sein relationales Verständnis von Ungleichheit und sein Begriff des sozialen

---
[1] Für ihre fundierte Kritik möchte ich insbesondere Michael Gemperle und Holger Schatz danken.

Raumes eröffnen für viele Autorinnen und Autoren gute Anschlussmöglichkeiten (vgl. Painter 2000).

Über die akademische Soziologie hinaus wurde Bourdieu unter anderem durch sein politisches Engagement bekannt. Immer wieder bezog er öffentlich Stellung zu Themen der Politik, nicht zuletzt als positionierter Gegner des Neoliberalismus. Unter anderem solidarisierte er sich Mitte der 1990er Jahre in Lyon mit streikenden Bahnarbeitern, unterstützte Ende der 1990er die Arbeitslosenbewegung in Frankreich und war Mitbegründer des globalisierungskritischen Netzwerkes *Attac*. In diesem Zusammenhang ist auch das von ihm herausgegebene Buch *Das Elend der Welt* (Bourdieu 2005) zu sehen, in dem durch die Globalisierung Marginalisierte zu Wort kommen. Im Frühjahr 2000 reiste er durch Europa als Mitunterzeichner des Manifests *Für die Einberufung von Generalständen der sozialen Bewegung in Europa*, um für die Idee zu werben (vgl. Mex 2000).

Sozialer Raum der gesellschaftlichen Ungleichheiten

Bourdieus Konzept des *sozialen Raumes*[2] stellt ein Modell der sozialen Welt einer modernen Klassengesellschaft dar. Sein Ansatz widerspricht vielen spät- und postmodernen Richtungen, die klassenspezifische Ungleichheitsdimensionen in Individualisierungs- und Lebensstilisierungsprozessen (vgl. Beck 1983; Schulze 1992) auflösen. Die in seinem Hauptwerk *Die feinen Unterschiede* dargestellte Ausprägung des sozialen Raumes (Bourdieu 1996: 212f.) bildet auf Basis von Daten zu Frankreich aus den 1970er Jahren diesen historischen Zustand der gesellschaftlichen Struktur ab. Das Modell des sozialen Raumes steht dabei vor allem im Kontext der soziologischen theoretischen und empirischen Konzeptualisierung sozialer Ungleichheitsverhältnisse. Dabei grenzt sich Bourdieu gegen die marxistischen Ansätze ab, welche die Analyse der Sozialstruktur einer Gesellschaft mehr oder weniger direkt von deren ökonomischer Struktur ableiten. Des Weiteren unterscheidet sich sein Ansatz von den an Max Weber anknüpfenden Schichtungstheorien, die die Sozialstruktur als vertikale Schichtung von Statusgruppen mit unterschiedlichem sozialem Prestige konzipieren. Bourdieu versteht sein Konzept des sozialen Raumes vielmehr als eines, den Dualismus von Objektivismus und Subjektivismus überwindenden Ansatz (Schwingel 1995: 100ff.), das heißt es geht ihm um das Zusammendenken von „objektiven" Strukturen und „subjektiver" Wahrnehmung und Lebensführung.

---

2   Häufig wird auch der Begriff „Sozialraum" verwendet, z.B. in Bourdieu (2005). Dieser Begriff wird im Folgenden jedoch ausdrücklich nicht für Bourdieus Konzept verwendet, um Missverständnisse mit dem Gegenstand der Sozialraumforschung zu vermeiden. Von Bourdieus Begriff des *sozialen Raumes* unterscheidet er den *physischen* resp. *materiellen Raum*, womit vor allem die gebaute Welt gemeint ist. Der im vorliegenden Text ebenfalls verwendete Begriff des *geografischer Raumes* bezeichnet hingegen neben dem gebauten Raum auch die Landschaft.

Der *soziale Raum* wird durch drei Grunddimensionen konstruiert, durch das Kapitalvolumen, die Kapitalstruktur und die zeitliche Entwicklung dieser beiden Größen. Die Hauptdimension der Lebensbedingungen konstituierenden Unterschiede liegt im *Gesamtvolumen* des Kapitals „als Summe aller effektiv aufwendbaren Ressourcen und Machtpotentiale, also ökonomisches, kulturelles und soziales Kapital" (Bourdieu 1996: 196). Die Unterscheidung von verschiedenen *Kapitalformen* und damit die Erweiterung des meist rein auf ökonomischen Besitz verengten Begriffs ermöglicht es Bourdieu, die Sozialstruktur der Gesellschaft entlang der Struktur des Kapitals zu differenzieren. Die Bedeutung von *ökonomischem Kapitals* ist offensichtlich – hierzu zählen die verschiedenen Formen des materiellen Besitzes, die mehr oder weniger direkt in Geld umtauschbar sind und, zumindest in Gesellschaften mit ausdifferenzierter Marktökonomie, durch das Eigentumsrecht institutionalisiert und abgesichert sind. *Kulturelles Kapital* hingegen kann objektiviert vorliegen – dazu gehören Bücher, Kunstwerke, Maschinen etc. als Produkte von Arbeit in der Vergangenheit – das heißt in seiner *inkorpierten* Form meint kulturelles Kapital hingegen sämtliche kulturellen Fähigkeiten, Fertigkeiten und Wissensformen, das heißt Bildung im allgemeinen, nicht nur im schulisch-akademischen Sinn. Diese Form des Kapitals ist, im Unterschied zu *objektiviertem kulturellen Kapital*, grundsätzlich körper- resp. personengebunden, das heißt, es muss über die entsprechende Bildungsarbeit persönlich angeeignet werden. Allerdings beginnt dieser Aneignungsprozess bereits in frühester Kindheit, weshalb Bourdieu auch von einer Vererbung von kulturellem Kapital spricht. In seiner dritten, institutionalisierten Ausprägung meint der Begriff Bildungstitel, über die Personen als BesitzerInnen von *legitimem kulturellem Kapital* gekennzeichnet werden. Dieses *institutionalisierte kulturelle Kapital* ist nicht zuletzt für die Umwandlung von erworbener Bildung in finanzielles Einkommen, vermittelt über die Einnahme entsprechender Berufspositionen von entscheidender Bedeutung. Die dritte Hauptkategorie von Kapital ist das *soziale Kapital.* Hierbei handelt es sich um Ressourcen, die auf der Zugehörigkeit zu einer Gruppe beruhen. Dieses Netz an sozialen Beziehungen muss über beständige Beziehungsarbeit der AkteurInnen aufrecht erhalten werden, ermöglicht ihnen jedoch, an den im Netzwerk verfügbaren Ressourcen teilzuhaben. Derartige soziale Netzwerke bestehen vor allem zwischen Mitgliedern ähnlicher Positionen im sozialen Raum und tragen damit ebenfalls zur Reproduktion sozialer Ungleichheit bei (vgl. Bourdieu 1983).

Die Position der/des einzelnen AkteurIn im sozialen Raum lässt sich entlang dieser beiden Hauptkoordinaten, des Volumens und der Struktur des verfügbaren Kapitals angeben, wobei die Kapitalien als Machtressourcen die Chancen im sozialen Raum bestimmen. Die Verteilung der AkteurInnen oder Gruppen im sozialen Raum spiegelt damit soziale Nähe resp. Distanz wider, das heißt „dass die Akteure um so mehr Gemeinsamkeiten aufweisen, je näher sie einander diesen beiden Dimensionen nach sind, und um so weniger Gemeinsamkeiten, je ferner sie sich in dieser Hinsicht stehen" (Bourdieu 1998: 18).

Neben dieser *„objektiven"* *Struktur* des sozialen Raumes betont Bourdieu die Notwendigkeit, die Konstruktion der sozialen Welt durch die AkteurInnen selbst mit einzubeziehen. Anknüpfend an die Marx'sche Einsicht der Positionsabhängigkeit der Sichtweise – „das Sein bestimmt das Bewusstsein" – konstatiert Bourdieu einen maßgeblichen Einfluss der Position im sozialen Raum auf die Wahrnehmungs- und Handlungsmuster der AkteurInnen. Diese inkorporierten sozialen Strukturen resultieren in einem spezifischen *Habitus*:[3]

> „Der Habitus ist nicht nur strukturierende, die Praxis wie deren Wahrnehmung organisierende Struktur, sondern auch strukturierte Struktur: das Prinzip der Teilung in logische Klassen, das der Wahrnehmung der sozialen Welt zugrunde liegt, ist seinerseits Produkt der Teilung in soziale Klassen. Jede spezifische soziale Lage ist gleichermaßen definiert durch ihre inneren Eigenschaften oder Merkmale wie ihre relationalen, die sich aus ihrer spezifischen Stellung im System der Existenzbedingungen herleiten, das zugleich ein *System von Differenzen,* von unterschiedlichen Positionen darstellt. Eine jede soziale Lage ist mithin bestimmt durch die Gesamtheit dessen, was sie nicht ist, insbesondere jedoch durch das ihr Gegensätzliche: soziale Identität gewinnt Kontur und bestätigt sich in der Differenz. In den Dispositionen des Habitus ist somit die gesamte Struktur des Systems der Existenzbedingungen angelegt, so wie diese sich in der Erfahrung einer besonderen sozialen Lage mit einer bestimmten Position innerhalb dieser Struktur niederschlägt. [...] Als System generativer Schemata von Praxis, das auf systematische Weise die einer Klassenlage inhärenten Zwänge und Freiräume wie auch die konstitutive Differenz der Position wiedergibt, erfasst der Habitus die lagespezifischen Differenzen in Gestalt von Unterschieden zwischen klassifizierten und klassifizierenden Praxisform (als Produkte des Habitus), unter Zugrundelegung von Unterscheidungsprinzipien, die ihrerseits Produkt jeder Differenzen, diesen objektiv angeglichen sind und sie deshalb auch tendenziell als natürliche auffassen" (Bourdieu 1996: 279).

Das Habituskonzept nimmt damit in Bourdieus Ansatz eine Scharnierfunktion zwischen den objektiven sozialen Strukturen des sozialen Raumes und der individuellen Praxis der AkteurInnen ein. Letztere wird also weder vollständig durch die Strukturen bestimmt, noch ist sie das Ergebnis eines völlig freien Willens oder einer rationalen Reflexion, vielmehr stukturieren die inkorporierten Strukturen des sozialen Raumes die Handlungen und Wahrnehmungen der AkteurInnen entsprechend ihrer Position im Sinne von Dispositionen. So wird theoretisch fassbar, wie ungleiche Ressourcenverteilungen ungleiche Lebensstile formen, jedoch nicht determinieren.

---

3   Eine gute Einführung in das Habituskonzept geben Krais/Gebauer (2002).

Über den Habitus wird eine weitere wesentliche Eigenschaft des sozialen Raumes deutlich, nämlich seine *Relationalität*. Existierende Differenzen im sozialen Raum werden erst dadurch zu sinnhaften Unterscheidungsmerkmalen, wenn sie aufeinander bezogen sind, das heißt als relationale Merkmale, die nur in der und durch die Relation zu anderen sozialen Merkmalen existieren (Bourdieu 1998: 18). Dem sozialen Raum der Positionen entspricht also der Raum der Lebensstile oder der sozialen Praxen, hervorgebracht durch den positionsspezifischen Habitus: „Zu jedem Zeitpunkt jeder Gesellschaft hat man es also mit einem Ensemble von sozialen Positionen zu tun, das über eine Relation, eine Homologie, mit einem wiederum relational bestimmten Ensemble von Tätigkeiten (Golf oder Klavierspielen) oder Gütern (Zweitwohnsitz oder Werk eines berühmten Malers) verbunden ist" (ebd.: 17). Vermittelt über den Habitus werden diese Unterschiede als relevante *Distinktionen* wirksam. Entscheidend ist hierbei, dass es sich beim Habitus um ein vorbewusstes Schema der Wahrnehmung, Bewertung und Handlung handelt, so dass die resultierenden Unterschiede als „natürliche" oder „dem persönlichen Geschmack geschuldete" wahrgenommen werden, womit ihr sozialer Ursprung im Ungleichheitsverhältnis innerhalb der Gesellschaft und ihr kontinuierlicher Beitrag zur Reproduktion eben dieser Ungleichheit verschleiert, quasi naturalisiert und damit dem gesellschaftspolitischen Zugriff entzogen wird.

Die dritte den sozialen Raum konstuierende Dimension ist die *historische Entwicklung* bzw. die *Dynamik der sozialen Kämpfe*. Der soziale Raum ist also keineswegs als statischer zu begreifen, sondern immer nur der gegenwärtige Ausdruck des Machtgefüges innerhalb einer Gesellschaft. Ebenso sind die Praxisformen der AkteurInnen in ihrer Sinnhaftigkeit erst über ihre Geschichte in diesem Kräfteverhältnis zu verstehen. Bourdieu selbst hat diese historische Dimension für verschiedene *Felder* des sozialen Raumes, z.B. das Feld der Literatur und der Kunst (vgl. Bourdieu 1992) und das Bildungssystem (vgl. Bourdieu 1988) vorgelegt. Das Modell des sozialen Raumes, das Bourdieu für Frankreich ausgearbeitet hat, stellt ebenso nur eine Momentaufnahme in diesem fortlaufenden Prozess der Aushandlungen von Machtrelationen im sozialen Raum Frankreichs dar. Kritiken, die feststellen, dass diese Ausprägung, zum Beispiel die dort beschriebenen Lebensstile, heute so nicht mehr an diese sozialen Positionen gekoppelt sind, greifen daher zu kurz. Zu fragen ist jedoch, ob der national-territoriale räumliche Rahmen einer derartigen Untersuchung des sozialen Raumes im Zeitalter der Globalisierung resp. der globalisierten Eliten noch der angemessene ist (vgl. Urry 2000).

Sozialer Raum und geografischer Raum

Der Begriff des Raumes ist für die Konzeption des sozialen Raumes von Bourdieu selbst explizit heuristisch resp. metaphorisch gemeint, als Repräsentationsform der *sozialen Welt* (Bourdieu 1985: 723) und kann als solcher nicht unmittelbar auf den geografischen bzw. gebauten Raum übertragen werden. Während einige seiner Arbeiten Bezugnahmen auf Räumlichkeiten enthalten (vgl. u. a. Bourdieu 1997) und auch die *Feinen Unterschiede* mit Frankreich geografisch-räumlich gerahmt sind, widmet sich Bourdieu (2005) nur in einem Text explizit dem Verhältnis von sozialem und geografischen Raum. Im *physischen* oder auch *angeeignetem Raum* sieht er „eine Art spontane Symbolisierung des Sozialraums [...] auf mehr oder weniger verwischte Art und Weise" (ebd.: 118). Dadurch also, dass sich soziale Positionen und die damit verbundenen Ressourcen im geografischen Raum niederschlagen, erhalten die Strukturen des sozialen Raumes einen Teil ihrer Beharrungskraft (vgl. ebd.). Die Position im geografischen Raum kann, durch die Distanz zu verschiedenen Arten von Gütern und Diensten sowie zu anderen sozialen Gruppen die Position im sozialen Raum entsprechend verstärken:

> „Die Fähigkeit, den Raum zu beherrschen, hauptsächlich basierend auf der (materiellen oder symbolischen) Aneignung der seltenen (öffentlichen oder privaten) Güter, die sich in ihm verteilt finden, hängt vom Kapitalbesitz ab. Das Kapital erlaubt es, unerwünschte Personen oder Sachen auf Distanz zu halten und zugleich sich den (gerade hinsichtlich ihrer Verfügung über Kapital) erwünschten Personen und Sachen zu nähern. Hierbei werden die zur Aneignung von Kapital nötigen Ausgaben, insbesondere an Zeit, minimiert. Die Nähe im physischen Raum erlaubt es der Nähe im Sozialraum, alle ihre Wirkungen zu erzielen, indem sie die Akkumulation von Sozialkapital erleichtert, bzw. genauer gesagt, indem sie es ermöglicht, dauerhaft von zugleich zufälligen und voraussehbaren Sozialkontakten zu profitieren, die durch das Frequentieren wohlfrequentierter Orte garantiert ist. [...] Umgekehrt werden aber die Kapitallosen gegenüber den gesellschaftlich begehrtesten Gütern, sei es physisch, sei es symbolisch, auf Distanz gehalten. Die sind dazu verdammt, mit den am wenigsten begehrten Menschen und Gütern Tür an Tür zu leben. Der Mangel an Kapital verstärkt die Erfahrung der Begrenztheit: er kettet an einen Ort" (ebd.: 120f.).

Bourdieu konstatiert an dieser Stelle also, dass soziale Prozesse neben dem im Modell des sozialen Raumes bereits enthalten Zeitkontextes immer auch eine geografisch-räumliche Dimension umfassen. Räumliche Nähe kann die soziale Position stärken, wobei jedoch die soziale Nähe zu Gütern und sozialen Gruppen als hinreichende Voraussetzung hinzu kommen muss (Bourdieu 1989: 16; Bourdieu 2005: 122). Auch die geografisch-räumliche Ordnung als verwischter Ausdruck der sozialen Strukturen enthält eine dynamische Dimension, da sie ebenfalls ständiger Gegenstand von sozialen Kämpfen ist. Auf der individuellen Ebene können sich diese Raumaneignungen in räumlichen Mobilitäten, das heißt Ortswechseln ausdrücken, die sehr oft mit sozialen Mobilitäten verbunden sind (Bourdieu 2005: 121). Für die kollektive Ebene räumlicher Kämpfe nennt Bourdieu die Wohnungs- und Infrastrukturpolitiken als Beispiele, wobei dem Staat auch über die Arbeitsmarkt- und Schulpolitik „eine immense Macht über den Raum" (ebd.: 123) zukommt. Daran wird deutlich, dass Raumordnungspolitiken immer auch Teil der sozialen Kämpfe im sozialen Raum sind.

Rezeption, Kritiken und Anschlussmöglichkeiten für sozial-räumliche Analysen

Bourdieus eigene Arbeiten konzentrierten sich auf den sozialen Raum, und er stellte nur wenige explizite Bezüge zum geografisch-materiellen Raum her. Während auf der anderen Seite Diziplinen wie Städtebau, Geografie und Teile der Stadtsoziologie Raum lange auf landschaftliche und physische Aspekte reduzierte, hat sich inzwischen die Einsicht durchgesetzt, dass sowohl die unräumlich argumentierenden Sozialwissenschaften, als auch die vorwiegend materiell argumentierenden Raumwissenschaften durch ihre Einseitigkeiten die Zusammenhänge zwischen dem Sozialen und dem Räumlichen aus dem Blick verlieren. In diesem Kontext werden Bourdieus Arbeiten und Begriffskonzeptionen immer häufiger in der Sozialraumforschung – seien es stadtsoziologische, mobilitäts- oder raumanalytische oder stärker geografische Ansätze – aufgegriffen (vgl. Painter 2000: 252 ff.). Im Folgenden werden drei Hauptstränge dieser sozial-räumlichen Forschungen im Anschluss an Bourdieu diskutiert.

Zunächst sind die Arbeiten zu erwähnen, die im Wohnen, d. h. der Ausgestaltung der Wohnung, den Orten der Freizeit aber auch der Wahl des Wohnstandortes, einen *Ausdruck von Distinktion und Lebensstilisierung* sehen. Bei Bourdieu (1996) selbst und in vielen Lebensstilansätzen – mit oder ohne Bezug auf seinen theoretischen Ansatz – geht der Stil der Wohnungseinrichtung bereits in die Operationalisierung mit ein (vgl. u. a. Schneider/Spellerberg 1999; Schulze 1992; Steinrücke 1996). Dieser Befund von Wohnen als Distinktionsmittel ist zudem längst fester Bestandteil von Marketing- und Werbestrategien geworden. Darüber hinaus sind aber auch die Diskurse zu Prozessen der stadträumlichen Segregation und Gentrifizierung stark von dem Argument durchzogen, dass Wohnen, und hier stärker die Wohnstandortwahl, Ausdruck eines bestimmten Lebensstils, das heißt eines bestimmten Habitus ist. TrägerInnen der Gentrifizierung innerstädtischer Wohngebiete sind vor allem soziale Gruppen, die über hohes kulturelles und soziales Kapital, in ihrer späteren beruflichen Karriere auch über höheres ökonomisches Kapital verfügen und die durch sogenannte neue Lebensstile jenseits der traditionellen Familienmodelle und Einfamilienhäuser charakterisiert werden können. Diese sozialen Gruppen inszenieren Wohnen und den damit verbundenen Konsum städtischer Gelegenheiten explizit als Teil ihres „urbanen Lebensstils" in Abgrenzung zu suburbanen, aber auch bildungsferneren städtischen sozialen Gruppen (vgl. u. a. Alisch 1994; Butler/Watt 2007; Kasper/Scheiner 2004; Noller 1999; Wynne/O'Connor 1998; zum Felde/Alisch 1992). Vor allem im städtischen Raum sind die ständigen Neu-Aushandlungen der Relationen von Nähe und Distanz, aber auch um die Definition von „gutem Leben" (vgl. Manderscheid 2004b) zu beobachten.

Ein zweiter Strang von vor allem stadtsoziologischen Arbeiten, der an Bourdieus Überlegungen anknüpft, beschäftigt sich mit *subtilen Ein- und Ausschlüssen*, atmosphärischen Raumbesetzungen und den räumlichen Ordnungen unterliegenden Verhaltensanforderungen. Während der erste Strang den räumlichen Ausdruck sozialer Kämpfe fokussiert, steht in dieser Perspektive die Wirkungsmächtigkeit dieser räumlichen Strukturen im Zentrum, die aufgrund ihrer Dauerhaftigkeit von besonderem Interesse ist. Für das Verständnis des Zusammenspiels von materiellem Raum und sozialem Verhalten kommt dem Habitus als einem Schema, das die Wahrnehmung strukturiert, eine besondere Bedeutung zu. Der Habitus wird geformt in Abhängigkeit von der Position im sozialen Raum, was immer auch mit einer Anpassung an diesen Ort, mit einem „'sense of one's place' but also a ,sense of the place of others'" (Bourdieu 1989: 19) einhergeht. Gebauter Raum ist als *Teil der sozialen Welt* keinesfalls als etwas der Gesellschaft äußerliches zu verstehen, sondern als durch das gesellschaftliche Machtgefüge konstituiert und Teil des Raumes der Distinktionen. Damit können auch stadträumliche, materiell-gebaute Strukturen als soziale Strukturen verstanden werden. Martina Löw spricht in diesem Zusammenhang von *Atmosphären* als der Außenwirkung der Materialität gebauter Räume, die wiederum im Zusammenspiel mit dem Habitus ihre Wirkung entfalten (Löw 2001: 204ff.): „Mit der Konstitution von Raum wird deshalb immer auch die Differenz von ‚Eingeschlossenen' und ‚Ausgeschlossenen' konstituiert" (ebd.: 214). Das heißt neben den expliziten Zugangsbeschränkungen für manche Räume – von nationalstaatlichen Einreisebestimmungen bis hin zu „Gated Communities" – sind die subtil wirksamen Ein- und Ausschlüsse über Habituspräferenzen und daraus resultierende Selbstausschlüsse von besonderem stadt- und ungleichheitssoziologischem sowie sozialraumforscherischem Interesse. Mit höheren Positionen im sozialen Raum und dem damit verbundenen größeren Volumen an Kapital steigen die Chancen der AkteurInnen und sozialen Gruppen, sich gebaute Räume nicht nur ökonomisch anzueignen und mit einer entsprechenden Infrastruktur auszustatten, sondern diese Räume auch atmosphärisch-symbolisch zu besetzen und darüber soziale Ausschlüsse zu erzeugen (Bourdieu 2005: 120; Löw 2001:214f). Gebaute Strukturen sind also nicht nur sozial strukturiert, sondern wirken selbst strukturierend auf die Praxen der sozialen Gruppen und AkteurInnen. Über den klassen- und geschlechtsspezifischen Habitus werden räumlich-materielle Unterschiede zu signifikanten Distinktionen, das heißt unterschiedliche gebaute Räume werden als eigene oder fremde wahrgenommen. Zwar findet sich diese Dimension von symbolischer Besetzung städtischer Räume auch in den erstgenannten Untersuchungen als ästhetische Komponente der Lebensstilisierung wieder, die exkludierende Wirkung wird jedoch selten theoretisch oder empirisch ausgeführt. Am Fall eines Stadtentwicklungsprojektes, das auf innerstädtisches Wohnen und funktionale sowie soziale Mischung zielen sollte, konnte beispielweise in einer mehrschichtigen Untersuchung herausgearbeitet werden, dass bereits die Konzeption dieses Quartiers, stärker aber noch die Ausgestaltung und die physische und symbolische Präsenz bestimmter sozialer Gruppen eine subtile ein- und ausschließende Wirkung hatte (vgl. Manderscheid 2004a: 239ff.; 2006: 284ff.). Besonders deutlich wurde dies an der auffälligen Nicht-Nutzung der dort vorhandenen Gelegenheitsstrukturen durch die BewohnerInnen der angrenzenden, städtisch marginalisierten und überwiegend von sozio-ökonomisch benachteiligten Bevölkerungsgruppen bewohnten Quartieren. Obwohl diese umgebenden Quartiere kaum über eigene Infrastrukturen verfügen, weigert sich ein großer Anteil der dort Wohnenden, die im neu entstandenen Quartier vorhandenen Angebote zu nutzen oder überhaupt dort hin zu gehen. Von ExpertInnen, die während der Untersuchung interviewt wurden, wurde dies auch als „unsichtbarer Zaun" zwischen den unterschiedlichen Stadtquartieren charakterisiert.

Besonders augenscheinlich wird das Zusammenspiel von sozial strukturiertem Habitus und Raum dort, wo Widersprüche aufbrechen oder die AkteurInnen sich explizit gegen die wahrgenommenen Zuweisungen wehren. Entgegen einer häufig vorgebrachten Kritik konzipiert Bourdieu den Habitus keineswegs statisch, vielmehr enthält er als Inkorporierung sozialer Strukturen auch die prinzipielle Möglichkeit des Wandels der klassenspezifischen Lebensstilpräferenzen, Praktiken und der Symbolik von Gütern und damit eine Nicht-Determination des praktischen Handelns, was auch die Möglichkeit zu abweichendem und widerständigem Handeln einschließt. Löw arbeitet ein solches widerständiges Handeln in seiner sozialen und räumlichen Dimension mittels einer Sekundäranalyse von Paul Willis (1979) Studie zum Verhalten von Jungen aus der Arbeiterklasse in der Schule heraus (vgl. den Beitrag von Amos in diesem Band). Das Verhalten dieser Jugendlichen richtet sich gegen die mit der Schule verbundenen Verhaltenserwartungen, die als Eigenschaften bürgerlicher Mittelschichten erlebt werden. Löw erweitert diese Analyse um eine räumliche Dimension, wodurch die Untrennbarkeit von materiell-räumlichen und sozial-kulturellen Ordnungen deutlich wird. Dem dominanten Verständnis von Schule mit seinen räumlichen und sozialen Grenzen setzen die Arbeiterkinder einen gegenkulturellen Entwurf entgegen, der die LehrerInnen als VertreterInnen der bürgerlichen Ordnung, provoziert:

> „Die Lads sind nun (...) bemüht, dieser [dominanten] Raumkonstruktion eine eigene entgegenzusetzen. In diesem Sinne handeln sie gegenkulturell. Sie verfügen aber weder über rechtliche noch über planerische Mittel, ihren Raum materiell festzulegen. Daher können sie nur mit dem Einsatz ihres eigenen Körpers die gegenkulturelle Raumkonstruktion materiell und symbolisch markieren oder aber mit kurzeitigen symbolisch/materiellen Besetzungen wie herumliegenden Zigarettenstummel oder Graffiti an den Wenden arbeiten. (...) Während die Lehrerinnen über soziale Güter, Wissen und soziale Positionen verfügen und somit institutionalisierte Raumkonstruktionen durchsetzen können, besteht für die Lads die Chance, die Zugehörigkeit zur Clique dagegenzustellen. Sie sind daher darauf angewiesen, dass ihre Raumkonstruktion wahrgenommen und als konkurrent/different erkannt wird. Nur in der (strafenden) Anerkennung des gegenkulturellen Raums durch die Lehrer beginnt dieser sich materiell und symbolisch zu verfestigen" (Löw 2001: 238f.).

Solange der Habitus der sozial-räumlichen Ordnung entspricht, bleiben die inhärenten sozialen Strukturen des gebauten Raumes weitgehend unsichtbar und können als natürliche oder neutrale erscheinen. Erst das Auseinanderfallen von räumlichen und sozial-kulturellen Strukturen mit ihren Positionszuweisungen entlarvt deren gesellschaftliche Strukturierung und Normierung. Das Verhalten der englischen Arbeiterjungen erscheint so als expliziter Widerstand gegen die ihnen von der bürgerlichen Kultur – in Gestalt der Schule – zugewiesene Position am unteren Ende der sozialen Hierarchie zu verstehen. Deutlich wird in diesem Beispiel die raumkonstituierende Komponente des Verhaltens der Jugendlichen. Der Einbezug dieser Dimension ermöglicht sozialraumanalytischen Ansätzen, gesellschaftlichen Grenzziehungen und -überschreitungen im sozialen und physischen Raum auf die Spur zu kommen. In Willis' Untersuchung trägt jedoch paradoxerweise gerade auch dieser Widerstand in Form von Bildungsverweigerung und Provokation zur Reproduktion des sozialen Raumes bei, in diesem Fall der marginalisierten Position im gesellschaftlichen Gefüge (Löw 2001: 245; vgl. Willis 1979).

In der bereits erwähnten Untersuchung eines neu entstandenen Stadtquartiers (vgl. Manderscheid 2004a) findet sich eine ähnliche Konstellation von gebautem Raum und gegenkulturellem jugendlichen Verhalten, das sich in diesem Fall an einem zentralen öffentlichen Ort des neuen Stadtteils abspielt. Dieser Ort wurde von den Stadtplanern als explizit offener und öffentlicher Raum konzipiert und damit als für jeden zugänglich. Die Art und Weise, wie die Jugendlichen aus den sozial-räumlich unterprivilegierten benachbarten Quartieren diesen zentralen

Platz besetzen – außerhalb der „normalen" Zeiten, mit Mofas und Musik, begleitet durch das Liegenlassen von Abfällen – und die daraus entstandenen Konflikte mit den BewohnerInnen des neuen Quartiers machen jedoch die zugrundliegende Werteordnung und Verhaltensanforderungen deutlich: die postulierte Offenheit des Platzes findet in dem männlich-jugendlichen Unterschichtsverhalten seine Grenzen.[4] Mehr noch. Die damit verbundene Vorstellung von „gutem städtischem Verhalten" und urbaner Toleranz entspricht vor allem Vorstellungen der gebildeten mittleren und oberen sozialen Milieus und fußt auf Voraussetzungen wie Bildung und gesellschaftlicher Anerkennung, die hier häufiger zu finden sind als in randständigen Milieus (vgl. Manderscheid 2006: 289ff.; Manderscheid 2004a: 291ff.).

Der Erkenntnisgewinn einer solchen Perspektive, die das Wechselspiel von objektivierten, und damit auch materiell-räumlichen sozialen Strukturen und dem Habitus in den Blick nimmt, liegt damit vor allem in einer differenzierteren Interpretation derartiger, gängigerweise als Disziplinlosigkeit oder Vandalismus abqualifizierter Verhaltensmuster, die dann als pädagogisches oder ordnungspolitisches Problem gedeutet werden. Statt dessen eröffnet die Anwendung der Bourdieu'schen Theoreme auf derartige sozial-räumliche Konstellationen deren Einordnung in einen größeren ungleichheitstheoretischen Zusammenhang von sozialer und räumlicher Randständigkeit, lebensphasenspezifischer und durch die schul- bzw. stadträumliche Konstellation mit ihren subtil wirksamen atmosphärischen Exklusionsmechanismen verstärkter krisenhafter Identitätssuche von Jugendlichen (Manderscheid 2006: 293). Diese Re-Kontextualisierung von räumlichen Praxen stellt diese in den Kontext von gesellschaftlichen Positionskämpfen innerhalb des sozialen Raumes, deren Logik sich nicht aus einer isolierten Analyse ihrer Ausdrucksformen erschließen lassen. Eine derartige ungleichheitstheoretische Erweiterung von sozialräumlichen Analysen erlaubt es also, räumlich beobachtbare Phänomene in einen größeren gesellschaftstheoretischen Rahmen einzuordnen.

Anknüpfend an die dargestellten Überlegungen zum Ineinandergreifen von sozial-räumlichen Strukturen und dem Habitus eröffnet sich zudem eine weitere, Bourdieus Ideen aufgreifende Forschungsperspektive für die Sozialraumforschung. In seinen Arbeiten zum sozialen Raum hebt Bourdieu immer wieder die Bedeutung der sozialen Position für die Ausformung des Habitus hervor, der wiederum die Praxen der AkteurInnen strukturiert und zur Reproduktion der Machtrelationen im sozialen Raum beiträgt. Als die beiden Hauptdifferenzierungsachsen moderner Gesellschaften können die Unterteilung des sozialen

---

4 Weitere Beispiele für derartiges sozial-räumliches gegenkulturelles und widerständiges Handeln sind die von der Öffentlichkeit als „Zerstörungswut" wahrgenommene Rebellion der Jugendlichen der französischen Vorstädte im Herbst 2005, aber auch die gegenkulturelle Raumkonstitution von Skateboardern, wie sie Ian Borden (2000) beschreibt.

Raums in mehrere Klassen und in zwei Geschlechter[5] gesehen werden (Bourdieu 1996: 174ff.; Bourdieu 1997; Krais/Gebauer 2002: 34ff.; Löw 2001: 173ff.; Vester/Gardemin 2001): Die soziale Herkunft sowie die daran anschließende soziale Mobilität, und das Geschlecht prägen nachdrücklich die Ausformung des Habitus. Die *Position im geografischen oder physischen Raum und mögliche damit verbundene räumliche Mobilitäten* werden von Bourdieu – sowie von der soziologischen Ungleichheitsforschung überhaupt – wenig systematisch und nur selten explizit untersucht, obwohl konsequenter Weise auch die geografische Position zu den habitusformenden Faktoren gehört. In erwähntem Text zu *Ortseffekten* (Bourdieu 2005) sowie eingeflochten in die *Feinen Unterschiede* tauchen bei ihm auch räumliche Positionen und Laufbahnen auf. So schreibt Bourdieu:

> „Tatsächlich richten sich die Chancen einer Gruppe zur Aneignung einer beliebigen Art seltener Güter (...) zunächst einmal nach ihren entsprechenden Kapazitäten (...), hängen mithin ab von ihrer sozialen Position, und weiter von *der Beziehung zwischen ihrer geographischen Verteilung und der jener Güter* (eine Beziehung, die anhand der durchschnittlichen Entfernung zu den Gütern oder Einrichtungen gemessen werden kann, oder anhand des Zeitaufwands, um zu ihnen zu gelangen – womit das Problem des Zugangs zu individuellen wie kollektiven Transportmitteln berührt ist)" (Bourdieu 1996: 206f., Hervorh. K.M.).

An dieser Stelle trägt der Autor also explizit der Räumlichkeit sozialer Prozesse Rechnung und sieht die Zugänglichkeit von Gelegenheitsstrukturen sozial und räumlich ungleich verteilt. Allerdings, und diese Kritik taucht in der Diskussion von Bourdieu als Raumtheoretiker immer wieder auf, sind seine Abhandlungen zum geografischen Raum seltsam verkürzt und fußen auf einer Raumvorstellung, die hinter denen gegenwärtiger Human-GeografInnen weit zurückbleibt: Anders, als seinen metaphorisch verstandenen sozialen Raum als Raum der Relationen begreift er den physischen Raum ausschließlich im Sinne von Verteilungen, Distanzen und Anordnungen (vgl. Painter 2000: 255) und damit als Oberfläche, in die sich der soziale Raum mehr oder weniger direkt einschreibt. Entsprechend spricht er auch vom *angeeigneten physischen Raum*. Damit vergibt er sich die Chance, Wechselwirkungen zwischen dem Sozialen und dem Räumlichen genauer zu untersuchen und vor allem die Rolle des Räumlichen für die Reproduktion von sozialen Ungleichheitsrelationen zu fokussieren. Neuere sozialwissenschaftliche Raumkonzeptionen betonen hingegen die Relationalität des Raumes sowie die Ko-Konstitution von Raum und Sozialem (vgl. u. a. Löw 2001; Massey 2005; Painter 2000). Wichtig für eine ungleichheitstheoretisch fundierte Sozialraum-

---

5   In vielen Gesellschaften spielt zudem Ethnizität eine zentrale Rolle – eine Ausformulierung ihrer Wirkungsmacht im sozialen Raum würde aber den vorliegenden Rahmen sprengen und sollte Gegenstand weiterer Überlegungen sein.

forschung ist es also, sein relationales Raumverständnis, das er für den sozialen Raum ausgearbeitet hat, auf Raum im Allgemeinen zu übertragen.[6] Ein sozialraumforscherisches Verständnis von geografischem Raum, das über das der sich in alle Richtungen kontinuierlich ausdehnenden Erdoberfläche hinausgeht, muss entsprechend die Relationen, Verbindungen und Netzwerke herausarbeiten, die zwischen den verschiedenen räumlichen Positionen bestehen oder auch nicht. Diese können beispielsweise durch die Verfügbarkeit von Transportmöglichkeiten, Anschlüsse an das Internet o.ä. konstituiert sein. Damit wird unter anderem der zunehmend deutlicher werdenden Entwicklung Rechnung getragen, dass Orte, obwohl sie in metrischer Distanz weit voneinander entfernt liegen, sehr eng miteinander verbunden sein können – in diesem Zusammenhang wird immer häufiger von sog. „wormholes" gesprochen – während physische Nähe, wie auch oben bereits ausgeführt, noch nicht Zugänglichkeit und Erreichbarkeit beinhalten muss (vgl. Castells 2005; Graham/Marvin 2001; Sheppard 2002).

Ein Verständnis von Raum, das Bourdieus Ideen eines relationalen sozialen Raumes und der Konstitution des Habitus durch die spezifische Position in Bezug auf Klassenstrukturen, Geschlechterverhältnis und Geografie auch auf den geografischen-materiellen Raum ausdehnt und damit der Gefahr der Naturalisierung des Raumes bzw. der Externalisierung dieser Dimensionen aus dem Sozialen (vgl. u.a. Lippuner/Lossau 2004; Gerber 1997) standhält, erscheint sowohl für die sozialwissenschaftliche Diskussion sozialer Ungleichheiten als auch für die Sozialraumforschung insgesamt erkenntnis- und gewinnbringend. Insbesondere könnte auch der häufig gemachte und selten reflektierte ökologisch-räumliche Fehlschluss als einer Gleichsetzung von räumlich-geografischer Ordnung mit Prozessen der Vergemeinschaftung und sozialer Ordnung (Pott 2002: 92) durch eine solche Perspektivenerweiterung vermieden werden. Anstatt also von physischer Nähe, beispielsweise dem Wohnen in einem Quartier, auf soziale Interaktionen und Prozesse welcher Form auch immer zu schließen, sollte die Bedeutung des Räumlichen und der Position für die soziale Praxis selbst Gegenstand sozialräumlicher und soziologischer Untersuchungen werden. Denn erst dann können räumliche Ungleichheiten in ihrer gesellschaftlichen Signifikanz analysiert und verstanden werden.

„If society and space are understood as co-constituting then fields are sociospatial (and socio-temporal) phenomena, opening up the potential of a more thoroughly spatialized theory of practice" (Painter 2000: 257).

---

6 Dazu gehört auch, wie Painter (2000: 257) anmerkt, die krude Trennung von sozialem (metaphorischem) Raum und (physischem) geografischem Raum zu verwischen. Zur Trennung von Sozialem und Natürlichem vgl. Gerber (1997).

Resümee

Die Arbeiten von Pierre Bourdieu können sicherlich zu den wichtigsten soziologischen Beiträgen der vergangenen Jahrzehnte gerechnet werden, die weit über den disziplinären Rahmen hinaus Beachtung fanden. Aus ungleichheitstheoretischer Perspektive überwindet Bourdieu die in vielen nationalen Kontexten in verschiedener Form bestehende unfruchtbare Diskussion zur Existenz von Klassen mit seinem mehrdimensionalen Konzept des sozialen Raumes und Lebensstilen als Distinktionsmerkmalen. Seine theoretische triadische Konzeption von Strukturen, Habitus und Praxen trägt zudem zur Möglichkeit bei, objektive Ungleichheiten mit subjektiven Wahrnehmungs- und Handlungsmustern zusammen zu denken und so die Dynamik der kontinuierlichen Re-Produktion sozialer Ungleichheitsstrukturen über die Praxis soziologisch greifbar zu machen.

Da Bourdieus Überlegungen zum einen Anschlussmöglichkeiten bezüglich der Berücksichtigung von Raum in den Sozialwissenschaften (vgl. Döring/Thielmann 2007) bergen sowie zum anderen dem wachsenden Interesse der Raum-Disziplinen – wie der Geografie, der Transportwissenschaften und des Städtebaus – an soziologischen Zusammenhängen aufgreifen kann, erscheint eine ausführliche Rezeption als wünschenswert. Insbesondere die an der Schnittstelle von Sozial- und Raum-Disziplinen zu lokalisierende Sozialraumforschung kann von Bourdieus Arbeiten profitieren. Diese können als fruchtbares und notwendiges sozialwissenschaftliches Fundament dienen für ein den sozialen Macht- und Ungleichheitsrelationen Rechnung tragendes Verständnis der sich räumlich manifestierenden gesellschaftlichen Prozesse sowie der sozial strukturierenden Wirkungsmacht räumlicher Ordnungen. Die Anwendung des von Bourdieu nur metaphorisch konzipiertem *sozialen Raums* auf Raum in allen seinen Erscheinungsformen, das heißt auch aufgebaute Stadträume, Landschaften, oder den Cyberspace, und deren Verständnis als relational konstituierte Räume, erweitert sozialräumliche Analysen um die wichtige macht- und ungleichheitstheoretische Perspektive, die die soziale Herstellung und soziale Bedeutung von Raum in den Forschungsfokus rückt. Diese ungleichheitssoziologische Verankerung ist insbesondere dann entscheidend, wenn sich Sozialraumforschung auch als kritische und politische Analyse begreift, die nicht vor politischen Implikationen scheut.

Katharina Manderscheid

Literatur

Alisch, Monika (1994): Innenstadtnahes Wohnen als Chance zur Lebensstilisierung jenseits der ‚weiblichen Normalbiographie'. In: Dangschat/Blasius (1994): 396-407
Beck, Ulrich (1983): Jenseits von Klasse und Stand? Soziale Ungleichheiten, gesellschaftliche Individualisierungsprozesse und die Entstehung neuer sozialer Formationen und Identitäten, In: Kreckel (1983): 35-74
Borden, Ian (2000): Speaking the City. Skateboarding subculture and recompositions of the urban realm. In: Hutchison (2000): 135-152
Bourdieu, Pierre (1983): Ökonomisches Kapital, kulturelles Kapital, soziales Kapital. In: Kreckel (1983): 183-198
Bourdieu, Pierre (1985): The Social Space and the Genesis of Groups. In: Theory and Society 14 (6): 723-744
Bourdieu, Pierre (1988 [1984]): Homo Academicus. Frankfurt a. M.: Suhrkamp
Bourdieu, Pierre (1989): Social Space and Symbolic Power. In: Sociological Theory 1: 14-25
Bourdieu, Pierre (1992): Les règles de l'art. Paris: Seuil
Bourdieu, Pierre (1996 [1979]): Die feinen Unterschiede. Kritik der gesellschaftlichen Urteilskraft. Frankfurt/M.: Suhrkamp
Bourdieu, Pierre (1997): Die männliche Herrschaft. In: Dölling/Krais (1997): 153-217.
Bourdieu, Pierre (1998): Sozialer Raum, symbolischer Raum. In: Bourdieu (1998): 11-32
Bourdieu, Pierre (1998): Praktische Vernunft. Frankfurt a.M.: Suhrkamp
Bourdieu, Pierre (2005 [1993]): Ortseffekte. In: Bourdieu (2005): 117-123
Bourdieu, Pierre/Wacquant, Loic J. D. (1996): Reflexive Anthropologie. Frankfurt a.M.: Suhrkamp
Bourdieu, Pierre u.a. (Hg.) (2005): Das Elend der Welt – gekürzte Studienausgabe. Konstanz: UVK Verlagsgesellschaft
Butler, Tim/Watt, Paul (2007): Understanding Social Inequality. London, Thousand Oaks, New Delhi: Sage Publications
Castells, Manuel (2005): Space of Flows, Space of Places: Materials for a Theory of Urbanism in the Information Age. In: Sanyal (2005): 45-63
Crang, Mike/Thrift, Nigel (Hg.) (2000): Thinking Space. London: Routledge
Dangschat, Jens S./Blasius, Jörg (Hg.) (1994): Lebensstile in den Städten. Konzepte und Methoden. Opladen: Leske und Budrich
Dölling, Irene/Krais, Beate (Hg.) (1997): Ein alltägliches Spiel. Frankfurt a.M.: Suhrkamp
Döring, Jörg/Thielmann, Tristan (Hg.) (2007): Spatial Turn. Das Raumparadigma in den Kultur- und Sozialwissenschaften. Bielefeld: Transcript
Gartman, David (1991): Culture as Class Symbolization or Mass Reification? A Critique of Bourdieu's Distinction. In: American Journal of Sociology 97 (2): 421-447
Gerber, Judith (1997): Beyond dualism – the social construction of nature and the natural *and* social construction of human beings. In: Progress in Human Geography 21 (1): 1-17

Graham, Stephen/Marvin, Simon (2001): Spintering Urbanism. Networked infrastructures, technological mobilities and the urban condition. Oxon: Routledge

Hradil, Stefan (Hg.) (1992): Zwischen Bewusstsein und Sein. Die Vermittlung ‚objektiver' Lebensbedingungen und ‚subjektiver' Lebensweisen. Opladen: Leske und Budrich

Hutchison, Ray (Hg.) (2000): Constructions of Urban Space. Stamford, Connecticut: Jai Press inc.

Kasper, Birgit/Scheiner, Joachim (2004): Wohnmobilität und Standortwahl als Ausdruck lebensstilspezifischer Wohnbedürfnisse. Ergebnisse einer Fallstudie in drei Kölner Stadtquartieren. In: vhw Forum Wohneigentum Heft 1: 24-29

Krais, Beate/Gebauer, Gunter (2002): Habitus. Bielefeld: transcript

Kreckel, Reinhard (Hg.) (1983): Soziale Ungleichheiten. Göttingen: Verlag Otto Schwartz

Lippuner, Roland/Lossau, Julia (2004): In der Raumfalle. Eine Kritik des spatial turn in den Sozialwissenschaften. In: Mein/Rieger-Ladich (2004): 47-63

Löw, Martina (2001): Raumsoziologie. Frankfurt a.M.: Suhrkamp

Löw, Martina (Hg.) (2002): Differenzierungen des Städtischen. Opladen: Leske und Budrich

Manderscheid, Katharina (2004a): Milieu, Urbanität und Raum. Soziale Prägung und Wirkung städtebaulicher Leitbilder und gebauter Räume. Wiesbaden: VS Verlag für Sozialwissenschaften

Manderscheid, Katharina (2004b): Städtische Vielfalt im Quartier als milieuspezifische Vorstellung vom ‚guten Wohnen'? In: Die alte Stadt Heft 1: 38-57

Manderscheid, Katharina (2006): Sozial-räumliche Grenzgebiete: unsichtbare Zäune und gegenkulturelle Räume. Eine empirische Exploration der räumlichen Dimension sozialer Ungleichheit. In: Sozialer Sinn 7. Jg., Heft 2: 273-299

Massey, Doreen (2005): For Space. London, Thousand Oaks, New Delhi: SAGE Publications

Mein, Georg/Rieger-Ladich, Markus (Hg.) (2004): Soziale Räume und kulturelle Praktiken. Über den strategischen Gebrauch von Medien. Bielefeld: transcript

Mex, Bernd (2000): Störenfried in der linken Idylle? Anmerkungen zum Interesse, das Pierre Bourdieu hervorruft In: Forum Wissenschaft Heft 4: 17-19

Noller, Peter (1999): Globalisierung, Stadträume und Lebensstile. Kulturelle und lokale Repräsentationen des globalen Raumes. Opladen: Leske und Budrich

Painter, Joe (2000): Pierre Bourdieu. In: Crang/Thrift (2000): 239-259

Pott, Andreas (2002): Räumliche Differenzierung und der Bildungsaufstieg in der zweiten Migrantengeneration. In: Löw (2002): 87-105

Sanyal, Bishwapriya (Hg.) (2005): Comparative Planning Cultures. New York: Routledge

Schilcher, Christian (2005): Der Beitrag von Pierre Bourdieu zur Sozialstrukturanalyse der gegenwärtigen Gesellschaften. In: Sic et Non. zeitschrift für philosophie und kultur. im netz. 1 [www.sicetnon.org]

Schneider, Nicole/Spellerberg, Annette (1999): Lebensstile, Wohnbedürfnisse und räumliche Mobilität. Opladen: Leske und Budrich

Schulze, Gerhard (1992): Die Erlebnisgesellschaft. Kultursoziologie der Gegenwart. Frankfurt a. M./New York: Campus Verlag

Schwenk, Otto G. (Hg.) (1996): Lebensstile zwischen Sozialstrukturanalyse und Kulturwissenschaft. Opladen: Leske und Budrich

Schwingel, Markus (1995): Bourdieu zur Einführung. Hamburg: Junius

Sheppard, Eric (2002): The Spaces and Times of Globalization: Place, Scale, Networks, and Positionality. In: Economic Geography 78: 307-330.

Steinrücke, Margareta (1996): Klassenspezifische Lebensstile und Geschlechterverhältnis. In: Schwenk (1996): 203-219

Urry, John (2000): Sociology beyond Societies. Mobilities for the twenty-first century. New York: Routledge

Vester, Michael/Gardemin, Daniel (2001): Das Feld der Geschlechterungleichheit und die ‚protestantische Alltagsethik'. In: Kölner Zeitschrift für Soziologie und Sozialpsychologie 53. Jg. Heft 41: 454-486

Willis, Paul E. (1979): Spass am Widerstand : Gegenkultur in der Arbeiterschule. Frankfurt a.M.: Syndikat

Wynne, Derek/O'Connor, Justin (1998): Consumption and the Postmodern City. In: Urban Studies 35: 841-864

zum Felde, Wolfgang/Alisch, Monika (1992): Zur Bedeutung des Raumes für die Lebensbedingungen und Lebensstile von Bewohnern innenstadtnaher Nachbarschaften in Hamburg. In: Hradil (1992): 173-194

Systematische Sozialraumforschung: Urie Bronfenbrenners Ökologie der menschlichen Entwicklung und die Modellierung mikrosozialer Raumgestaltung

Das Modell der Ökologie menschlicher Entwicklung hat vor allem die Sozialisationsforschung beeinflusst, um zu erklären, wie die Persönlichkeitsentwicklung sozialstrukturell verankert ist (vgl. Grundmann 2006a, 2008). Es bietet eine Heuristik, mit der die Dimensionen des Einflusses der sozialen Umwelt auf die Persönlichkeitsentwicklung analytisch modelliert werden können. Für das Thema der Sozialraumforschung ist das Bronfenbrennersche Modell in zweierlei Hinsicht interessant. Einerseits lässt sich damit nachzeichnen, wie soziale Räume von Akteuren angeeignet werden und die Handlungsmöglichkeiten von Personen bestimmen. Andererseits besteht die Möglichkeit, die Genese von Sozialräumen „von unten" mikrosoziologisch zu modellieren. In den nachfolgenden Überlegungen geht es in diesem Sinne zunächst darum, den Bezug des sozialökologischen Modells zur Sozialraumforschung herzustellen. Im Anschluss wird das Modell der Ökologie menschlicher Entwicklung wissenschaftshistorisch eingebunden, bevor die zentralen Parameter des Modells vorgestellt werden. Anhand einschlägiger Beispiele wollen wir zeigen, wie die Sozialraumforschung auf das Modell der Ökologie menschlicher Entwicklung Bezug nehmen kann. Unsere Überlegungen verstehen wir schließlich als Anregung, die bisher durch eine makrosoziologische Perspektive dominierte Sozialraumforschung um Forschungszugänge „von unten" zu erweitern und das Modell der Ökologie menschlicher Entwicklung für die Erforschung mikrosozialer Raumgestaltungsprozesse auszubauen.

1 Die Ökologie der menschlichen Entwicklung und die Sozialraumforschung

Das Modell der Ökologie menschlicher Entwicklung stellt insofern einen relevanten Ansatz für die Sozialraumforschung dar, als es die individuelle Entwicklung in den Kontext sozialer Umwelten stellt. „Raum" wird dabei zwar nicht explizit als soziale Kategorie erörtert aber indirekt über die Identifikation sozial wirksamer Umwelteinflüsse auf die Entwicklung menschlichen Handelns bezogen. Der soziale Raum erschließt sich nach Bronfenbrenner daher ausgehend von den Akteuren vor allem als Erfahrungs- und Lebensraum, der sich in verschiedene Lebensbereiche gliedert. Bronfenbrenners Definition der Ökologie menschlicher Entwicklung aus einer sozialen Perspektive liest sich folgendermaßen. „Die Ökologie der menschlichen Entwicklung befasst sich mit der fortschreitenden gegenseitigen Anpassung zwischen dem aktiven, sich entwickelnden Menschen und den wechselnden Eigenschaften seiner unmittelbaren Lebensbereiche. Dieser Prozess wird fortlaufend von den Beziehungen dieser Lebensbereiche untereinander und von den größeren Kontexten beeinflusst, in die sie eingebettet sind. [...] Ich definiere Entwicklung hier als die dauerhafte Veränderung der Art und Weise, wie die Person die Umwelt wahrnimmt und sich mit ihr auseinandersetzt. [...] Ein ökologischer Übergang findet statt, wenn eine Person ihre Position in der ökologisch verstandenen Umwelt durch einen Wechsel ihrer Rolle, ihres Lebensbereichs oder beider verändert" (Bronfenbrenner 1981:19; 37; 43).

Durch diese Grundbegriffe entsteht ein konstruktivistisch anmutender Zugang auf soziale Räume und zwar aus individueller Entwicklungsperspektive. Bronfenbrenner betont in diesem Zusammenhang die Wichtigkeit des Wortes „erleben" und begründet das mit einer phänomenologischen Betrachtungsweise, dass „nicht nur die objektiven Eigenschaften der Umwelten wissenschaftlich relevant sind, sondern auch die Art und Weise, wie diese Eigenschaften von den Personen in diesen Umwelten wahrgenommen werden" (ebd.: 38). Zentrales Kriterium ist dabei, ob und inwieweit die Umwelten unmittelbar oder indirekt auf die Akteure einwirken und durch diese gestaltet werden können. Daher werden Umwelten von ihm auch über deren räumliche und soziale Distanz zu den individuellen Akteuren bestimmt, die sich auf die unterschiedlichen Lebensbereiche (Familie, Arbeit, Freizeit) und Handlungskontexte (z.B. das Private oder die Öffentlichkeit) beziehen. Individuen leben demnach zuerst in sozialen Nahräumen (z.B. der Familie oder der Peergroup). Weil sich jedoch die sozialen Räume überschneiden und Akteure im Laufe ihres Lebens unterschiedliche Orte aufsuchen, ist die Sozialökologie als ein verschachteltes System unterschiedlich komplexer Umwelten zu bestimmen[1]: „(D)ie für Entwicklungsprozesse relevante Umwelt, wie sie hier definiert ist, (entspricht) nicht nur dem einzigen, dem unmittelbaren Lebensbereich um die Person: Sie umfasst mehrere Lebensbereiche und die Verbindung zwischen ihnen, auch äußere Einflüsse aus dem weiteren Umfeld. [...] Man muss sich die *Umwelt* aus ökologischer Perspektive topologisch als eine ineinandergeschachtelte Anordnung konzentrischer, jeweils von der nächsten umschlossener Strukturen vorstellen" (ebd.; vgl. ebd.: Kap. 4). Auf diese Weise gelingt es Bronfenbrenner, die Zusammenhänge zu bestimmen, die das alltägliche Handeln und letztlich auch die Entwicklung individueller und kollektiver Akteure beeinflussen. Diese Aufschichtung von unterschiedlichen Handlungsräumen, in die Individuen eingebunden sind und die ihr Handeln bestimmen, eröffnet deshalb eine aufschlussreiche Perspektive auf den Sozialraum: Die sozialen Handlungszusammenhänge werden als flexible und zugleich „organische" Beziehungsökologie

---

[1] Bronfenbrenner benutzt den Systembegriff nicht im Sinne funktionale Theorien oder der modernen Systemtheorie. Sein Systembegriff stammt vielmehr aus der Biologie. Letztlich ist sein Modell aber eine Systematisierung von Umwelteinflüssen.

konzipiert. Man könnte Bronfenbrenners Heuristik daher auch als einen Versuch lesen, die soziale Ordnung von Lebensbereichen zu entschlüsseln, in dem die Verschränkung von sozialen Nah- und „Fern"räumen dargelegt werden, die von den Individuen in ihrer Komplexität gar nicht mehr nachvollziehbar sind und erst recht nur bedingt zu gestalten sind (wie z.B. die Verkehrswege).

Mit Bronfenbrenners Mehrebenenmodell wird es somit möglich, die komplexen sozialräumlichen Verhältnisse sichtbar zu machen, denen sich die aktuelle Sozialraumforschung zuwendet. Besonders aufschlussreich ist dabei die Einsicht Bronfenbrenners, dass die sozialen Umwelten von den Akteuren selbst als gestaltbare, wenn auch gleichwohl nicht als frei verfügbare, sondern gesellschaftlich determinierte Handlungsspielräume wahrgenommen werden. So entwickelte er sein Modell in einer kritischen Auseinandersetzung mit sozialpolitischen Programmen, die durch künstlich geschaffene Lernumwelten versuchten, Entwicklungsbenachteiligungen von Kindern aus deprivierten sozialen Milieus aufzuheben. Bronfenbrenner bezieht sich dabei auf ein breit angelegtes Forschungsprogramm, in dem die Wirkung staatlicher Interventionsprogramme zur Förderung sozial benachteiligter Kinder untersucht wurde. Dabei stellte sich heraus, dass diese Programme häufig die Benachteiligten gar nicht erreichten, weil sie diese nicht in ihren sozialen Nahraumbeziehungen untersuchten und erfassten. Diese Sozialraumforschung, die unmittelbar in die Modellierung unterschiedlicher Einflussfaktoren auf die kindliche Entwicklung Eingang fand, deckt sich mit den Vorstellungen der aktuellen Sozialraumforschung (vgl. Kessl/Reutlinger 2007). Bronfenbrenners Überlegungen zielen also darauf, mit der systematischen Berücksichtigung der vielschichtigen Einflüsse, die die kindliche Entwicklung (und die Persönlichkeitsentwicklung überhaupt) prägen, die konkreten Gestaltungsmöglichkeiten der Lebensverhältnisse von Kindern in sozialen Brennpunkten (mithin sozialer Verhältnisse überhaupt) herauszuarbeiten. In diesem Zusammenhang fordert Bronfenbrenner, die „wirkliche" Bedeutung der Umwelt von Individuen so zu erfassen, wie sie sich in alltäglichen Situationen für die handelnden Personen darstellen. Auf diese Weise kann er zunächst die begrenzte Gültigkeit von Untersuchungen kindlichen Verhaltens in isolierten Laborsituationen nachweisen (vgl. Bronfenbrenner 2000: 85). Zugleich deckt er damit aber nicht nur die Bedeutung der Umwelt für das Individuum auf, sondern verdeutlicht auch, wie sich im Laufe der individuellen Entwicklung die Aneignung und der Bezug von Akteuren zu ihren Lebensräumen verändern (vgl. Grundmann et al. 2000: 22). Die sozialen Umwelten werden also nicht als statische, sondern sich dynamisch entwickelnde Sozialräume erfasst. Das sich so herauskristallisierende „Person-Process-Context-Time-Modell" berücksichtigt also nicht nur die Entwicklung von Personen, sondern auch die sich im Laufe der Zeit verändernden Lebensbedingungen und Lebensräume (vgl. ebd.: 24).

Auch die Modellierung kleinräumlicher und dynamischer Handlungsbedingungen und -vollzüge deckt sich unseres Erachtens mit dem Bestreben der aktuellen Sozialraumforschung. Denn auch diese fokussiert, beispielsweise im Feld Sozialer Arbeit, auf die Frage, wie durch Sozialraumbezüge die Hilfen für die Erziehung, die Kontextbedingungen und Problemlagen in überschaubaren sozialen Handlungsräumen (z.B. einem Wohnquartier, sozialem Umfeld oder einem Gemeinwesen) erfasst und entsprechende Lösungen gesucht werden können – und zwar solche, die von den Handlungskontexten ausgehen. Entsprechend dem Mehrebenenmodell von Bronfenbrenner werden die Sozialräume dann auch als Territorien, Handlungs- und Aneignungszusammenhänge, als kommunale Öffentlichkeit, Beziehungsgefüge oder Netzwerk beschrieben. Allerdings fehlt solchen sozialraumorientierten Ansätzen eine systematische Herleitung der Akteursbezüge in diesen Kontexten, das heißt Betroffene und Sozialarbeiter werden nicht in ihrer spezifischen sozialökologischen Verflechtung analysiert. Damit wird aber verkannt, dass sich die Bedeutung des sozialen Nahraums für die unterschiedlichen Akteure deutlich unterscheidet. So können die Betroffenen ihren Lebensbedingungen nicht einfach entgehen. Sie erfahren diese daher auch als gegeben und nur bedingt veränderbar. Die behördliche Sozialarbeit hingegen nimmt die Perspektive der staatlichen Fürsorge ein, die auch die Einsicht in die Gestaltbarkeit der Lebensverhältnisse durch die Betroffenen selbst postuliert. Kurzum: Die Einbindung der Akteure in soziale Kontexte bestimmt letztlich auch, wie sie den jeweiligen sozialen Raum bewerten. Das wird vor allem in der so genannten Reorganisationsperspektive der Sozialen Arbeit aktuell sehr deutlich. Sie geht davon aus, dass die Identifikation von Problemlagen dazu beiträgt, die Betroffenen gezielt fördern zu können. Letztlich handelt es sich dabei aber um den Versuch, soziale Brennpunkte und andere Sozialräume identifizierbar und damit kartografisierbar zu machen (vgl. Kessl/Reutlinger 2007: 51f.). Gleichwohl oder gerade in diesem Sinne kann das Mehrebenenmodell von Bronfenbrenner dabei helfen, die Akteure in den sozialen Räumen nicht aus den Augen zu verlieren und diese angemessen aus ihren Handlungszusammenhängen heraus zu verstehen und deren Notlage, deren soziale Randständigkeit und Ausgrenzung sowie die sozialen Risiken zu bestimmen, die sich aus den Lebenslagen ergeben. Denn über eine Beschreibung des „äußerlichen" Sozialraums hinaus zielt die Ökologie menschlicher Entwicklung letztlich darauf, Gestaltungsmöglichkeiten für Lösungswege aus der Situation der Betroffenen heraus zu erschließen. In diesem Sinne hätte eine entsprechende Sozialraumforschung gerade das zu fokussieren, was Bronfenbrenner mit seinem Modell im Auge hat: Die Bestimmung und Bewertung von Handlungsspielräumen, die sich aus räumlichen und sozialen Grenzziehungen ergeben, die eine Öffnung und damit Gestaltung der Lebensverhältnisse ermöglichen oder erschweren.

2 Wissenschaftshistorische Einbettung des sozialökologischen Modells

Urie Bronfenbrenners Ansatz der Ökologie menschlicher Entwicklung oder anders gesprochen: einer ökologischen Sozialisationsforschung (vgl. Grundmann et al. 2000), kann als eine entwicklungspsychologisch und erziehungswissenschaftlich orientierte Weiterentwicklung des humanökologischen Forschungsansatzes gelesen werden, den *Robert E. Park* in den 20er Jahren des 20. Jahrhunderts entwickelte.[2] Park und Burgess (1928) interpretierten die sozialräumlichen Strukturen des menschlichen Zusammenlebens als Resultat einer „natürlichen" Selektion von Lebensräumen durch die „natürliche" Konkurrenz zwischen Individuen und einer auf Konsens beruhenden sozialen Ordnung. Diese Sicht von Sozialraum ließ sich aus dem ursprünglichen Erkenntnisinteresse humanökologischer Forschung herleiten, das in die Frage mündet, wie Individuen in natürliche und soziale Umwelten eingebunden sind (vgl. Lewin 1963) und wie sich Sozialräume aus dem Zusammenwirken von Individuen und sozialen Umwelten konstituieren (Park und Burgess 1928), wie also Person und Umwelten miteinander interagieren (vgl. Barker 1968; Hawley 1968).

In der Psychologie griff *Kurt Lewin* (1935; 1943; 1963) den humanökologischen Ansatz auf. Er ging der Frage nach, wie soziale Umwelten die Persönlichkeitsentwicklung beeinflussen. Um zu begründen, welche Bedeutungen soziale Interaktionen und deren Strukturen für die Entwicklung von Individuen haben, entwarf er eine Feldtheorie sozialer Beziehungen (vgl. dazu den Beitrag von Günzel in diesem Band). Ausgangspunkt seiner Überlegungen ist, dass sich Persönlichkeit nur aus der wechselseitigen Beeinflussung von Personen in sozialen Handlungsbezügen erklären lässt. Dabei konzentrierte sich Lewin nicht wie Park auf die objektive, räumliche Struktur der Umwelt, sondern auf die spezifische Wahrnehmung der Umwelt durch die beteiligten Akteure, die letztlich dafür verantwortlich sei, welche Bedeutung diese ihrem Handeln in sozialen Situationen beimessen. Damit wird die Frage aufgeworfen, auf welche Weise soziale Beziehungen (und im weiteren Sinne soziale Beziehungsstrukturen) das persönliche Wohlbefinden (z.B. Angst oder Zuversicht) beeinflussen und die individuellen Handlungsspielräume (z.B. durch sozialen Rückzug oder Offenheit) einschränken und fördern. Es stellt sich aber auch die Frage, wie Individuen selbst ihre Beziehungen (und damit ihre sozialen Umwelten) mit gestalten. In diesem Sinne definiert *Barker* (1968), der als Begründer der ökologischen Psychologie gilt, die Sozial- bzw. Humanökologie als einen immer aufs Neue, in Interaktionen herzustellenden Gleichgewichtszustand, als Übereinkunft zwischen Personen bezüg-

---

2 In Anlehnung an geografische und biologische Studien über die Pflanzen- und Tierökologie versuchte *Robert E. Park* Grundlagen für eine Analyse von Bevölkerungsstrukturen und sozialer Wanderungsbewegungen zu schaffen, die sich im Zuge der Industrialisierung entwickelten und in den rasch wachsenden Städten der USA zu sozialen Problemen führten.

lich der Art und Weise, wie sie ihren Lebensraum (Nachbarschaft, Gemeinde, Stadt) gestalten und sich in diesem erleben. Ähnlich wie Park weist Barker zugleich auf das Überindividuelle hin, das sich aus dem Wirken der Menschen ergibt und in den Regeln, Normen und Moralvorstellungen seinen Ausdruck findet. Dieses Überindividuelle wird zugleich als Grundlage und als Ausdruck menschlicher Erfahrungen definiert. Barker griff Parks Annahme einer emotionalen Verbundenheit von Individuen in sozialen Handlungskontexten auf und beschreibt in Anlehnung an Lewin, wie individuelle Wahrnehmungs-, Kommunikations-, und Deutungsakte der Individuen gemeinsame Erfahrungsräume hervorbringen und wie diese „behavioral settings" die Persönlichkeitsentwicklung der Akteure bestimmen. Dabei erkennt er, dass sich diese „behavioral settings" auf unterschiedlichen Handlungsebenen verorten lassen, sie aber dennoch als ein in sich geschachteltes System von Erfahrungsräumen analysierbar sind.

Bronfenbrenner (1979) bezieht sich in seinem sozialökologischen Modell der menschlichen Entwicklung schließlich vor allem auf die von Lewin formulierte Einsicht, dass sich Individuen im Laufe ihrer Entwicklung an die Umwelt, in der sie leben, anpassen und diese gleichzeitig durch ihr Handeln gestalten. Außerdem gewinnen sie mithin spezifische Ein- und Ansichten über die soziale Verfassung ihrer Umwelt, die jeweils spezifische Handlungsanforderungen stellt und Handlungsoptionen eröffnet. Aus dem Blickwinkel der sozialökologischen Sozialisationsforschung nach Bronfenbrenner befindet sich das Individuum daher in einem lebenslangen Sozialisationsprozess, in dessen Verlauf es sich an seine sozialen Umwelten anpasst und diese zugleich mit gestaltet (vgl. Grundmann et al. 2000: 23). Daraus ergibt sich eine strukturierte, systematische Perspektive auf Ökologie, menschliche Entwicklung und die umgebenden Umwelten.

„Als erstes müssen wir die Strukturen dieser alltäglichen Umwelt und ihre wichtigsten Bestimmungsgrößen unter die Lupe nehmen. Im Folgenden werden wir diese alltägliche Umwelt als soziale Ökologie menschlicher Entwicklung auffassen. Damit knüpfen wir an eine biologische Terminologie an, in der es üblich ist, den unmittelbaren, dauerhaften Lebensraum, die „Nische" des Organismus, als seinen ökologischen Ort zu umschreiben. Welches sind die Parameter der sozialen Ökologie menschlicher Entwicklung? Es scheint zweckmäßig, drei sich überlagernde Schichten zu unterscheiden:
A) Die oberste und sofort sichtbare Schicht bildet die unmittelbare Umgebung, in der sich das Kind gerade befindet – Haus, Schule, [...]. Diese Umgebung wiederum lässt sich jeweils nach drei Seiten hin betrachten:
1. nach ihrer räumlichen und stofflichen Anordnung,
2. nach den Personen mit ihren verschiedenen Rollen und Beziehungen zum Kind,

3. nach den Tätigkeiten, die die Personen ausüben, sei es miteinander oder mit dem Kind, einschließlich der sozialen Bedeutung dieser Tätigkeiten.
B) die zweite daran anschließende Schicht, in der die unmittelbare Umgebung eingebettet ist, formt und begrenzt das, was innerhalb dieser vor sich geht [...]. Auch hier gibt es die physische, die soziale und die Handlungsdimension, wenn auch vielschichtiger miteinander verknüpft. Meist sind sie zum einen von zwei Systemen allgemeinerer Art zusammengesetzt: 1. soziale Netzwerke [...als] informelle soziale Strukturen, wie sie von Leuten gebildet werden, die sich in gemeinsame Betätigungen teilen oder Kontakt untereinander halten. [...]. 2. Institutionen: Sie sind die formellen Gegenstücke zu den informellen Netzwerken.[...]
C) Schließlich wird sowohl die übergreifende soziale Struktur wie auch die darin eingebettete alltägliche Umgebung von einem ideologischen System umschlossen, das die sozialen Netzwerke, Institutionen, Rollen, Tätigkeiten und ihre Verbindungen mit Bedeutungen und Motiven ausstattet" (Bronfenbrenner 1976: 203f.).

Angesichts dieser Systematik sind soziale Umwelten für Bronfenbrenner hinsichtlich ihrer Strukturiertheit und Ressourcenausstattung nur bedingt vergleichbar, wenn auch miteinander verschachtelt. Sie beeinflussen gleichwohl die Persönlichkeitsentwicklung, weil die Individuen ihren Lebensbedingungen – die ja durch diese Umwelten bestimmt werden – in Hinblick auf ihre Nutzbarkeit und Gestaltbarkeit eine soziale Bedeutung zuschreiben. Diese Bedeutungszuschreibung bestimmt letztlich, wie die sozialen Umwelterfahrungen auf die Individuen zurückwirken. Bronfenbrenner weist nun darauf hin, dass sich die so beschriebenen sozialen Erfahrungsräume danach unterscheiden lassen, auf welche Art und Weise Individuen in sie eingebunden sind und wie diese dadurch die individuellen Erfahrungen beeinflussen. Daraus folgt, dass die einzelnen Umwelten (Handlungskontexte) nicht isoliert, sondern in diesem Wirkungsgefüge zu analysieren sind. Hinter diese Komplexitätsperspektive sollte eine angemessene Sozialraumforschung nicht mehr zurückfallen.

3 Das sozialökologische Mehrebenenmodell der menschlichen Entwicklung

Um die Komplexität der sozialräumlichen Bezüge menschlichen Handelns nachzuzeichnen, beschreibt Bronfenbrenner zunächst die Art und Weise, wie Akteure in soziale Umwelten eingebunden sind. So konzipiert Bronfenbrenner (1979) ein Mehrebenenmodell, in dem die sozialen Umwelten als ein Komplex ineinander geschachtelter ökologischer Systeme gedeutet werden, die direkt oder indirekt auf das Handeln von Individuen einwirken. Diese Systeme werden unterschiedlichen gesellschaftlichen Organisationsebenen zugeschrieben:

- der mikrosozialen Ebene sozialisatorischer Interaktion,
- der mesostrukturellen Ebene der Beziehungsgestaltung,
- der exostrukturellen Ebene institutioneller Organisationsprinzipien und
- der makrostrukturellen Ebene kultureller Wertvorstellungen und Weltanschauungen.

In seinen späteren Modellen fügt Bronfenbrenner (1979) seinem Vier-Ebenen Modell noch ein Chronosystem zu, mit dem Veränderungen und Entwicklung zeitlich beschrieben werden können (vgl. Grundmann et al. 2000). Mit diesem dynamischen Mehrebenenmodell wird es möglich, die komplexe sozialstrukturelle – und eben auch sozialräumliche – Einbettung von Individuen in verschieden weit reichende Systemebenen über den Lebensverlauf, in unterschiedlichen historischen Phasen und auf unterschiedlichen Handlungsebenen zu bestimmen, wobei ein konsequenter mikrosozialer und akteursbezogener Ansatz verfolgt wird (vgl. Moen et al. 1995).

Im Zentrum des Mehrebenenmodells stehen die mikrosozialen Interaktionen zwischen Personen in unterschiedlichen Lebensbereichen und Handlungssituationen (z.B. die Interaktion zwischen Mutter und Kind in der Familie, zwischen Lehrer und Schüler bzw. zwischen Mitschülern in der Schule, zwischen Käufer und Verkäufer in einem Einkaufsladen etc.). Als *Lebensbereich* verstehen wir im Anschluss an Bronfenbrenner einen Ort, an dem Menschen direkte Interaktion mit anderen leicht aufnehmen können. „Tätigkeiten, Rolle und zwischenmenschliche Beziehung sind die Elemente (oder Bausteine) des Mikrosystems" (Bronfenbrenner 1981: 38), wodurch die Individuen zu Gestaltern ihres Sozialraums werden. Die damit definierten Lebens- und Erfahrungsräume sind ihrerseits miteinander verbunden und wechselseitig aufeinander bezogen (z.B. Elternhaus und Schule) und bestimmen als Gesamtheit der Lebenswelten einer Person das Mesosystem. Soziale Interaktionen werden dabei jedoch nicht als ein isoliertes Geschehen zwischen zwei Akteuren, sondern als ein Geflecht von dyadischen und triadischen Beziehungen verstanden. Aus ihnen erschließen sich demnach erst multiperspektivische Erfahrungen, die in sozialen Beziehungen stets modifiziert und transformiert werden. Auf diese Weise wirken die Beziehungen auch auf den sozialen Erfahrungsraum selbst zurück. Gleichzeitig etablieren sich in solchen sozialen Nahraumbeziehungen (Mikrosystemen) auch Gemeinsamkeiten, werden bestimmte Ansichten (auch von der Verfassung des Lebensraums selbst) und Handlungsweisen kultiviert und damit Lebens- und Erfahrungsräume geschaffen, an denen Individuen ihr Handeln und ihre Lebensentwürfe ausrichten (vgl. Grundmann 2006a).

Zentral für die Bestimmung sozialer Umwelten sind für Bronfenbrenner nicht die individuellen Akteure, sondern die sozialen Beziehungen und Verflechtungen zwischen ihnen. Erst durch diese erhalten die sozialen Umwelten ihre spezifischen Erfahrungsinhalte, werden Grenzen z.B. durch Identifikation, soziale Zuschreibung oder Ausschluss gezogen und verfestigt. Damit werden aber auch die sozialen Praktiken, die den sozialen Räumen innewohnen in den Blick genommen und zugleich die Verbindungen sichtbar, die zwischen den unterschiedlichen Mikroumwelten bestehen, in die Akteure eingebunden sind. Diese Verbundenheit versucht Bronfenbrenner mit dem Begriff des Mesosystems einzufangen. Dabei zeigt sich nämlich, dass sich die Handlungsspielräume in den Mikrobereichen deutlich unterscheiden können und auch die Bezugspersonen häufig nicht identisch sind. In modernen Familien lässt sich das gut am Verhältnis von Familien- und Arbeitswelt verdeutlichen und an der Trennung zwischen Privatsphäre und Öffentlichkeit, denn im Mikrosystem der Familie treffen sich beispielsweise die verschiedenen Mikrosysteme der Kinder und Eltern. Gleichzeitig lässt sich über die Einbindung von Akteuren in das Mesosystem deutlich hervorheben, wie Akteure in unterschiedliche Lebensräume eingebunden sind und sich dort positionieren können.

Durch soziale Tätigkeiten und Interaktionen können die Mikro- und Mesosysteme direkt durch die beteiligten Individuen – nach deren Bedürfnissen – beeinflusst und gestaltet werden. Dagegen entziehen sich Faktoren des Exo- und Makrosystems der individuellen Gestaltungsebene, aber beeinflussen diese und damit auch die Mikro- und Mesosysteme maßgeblich. Exosysteme sind Lebensbereiche, an denen die sich entwickelnde Person nicht selbst beteiligt ist, aber davon beeinflusst wird. Ein besonders dominantes Exosystem für das Kind ist demnach der Arbeitsplatz der Eltern. Das Makrosystem stellt schließlich kollektive kulturelle Ebenen dar, die in der ganzen Kultur oder spezifischen Subkulturen bestehen können, einschließlich der ihnen zugrunde liegenden Weltanschauungen und Ideologien (vgl. Bronfenbrenner 1981: 42). Diese werden vor allem durch staatliche, rechtliche und ideologische Regularien handlungswirksam. Denn der Staat legalisiert, definiert und standardisiert als „Pförtner und Sortierer" die Ein- und Austritte in Institutionen wie die Schule, den Beruf und die Ehe (vgl. Mayer 1986: 167). Er gestaltet und bestimmt mittels der Regularien aber auch, wie (soziale und physische) Räume durchmessen, durchschritten und schließlich erschlossen werden (können). Der Einfluss des Markosystems auf die Mikro- und Mesosysteme manifestiert sich damit u. a. im Verkehrswesen und den Bebauungsplänen, über die geografische Räume nutzbar und damit individuellen Akteuren zugänglich gemacht werden. Für die Sozialraumforschung bedeutet das, dass bei der Analyse sozialer Nahräume die komplexen Wirkungs- und Gestaltungsgefüge der Exo- und Makrosystemebenen auch berücksichtigt werden müssen.

4 Mikrosoziale Raumgestaltung

Urie Bronfenbrenner betont noch zwei weitere Prinzipien, die unseres Erachtens zu einem Umdenken in der Sozialraumforschung motivieren sollten: Erstens einem stärkeren Bezug zu sozialpolitisch relevanten Themen und Bedürfnislagen und zweitens eine methodologische Erweiterung der Forschungsperspektive, indem bei der Erforschung menschlicher Entwicklung auch die involvierten Sozialräume und Systeme einbezogen werden und zwar aus einer die individuelle Entwicklung förderlichen Perspektive. Auf die Sozialraumforschung übertragen käme damit die bisher vernachlässigte Frage nach der Gestaltung(sfähigkeit) des Sozialraums „von unten", also auf mikrosozialer Ebene in den Blick. Und dies ist gerade in Hinblick auf die Selbstbezüglichkeit von sozialen Gestaltungspraktiken in mikrosozialen Handlungsräumen relevant, wie sie sich z.B. als Selbsthilfegruppen, Bürgerinitiativen und Nachbarschaftsinitiativen realisieren.

Aus einer solchen Perspektive wird jedoch auch die Frage nach Machtstrukturen relevant, die den Zugang zu Raum und Ressourcen bestimmen. Ein Aspekt, der in Bronfenbrenners Arbeiten unterbelichtet ist. Diese fehlende Thematisierung der Dimension von Macht und Herrschaft (vgl. im Unterschied zur Raumaneignung und Raumgestaltung im Kontext von zugrunde liegenden Machtstrukturen Herod et al. 2002, zur politischen Makroebene Reuber et al. 2003 und zu den Wechselwirkungen mit der Mikroebene beispielsweise bezogen auf geschlechtsspezifischen Zugang zu Raum McDowell 1993), die für die Frage nach Gestaltungsspielräumen und -fähigkeiten allerdings fundamental ist, kann daher auch als eine zentrale Kritik an Bronfenbrenners Heuristik gelten. Dennoch kann das Mehrebenenmodell von Bronfenbrenner gerade für die Analyse sozialer Gestaltungsspielräume genutzt werden, die sich im Zuge zivilgesellschaftlicher Prozesse herausbilden und sozialpolitisch auch gefordert werden. Ihr Ziel kann die gesellschaftspolitische Beratung und Umsetzung von konkreten, alltagspraktischen Solidarleistungen sein, wie sie sich in den genannten kleinräumlichen Prozessen bürgerschaftlichen Engagements ergeben.

Aus der mikrosoziologischen Perspektive der Strukturierung von Räumen wird die Gestaltung durch bewusstes Handeln „von unten" *spacing* genannt und bezeichnet Herstellungsprozesse des Errichtens, Bauens, auch symbolischer Codes und Grenzen (vgl. Löw 2001). Dies erfolgt wiederum auf Basis von kulturellen Codes mehr oder weniger als reziproker Prozess mit den sozialen und kulturellen Kontexten. Ansätze, die sich mit der Gestaltung von Raum „von unten" beschäftigen, findet man im Bereich der empirischen Erforschung sozialer Bewegungen (vgl. dazu den Beitrag von Tuider in diesem Band). Besonders markant in krisenhaften Entwicklungsländern wird Raum dann zum umkämpften Terrain verschiedener Akteure (soziale Bewegungen, Konzerne, Staaten etc.), verschiedener Weltanschauungen (religiös, ökologisch oder kapitalistisch) und verschiedener

Bedeutungen (als Heimat oder Ressource etc.). Wenn soziale Bewegungen „terrains of resistance" (Routledge 1993) schaffen, werden die Grenzen der Zivilgesellschaft ausgedehnt. Solche Bewegungen verteidigen und demokratisieren die Zivilgesellschaft. Viele der Bewegungen sind an regionale Kontexte gebunden, wie beispielsweise einen Staudammbau und betreiben eine Art ‚konstruktiven Widerstand', der im Gegensatz zu staatlichen Entwicklungsvorhaben alternative Wege aufzeigen möchte (vgl. Krings et. al. 2001: 105). Paul Routledge (1993: 139) hat diese Demokratisierung sozialer Räume, die frei von Kontrolle und Unterdrückung sind, genauer erforscht. Er stellt fest, dass die Aneignung sozialer Räume „von unten" kollektive Akteure, also kollektives Handeln erfordert. Nur so wird die Entwicklung von freiheitlicher Zivilgesellschaft nachhaltig getragen, in denen die Forderungen und Rechte von Menschen nicht nur gegen Unterdrückung geschützt sind, sondern in denen auch die eigene Kultur mutig ausgedrückt werden kann und unterstützt wird. Diese Demokratisierung von Zivilgesellschaft hängt von mehreren räumlichen Variablen ab:
1. dem Grad der lokalen Identität und Gemeinschaftlichkeit als Basis sozialer Beziehungen im Vergleich zu formellen Eingebundenheiten,
2. dem Grad der Bewusstheit von regionalen Besonderheiten von Ökonomie und Politik,
3. der Grad der räumlichen Konzentration verschiedener Klassen, die demokratische Zivilgesellschaft fördern
4. dem Grad sozialer Gruppen, die Selbstorganisation und autonome Repräsentation leben.

Paul Routledges Ausführungen sind für die Sozialraumforschung deshalb bedeutsam, weil sie die Bedingungen benennen, über die soziale Bewegungen demokratisierte und ökologische „Räume von unten" schaffen. Diese werden durch direkte persönliche Interaktion aufgespannt und gehalten. Mikro- und mesosoziologisch betrachtet findet hier Gemeinschaftsbildung von unten (vgl. Tönnies 1963) statt. Diese Ordnungen von unten manifestieren sich in Strukturen jeglicher Art im Raum und sind im Vergleich zu den umgebenden Sozialräumen „terrains of resistance" oder demokratische „Heterotopias", in denen sich eine eigene Kultur entwickelt.

Ein besonders interessantes und aufschlussreiches Beispiel für Sozialraumbildung von unten ist unseres Erachtens die intentionale Gemeinschaftsbewegung.[3]

---

3 Der Begriff „Intentional community" wurde 1948 auf einer regionalen Konferenz nordamerikanischer communities im Osten der USA eingeführt, stammt somit aus der Gemeinschaftsbewegung und ist ein Sammelbegriff für verschiedene Gemeinschaftsformen geworden, die sich selbst zu dieser Bewegung zugehörig sehen und zum Teil schon länger als der Begriff existieren: Kommunen, Ökodörfer, Cohousingprojekte, städtische Nachbarschaftsnetzwerke etc. Es haben sich in jüngerer Zeit einige Netzwerke gebildet, die heute ein vielfältiges Spektrum bestehender Ge-

Sie stellen die Raumaneignungen traditionell dominanter Gruppen in Frage und gestalten diese auf ungewöhnliche Art und Weise neu. Von einer kulturgeografischen Perspektive aus betrachtet, schaffen intentionale Gemeinschaften im Vergleich zur umgebenden Gesellschaft *Heterotopias* und *liminale Orte* (vgl. Meijering 2006: 20; 115). Liminalität bezeichnet einen Schwebezustand, der nach mehr Stabilität strebt. Im Falle Intentionaler Gemeinschaften besteht dieser Schwebezustand zwischen einerseits den Normen und Strukturbedingungen der umgebenden Gesellschaft und andererseits der Intention, dem gewünschten alternativen Lebensstil Ausdruck zu verleihen (vgl. Brown 2002). Der Ansatz ihrer „Sozialraumgestaltungsbewegung von unten" ist es, bewusst überschaubare und gestaltbare Maßstäbe für soziale Strukturen zu unterhalten, die sozial nachhaltig, ökologisch und basisdemokratisch verfasst sind: "A human-scale settlement is one that is small enough for people to know and be known by each others in the community, and in which each member of the community feels he or she is able to influence the community's direction" (Bates 2003: 423f.). In Einzelfallstudien konnte bereits der Vorteil solcher gemeinschaftlich organisierter Lebensräume für die Ressourceneinsparung und ihr Mehrwert in nahezu allen Aspekten der Lebensqualität nachgewiesen werden, z.B. in Hinblick auf Solidarität, soziale Sicherheit und Anpassungsfähigkeit an unterschiedliche Umwelteinflüsse (vgl. Simon 2006; Kunze 2006).

5 Potenziale der sozialökologischen Sozialisationsforschung für die Sozialraumforschung

Für die systematische Entwicklung einer Sozialraumforschung kann die ökologische Sozialisationsforschung somit nicht nur eine sozialpsychologische, sondern auch eine sozialökologische Perspektive beitragen, die sich u. a. in der Raumaneignung und –gestaltung von unten äußert. Gerade weil das ökologische Modell von Bronfenbrenner aus einer die individuelle Entwicklung betreffenden Perspektive schaut, eignet es sich dafür, die aktive Gestaltung von sozialen Räumen nachzuzeichnen, wie sie gegenwärtig in bürgerschaftlich motivierter Gestaltung sozialer (Nah)raumbeziehungen, zum Beispiel in der intentionalen Gemeinschaftsbewegung, zum Ausdruck kommt. Daher liefern die Untersuchungen von Bronfenbrenner aus mikrosozialer Perspektive auch wichtige Anhaltspunkte für die zukunftsfähige Gestaltung von sozialen Ordnungsstrukturen. In zahlreichen empirischen Untersuchungen wurden die Wirkgefüge zwischen menschlichen Entwicklungen einerseits und sozialen Institutionen sowie kulturellen Mustern andererseits auf den verschiedenen Ebenen analysiert und gleichzeitig das re-

---

meinschaften in der ganzen Welt vernetzen, u. a.: Das Fellowship Intentional Communities (FIC) www.ic.org;www.eurotopia.de GEN (Global Ecovillage Network).

ziproke Gestaltungspotenzial zwischenmenschlicher Entwicklungen beleuchtet. Dabei wurden auch die Auswirkungen von politischen Systemen oder städtebaulichen Sozialraumstrukturen untersucht und sozialpolitische Empfehlungen für Maßnahmen entwickelt (vgl. Bronfenbrenner 1976: 133ff; 196ff). Sie ergaben, dass eine Beteiligung der Betroffenen bei der Sozialraumgestaltung die Annahme der Strukturen sowie die menschliche Entwicklung fördern (vgl. Bronfenbrenner 2000) und damit auch die soziale Nachhaltigkeit.

Der Forschungsstand über die soziale Dimension der Nachhaltigkeit ist diesbezüglich aber noch nicht weit fortgeschritten. In der Nachhaltigkeitsforschung wird bisher nämlich vorrangig analytisch-deskriptiv vorgegangen, indem der Grad sozialer Nachhaltigkeit durch Indikatoren wie Zugang zu Bildungseinrichtungen oder Arbeitslosenquote gemessen wird (vgl. Empacher et al. 2002). Damit wird aber lediglich der Grad bestehender Strukturen gemessen. Für eine Konzeption der sozialen Dimension der Nachhaltigkeit ist hingegen die Frage relevant, wie soziale Ordnungsstrukturen überhaupt entstehen können. Für die soziale Dimension eines integrativen Nachhaltigkeitsansatzes (vgl. Kopfmüller et el. 2001) muss daher auch die individuelle Handlungsebene einbezogen werden und die Frage nach dem Genese- und Reproduktionsprozess von Strukturen, die individuelle Bedürfnisse und Freiheit mit kollektiven Erfordernissen konstruktiv integrieren – und diese müssen auch „von unten" kommen. Dabei geht es um Aspekte wie Systemstabilität (vgl. Geser 1980), die wiederum Entwicklungsfähigkeit und Flexibilität erfordert. Das ist gerade auch in Hinblick auf die soziale Nachhaltigkeit – und damit für die sozialpolitische Bedeutung bürgerschaftlich organisierter Sozialräume relevant. Allerdings werden die Forschungen nur dann zu „nachhaltigen Ergebnissen" kommen, wenn bei der Gestaltung sozialer Ordnungsstrukturen auch die Wechselwirkungen und Erfordernisse mit natürlichen Umwelten (also ihrer ökologischen Verträglichkeit) mit berücksichtigt werden. Hier gerät auch Bronfenbrenners Ansatz an seine Grenzen. Zwar leitet er seine Sozialraumsystematik aus der Biologie und Ökologie ab, sein Mehrebenenmodell zielt aber lediglich auf eine Systematisierung sozialer Umwelten. Es könnte allerdings erweitert werden, indem die Beziehungsgefüge und zeitlichen Veränderungen in sozialen Systemen auch in Bezug auf die Naturverträglichkeit modelliert werden und zum Beispiel mit aktuellen Ansätzen Sozialer Ökologie (vgl. Becker et al. 2006) verbunden werden. Auch in Verbindung mit der Umweltsoziologie (vgl. u. a. Brand 1997) könnten bisher vernachlässigte Themen sozialer Nachhaltigkeit fruchtbar bearbeitet werden, denn „sozial" wird in diesen Forschungsfeldern als administrativ-systemisch und ausschließlich zweckrational verstanden. Damit bezieht sich solche Forschung nur auf zweckrationale Gesellungsformen, die nach Weber (1964) als *vergesellschaftet* bezeichnet werden, während *vergemeinschaftete* Gesellungsformen, die auf direkter, persönlicher Interaktion beruhen und gerade für die Sozialraumgestaltung von unten wirksame Akteurskontexte bilden, nicht in den Blick kommen. Die vorgestellten intentionalen Gemeinschaften sind nur ein Extrembeispiel von vergemeinschafteter Raumaneignung von unten, die sich ebenso in Nachbarschaften und Vereinen abspielt. Um „sozial" in seiner Bandbreite zu thematisieren, steht daher eine Erweiterung der Forschungen um die Strukturierung von Gemeinwesen sowie zuvorderst um eine handlungstheoretische Herleitung sozialer Ordnung und Vergemeinschaftungsprozesse (vgl. Grundmann et al. 2006) an. Die *„sozial-ökologische Transformation"* (Becker et al. 2006: 264f.) könnte somit auf Meso- und Mikroebene erweitert werden, zu denen die Heuristik des vorgestellten Ansatzes beitragen würde.

Auch für *Transformationsprozesse* bietet Bronfenbrenner bereits ein Modell an: Für die empirische Untersuchung gegenseitiger Abhängigkeiten in verschiedenen Umwelten wurde das „ökologische Experiment" als eine Messmethode entwickelte, mit dem spezifische Anpassungen zwischen Personen und Umwelten erkundet werden können (vgl. Bronfenbrenner 1981; Grundmann et al. 2000: 55). Es erforscht „die fortschreitende Anpassung zwischen dem sich entwickelnden menschlichen Organismus und seiner Umwelt durch den systematischen Vergleich von zwei oder mehr Umweltsystemen oder ihren Strukturkomponenten" (Bronfenbrenner 1981: 53). Als spezielle Form des ökologischen Experiments werden im *Transformationsexperiment* „bestehende ökologische Systeme systematisch so verändert, dass die in einer Kultur oder Subkultur verbreiteten Formen der sozialen Organisation, der Weltanschauung und der Lebensstile in Frage gestellt werden" (ebd.: 58). Dafür wird eine Komponente des Makrosystems auf Mikro-, Meso- oder Makroebene experimentell variiert, um anschließend die Veränderungen auf den einzelnen Umweltebenen aus der Neustrukturierung zu analysieren.[4] Unter den neuen Bedingungen werden entsprechende Sozialisationsprozesse von Individuen beobachtet.

Als besondere Anregung für die Sozialraumforschung könnte der gesellschaftspolitische Anspruch aufgenommen werden, der Bronfenbrenners Arbeiten angeleitet hat. In diesem Sinne ist es möglich, die gesellschafts- und sozialpolitische Bedeutung und „Wirkung" von bürgerschaftlichen Initiativen im sozialen Nahraum (oder die Arbeiten von sozialen Einrichtungen und Organisationen) systematisch zu erkunden. So kann man diese Initiativen als natürliche Transformationsexperimente ansehen, denn die Beteiligten experimentieren mit ihren unterschiedlichen Möglichkeiten der Sozialraumgestaltung. Speziell im Falle der beschriebenen Initiativen ist Gestaltung auch explizit angelegt. In diesem Sinne ließe sich z.B. analysieren, was soziales Leben im Nahraum auf Dauer stellt und

---

4   Bronfenbrenner nennt etwa die Weltwirtschaftskrise ein „natürliches Transformationsexperiment", um sozio-historische Umwelteinflüsse auf die Persönlichkeitsentwicklung zu untersuchen (vgl. Grundmann et al. 2000: 57).

was dessen Zusammenhalt gefährdet? Und schließlich: Sind die potentiellen nachhaltigen „Wirkungen" den Beteiligten auch wirklich bewusst und arbeiten sie zielgerichtet darauf hin? Dieses Bewusstsein ist zumindest in den oben beschriebenen Intentionalen Gemeinschaften aber auch vielen Bürgerinitiativen durchaus vorhanden. Mehr noch: Ihre Intentionen werden von den Beteiligten entsprechend forciert und lassen sich vor dem Hintergrund der beschriebenen sozialökologischen Forschungsheuristik Bronfenbrenners empirisch in ihrer Umsetzung detailliert nachzeichnen.

Matthias Grundmann und Iris Kunze

Literatur

Barker, Roger Garlock (1968). Ecological Psychology: Concepts and methods for studying the environment of human behaviour. Stanford: Stanford University Press.

Bates, Albert K. (2003): Ecovillages. In: Christensen/Levinson (Hg.) (2003): 423-425.

Becker, Egon/Jahn, Thomas (Hg.) (2006): Soziale Ökologie. Grundzüge einer Wissenschaft von den gesellschaftlichen Naturverhältnissen. Frankfurt a.M./New York: Campus Verlag

Brand, Karl-Werner (Hg.) (1997): Nachhaltige Entwicklung: Eine Herausforderung an die Soziologie. Opladen: Leske und Budrich

Bronfenbrenner, Urie (1958). Socialization and social class through time and space. In: Maccoby u.a. (Hg.) (1958): 400-425

Bronfenbrenner, Urie (1979). The ecology of human development. Cambridge: Harvard University Press

Bronfenbrenner, Urie (1989). Ecological system theory. In: Annals of Child Development, 6: 187-249

Bronfenbrenner, Urie (1976): Ökologische Sozialisationsforschung. Herausgegeben von Kurt Lüscher. Stuttgart: Klett-Cotta

Bronfenbrenner, Urie (1981): Die Ökologie der menschlichen Entwicklung. Stuttgart: Klett-Cotta

Bronfenbrenner, Urie (2000): Ein Bezugsrahmen für ökologische Sozialisationsforschung. In: Grundmann/Lüscher (Hg.) (2000): 79-90

Brown, Susan Love (2002): Community as Cultural Critique. In: dies. (Hg.) (2002): 153-179

Brown, Susan Love (2002): Intentional Community: An Anthropological Perspective. Albany State University of New York Press

Christensen, Karen/Levinson, David (Hg.) (2003): Encyclopedia of Community. From the village to virtual world. California/London/Neu Delhi: SAGE Publications

Empacher, Claudia/Wehling, Peter (2002): Soziale Dimensionen der Nachhaltigkeit. Theoretische Grundlagen und Indikatoren. Studientexte des Instituts für sozial-ökologische Forschung, Nr. 11. Frankfurt: ISOE

Gabriel, Karl/Grosse Kracht, Hermann-Josef (Hg.) (2005): Brauchen wir einen neuen Gesellschaftsvertrag? Wiesbaden: VS Verlag für Sozialwissenschaften

Gebhard, Hans/Reuber, Paul/Wolkersdorfer, Günther (Hg.) (2003): Kulturgeographie. Aktuelle Ansätze und Entwicklungen. Heidelberg: Spektrum Akademischer Verlag

Geser, Hans (1980): Kleine Sozialsysteme: Strukturmerkmale und Leistungskapazitäten. Versuch einer theoretischen Integration. In: Kölner Zeitschrift für Soziologie und Sozialpsychologie. 32. Jg.: 205-239

Grundmann, Matthias (2005): Gesellschaftsvertrag ohne soziale Bindung? Argumente für eine handlungstheoretische Herleitung sozialer Ordnungen. In: Gabriel/Große Kracht, (Hg.) (2005): 149-170

Grundmann, Matthias (2006a): Sozialisation. Skizze einer allgemeinen Theorie. Konstanz: UTB

Grundmann, Matthias (2006b): Zur Einführung in den Themenschwerpunkt: Urie Bronfenbrenner und die Sozialökologie der menschlichen Entwicklung. In: Zeitschrift für Soziologie der Erziehung und Sozialisation. 6. Jg., Heft 3

Grundmann, Matthias (2008/i.E.): Humanökologie, Sozialstruktur und Sozialisation. In: Hurrelmann/Grundmann/Walper (2008/i.E.)

Grundmann, Matthias/Lüscher, Kurt (2000) (Hg.): Sozialökologische Sozialisationsforschung. Ein anwendungsorientiertes Lehr- und Studienbuch. Konstanz: UVK

Grundmann, Matthias/Dierschke, Thomas/Drucks, Stephan/Kunze, Iris (2006) (Hg.): Soziale Gemeinschaften. Experimentierfelder für kollektive Lebensformen. In der Reihe: „Individuum und Gesellschaft: Beiträge zur Sozialisations- und Gemeinschaftsforschung". Münster: LIT Verlag

Grundmann, Matthias/Fuß, Daniel/Suckow, Jana (2000): Sozialökologische Sozialisationsforschung: Entwicklung, Gegenstand und Anwendungsbereiche. In: Grundmann/Lüscher (Hg.) (2000) 17-76

Hawley, Amos (1968). Human Ecology. In: David L. Sills (Hg.). *International Encyclopadia of the Social Sciences*. New York: Macmillan & Free Press: 328-337

Herod, Andrew/Wright, Melissa (Hg.) (2002): Geographies of Power. Placing scale. Malden, MA: Wiley-Blackwell

Hurrelmann, Klaus/Grundmann, Matthias/Walper, Sabine (2007): Handbuch der Sozialisationsforschung. Weinheim: Beltz

Kessl, Fabian/Reutlinger, Christian (2007): Sozialraum. Eine Einführung. Wiesbaden: VS Verlag für Sozialwissenschaften

Kopfmüller, Jürgen/Brandl, Volker/Jörissen, Juliane/Paetau, Michael/Banse, Gerhard/Coenen, Reinhard/Grunwald, Armin (2001): Nachhaltige Entwicklung integrativ betrachtet: konstitutive Elemente, Regeln, Indikatoren. Berlin: Edition Sigma

Krings, Thomas/Müller, Barbara (2001): Politische Ökologie: Theoretische Leitlinien und aktuelle Forschungsfelder. In: Reuber/Wolkersdorfer (Hg.) (2001): 93-116

Kunze, Iris (2006): Sozialökologische Gemeinschaften als Experimentierfelder für zukunftsfähige Lebensweisen. Eine Untersuchung ihrer Praktiken. In: Grundmann u.a. (Hg.) (2006): 171-188

Lewin, Kurt (1935). A dynamic theory of personality. New York: McGraw-Hill.

Lewin, Kurt (1943). Defining the „field at a given time". Psychological Review, 50: 292-310

Lewin, Kurt (1963). Feldtheorien in den Sozialwissenschaften. Bern: Huber

Lüscher, Kurt (2006). Urie Bronfenbrenner 1917-2005. Facetten eines persönlichen Portraits. In: Zeitschrift für Soziologie der Erziehung und Sozialisation, 26 Jg., Heft 3: 232-246

Löw, Martina (2001): Raumsoziologie. Frankfurt a.M.: Suhrkamp

Maccoby, Eleanor/Newcomb, Theodore/Hartley, Eugene L. (Hg.) (1958): Readings in Social Psychology. New York: Holt, Rinehart and Winston

Mayer, Karl Ulrich (1986): Structural constraints on the life course. In: Human Development, 29 Jg., Heft 3: 163-170

Mc Dowell, Linda (1993): Space, place and gender relations: Part I. Feminist empiricism and the geography of social relations. In: Progress in Human Geography 23 (1): 157-179

Meijering, Louise (2006): Making a place of their own. Rural intentional communities in Northwest Europe. Netherlands Geographical Studies 349. Groningen

Moen, Phyllis/Elder, Glen H. Jr./Lüscher, Kurt (Hg.) (1995): Examing lives in context: Perspectives on the ecology of human development. Washington: APA

Park, Robert Ezra (1915): The city: Suggestions for the investigation of human behaviour in the city environment. American Journal of Sociology, 20: 577-612

Park, Robert Ezra /Burgess, Ernest Watson (1928): Introduction to the science of sociology. Chicago: University Press

Reuber, Paul/Wolkersdorfer, Günter (2001): Politische Geographie. Handlungsorientierte Ansätze und Critical Geopolitics. Heidelberg: Universität Heidelberg Geographisches Institut

Reuber, Paul/Wolkersdorfer, Günter (2003): Geopolitische Leitbilder und die Neuordnung der Machtverhältnisse. In: Gebhardt u. a. (Hg.) (2003): 47-66

Routledge, Paul (1993): Terrains of Resistance. Nonviolent Social Movements and the Contestation of Place in India. Westport, CT: Praeger Publishers

Simon, Karl-Heinz (2006): Gemeinschaftlich nachhaltig. Welche Vorteile bietet das Leben in Gemeinschaft für die Umsetzung ökologischer Lebenspraktiken? In: Grundmann u.a. (Hg.) (2006): 155-170

Tönnies, Ferdinand (1963): Gemeinschaft und Gesellschaft. Grundbegriffe der reinen Soziologie. Darmstadt: Wissenschaftliche Buchgesellschaft

Weber, Max (1964): Wirtschaft und Gesellschaft. Grundriß der verstehenden Soziologie. Tübingen: Mohr

Bob Jessops staats- und regulationstheoretischer Ansatz – Ein möglicher Zugang zu einer kritischen Sozialraumforschung?

Wirft ein materialistischer Regulations- und Staatstheoretiker wie Bob Jessop einen Blick auf die aktuelle Konjunktur der Sozialraumbezogenheit von Sozialer Arbeit und sozialen Dienstleistungen, klingt dies folgendermaßen: „Eine Geschichte Sozialer Arbeit kann nicht geschrieben werden ohne die sich wandelnden Räume, Orte und Maßstäbe, an denen Soziale Arbeit ihre Strategien und Vorgehensweisen entwickelt, weitergeführt und evaluiert hat, oder die strukturellen Widersprüche, strategischen Dilemmata und logischen Inkonsistenzen, die häufig ihr Spacing, Placing und Scaling charakterisieren zu berücksichtigen. Wenn also so etwas, wie eine räumliche Wende in der Sozialen Arbeit konstatiert wird, dann nicht deshalb, weil der Raum zum ersten Mal entdeckt wurde, sondern weil die Bedeutung von Raum im Handlungsvollzug Sozialer Arbeit redefiniert wurde" (Jessop 2007a: 35).

Bob Jessop schreibt hier über das Phänomen des derzeit politisch und administrativ forcierten Sozialraumbezugs von Sozialpolitik, Sozialer Arbeit und Sozialpädagogik aus einer Perspektive, die zunächst nicht nach dem Wandel der Aufgaben und Funktionen Sozialer Arbeit fragt, sondern danach, warum sich dieser vollzieht, nämlich, „weil die Bedeutung von Raum im Handlungsvollzug Sozialer Arbeit redefiniert wurde". Der veränderte Raumbezug der Sozialen Arbeit ist deshalb für Jessop nicht „neu", sondern „anders", weil sein analytischer Ausgangspunkt die unterschiedlichen Formen sind, die Staatlichkeit im Kapitalismus annimmt. Ausgehend von einer solchen Formbestimmung des Staates analysiert Jessop gesellschaftliche Beziehungen, den institutionellen Apparat und deren historischen Umformungen. Jessops Bestimmung enthält explizite räumliche Komponenten auf den Ebenen *space*, *place* und *scale*. Insbesondere scale begreift er als eine der zentralen Faktoren in der Konzeption und Ausübung ökonomischer und politischer Strategien und für die temporäre Lösung von Widersprüchen und Konflikten („*spatial-temporal fix*[1]"). Daher ist *scale* bei ihm kein deskriptiver, sondern ein analytischer Begriff. „Sozialraum" (ein Begriff, den Jessop nicht verwendet) wäre dann etwas, was nicht phänomenologisch bestimmt werden kann und es ließe sich auch nicht aus einem beschreibbarem Befund – beispielsweise der aktuellen Zunahme von kleinteilig, „nahräumlich" ausgelegten Policystrategien und Governancemodellen – ein Forschungsdesign zu dessen Analyse be-

---

1 Hier und im Folgenden ist „fix" weniger als „Fixierung" (im Sinne von direkter Einschreibung und Materialisierung) zu verstehen, als vielmehr als gesellschaftliche aber (temporär wie räumliche) begrenzte „Lösung" oder „Bearbeitung" einer Krise.

gründen. Für eine kritische Sozialraumforschung wäre vielmehr zunächst ein Pfad auszulegen, weniger „den" sozialen Raum zu erforschen, als vielmehr zu fragen, welche (möglichen) sozialen/staatlichen Formen „Raum" bzw. scale annimmt.

Jessop entwickelt aus seiner formanalytischen und staatstheoretischen Perspektive Analysefiguren (im Sinne von Idealtypen), die empirisch beobachtbare Merkmale zu logisch *möglichen* Formen gesellschaftlicher Phänomene verdichten. Diese sind nicht aus einer reinen Beobachtung von Phänomenen entwickelt, sondern als theoriegeleitete Rekonstruktion von grundlegenden Entwicklungen und Gegenentwicklungen zu verstehen. Die Idealtypen sollen jene Merkmale eines Phänomens betonen, die ihm strukturelle Kohärenz verleihen. Auf diesem Weg sollen zugleich auch die Muster der Inkohärenz einer Analyse zugänglich gemacht werden, die aus den – auch im obigen Zitat angeführten – „historisch spezifischen strukturellen Widersprüchen, strategischen Dilemmata und diskursiven Paradoxien"[2] herrühren. Auf diese Weise soll es möglich werden, unterschiedliche Entwicklungslinien innerhalb einer durch die Idealtypen charakterisierbaren Grundkonstellation aufzeigen zu können (vgl. Jessop 2002: 254ff.). Im Zentrum von Jessops Ansatz steht also nicht eine Gegenwartsdiagnose, sondern die Analyse eines strategischen Felds und der möglichen Dynamiken, (Dis-)Kontinuitäten und Brüche darin.

Im Folgenden stelle ich dieses Konzept und dessen Begriffsbildungen in Hinblick auf zwei Dimensionen vor: 1. Jessops periodisierende Differenzierung von zwei Staatsformen, einer fordistischen und einer postfordistischen, und 2. Jessops Bestimmung des Verhältnisses von Staat und *scale*.

Scale ist ein Begriff, den Jessop aus der materialistischen Geografie übernimmt (vgl. Harvey 1989) und der spezifizierte räumliche Ebenen (wie lokal, regional, national, transnational, global) oder räumliche „Reichweiten" von politischen und ökonomischen Strategien meint. Die Konzeption von *scale* wurde verschiedentlich kritisiert, weil sie die vertikal-hierarchische Anordnung unterschiedlicher sozialer/politischer Räume vom Körper über die Familie, die lokale Gemeinde über den Nationalstaat bis zum globalen Raum, welche Herrschafts- und Ausbeutungsverhältnisse diskursiv und topologisch verankert, reproduziert (vgl. Massey 1994; Ferguson/Gupta 2002; Clarke 2007). Damit würden als Machteffekt jeweils jene sozialen Prozesse, Handlungen und Konflikte unsichtbar gemacht, die *nicht* den dominanten Raumebenen entsprechen (im Kontext des Post-Kolonialismus jene in der Peripherie; im Kontext der sexistischen Arbeitsteilung die des Haushalts etc.). Da im Fokus von Jessops staatstheoretischem Ansatz die *Form* steht, die Staat, verstanden als materielle Verdichtung gesellschaftlicher Kräfteverhältnisse

---

2 Diese Formulierung findet sich mit leichten Veränderungen in vielen Schriften Jessops. Hier ist sie zitiert aus Jessop 2002: 55; Übersetzung E.B.

(vgl. Poulantzas 2002), historisch und räumlich spezifisch annimmt, verstehe ich seinen Begriff von *scale* als genau jene Räume oder Raumebenen, die durch die hegemoniale Regulationsweise/n erst hervorgebracht werden und tatsächlich eine Dominanz erhalten. Diese räumlichen Ebenen wären also nicht gleichzusetzen mit „Raum" im Sinne des gesamten gesellschaftlich hervorgebrachten Raums: Dieser würde die soziale Produktion des Raums auf der Ebene des alltäglichen Handelns „in" diesen dominanten Räumen (oder ihren jeweiligen „Rändern"), wie jene Räume einschließen, die im Zuge von sozialen Netzwerkbildungen, sozialen Erfindungen und sozialen Bewegungen entstehen. *Scales* sind demgegenüber in der Konzeption von Jessop eher als *hegemoniale* Raumebenen für die „Reichweite" von Strategien und Diskursen zu verstehen. Diese räumlichen Ebenen sind nicht notwendig identisch mit den politisch administrativen Territorien (Gebietskörperschaften, Nation etc.) und ihrer Infrastruktur, sondern weichen im Gegenteil teilweise – und zunehmend – von diesen ab, stellen Cluster, Wirtschaftsregionen (vgl. Röttger/Wissen 2005) oder auch „sozial benachteiligte Stadtviertel" (vgl. Jessop 2007a) dar.

Die Bestimmung der *scales* ökonomischer Strategien und staatlicher *policies* ist – auch wenn sie eingebettet ist in eine materialistische Staatstheorie – nicht ausreichend für die Skizzierung einer kritischen Sozial(raum)forschung. Denn diese hat idealer Weise systematisch die *verschiedenen* Ebenen der gesellschaftlichen Raumproduktion zu berücksichtigen (vgl. Lefèbvre 1991), die zwar nicht unabhängig von einander sind, aber doch in einer relativen Autonomie zueinander stehen.[3] Die „Orte" einer Sozialraumforschung – seien es nun Stadtviertel, Plätze, Internetforen, *global cities*, Autobahnraststätten, das lokale Arbeitsamt, transnationale Sozialforen, Industrieparks oder Clusterregionen – könnten dann, anschließend an einen Vorschlag von Doreen Massey (1994), als singuläre Schnittpunkte von gesellschaftlichen Beziehungen, Macht- und Herrschaftsverhältnissen auf eine Weise untersucht werden, die diese verschiedenen Ebenen der Raumproduktion inkludiert.

Die Bestimmung des *scaling*, genauer gesagt die Frage nach dem Staat in der kapitalistischen Produktionsweise und die Relevanz von *scale* darin, ist aber insofern notwendig, als sie es ermöglicht, die jeweils *dominanten* räumlichen Ebenen oder die dominante Weise, wie räumliche Ebenen in ein Verhältnis zueinander gesetzt werden, zu fassen. Jessop verfolgt diese Frage aus einer materialistischen Perspektive, also als die auf ein Projekt der Emanzipation ausgerichtete kritische Analyse der durch den Kapitalismus strukturierten Macht- und Herrschaftsver-

---

3 „Sozialraum" ist damit auf eine andere Weise konzipiert als etwa bei Pierre Bourdieu, der den sozialen Raum und den physisch-angeeigneten Raum homolog zueinander stellt, wonach sich die Herrschafts- und Machtverhältnisse im sozialen Raum im physisch-angeeigneten „niederschlagen", wodurch wiederum Verstärkungseffekte entstehen (vgl. Bareis 2007: 99 ff.).

hältnisse. Insofern geht es mir in diesem Text nicht so sehr darum, die Vorzüge und Defizite des Ansatzes von Jessop für eine Sozialraumforschung im Allgemeinen aufzuzeigen, sondern seine Perspektive auf das Verhältnis von Staatsform und *scale* aufzufächern und diese auf ihren Beitrag für eine kritische Sozialraumforschung hin zu befragen.

1 Staat/Regulation/Akkumulation

Die Basis der kritischen Analyse bilden für Jessop theoretische Annahmen über das Verhältnis von Ökonomie und Politik in kapitalistischen Gesellschaften, die in ihrer unterschiedlichen Ausprägung und historischen Verortung untersucht werden. Diese Denktradition schließt an Marx' *Kritik der politischen Ökonomie* an und entwickelt diese zugleich beständig weiter. Jessop greift verschiedene Ansätze aus der materialistischen Theoriebildung der letzten Jahrzehnte auf und verbindet sie auf eine sehr systematische Weise in seinem formanalytischen, strategisch-relationalen Zugang. Es handelt sich insbesondere um die Hegemonietheorie von Antonio Gramsci, die – von den Arbeiten Louis Althussers inspirierte – marxistische Staatstheorie von Nicos Poulantzas und die regulationstheoretsichen Ansätze. Jessop expliziert seine theoretischen Bezüge sehr genau[4]: So hat er sich ausführlich mit den staatstheoretischen Entwicklungen ab den 1960er Jahren auseinandergesetzt und die französische Regulationstheorie weiterentwickelt, indem er sie erneut an die Marxsche Theoriebildung anschloss und um neo-gramscianische Perspektiven erweiterte (vgl. Röttger/Rego Diaz 2007). Seine Arbeiten hier als ein „Schlüsselwerk" vorzustellen, begreift dies nicht im Sinne der *role models* von „großen Denkern" und „großen Erzählungen" – welche Figuren der Moderne sind (Lyotard): Der Ansatz von Jessop ist vielmehr im *Feld* einer kritischen regulations- und staatstheoretisch orientierten Perspektive zu verorten, die sich seit den 1970er Jahren entwickelt hat und der eine Vielzahl von Autoren und Autorinnen zuzurechnen sind, die sich zugleich marxistisch verorten, aber monokausale Erklärungsmodelle und eindimensionale gesellschaftliche Entwicklungsmuster zurückweisen („Westlicher Marxismus").[5] Jessops Arbeit steht innerhalb dieses Feldes erstens für einen spezifischen konzeptionellen Mix von

---

4   Ich werde daher an dieser Stelle nicht ausführlicher darauf eingehen. Einen sehr guten Überblick verschaffen die jüngst in einem deutschsprachigen Sammelband herausgegebenen Aufsätze (Jessop 2007b) sowie der Beitrag zur wissensbasierten Ökonomie (Jessop 2003). Zum Verständnis und zur Aktualität der Staatstheorie von Poulantzas ist außerdem der Sammelband „Poulantzas lesen" (Bretthauer/Gallas/Kannankulam/Stützle 2006) mit einer sehr instruktiven Einleitung zu empfehlen, der ebenfalls einen Beitrag von Jessop enthält.

5   Exemplarisch für die Periodisierung von Fordismus/Postfordismus und entsprechende Analysen aus staatstheoretischer oder regulationstheoretischer Perspektive: Hirsch/Roth (1986); Boyer (1990); Amin (1994); Esser/Görg/Hirsch (1994); Hirsch (1996) und Brand/Raza (2003).

Staat, Regulation und *scale,* zweitens für eine Systematisierung „innerstaatlicher" Vorgänge, eine konsistente Bearbeitung der Frage nach Politiken und *policies* unter den Bedingungen ökonomischer Globalisierung und drittens für die Suche nach Vermittlungsbegriffen mittels der Bildung von „Idealtypen".

Staat

In sehr unterschiedlichen Theorietraditionen wurden im Verlauf der letzten drei Jahrzehnte Staatskonzeptionen diskutiert: im Kontext des westlichen Marxismus, der feministischen Theoriebildung, der Diskursanalyse, systemtheoretischen Ansätzen und im Anschluss an Michel Foucaults Analysen – sowohl der Disziplinarmacht wie seiner Überlegungen zur Gouvernementalität. Trotz der unterschiedlichen Perspektiven und Zugänge haben diese nach Jessop *einen* gemeinsamen Nenner, den er folgendermaßen zusammenfasst: „Kurz: der Staat wird als ein sich entwickelndes, partielles und unbeständiges System bestimmt, in wechselseitiger Abhängigkeit von anderen Systemen innerhalb einer komplexen sozialen Ordnung" (Jessop 2007b: 37). Der aus seiner materialistischen Perspektive wichtige Aspekt in dieser sehr offenen Formulierung ist die Erkenntnis der Kontingenz der Formen, die der Staat annimmt. Zurückgewiesen werden damit insbesondere funktionalistische Bestimmungen des Staats, seine Ableitung aus dem Kapitalverhältnis, die innerhalb der marxistischen Theoriebildung lange Zeit hegemonial waren. Der Staat sei eben kein „ideeller Gesamtkapitalist", sondern die „materielle Verdichtung eines Kräfteverhältnisses" (Poulantzas 2002: 159), eine polyzentrische gesellschaftliche Formation mit einem strategisch-relationalen Charakter.

Mit dem Begriff des Strategisch-Relationalen fokussiert Jessop zum einen ein Akteurskonzept, das nicht-intentional ist, also nicht von einem (Staats-)Subjekt ausgeübt wird: Jessop verfolgt, anschließend an die Staatstheorie von Nicos Poulantzas, vielmehr einen Ansatz, der den Staat als gesellschaftliche Beziehung versteht. Die jeweils vorherrschende Balance der gesellschaftlichen Kräfteverhältnisse sei institutionell durch den Staatsapparat vermittelt, was bedeute, dass die Ausübung von Staatsmacht diese Balance – und nicht nur eine Seite oder Fraktion darin – auf strategisch-selektive Weise reflektiert. So kann der Staat als relativ einheitliches Ensemble sozial eingebetteter, gesellschaftlich regulierter und strategisch selektiver Institutionen, Organisationen und gesellschaftlicher Kräfte definiert werden, mit dem primären Ziel der Herstellung von gesellschaftlich bindenden Entscheidungen für eine imaginierte politische Gemeinschaft (vgl. Jessop 2002: 40f.). Damit verbunden sind aber immer auch Formen der sozialen und politischen Ausschließungen.

Zum anderen hebt der Begriff des Strategisch-Relationalen die paradoxe Position des Staats als „Teil und Ganzes der Gesellschaft" (Jessop 2007b: 38) hervor.

Zugleich für alles zuständig und umkämpftes Terrain verschiedener sozialer Kräfte könne der Staat – aufgrund der für die moderne, kapitalistische Gesellschaftsformation konstitutiven Trennung von Ökonomie, Staat und Gesellschaft als relativ autonome Felder – nicht in alle Bereiche produktiv eingreifen. Daher komme es notwendig immer wieder zu „Staatsversagen": Die Formen, die Staatlichkeit in kapitalistischen Gesellschaften (in diesem kontingenten und nicht-intentionalen Prozess) annimmt, erhalten immer nur für einen gewissen Zeitraum Stabilität.

Akkumulation/Reproduktion/Regulation

Die Leitfrage der von Bob Jessop seit Anfang der 1980er Jahre entwickelten theoretischen Analysen – die den gesamten westlichen Marxismus erkenntnisleitend begleitet – ist, wie es der kapitalistischen Produktionsweise gelingt, ihre Reproduktion *trotz* der historisch spezifischen strukturellen Widersprüche, strategischen Dilemmata und diskursiven Paradoxien, die sie notwendig hervorbringt, zu bewerkstelligen. „Weder der Kapitalismus als Ganzer noch das Kapital-Arbeit-Verhältnis, auf der die spannungs- und konfliktgeladene Dynamik des Kapitalismus fußt, können allein durch die Marktbeziehungen sichergestellt werden. Beide benötigen ergänzende Formen der Reproduktion, Regulation, Governance – einschließlich solcher, die teilweise durch die Aktivitäten des Staates als auch durch eine große Bandbreite außerökonomischer Normen, Praktiken und Institutionen gewährleistet werden" (Jessop 2003: 91).

Historisch und räumlich sei eine erstaunliche Varianz des Kapitalismus zu beobachten, die Jessop auf diese „konstitutive Unvollkommenheit" des Kapitalverhältnisses, seiner immanenten Tendenz zu Instabilität und Krise, zurückführt. „Es existieren ganz unterschiedliche Wege den Kapitalkreislauf zu schließen und seine Mängel auszugleichen. Welcher davon dominant wird, hängt von spezifischen gesellschaftlichen und raum-zeitlichen Rahmenbedingungen ab. Ungeachtet der Tendenz der Kapitalakkumulation zu expandieren bis ein einheitlicher Weltmarkt hergestellt ist, wirken wichtige Gegentendenzen und Grenzen der Globalisierung. Folglich werden spezifische Akkumulationsregime und Regulationsweisen typischerweise innerhalb spezifischer gesellschaftlicher Räume und raum-zeitlichen Matrizes produziert. Das erlaubt die Analyse unterschiedlicher Kapitalismen und ihrer Einbettung in spezifische Gesellschaftsformationen. Es gestattet auch die Erforschung der Pfadabhängigkeit unterschiedlicher ökonomischer und gesellschaftlicher Entwicklungstrajektorien." (Jessop 2007b: 246)

Ansätze der Regulations- und Staatstheorie rekonstruieren historische Phasen, die durch Dominanzformen bestimmt sind und unter Umständen, als „Fundsache" (Lipietz 1985: 113) eine für einige Zeit kohärente Regulationsweise hervorbringen, die ein stabiles Akkumulationsregime wie den Fordismus[6] ermöglicht. Diese Dominanzformen sind als Tendenzen zu verstehen, die als gesellschaftliche Lösung der Krisen eines Akkumulationsregimes (*social fix*) und als raumzeitliche Bearbeitung (*spatial-temporal fix*) eine jeweils unterschiedliche Ausprägung annehmen und Mischung eingehen – abhängig von einer Menge sehr unterschiedlicher Faktoren. Zugrunde liegt keine teleologische Vorstellung (wie in den orthodoxen marxistischen Ansätzen), sondern die Analyse von Brüchen und Transformationen und deren Bearbeitung als gesellschaftlich umkämpfte Prozesse. In diesen Prozessen spielen zwar intentionale Strategien verschiedener gesellschaftlicher Akteure und Fraktionen eine bedeutende Rolle, aber es „existiert kein Subjekt, das in der Lage wäre, Akkumulationsstrategien, Regulationsmechanismen oder hegemoniale Projekte zu planen und ihre erfolgreiche Implementierung zu garantieren" (Jessop 2007b: 249).

2 KWNS und SWPR

Die Staatsform, die sich als Regulationsweise des Fordismus heraus bildete, fasste Jessop in *State Theory. Putting the Capitalist State in Its Place* (1990) in einem Idealtyp (im oben skizzierten Sinn), den er als „keynesianischen nationalen Wohlfahrtsstaat" (KWNS) kennzeichnete. Mit diesem Begriff verknüpft er vier Strategieebenen: Der KWNS zeichne sich durch die massive staatliche *Beförderung* von Vollbeschäftigung, Massenproduktion und Massenkonsumtion aus (*ökonomische politische Strategie* des Keynesianismus), durch die Institutionalisierung von Kompromissen zwischen Kapital und Arbeit, etwa durch den Ausbau von Gewerkschaftsrechten, die Beförderung von Flächentarifverhandlungen und die Expansion von Sozialrechten (*soziale politische Strategie* der Wohlfahrt), durch die Dominanz der nationalen Ebene (die „Reichweite" oder *scale* der staatlichen Politiken) und durch ein starkes Agieren im ökonomischen Feld und damit eine markt- und staatsvermittelte Ökonomie, in der *staatliche Institutionen* so angelegt sind, dass sie Marktversagen möglichst kompensieren können. Auf räumlicher Ebene strebe die fordistische Regulationsweise die *Homogenisierung* des natio-

---

6 Als Akkumulationsregime fasst die Regulationstheorie ein „komplementäres Verhältnis von Produktion und Konsumtion, das über längere Periode reproduziert werden kann" (Jessop 2007b: 237) und Prosperität gewährleistet. Im Detail wird es von verschiedenen Autoren unterschiedlich gefasst, umfasst aber immer die Organisation der Produktion (bis in den Arbeitsprozess), die Distribution, die Mehrwertrealisierung (Konsumtion), die Kapitalreproduktion (Investitionszyklen, Abschöpfung von Mehrwert etc.) und ein spezifisches Lohnverhältnis. Die Folie für regulationstheoretische Analysen stellt das fordistische Akkumulationsregime dar, das durch Massenproduktion (tayloristische Produktion standardisierter Produkte), Massenkonsum, Vollbeschäftigung und ein relativ hohes Lohnniveau gekennzeichnet ist und bis in die 1970er Jahre Prosperität ermöglichte.

nalen Territoriums an. In diesem Prozess bilde das Städtische den „Knotenpunkt" (Jessop 2007a: 29) des Sozialen, stelle also eine Kernkategorie im Sinne eines „sozialstaatlichen Stadtentwicklungsmodells" (Bodenschatz 1989) dar.

Diese „Homogenierung des nationalen Territoriums" wird greifbarer, wenn man die Arbeiten von *Henri Lefèbvre* hinzuzieht. Sie bezeichnet dann nämlich die Tendenz, die Austauschbarkeit von Orten zu befördern und räumliche Ensembles der Alltäglichkeit zu schaffen, in denen sich funktionsgetrennt Lohnarbeit, Familie/Privatleben (Wohnen) und geplante Freizeit organisieren. Mit der Homogenisierung ist ein hohes Maß der Zentralisierung von staatlicher Organisation und Planung verbunden (vgl. Lefèbvre 2003: 94). Jessop wie Lefèbvre nehmen dabei die gesellschaftliche Situation des fordistischen Interventionsstaats der 1950er und 1960er Jahre zur Grundlage, in der die lokalen und kommunalen Differenzen weitgehend der nationalen Ebene untergeordnet waren und einem Angleichungsprozess unterlagen. Die sozialen Kompromissbildungen und Programme – etwa *Flächen*tarifvertrag; Sozialrechte; Strukturanpassungsprogramme – zielten auf das nationale Territorium. Das Kommunale wurde zwar nicht funktionslos, war aber der nationalstaatlichen Politik untergeordnet. Es ist klar, dass dieses sozialpolitische Territorium erst hergestellt werden musste und es ist sinnvoll sich nochmals einige der Entwicklungslinien dorthin aus der Perspektive des „Lokalen" – nicht unbedingt des Räumlich-Lokalen, sondern eher des Nicht-Zentralisierten – zu verdeutlichen. Ich werde mich daher im weiteren Text auf die sozialstaatlichen Politiken – nationale Sozialpolitik und kommunale Projekte – beschränken und auch nur diese umreißen.

Sozialraumbezogene Konzepte und Programme erfahren zwar derzeit eine Konjunktur, sind in der Sozialen Arbeit und Sozialpädagogik aber keineswegs neu. Sie entstehen – etwa als Armenfürsorge im Elberfelder System – historisch mit den Verstädterungs- und Industrialisierungsprozessen des 19. Jahrhunderts in den Großstädten der industriekapitalistischen Nationalstaaten (vgl. Sachße/ Tennstedt 1980; Kessl/Krasmann 2005). So bildeten sich kommunale Hilfe- und Fürsorgeeinrichtungen auf der städtischen Ebene heraus, aber auch Restriktionsordnungen und Disziplinarinstitutionen, die häufig sogar auf spezifische Viertel und Siedlungen innerhalb der Städte ausgerichtet waren. Jamie Peck nennt diese Konfiguration das *„workhouse regime"* (2001: 61ff.) Diese Entwicklung liegt zeitlich etwas früher aber doch sehr nah an den ersten Einsätzen der Sozialpolitik. Letztere suchte politische, juridische und administrative Antworten auf die von der zeitgenössischen Sozialdemokratie „Soziale Frage" genannten quantitativ wie qualitativ neuen Formen von Armut und sozialer Ungleichheit zu geben. Sie steht im Kontext der großen sozialen Kollektive, die sich mit der Industrialisierung und Urbanisierung herausbildeten: der Arbeiterbewegung, der Genossenschafts- und Gewerkschaftsbewegungen. Sozialpolitik reagierte auf diese, da sie die Macht-

und Herrschaftsbeziehungen in Frage stellten. Sozialpädagogik und Fürsorge reagierten dagegen eher auf die undisziplinierten Lebensweisen, nicht nur weil diese die etablierte Ordnung ins Wanken brachten, sondern auch weil der Bedarf an disziplinierten Menschen – nicht nur in den Fabriken, sondern auch im privaten Haushalt – wuchs. Diese unterschiedlichen Strategien setzten sich nach und nach – und historisch kontingent – in ein stabiles Verhältnis zueinander (*social fix*), verbinden sich zu einer Regulationsweise, in der die Kompromissbildungen zwischen Kapital und Arbeit zentralstaatlich gefördert und reguliert, Sozialgesetze und Sozialversicherungssysteme auf der nationalen Ebene eingeführt wurden (vgl. Castel 2000), während die kommunalen Einrichtungen und Institutionen dieser tendenziell als Umsetzungsorganisationen untergeordnet werden (*spatial-temporal fix*, Homogenisierung). Trotz der zunehmenden Dominanz der nationalen Ebene sollte also nicht aus den Augen verloren werden, dass die lokale und kommunale Wohlfahrtspolitik und Sozialarbeit/Sozialpädagogik, dieser zwar untergeordnet, aber dieser gegenüber nicht bedeutungslos wurde (vgl. Jessop 2007a: 29f.).

Die Konjunktur, die das Lokale in den letzten Jahren erfährt, das Sprießen von Sozialatlanten und Sozialstrukturanalysen, quartiersbezogenen Programmen, Kartografien der Benachteiligungen und lokalisierten Präventionskonzepten, verweist daher mehr auf eine Krise dieser Dominanz der nationalen, denn auf eine Neuerfindung dieser lokalen Ebene hin. John Clarke spricht aus diesem Grund von einer "Wiederentdeckung der Community als einer Ebene der Regierung" (Clarke 2007: 58).

Was aus jener Gesellschaftsformation wird und welche Form Staatlichkeit in der Bearbeitung der Krise des fordistischen Akkumulationsregimes und der Regulationsweise annimmt, die sich ab Mitte der 1970er Jahre abzeichnet, sind Fragen, die Jessop in den letzten Jahren beschäftigen und die er in *The Future of the Capitalist State* (2002) zusammenführt. Wie sind die aktuellen Entwicklungen auf der Ebene der ökonomischen, sozialen, politischen und räumlichen Strategien zu verstehen? Auf welche Weise lässt sich das sich herausbildende Akkumulationsregime fassen? Zu welcher/welchen Regulationsweise/n könnte diese Entwicklung führen? Bezogen auf die Staatsform zeichnet Jessop dies an denselben vier Strategieebenen nach, der gesellschaftlichen Situation (potenziell) Kohärenz zu verleihen, wie in seiner Analyse des KWNS von 1990. Er entwickelt das Idealstaatsmodell also im Vergleich mit und in Abgrenzungen zum Modell der fordistischen Staatform. Kennzeichnend sind demnach für den postfordistischen Staat die Fokussierung auf Wettbewerb und Innovation in offenen Ökonomien und die Unterstützung der Entwicklung einer wissensbasierten Ökonomie (*ökonomische politische Strategie* des „Schumpeterianismus"), die Unterordnung von Sozialpolitik unter das Ökonomische und ein Angriff auf das Lohnniveau und die sozialen Sicherungssysteme (*soziale politische Strategien* des *workfare* bzw.

der Aktivierung), die Relativierung der räumlichen Ebenen, in der die nationale nicht verschwindet, aber auch nicht mehr die dominante ist („Reichweite", *scale*), und die Zunahme von lokalen oder selbstorganisierten Governancemodellen, die Markt- wie Staatsversagen auffangen sollen. Die staatliche Aktivität sieht Jessop zunehmend auf der Ebene der Meta-Governance, also der Steuerung dieser Netzwerke[7]. Diesen Idealtypus nennt er das schumpetrische postnationale Workfareregime (SWPR).

3 Re-Scaling

Jessop postuliert damit keinen absoluten Bruch mit dem KWNS, sondern Transformationstendenzen. Dies begründet er damit, dass Akkumulationsstrategien, die Herausbildung eines Akkumulationsregimes und die Bearbeitung der Krisen nicht zeitgleich erfolgen (können). Eine der Transformationstendenzen sei, dass in der/den postfordistischen Regulationsweise/n Lösungsstrategien bezüglich gesellschaftlicher und ökonomischer Probleme nicht mehr grundlegend oder notwendig auf der Ebene des nationalen Territoriums angesiedelt seien. Die räumlichen Dimensionen und Ebenen (*scales*) relativierten sich – von global bis lokal. Dieser Re-Territorialisierungsprozess im Postfordismus beinhalte die *Heterogenisierung* von Orten unter dem Wettbewerbsparadigma und der Standortlogik, sowie die *Vervielfachung* der Kernmaßstäbe des Sozialen (vgl. Jessop 2007a).

Bildete das nationale Territorium in der Raum-Zeit-Matrix (Poulantzas) des Fordismus für Staat, Ökonomie, Gesellschaft und Kultur – bei Poulantzas Sprache und „Tradition" – also die dominante Ebene und „naturalisierte" die spezifischen Macht- und Herrschaftsverhältnisse der fordistischen Regulationsweise (vgl. Bourdieu 1991; Lefebvre 1991), so zeichnen sich nun „*heterarchies of order*" (Amin 2004: 223) ab. Die gewohnten territorialen Bezüge von Organisation und von auf spezifische räumliche Ebenen bezogener Regulation werden damit gesprengt und es scheint sich auch keine neue Ebene als dominante zu etablieren. Bob Jessop bezeichnet dies als „*relativization of scale*" (Jessop 2002: 179). Damit verlieren sozialräumliche und politisch-räumliche Begriffe wie Nahraum und Territorium, Zentrum und Peripherie oder lokal/national/international, denen bislang eine gewisse Eindeutigkeit, Dauerhaftigkeit und klare Hierarchisierung eigen war, an erklärendem Gehalt, aber auch an diskursiver Macht (vgl. Ferguson/ Gupta 2002: 990 ff.). Dies stellt die Konzeption einer kritischen Sozialraumforschung vor Herausforderungen, da ein einfacher Rückgriff auf diese Begrifflichkeiten und Raumkonzeptionen als ungenügend erscheint, andere aber kaum zur Verfügung stehen.

---

7 Diese muss nicht notwendig auf der Ebene des Nationalen angesiedelt sein. Die aktuellen Konzepte der Sozialraumorientierung basieren beispielsweise auf einer auf EU-Ebene favorisierten Governancestrategie.

Die Einschätzung, dass die gegenwärtige Globalisierung als *einen* Effekt eine neue räumliche Ontologie hervorbringt, die sich aus verschiedenen räumlichen Ebenen und Reichweiten mit unterschiedlicher Dauerhaftigkeit neu zusammensetzt, wird in der Theoriebildung weitgehend geteilt (vgl. Amin 2004; Sassen 1991). Diese Transformation betrifft *alle* gesellschaftlichen Bereiche, nicht nur die veränderten organisationalen Zuschnitte und Steuerungsmodelle staatlicher Politiken, und lässt sich demnach an unzähligen Phänomenen und Bewegungen beschreiben: isolierten Nachbarschaften, deren Bewohner zugleich über Telekommunikation oder Mobilität in „*glocaly connected enclaves*" (Graham 2001: 10) global vernetzt sind; neuen Wegen, Verbindungen und Kämpfen durch transnationale Lebensweisen im „sozialen Raum der Migration" (Transit Migration 2007: 10), die neue Formen von *citizenship* beanspruchen (vgl. Balibar 1993); in der Herstellung neuer gesellschaftlicher Verantwortlichkeiten und Zugehörigkeiten in diesen Bewegungen, aber auch in den global-ökologischen und historisch-postkolonialen Ausbeutungsverhältnissen (vgl. Massey 2007); wie darin, dass sich politische Bezügen nicht mehr (ausschließlich) entlang von Gemeinden, Ländern und Nationen, sondern in globalen Foren, in Politiken der Diaspora und in grenzüberschreitenden und transnationalen Organisationen artikulieren und realisieren.

Bob Jessop selbst widmet diesen unterschiedlichen Ebenen des Soziologischen, der transnationalen sozialen Kämpfe und Bewegungen oder der demokratietheoretischen Fragen kaum Aufmerksamkeit, sondern bleibt streng bei der Analyse der Beziehung zwischen Staatlichkeit und Akkumulationsstrategien und den Dynamiken, Transformationen und Brüchen innerhalb dieser Beziehung. Inwieweit kann diese Strenge und Systematik lohnend sein für eine kritische Sozialraumforschung? Ich möchte dies im Folgenden – zumindest kursorisch – entlang möglicher Ausdifferenzierungen von Staatlichkeit im Postfordismus und den räumlichen Dimensionen darin diskutieren.

Jessop selbst betont, dass seine Begriffsbildungen und Konzeptionen keinen Ersatz für empirische Untersuchungen darstellen können. Sie könnten aber als theoretisch informierte Referenzpunkte für empirische Analysen dienen (vgl. Jessop 2002: 255). Insbesondere geht er dabei davon aus, dass die gegenwärtige Entwicklung zu ausdifferenzierten, *unterschiedlichen* Regulationsweisen und Staatsformen tendiere. Diese bezögen sich nicht auf ein einheitliches Territorium, wie den Nationalstaat, sondern könnten sich überlagern und überschneiden. In der aktuellen ökonomischen Globalisierung sei zwar die neoliberale Strategie die hegemoniale (vgl. ebd.: 259), die neoliberalen *politischen* Strategien aber nicht die einzig möglichen, um dem Regulationsproblem im SWPR zu begegnen. Jessop unterscheidet vier Strategiemodelle bzw. Subtypen des SWPR: *Neoliberalimus*, *Neoetatismus*, *Neokorporatismus* und *Neokommunitarismus* (vgl. ebd.: 259ff.). Die jeweiligen idealtypischen staatlichen Strategien wären demnach:

- Liberalisierung, Deregulation, Privatisierung und die Minimierung der kollektiven und staatlichen Einkommenstransfers (Neoliberalismus);
- Unterstützung von urbanen, regionalen, nationalen und supranationalen Akkumulationsstrategien durch eine aktive Strukturpolitik insbesondere zur reproduktiven Stützung der wissensbasierten Ökonomie und Ausbau von public-private partnerships unter staatlicher Leitung (Neoetatismus);
- ein neuer institutionalisierter Kompromiss zwischen Kapitalinteressen und (kollektiven) gesellschaftlichen Interessen, der flexibler und dezentraler organisiert ist und die Diversität von politischen Strukturen und Netzwerken für Innovationen einbezieht (Neokorporatismus); und
- die Begrenzung der Expansionskraft der Ökonomie in gesellschaftliche Bereiche (Gesundheit, Bildung, Wohnen, Kultur etc.), die Expansion der sozialen Ökonomie und (zumindest programmatische) Orientierung an deren „Gebrauchswert" (Neokommunitarismus).

„In short, while there are economic, political and intellectual forces that are closely indentified with one or other mode of governance, these subtypes of the SWPR are best seen as poles around which different solutions are developed (and are developing) on different scales during more or less extended periods of conlict and experimentation" (ebd.: 266).

Margit Mayer greift diese analytische Ausdifferenzierung auf und richtet sie insbesondere auf die lokale Ebene. Sie geht dabei drei Problemen nach: der Gewichtung des lokalen Raums im Prozess der Rehierarchsierung der Regionen, der Rekonfiguration der Beziehungen zwischen Staat, Markt und Gesellschaft und der „Reregulierung von sozialen Kompromissen im Zusammenhang mit der Reskalierung" (Mayer 2003: 266). Auf der Basis empirischer Forschungen zum Funktionswechsel von sozialen Drittsektororganisationen kommt sie zu dem Schluss, auf lokaler Ebene habe sich im Prozess der „Territorialisierung lokaler Anti-Armutspolitik" tatsächlich ein „neues, integriertes Zusammenwirken von (lokalem) Staat, Zivilgesellschaft und Markt" (ebd.: 272) herausgebildet. Darin nähmen die Nichtregierungsorganisationen, die zum Teil vor dem Hintergrund der sozialen Bewegungen der 1970er Jahre entstanden sind, eine wichtige Funktion ein, da „nur sie über die Ressourcen nicht-marktförmiger Koordination wie Solidarität und *Empowerment*" verfügen, „mit denen versucht wird, die entfesselten Marktkräfte politisch einzuhegen" (ebd.: 273). Und auch nur mit ihrer Hilfe sei „es möglich, zivilgesellschaftliche (ähnlich wie staatliche) Bereiche zu ökonomisieren, zu „sozialem Kapital" zu machen.

Die Einbindung und Mobilisierung von Fähigkeiten, Wissensformen und sozialen Netzwerkbildungen, die kaum kodifizierbar sind und sich einer zentralisierten Systematisierung entziehen, erhielte demnach in der Regierung des Sozialen aus der Perspektive der Reproduktion des Akkumulationsregimes zumindest auf der Ebene des Lokalen eine strategische und zentrale Rolle. Allerdings nimmt die Beziehung zwischen Staat und Gesellschaft – resp. dem Außerökonomischen unter zunehmendem Ökonomisierungsdruck – sehr unterschiedliche Formen an. Sie unterscheiden sich im internationalen wie lokalen Vergleich (vgl. Eick/Grell/Mayer/Sambale 2004). Die praktizierten politischen Strategien unterscheiden sich von Stadt zu Stadt – so Mayer (2003) – eher neoliberal, neo-kommunitaristisch oder eher neo-korporatistisch, teilen aber den Ansatz der Verantwortlichmachung und Aktivierung. Relevant sei, ob darin begrenzte Autonomiegewinne zu realisieren sind oder die totale Marktdynamik inklusive ihrer Exklusionsdynamiken hegemonial werde. Diese „Re-Regulierung von sozialen Kompromissen" (Mayer 2003: 273) ist aufgrund der neuen räumlichen Differenzierungen zunehmend auf lokaler Ebene angesiedelt.

Jessop geht davon aus, dass derzeit keine primäre räumliche Dimension der staatlichen Strategien durchgesetzt ist. Er grenzt sich damit von der – ebenfalls im Kontext des materialistischen staats- und regulationstheoretischen Ansatzes formulierten – Annahme ab, dass die Städte die zentrale *scale* für die Reproduktion, Mutation und kontinuierliche Rekonstruktion des Neoliberalismus darstellten. Neil Brenner und Nik Theodore (2002) zufolge haben die Städte eine Schlüsselbedeutung als Experimentierfelder des Neoliberalismus und wurden in den vergangenen zwanzig Jahren zu strategischen Zielen für eine zunehmend breite Anzahl von – zum Teil bereits gescheiterten – neoliberalen Politikexperimenten, institutionellen Innovationen und politisch-ideologischen Projekten. Kohärente, nachhaltige Lösungen für die regulatorischen Probleme des Kapitalismus nach 1970 stellten diese neoliberalen Strategien der „Lokalisierung" allerdings nicht dar. Vielmehr handle es sich um tief widersprüchliche Restrukturierungsstrategien, die zunächst vor allem die bisherigen Landschaften sozio-ökonomischer Regulation *destabilisieren* (vgl. Brenner/Theodore 2002: 28f.). Jessop teilt die Annahme, dass sich neue politische Strategien nicht nur diskursiv etablieren können, sondern in trial-and-error-Prozessen als wirksam – hinsichtlich der „Lösung" krisenhafter und instabiler Situationen – erweisen müssen. Die strategische Dimension der raumzeitlichen „Lösung" (*spatio-temporal fix*) ziele auf das Allgemeinsetzen von spezifischen Interessen, relevanten zeitlichen Abläufen – langfristig, mittelfristig, kurzfristig; Zyklen, Perioden, Wellen – und auf das Allgemeinsetzen der relevanten räumlichen Ebenen – lokal, regional, national, supranational (vgl. Jessop 2007b: 251f.). Darin seien zwar *Tendenzen* zu erkennen: etwa eine Verschiebung staatlichen Handelns in Richtung Mega-Governance – hier: auf der Ebene transnationaler Abkommen – und die Etablierung eines ausdifferenzierten Mikro-Managements auf der Ebene der Sozialpolitik und der sozialen Dienstleistungen. Allerdings zeichneten sich viele der politischen Experimente der letzten Jahre eher durch Fehlschläge als durch nachhaltige Erfolge aus.[8] Eine dominante *scale* sei – besonders im Bereich der staatlichen Interventionen in das Soziale – (noch) nicht auszumachen. Die Form, die der Staat, genauer gesagt: die Formen, die die „neuen" Politiken und Governanceprogramme annehmen, fielen unterschiedlich aus und seien jeweils ein Resultat dessen, wie tradierte Ausprägungen von sozialer Ungleichheit, nationale, regionale und lokale Arbeitsmärkte, wie die Institutionen der Produktion und Reproduktion interagierten (vgl. Peck 2001; Serrano Pascual/Magnusson 2007).

Dies macht nochmals deutlich, dass auch das auf EU-Ebene derzeit Hegemonie erringende „Aktivierungsparadigma" (Serrano Pascual 2007: 23) und die in den USA und GB implementierten Workfare-Modelle nicht mit einer neoliberalen politischen Strategie gleichzusetzen sind, sondern staatsdirigistisch top-down durchgesetzt oder neo-korporatistisch als institutionalisierter Kompromiss – etwa als „sozialer Arbeitsmarkt" – verankert sein können. Ob diese notwendig lokal verortet sind, wie etwa Peck (2001) vermutet, und in welcher Weise sie auf persönliche Interaktionsverhältnisse zwischen Professionellen und Adressaten angewiesen sind oder nicht (vgl. Kolbe/Reis 2005; Korteweg 2006) wäre an weiteren Feldern zu untersuchen. Die Frage einer am Administrativ-Politischen ausgerichteten Sozial(raum)forschung wäre, ob, oder genauer gesagt: unter welchen Bedingungen und in welchem strategisch-relationalen Setting, die lokale Ebene eine konstitutive Rolle im Zusammenspiel mit anderen staatlichen Ebenen zukommt. Ist die lokale Ebene darin eher ein sozialer Organisationsraum der Umsetzung auf einer anderen *scale* durchgesetzter Programme? Oder werden hier – mittels der Einbindung an der Basis entstandener Projekte und Träger – aktiv Programme entwickelt[9], die auf nationaler Ebene gesteuert werden (Meta-Governance)? Damit wäre eine kritische Bestimmung der verschiedenen Formen der staatlich-organisationalen Ebene möglich, die das Soziale im Postfordismus annehmen kann – inklusive einer genaueren Bestimmung der jeweils damit verknüpften Widersprüche, Brüche und (Dis-) Kontinuitäten.

---

8   Etwa die Programme der „Sozialen Stadt", die strukturelle Benachteiligungen und Ausschließungsprozesse eher zu befördern scheinen, sie aber programmatisch zu minimieren beanspruchen (vgl. Mayer 2003; Kessl/Krasmann 2005; Projekt „Netzwerke im Stadtteil" 2005).

9   Es ist deutlich geworden, dass solche Programme des lokalen Staats nicht emanzipatorisch, partizipationserweiternd sein müssen, sondern auch die Form eines „workhouse regime" annehmen können, eines „autoritären Etatismus" (Poulantzas 2002) auf lokaler Ebene.

4 Über den Staat hinaus?

Die Rezeption des regulations- und staatstheoretischen Ansatz von Bob Jessop leidet, soweit es nicht um Forschungen und Entwicklungen in den Kernbereichen der materialistische Regulations- und Staatstheorie geht, an einem „Klammer-auf-Jessop-Jahreszahl-Klammer-zu-Effekt". Seine Arbeiten werden insofern breit rezipiert, als sie sehr häufig als Beleg dafür dienen, einen grundsätzlichen Gesellschaftswandel zu kennzeichnen: vom Fordismus zum Postfordismus; vom keneysianischen nationalen Wohlfahrtsstaat zum schumpetrischen postnationalen Workfareregime. Auf dieser Basis wird sich dann der Analyse eines konkreten Gegenstands – der sozialen Ausschließung, sozialräumlichen Segregationsprozessen, der Sozialpolitik, der Jugendhilfe, der Bildung o.Ä. – zugewandt. Die Untersuchung des jeweiligen Gegenstands erfolgt dann jedoch meist entlang anderer Kategorien und Theoriebildungen[10]. Die Potenz einer sich am Gegenstand weiterentwickelnden, kritischen Staatsdiskussion wird für den Bereich der Sozialpolitik und der Sozialen Arbeit/Sozialpädagogik dagegen bisher kaum ausgelotet[11]. Eine eher schematische Bezugnahme auf das Konzept kann auch den Effekt mit sich bringen, die gegenwärtigen gesellschaftlichen Entwicklungen vornehmlich als Prozesse des Verlusts sozialer Errungenschaften zu interpretieren. In der Darstellung eines „Von – zu" schleichen sich außerdem (wieder) Vorstellungen von der fordistischen Gesellschaftsformation als einer „Goldenen Zeit" ein. Die Herrschaftsverhältnisse und Ausschließungsprozesse, die dem Fabrikregime, der sexistischen Arbeitsteilung oder der nationalen Verfasstheit des Staats der fordistischen Phase inhärent sind, werden in diese Analysen nicht mehr systematisch miteinbezogen sondern eher zugunsten einer Fantasie ausgeblendet, es habe eine Ära der *allgemeinen* sozialen Absicherungen gegeben, die nun unter neoliberalem Beschuss stünden.

Der Bezug auf andere Kategorien und Theoriebildungen hat aber, wie deutlich wurde, auch theorieimmanente Gründe. Erstens lassen sich im Ansatz von Jessop – und auch anderen Vertretern eines regulations- wie staatstheoretischen Ansatzes – Alltag, Lebensweisen, Subjektivierungsprozesse und Interaktionen schwer

---

10 Eine Ausnahme stellen die Arbeiten von Andreas Schaarschuch dar, der seine kritische Diskussion sozialer Dienstleistungen konsequent entlang der regulationstheoretischen Perspektive entwickelt. Auf diese Weise kommt er sowohl zu einem theoretischen Konzept der Ko-Produkton sozialer Dienstleistungen, wie zu dem Forschungsprogramm der „Nutzerforschung", Dienstleistungen von ihrem „Gebrauchswert" her zu bestimmen (Schaarschuch 1990; Oelerich/Schaarschuch 2005).

11 Dies gilt nicht in gleichem Maß für Analysen der supranationalen Ebene. Zwar blendet die Forschung zu Internationalen Beziehungen die Regulations- und Staatstheorie weitgehend aus, aber es hat sich in diesem Feld eine sehr eigenständige Forschungstätigkeit im Bereich der kritischen Staatstheorie entwickelt, die sich mit den aktuellen Entwicklungen der „Internationalisierung des Staats" (Brand/Görg/Wissen 2007) beschäftigt.

systematisch fassen.[12] Zweitens basiert die regulationstheoretische Grundüberlegung zwar gerade auf der Annahme des notwendigen Einbezugs des dem Kapitalverhältnis „äußerlichen", nämlich ideologisch-diskursiven und gesellschaftlichen Terrains. Dieses bleibt aber letztlich unterbelichtet und insbesondere die Verbindungen zwischen den verschiedenen Ebenen, den tragenden Institutionen und diskursiven Orten und Formationen, müssten für eine gegenstandsbezogene Analyse jeweils herausgearbeitet werden. Drittens steht eine konsistente Methodologie aus, wie insbesondere die Analysen der Mikropolitiken des Sozialen rückgebunden und in die Ausformulierung staats- und regulationstheoretischer Überlegungen eingebunden werden könnten.

Jessop ist sich dieser Schwierigkeit allerdings auch bewusst und bearbeitet sie in einer Auseinandersetzung mit Michel Foucaults Überlegungen zu Staatlichkeit im Vergleich zur Staatstheorie von Nicos Poulantzas – deren Arbeiten nahezu zeitgleich entstanden und die sich zum Teil aufeinander bezogen. Er führt diese Diskussion bis zu einem Punkt, den er folgendermaßen bestimmt: Beide Ansätze entwickelten sich seiner Meinung nach „trotz ihrer gegensätzlichen Anfangspunkte an unterschiedlichen Enden des Mikro-Makro-Kontinuums" (Jessop 2007b: 80) aufeinander zu. Während Poulantzas das *Warum* der Kapitalakkumulation und der Staatsmacht zu erklären suchte, habe sich Foucault in seinen Arbeiten zur Disziplinarmacht und Gouvernementalität mit dem *Wie* der ökonomischen Ausbeutung und politischen Herrschaft beschäftigt (vgl. Jessop 2007c: 40). Beide kämen von ihrer Seite her zu dem Schluss, dass es keine Makronotwendigkeit in gesellschaftlichen Verhältnissen (Poulantzas) und keinen Grund gibt, Gesellschaften als die essenziellen Orte einer makrosozialen Ordnung (Foucault) zu behandeln (vgl. Jessop 2007b: 85; Einfügungen, E.B.)

Auf vielleicht ganz ähnliche Weise haben genau an diesem Punkt der staats- und regulationstheoretische Ansatz Jessops und die Arbeiten aus der Perspektive der Gouvernementalität eine Schwierigkeit gemeinsam: Hebt jener auf die – auch räumlichen – Formen ab, die Staatlichkeit im Verhältnis zur jeweiligen Akkumulationsweise annimmt und betont zugleich die Kontingenz und Nicht-Intentionalität, stehen im Zentrum dieser die politischen Programme, deren Semantik und Vokabular. Auch ausgewiesene Gouvernementalitätstheoretiker, wie etwa Nikolas Rose (2000), gehen nicht davon aus, dass eine bruchlose Umsetzung von Programmen und Diskursen in das alltägliche Leben hinein erfolge. Vielmehr ließen, so Rose in Bezug auf die aktuellen Re-Territorialisierungstendenzen in Großbritannien, die „Widersprüche der 'Community' (...) ein neues und umkämpftes Areal für die Austragung politischer und ethischer Konflikte entstehen" (ebd.: 89).

---

12 Weshalb eher lebensweltbezogene Theoriebildungen, die Perspektive der Gouvernementalität oder interaktionstheoretische Ansätze herangezogen werden.

5   Kritische Sozialraumforschung als Praxis

Die dargestellten Schwierigkeiten lassen sich in einem solchen Beitrag zu einem „Schlüsselwerk der Sozialraumforschung" nicht systematisch auflösen. Aber sie lassen sich als Hinweis auf ein grundsätzliches Forschungsproblem verstehen, dessen sich eine kritische Sozial(raum)forschung vergegenwärtigen kann und zumindest versuchen kann, es auf einer anderen Ebene anzugehen, zum Beispiel auf der forschungsstrategischen.

Die Verknüpfung von wissenschaftlicher Methodik und der Form des Wissens, die mit einer empirischen Untersuchung hervorgebracht wird, diskutieren beispielsweise *Thomas Osborne* und *Nikolas Rose* (2004) anhand zweier in England um 1900 durchgeführten Untersuchungen, bei denen das Verhältnis von Sozialem und Raum im Zentrum stand. Sie nehmen *Charles Booth'* Londoner Armutsuntersuchungen dabei als Beispiel für eine sozialtechnokratische Perspektive, die in der soziologischen Disziplin eine lange Tradition hat: Booth kartierte die räumliche Verteilung von Klassen- und Lebensverhältnissen innerhalb der Londoner Quartiere und zeigte damit auf, wie sich die soziale Ungleichheit in der Raumstruktur widerspiegelt bzw. niederschlägt. Booth verfolgte dabei die sozialregulative Intention, man müsse die problematischen Quartiere mit ihrer problematischen Bevölkerung, also die Dichte an „sozialen Problemen", erfassen, um sozialpolitisch sinnvolle Interventionsmöglichkeiten einsetzen zu können. Bei Booth erfolgt, so Osborne und Rose, die Verräumlichung des soziologischen Denkens, indem die habituellen Verhaltensweisen der Armen entlang der Struktur des städtischen Raums problematisiert werden und das Stadtviertel im Sinne eines disziplinären Einschließungsmilieus, wie Schule, Militär, Klinik etc., konzipiert wird. Ein Wissen über die Verteilung der Bevölkerung im städtischen Raum ist dafür unumgänglich. Raum wird dort als durch die politisch-ökonomische Struktur determiniert gedacht – sie „schlägt sich in ihm nieder", wird „im Raum fixiert" etc. – und der auf diese Weise hervorgebrachte Raum beeinflusst die Verhaltensweisen der Bewohnerinnen. Für eine andere wissenschaftliche Tradition, die sich in der soziologischen Disziplin weniger durchsetzte, steht bei Osborne/Rose der Soziologe *Patrick Geddes* (vgl. Harley 2004). Geddes Vorstellung von Gemeinwesenstudien bezog sich nicht auf als abgeschlossen gedachte Stadt- oder Quartiermilieus, sondern stellte die Region als sozial-räumliches Geflecht in den Mittelpunkt. Für ihn war die Untersuchung keine objektive Kartierung oder Disziplinartechnologie von sozialem Raum, wie Booth dies konzipiert hatte. Er verstand Kartografie vielmehr als Grundlage für eine Bewegung, die historische und zukünftige Formen gesellschaftlichen Raums, städtische, quartiersbezogene und regionale Aspekte in ein Verhältnis zueinander setzt. Geddes untersuchte mithin die Performativität und Situativität der spezifischen zeitgenössischen Konstellation von Raum und Sozialem. Wichtig ist aus dieser Perspektive die Aktivität, die Untersuchung zu unternehmen und nicht so sehr die Definition, Kartierung und Klassifizierung von abgegrenzten oder abzugrenzenden urbanen Quartieren und den dort hegemonialen habituellen Verhaltens- und Lebensweisen (vgl. Bareis 2007: 123 f.) Die Forschungsgruppe *Transit Migration,* die den „Raum der Migration" im Fokus hat weist noch pointierter auf eine notwendige Parteilichkeit in der Forschungspraxis und -perspektive hin: „Was sich als „neutrale" und wissenschaftliche Produktion von Wissen ausgibt, erweist sich oftmals – wenn auch nur auf der Ebene ihrer epistemologischen Struktur – als durchaus interessiert. (...) Aus dieser Perspektive war und ist es also notwendig Partei zu ergreifen, will man, zugespitzt formuliert, nicht selbst „Kontrollwissen" hervorbringen." (Transit Migration 2007: 17)

In neueren Arbeiten aus dem Forschungskontext zu Sozialpädagogik und Sozialer Arbeit wurde mehrfach darauf hingewiesen, dass sich sowohl der Sozialraumbezug, wie das Leitbild der Aktivierung und die Grundgedanken der „neuen Steuerung", die in der aktuellen Konjunktur als „Lösungsstrategien" für das „Regulationsproblem" (Jessop) ins Feld geführt werden, Vorläufer in historischen emanzipativen Projekten haben (vgl. Dollinger 2006; Kessl/Krasmann 2005). Diese Aussage lässt sich (etwa für die 1970er Jahre) von der Sozialen Arbeit lösen und dahingehend erweitern, dass die Verbreitung fallbezogener und lokaler Steuerungsmodelle und das Aktivierungsparadigma Vorläufer in Stadtteilprojekten, Ansätzen der Gemeinwesenarbeit und im Selbstverwaltungsgedanken der Jugendzentren und der centri sociali hat (vgl. Maurer 2005). Diese sind im Kontext von sozialen Auseinandersetzungen und Kämpfen zu verorten und kaum in jenem von Staatlichkeit, auch wenn sie nicht „jenseits des Staates" existieren/existierten. Sie setzen/setzten sich in ein kritisches Verhältnis zum „Staat" und reagierten auf die paternalistischen, verwaltungsförmigen und disziplinierende Zugriffe des intervenierenden Sozialstaats – inklusive der Parteien und Gewerkschaften. In dieser Bewegung fanden sie neue Formen der sozialen Organisation. Als rationalisierte, ökonomisierte und/oder gemanagte Formen tauchen diese Projekt- und Selbstverwaltungspraktiken in der aktuellen Konjunktur *innerhalb* der staatlichen Politiken wieder auf. Wie und warum vollzieht sich jeweils der Prozess der Kooptation/Rekuperation? Diese Vorgänge werden sowohl sehr unterschiedlich gefasst wie sich auch historisch und räumlich auf verschiedene Weisen rekonstruieren lassen:
- als *Funktionalisierung* außer-institutioneller und sogar anti-institutioneller Zusammenschlüsse;
- als *Spaltung* – repressive Unerdrückung des einen/aktive Umarmung des anderen Teils der Bewegungen oder Projekte;
- als *Integration* der antagonistischen Kräfte (zur Stillstellung und Abwehr von sozialen Konflikten im „Klassenkompromiss");

- als *Kodifizierung* und *Einhegung* von Bewegungen; als *Institutionalisierung* von Konflikten (etwa in der Institution Soziale Arbeit);
- als *Re-Kommodifzierung* (öffentlicher Leistungen, die der Warenförmigkeit entzogen waren) oder *Privatisierung* (staatlich organisierter Sicherungssysteme wie der Rente oder kommunaler Infrastruktur wie Wasser, Verkehr);
- als *Regieren durch Freiheit* (wie es die Gouvernementalitätsstudien fassen);
- als *Instrumentalisierung* (etwa von Sozialer Arbeit in *workfare*-Programmatiken) und
- als *Rekuperation* und enteignende Aneignung durch Umwandlung der Parameter (eine Analysefigur der Situationistischen Internationale aus den 1950/60er auf dem Hintergrund der Kulturindustriethese).

Alle diese Strategien – oder: Bestimmungen von Strategien – beruhen auch auf bestimmten Vorstellungen von Staatlichkeit, sowie auf räumlich und historisch verschiedenen Formen, die Staat annimmt. Eine staatstheoretische „Vergewisserung" und Einbettung einer kritischen Sozialraumforschung ist also auch von dieser Perspektiven aus durchaus geboten. Allerdings helfen die Arbeiten von Jessop hier nur bis zu einem bestimmten Punkt weiter. Jessop weist zwar beständig darauf hin, dass die Reproduktion des Kapitalverhältnisses „teilweise durch die Aktivitäten des Staates als auch durch eine große Bandbreite außerökonomischer Normen, Praktiken und Institutionen gewährleistet werden" (Jessop 2003: 91) muss. Er geht aber weder auf die repressive Seite von Staat noch auf die Rekuperationen durch den Staat weiter ein. Zwar finden sich insbesondere die rekuperierten Formen als flexibilisierte und dezentral organisierte Kompromissbildungsstruktur und in der Inklusion der diversifizierten politischen Strukturen und Netzwerke in seinen „Idealtypen" wieder – in den „neo-korporatistischen" Strategien des SWPR, wie als Expansion der sozialen Ökonomie und in der Forderung nach Entkommodifizierung zentraler gesellschaftlicher Bereiche wie Gesundheit, Bildung, Wohnen, Kultur in den „neo-kommunitaristischen" Strategien. Dennoch wäre ein deutlicher Hinweis wünschenswert, wie in beispielsweise Margit Mayer macht, wenn sie verdeutlicht, dass es gerade die Fähigkeiten, Wissensformen und Netzwerkbildungen außerstaatlicher und außerökonomischer Zusammenschlüsse sind, die für die Reproduktionsstrategien eines Akkumulationsregimes eine zentrale Rolle einnehmen können, weil „nur sie über die Ressourcen nicht-marktförmiger Koordination wie Solidarität und *Empowerment*" verfügen, „mit denen versucht wird, die entfesselten Marktkräfte politisch einzuhegen". Und dass es dem Akkumulationsprozess auch nur mit ihrer Hilfe möglich sei, zivilgesellschaftliche Bereiche zu ökonomisieren und zu „sozialem Kapital" zu machen.

Jessops Fokus liegt auf der Beziehung von Ökonomie und Staat. Um die Frage zu verfolgen, warum und wie sich Rekuperationen vollziehen, und zugleich jene

Seite zu stärken, die nach Inkohärenzen, Brüchen und (Dis-)Kontinuitäten fragt, müsste sein Ansatz aber erweitert werden, um andere Theoriebildungen, die die Beziehung von Ökonomie, Staat *und* Gesellschaft fokussieren[13]; die den (zivil-)gesellschaftlichen Bereich, die Subjektivierungsweisen und Ent-Unterwerfungen, die alltäglichen, transnationalen und subnationalen Lebensweisen und die – lokalen, netzwerkförmigen oder internationalen – sozialen Kämpfe analytisch und theoretisch durchdringen. Eine staatstheoretisch informierte, aber nicht fixierte, parteilich am Projekt der Emanzipation orientierte kritische Sozialraumforschung könnte daher einen methodologischen Bezug zur Ethnografie und zur Tradition der Alltags- und Gemeinwesenstudien der 1920er wie der 1970er Jahre herstellen. Die administrativen und staatlichen Raumproduktionen wären darin erstens als relevante Ebenen (*scales*) konzipiert und nicht schlicht einer „Raumproduktion von unten" entgegengestellt. Zweitens sollte vermieden werden, und hierfür ist der sehr abstrakte Akteursbegriff in Jessops Ansatz durchaus hilfreich, in der Forschung Sozialpathologien und -typisierungen – über „entfremdete", „deklassierte", „benachteiligte", „räumlich-segregierte" oder „prekarisierte" Menschen und deren Eigenschaften – zu produzieren. Drittens sollte eine solche Forschungsstrategie nicht unreflektiert auf sozialräumliche und politisch-räumliche Begriffe wie Nahraum und Territorium, Zentrum und Peripherie, lokal/national/international rekurrieren. Kritische Sozialraumforschung wäre damit selbst als eine Ebene von Praxis umrissen. In den Worten von Bob Jessop: „Konkrete praktische Ansätze müssen das polyvalente Potenzial der individuellen Verhältnisse ausnutzen, um einige Bedeutungs- und Machtketten zu dekonstruieren und neue aufzubauen. Nicht alle Versuche der Disartikulation und Reartikulation können erfolgreich sein. An diesem Punkt müssen Begriffe wie die strategische Selektivität von spezifischen institutionellen Ensembles, Machtgleichgewichten und Herrschaftsstrategien als Teile der Analyse der Macht angewendet werden, um das Wesen und die Grenzen politischer Projekte zu verstehen" (Jessop 2007b: 83).

Ellen Bareis

---

[13] Die Frage warum sich Rekuperationen vollziehen (ohne mit dem „warum" auf einen intentionalen Akteur zu rekurrieren und funktionalistisch zu argumentieren), lässt sich, wie Roland Atzmüller anführt, für die postfordistische Situation auf die zunehmende Notwendigkeit von Innovation in einer Schumpeter'schen und wissensbasierten Ökonomie (Jessop) zurückführen. Innovationen im Sinne sozialer wie technologischer Erfindungen sind kaum steuerbar: Es können nur die Bedingungen für Innovationen bereit gestellt werden, die sich nicht nur auf die soziale/technologische/organisationale Erfindung direkt beziehen, sondern auch ein Umfeld zu ihrer Erprobung bereitstellen muss. „Die sozialen Auseinandersetzungen um die Fähigkeit zur Veränderung sind Auseinandersetzungen darum, wer entscheiden kann, was Veränderungen und Innovationen sind." (Atzmüller 2004: 4) Dies kann sowohl in einer autoritären Staatsform (die dirigiert, was Veränderung ist) wie in einem offenen gesellschaftlichen Prozess (der danach sucht, was „anders" sein könnte) seinen hegemonialen Niederschlag finden.

Literatur

Amin, Ash (Hg.)(1994): Post-Fordism. A reader. Oxford: Blackwell.
Amin, Ash (2004): Regulating economic globalization. In: Transactions of the Institute of British Geographers. 29 (2): 217-233
Atzmüller, Roland (2004): Arbeit an der Veränderung. Überlegungen zur Staatstheorie im Postfordismus. In: grundrisse. zeitschrift für linke theorie & debatte. H. 12. Online verfügbar unter http://www.grundrisse.net/grundrisse12/12roland_atzmueller.htm, zuletzt geprüft am 11.11.2007
Balibar, Étienne (1993): Die Grenzen der Demokratie. Hamburg: Argument
Bareis, Ellen (2007): Verkaufsschlager. Urbane Shoppingmalls – Orte des Alltags zwischen Nutzung und Kontrolle. Münster: Westfälisches Dampfboot
Bodenschatz, Harald (1989): Zur Krise des sozialstaatlichen Stadtentwicklungsmodells. Das Beispiel Berlin. In: RaumPlanung. Jg. 46/47
Bourdieu, Pierre (1991): Physischer, sozialer und angeeigneter physischer Raum. In: Wentz (1991): 25-34
Boyer, Robert (1990): The Regulation School. A Critical Introduction. New York: Columbia University Press
Brand, Ulrich/Raza, Werner (Hg.) (2003): Fit für den Postfordismus? Theoretisch-politische Perspektiven des Regulationsansatzes. Münster: Westfälisches Dampfboot
Brand, Ulrich/Görg, Christoph/Wissen, Markus (2007): Verdichtungen zweiter Ordnung. Die Internationalisierung des Staates aus einer neo-poulantzianischen Perspektive. In: PROKLA. Zeitschrift für kritische Sozialwissenschaft. 37 Jg., Heft 147: 217-234
Brenner, Neil/Teodore, Nik (Hg.) (2002): Spaces of neoliberalism. Urban restructuring in North America and Western Europe. Malden/Mass.: Blackwell
Brenner, Neil/Jessop, Bob/Jones, Martin/MacLeod, Gordon (Hg.) (2003): State/Space. A Reader. Maldon/Carlton, Berlin: Blackwell
Bretthauer, Lars/Gallas Alexander/Kannankulam John/Stützle, Ingo (Hg.) (2006): Poulantzas lesen. Zur Aktualität marxistischer Staatstheorie. Hamburg: VSA
Bröckling, Ulrich/Krasmann, Susanne/Lemke, Thomas (Hg.) (2000): Gouvernementalität der Gegenwart. Studien zur Ökonomisierung des Sozialen. Frankfurt a.M.: Suhrkamp
Castel, Robert (2000): Die Metamorphosen der sozialen Frage. Eine Chronik der Lohnarbeit. Konstanz: UVK
Clarke, John (2007): Die Neuerfindung der Community? Regieren in umkämpften Räumen. In: Kessl/Otto (2007): 57-79
Dollinger, Bernd (2006): Zur Einleitung: Perspektiven aktivierender Sozialpädagogik. In: Dollinger/Raithel (2006): 7-22
Dollinger, Bernd/Raithel Jürgen (Hg.) (2006): Aktivierende Sozialpädagogik. Ein kritisches Glossar. Wiesbaden: VS Verlag für Sozialwissenschaften
Eick, Volker/Grell, Britta/Mayer, Margit/Sambale, Jens (2004): Non-Profit-Organisationen und die Transformation lokaler Beschäftigungspolitik. Münster: Westfälisches Dampfboot
Esser, Josef/Görg, Christoph/Hirsch, Joachim (Hg.) (1994): Politik, Institutionen und Staat. Zur Kritik der Regulationstheorie. Hamburg: VSA

Ferguson, James/Gupta, Akhil (2002): spatializing states: toward an ethnography of neoliberal governmentality. In: American Ethnologist. 29(4): 981-1002
Graham, Stephen (2001): Flow City. Networked Mobilities and the Contemporary Metropolis. In: disP. 144: 4-11
Harley, John Brian (2004/1989): Das Dekonstruieren der Karte. In: AnArchitektur. Produktion und Gebrauch gebauter Umwelt. Heft 11, Mai: 4-19
Harvey, David (1989): The condition of postmodernity. An enquiry into the origins of cultural change. Malden, Mass.: Blackwell
Hirsch, Joachim/Roth, Roland (1986): Das neue Gesicht des Kapitalismus. Vom Fordismus zum Post-Fordismus. Hamburg: VSA
Hirsch, Joachim (1996): Der nationale Wettbewerbsstaat. Staat, Demokratie und Politik im globalen Kapitalismus. Berlin: Ed. ID-Archiv
Jessop, Bob (1990): State theory. Putting the capitalist state in its place. Pennsylvania: Univ. Press
Jessop, Bob (2002): The Future of the Capitalist State. Cambridge UK/Malden USA: Polity Press
Jessop, Bob (2003): Postfordismus und wissensbasierte Ökonomie. Eine Reinterpretation des Regulationsansatzes. In: Brand/Raza (2003): 89-111
Jessop, Bob (2007a): Raum, Ort und Maßstäbe. Territorialisierungsstrategien in postfordistischen Gesellschaften. In: Kessl/Otto (2007): 25-55
Jessop, Bob (2007b): Kapitalismus, Regulation, Staat. Ausgewählte Schriften. Hg. von Bernd Röttger und Victor Rego Diaz. Hamburg: Argument
Jessop, Bob (2007c): From micro-powers to governmentality. Foucault's work on statehood, state formation, statecraft and state power. In: Political Geography. 26: 34-40.
Kessl, Fabian/Krasmann, Susanne (2005): Sozialpolitische Programmierungen. In: Kessl/Reutlinger/Maurer/Frey (2005): 227-245
Kessl, Fabian/Reutlinger, Christian/Maurer, Susanne/Frey, Oliver (Hg.)(2005): Handbuch Sozialraum. Wiesbaden: VS Verlag für Sozialwissenschaften
Kessl, Fabian/Otto, Hans-Uwe (Hg.) (2007): Territorialisierung des Sozialen. Regieren über soziale Nahräume. Opladen, Farmington Hills: Barbara Budrich
Kolbe, Christian/Reis, Claus (2005): Vom Case Management zum „Fallmanagement". Zur Praxis des Case Managements in der Sozialhilfe und der kommunalen Beschäftigungspolitik am Vorabend von Hartz IV. Frankfurt a.M.: Fachhochschulverlag
Korteweg, Anna C. (2006): The politics of subject formation: welfare-reliant women's response to welfare reform in the United States and the Netherlands. In: Marston/McDonald (2006): 107-126
Lefèbvre, Henri (1991/1974): The Production of Space. Oxford/Cambridge: Blackwell
Lefèbvre, Henri (2003): Space and the State. In: Brenner/Jessop/Jones/MacLeod (2003): 84-100
Lipietz, Alain (1985): Akkumulation, Krisen und Auswege aus der Krise. Einige methodologische Anmerkungen zum Begriff der Regulation. In: PROKLA. Zeitschrift für politische Ökonomie und sozialistische Politik. Heft 58: 109-137
Marston, Greg/McDonald, Catherine (Hg.) (2006): Analysing social policy. A governmental approach. Cheltenham, UK: Edward Elgar
Massey, Doreen (1994): Space, place and gender. Cambridge: Polity Press

Massey, Doreen (2007): Empire und Geographien der Verantwortung. In Pieper/Tsianos/Karakayali/Atzert (2007): 67-84

Maurer, Susanne (2005): Soziale Bewegungen. In: Kessl/Reutlinger/Maurer/Frey (2005): 629-648

Mayer, Margit (2003): Das Potenzial des Regulationsansatzes für die Analyse städtischer Entwicklungen am Beispiel territorialer Anti-Armutspolitik. In: Brand/Raza (2003): 265-280

Oelerich, Gertrud/Schaarschuch, Andreas (Hg.) (2005): Soziale Dienstleistungen aus Nutzersicht. Zum Gebrauchswert sozialer Arbeit. München: Reinhardt

Osborne, Thomas/Rose, Nikolas (2004): Spatial Phenomenotechnics: Making Space with Charles Booth and Patrick Geddes. In: Environment and Planning D: Society and Space. 22 (2): 209-228

Peck, Jamie (2001): Worfare States. New York: Guilford Press

Pieper, Marianne/Tsianos, Vassilis/Karakayalı, Serhat/Atzert, Thomas (Hg.) (2007): Empire und die biopolitische Wende. Die internationale Diskussion im Anschluss an Hardt und Negri. Frankfurt a.M.: Campus

Poulantzas, Nicos (2002/1977): Staatstheorie. Politischer Überbau, Ideologie, Autoritärer Etatismus. Hamburg: VSA

Projekt «Netzwerke im Stadtteil» (Hg.) (2005): Grenzen des Sozialraums. Kritik eines Konzepts – Perspektiven für soziale Arbeit. Wiesbaden: VS Verlag für Sozialwissenschaften

Rose, Nikolas (2000): Tod des Sozialen? Eine Neubestimmung der Grenzen des Regierens. In: Bröckling/Krasmann/Lemke (2000): 72-109

Röttger, Bernd/Rego Diaz, Victor (2007): Vorwort der Herausgeber. In: Jessop (2007b): 9-12

Röttger, Bernd/Wissen, Markus (2005): (Re)Regulationen des Lokalen. In: Kessl/Reutlinger/Maurer/Frey (2005): 207-225

Sachße, Christoph/Tennstedt, Florian (1980): Geschichte der Armenfürsorge in Deutschland. Vom Spätmittelalter bis zum Ersten Weltkrieg. Stuttgart: Kohlhammer

Sassen, Saskia (1991): The global city. New York/London/Tokio: Princeton Univ. Press.

Schaarschuch, Andreas (1990): Zwischen Regulation und Reproduktion. Gesellschaftliche Modernisierung und die Perspektiven sozialer Arbeit. Bielefeld: Karin Böllert

Serrano Pascual, Amparo (2007): Reshaping Welfare States. Activation Regimes in Europe. In: Serrano/Magnusson (2007): 11-34

Serrano Pascual, Amparo/Magnusson, Lars (Hg.) (2007): Reshaping welfare states and activation regimes in Europe. Bruxelles: P.I.E. Lang

TRANSIT MIGRATION Forschungsgruppe (2007): Turbulente Ränder. Neue Perspektiven auf Migration an den Grenzen Europas. Bielefeld: Transcript

Wentz, Martin (Hg.) (1991): Stadt-Räume. Frankfurt a. M.: Campus

Sozialraumforschung und die Theorie Sozialer Bewegungen. Das Multitude-Konzept von Michael Hardt und Antonio Negri

„Während im Zeitalter der Disziplin *Sabotage* als die Grundform von Widerstand galt, ist es im Zeitalter imperialer Kontrolle die *Desertion*. Während Dagegen-Sein in der Moderne oftmals bedeutete, dass sich Kräfte unmittelbar und/oder dialektisch gegenüber standen, dürfte Dagegen-Sein in der Postmoderne am wirkungsvollsten sein, wenn man diagonal oder quer steht. Die Schlachten gegen das Empire lassen sich vielleicht durch Sich-Entziehen und Abfallen gewinnen. Diese Desertion verfügt über keinen Ort; sie ist die Evakuierung der Orte der Macht." (Hardt/Negri 2002: 224)

Nach dem Ende des Realsozialismus sah es lange Zeit so aus, als ob sowohl die kritischen Gesellschaftstheorien als auch die Handlungsfähigkeit der Linken in eine unüberwindbare Krise gekommen wären. Verschiedene Protest- und Widerstandsbewegungen sind entweder im Zuge der postdiktatorischen Regime und deren sogenannten Übergang zur Demokratie aufgesogen worden (zum Beispiel in großen Teilen Lateinamerikas) oder haben sich mit den anhaltenden – poststrukturalistisch, dekonstruktivistischen – Differenzierungen (zum Beispiel im Fall der feministischen Bewegungen oder der Homosexuellenbewegungen) zersplittert und teilweise institutionalisiert.

Als dann Ende der 1990er Jahre eine Erstarkung und Formierung der Anti-Globalisierungsbewegung zu beobachten war, galt dies nicht nur der Linken als neuer Hoffnungsschimmer. Diese neuen Widerstandspraktiken, diese veränderten Formen des Widerstandes in der neuen Weltordnung nehmen Michael Hardt und Antonio Negri als Ausgangspunkt für eine theoretische Synthese, eine Interpretation der Anti-Globalisierungsbewegung sowie eine „Intervention" (Atzert/Müller 2003: 5) in gegenwärtige gesellschaftliche und theoretische Debatten.

Mit ihren beiden Werken *Empire. Die neue Weltordnung* (Hardt/Negri 2000; deutschsprachig: 2002) und *Multitude. Krieg und Demokratie im Empire* (2004) haben Hardt und Negri eine Flut von Reaktionen und Diskussionen in und außerhalb der Universitäten sowie in der intellektuellen Linken ausgelöst. Während ihr erstes Buch *Empire* eine Analyse der aktuellen globalen Herrschaft, das heißt der Veränderungen des politischen und ökonomischen Systems, beinhaltet, geht es in *Multitude* darum zu zeigen, welche Gegenkräfte sich gegen das nationale Räume überschreitende Kapital formieren. Die Multitude bestimmen Hardt und Negri als die Menge all derjenigen, die sich gegen das Empire stellen können, das heißt, sie stellt die Keimzelle des Gegenentwurfs zur aktuellen Weltordnung des Empires dar.

Wie die Multitude sich als Produkt und Bestandteil des Empires gegen dieses selbst wendet und welche Form Widerstand heute annimmt, ist Thema des vorliegenden Beitrages. Dabei gehe ich der Frage nach, welche Konsequenzen die Relativierung von Zeit und Raum wie sie Hardt und Negri nachzeichnen für die Konzeptualisierung von Sozialräumlichkeit sowie für die sozialwissenschaftliche Bestimmung sozialer Kämpfe, also die Gestaltung sozialer Räume, hat. Bisher war der (soziale) Raum des Nationalstaates ein wesentlicher Bezugspunkt für die Konstituierung und Formierung von Widerstand. Zugleich haben sich durch die Artikulationen von Widerstand und durch widerständige Praktiken soziale Räume verändert und entwickelt. Wenn heute der (soziale) Raum des Nationalstaates als Arena politischer Prozesse zunehmend prekär wird, dann geht es jetzt nicht zuletzt darum zu fragen, in welchen Weisen sich Widerstand artikuliert und an wen – innerhalb der globalen Weltordnung – Forderungen und Artikulationen herangetragen werden (können).

1 Zu den Autoren: Michael Hardt und Antonio Negri

Michael Hardt (geb. 1960 in Washington) ist seit 1994 Professor für Literaturwissenschaft an der Duke Universität Durham, USA. Seine Schwerpunkte sind literarische Moderne und literarischer Realismus im 20. Jahrhundert. Er hat 1993 eine Arbeit über den poststrukturalistischen Philosophen Gilles Deleuze veröffentlicht. Davor hat er in den USA studiert und in italienischen Fabriken gearbeitet. Zurück in den USA engagiert er sich politisch für die illegale Einreise lateinamerikanischer Migrant/innen und arbeitet theoretisch zur Kulturrevolution der italienischen Linken seit 1965. In Rahmen seiner Forschungsarbeiten hielt er sich in Paris auf, wo er den im Exil lebenden Antonio Negri kennenlernte.

Antonio Negri (geb. 1933 in Padua) ist Teil der italienischen Linken. Er arbeitete als Professor für Philosophie in Padua bis er als führender Kader von linksradikalen Gruppen im April 1979 verhaftet und zu 13 Jahren Haft verurteilt wird. Im Hochsicherheitstrakt schreibt er ein Werk über Spinoza (vgl. Negri 1982). Als er ins Europäische Parlament gewählt wird, gelingt ihm 1983 seine Flucht nach Frankreich. Dort arbeitet er im Pariser Exil als Professor für Philosophie an der Sorbonne nicht zuletzt mit Michael Hardt zusammen. Als er 1997 nach Italien zurückkehrt, wird er erneut inhaftiert. Seit seiner Freilassung 2003 lebt er mit Meldeauflagen in Rom.

Der Kultursoziologe Manfred Lauermann kommentiert das Zusammentreffen und Zusammenarbeiten von Hardt und Negri folgendermaßen: „Mir scheint das Zusammentreffen von den beiden Autoren ein Glücksfall, weil sie Repräsentanten der Linken aus zwei Generationen, aus zwei verschiedenen Kulturen und mit gänzlich differenten Erfahrungen zusammen an einem Projekt arbeiten lässt. […] Bei Hardt ist die Tradition einer anarchistischen US-Gewerkschaft ebenso gespeichert wie die ständige Widerständigkeit des (amerikanischen) Bürgers [.]. Bei Negri kommen die Erfahrungen gelungener Revolten zum Tragen: die Besetzung ganzer Stadtteile und Fabriken in Mailand durch die ‚Massenarbeiter'. Daher konstruieren beide einen Begriff von *multitudo*, von der Menge, die sich bildet, die sich auflöst, der bewusst unvollkommen ist: offen für alle möglichen politischen Erfahrungen. Die Menge sind die, die unten sind, dort, wo nach Hegel das Leben konkret ist, niemals also Eliteteile der herrschenden Klassen. Sie bildet sich im Widerstand, also löst sich auf, wenn sie sich institutionalisiert" (Lauermann 2006: 310).

Beide, sowohl Hardt vor allem aber Negri, verstehen ihre theoretischen Analysen als politisches Projekt. Bei Antonio Negri ist in diesem Zusammenhang die Nähe zur Tradition des italienischen Operaismus der 1960er Jahre hervorzuheben. Der Operaismus war eine oppositionelle Strömung des italienischen Marxismus, in dem die ‚lebendigen Produktivkräfte' betont und der Fokus auf die Subjektivität und Autonomie der Arbeitskräfte gelegt wurde – letzteres für einige sogar so stark, dass die Subjektivität der Massenarbeiter zum Schlüssel für die Befreiung wird.[1] Der Postoperaismus – zu dessen Autoren auch Antonio Negri oder auch Paolo Virno zählen – entstand im Kontext der sozialen Bewegungen der 1970er Jahre, brach mit der Figur des Massenarbeiters als Motor sozialer Veränderung und entwickelte den Begriff des gesellschaftlichen Arbeiters (*operaio sociale*).

Die Arbeit an der Sorbonne bringt Hardt und Negri direkt ins Zentrum der französischen Debatten um Strukturalismus, Poststrukturalismus und Dekonstruktion, wie sie tonangebend von Foucault, Derrida und Deleuze geführt wurden. Auch hier stellen die Fragen nach politischer Handlungsfähigkeit sowie nach den subversiven Widerstandspraxen, nach Verschiebungen und Umdeutungen scheinbarer Eindeutigkeiten ein kontroverses Feld für Auseinandersetzungen dar.

2 Zentrale Aussagen und Inhalte: *Empire* und *Multitude*

Im theoretischen Kontext von Postmarxismus, Poststrukturalismus und Postmoderne bearbeiten Hardt und Negri die Effekte der Globalisierung. Schon an ihrer Begrifflichkeit lassen sich diese theoretischen Einflüsse erkennen: Rhizom (vgl. Deleuze/Guatarri 1992), Biomacht (vgl. Foucault 1976), Hybridität (vgl. Bhabha 1994), Deterritorialisierung, Selbstorganisation und dezentralisiertes Netzwerk (vgl. Deleuze/Guattari 1992) durchziehen vor allem die Argumentationsfiguren

---

[1] Der Operaismus wird z.T. auch als Anarcho-Syndikalismus beschrieben (vgl. einführend Wright 2005).

im *Empire*, aber auch in *Multitude*. Als wesentliche Bezüge ihrer Überlegungen benennen Hardt und Negri im Vorwort von *Empire* explizit zwei Werke: „Zwei interdisziplinäre Text standen uns, während wir dieses Buch schrieben, als Modelle vor Augen: *Das Kapital* von Karl Marx (1867) und *Tausend Plateaus* von Gilles Deleuze und Félix Guattari (1992)" (Hardt/Negri 2002: 421).

Von Marx ausgehend bedienen sie sich zwar der marxistischen Theorie, aber immer, um diese gleichsam über sich selbst hinauszutreiben. Mithilfe der Marxschen Begrifflichkeit unternehmen sie auch den Versuch, Foucaults Konzept der Biomacht und Deleuze Ansatz der Kontrollgesellschaft[2] zu überschreiten und so die neue Form und Qualität der Vergesellschaftung, die kapitalistische Restrukturierung von Raum und Zeit im *Empire* sowie die neuen Produktions- und Reproduktionsregime zu beschreiben. Auf diesem Wege überwinden sie sowohl die marxistische Imperialismustheorie als auch den Operaismus, den Poststrukturalismus und die *postcolonial studies*. Das zeigt sich beispielsweise in ihrer Anknüpfung an die aus den Foucaultschen Spätwerken stammende analytische Perspektive der Bio-Macht. Die Biomacht erfasst in dieser Perspektive das gesamte Leben und unterwirft dieses der Maxime der Produktivität. Hardt und Negri wenden das Biomachtkonzept unter dem Einfluss der Gouvernemtalitätstudien, der feministischen Ökonomiekritik und der postoperaistischen Gegenwartsanalysen in eine andere Richtung: Biomacht meint für sie nun eine Form netzwerkförmiger Souveränität, die als zerstreute Macht agiert, die die Selbstregulierungsfähigkeit der Individuen erfasst und aus dieser gesellschaftliche Veränderungen ermöglicht.

2.1 Empire. Oder: Der Abschied vom Nationalstaat

Ausgangspunkt der Argumentation Hardts und Negris im *Empire* ist, dass sich die für die Moderne charakteristischen Nationalstaaten durch aktuelle Globalisierungsprozesse überholt haben. Mit der Ablösung der Moderne durch die Postmoderne sei neben dem Primat der Kommunikation auch die Entmaterialisierung der Ökonomie getreten (vgl. Thien 2006: 194). Die Bedeutung von Territorium und Nationalraum löste sich auf, es bilde sich stattdessen das Empire als gegenwärtige Herrschaftsstruktur heraus. Und das Empire verstehen Hardt und Negri als aterritorialen und zugleich allumfassenden Raum.

Die Konstitutionsprozesse des Empires begannen nach 1648 mit der Durchsetzung der Nationalstaaten (vgl. Hardt/Negri 2002: 107-127), wobei am Ende des 19. Jahrhunderts Nationalismus und Kolonialismus zum Imperialismus kumulierten. Der britische Imperialismus verstand sich zu dieser Zeit schon als Empire, das heißt als Herrschaft über Weltmärkte. Und diese Herrschaftsstruktur

---

2 Rosi Braidotti setzt sich beispielsweise kritisch mit der Deleuze-Rezeption in *Empire* auseinander und weist deren blinde Flecken aus (vgl. Braidotti 2007).

und -form, das Empire, ist heute weltumfassend in Form einer Weltgesellschaft realisiert. Das heißt die gegenwärtigen Machtstrukturen gehen nicht mehr vom Nationalstaat und damit vom nationalstaatlichen Territorium und sozialen Raum aus, sondern diese ehemals gegebenen Grenzen werden fluide und damit als Markierungen des Sozialen und „Kulturellen" überwunden. Heute handelt es sich demnach eher um Netzwerkmächte, in denen neben den Nationalstaaten auch transnationale Konzerne und die internationalen Agenturen des Finanzkapitals eine zentrale Rolle spielen bzw. das Empire auch als neues Modell von Sozialräumlichkeit konstituieren und bisherige Vorstellungen von Nation als Behälterraum (vgl. kritisch dazu für die Soziologie Löw/Sturm 2005 und für die Geografie Werlen/Reutlinger 2005) ablösen. Die daraus resultierende neue, biopolitische Ordnung ist nun als „imperial" zu bezeichnen: „Heute entwickelt sich stattdessen [statt der Souveränität des Nationalstaates; E.T.] eine ‚Netzwerkmacht', eine neue Form der Souveränität, zu deren wichtigsten Momenten oder Knoten die dominanten Nationalstaaten ebenso gehören wie supranationale Institutionen, große kapitalistische Unternehmen und andere Machtfaktoren. Diese Netzwerkmacht ist [...] ‚imperial' und nicht ‚imperialistisch'" (ebd.: 8).

Das Empire schließt also alle Machtbeziehungen mit ein, es ist überall. Es ist ein dezentriertes, deterritorialisiertes Herrschaftsregime, das die gesamte globale Sphäre erfasst. In diesem haben sich die Gegensätze zwischen Nord/Süd und Peripherie/Zentrum aufgelöst bzw. angenähert (vgl. ebd.: 345; vgl. dazu kritisch: Arrighi 2003: 15ff.), woran sowohl die enormen Veränderungen in der Computer- und Informationstechnologie wie auch die räumliche Flexibilität von Individuen bzw. Arbeitskräften ihren Anteil haben. Durch die Form des Empires, durch seinen Netzwerkcharakter, werden alle gesellschaftlichen Räume, alle sozialen Praxen, Prozesse und Subjektivitäten erfasst: „Das Empire entsteht heute als Zentrum, das die Globalisierung von Netzwerken der Produktion trägt und ein Netz der Inklusion einsetzt, um möglichst alle Machtbeziehungen innerhalb der neuen Weltordnung einzufassen" (ebd.: 35).

Das Empire ist also weder gleichzusetzen mit den USA noch mit dem US-amerikanischen Imperialismus, vielmehr sprechen Hardt und Negri von einer dreischichtigen Struktur des globalen Herrschaftszusammenhangs (vgl. Abbildung 1):

```
                    Vereinigtes
                   Global-Kommando
                   Supermacht USA,
             ausgewählte Nationalstaaten (G7)
             Clubs von London, Paris, Davos etc.
           heterogenes Netz weiterer Organisationen

                 Netzwerk transnationaler
                  kapitalistischer Konzerne
            Kapital-, Technologie- und Bevölkerungsflüsse,
                   Nationalstaaten allgemein,
            lokal und territorial operierende Organisationen

                Mechanismen der Repräsentation
            Politische Systeme der Nationalstaaten, UNO & NGOs,
                das ‚globale Volk‘, die MULTITUDE
```

Abb 1. „Pyramide der globalen Herrschaftsverfassung" (mod. nach Krysmanski 2006: 181)

Die oberste Ebene, die Ebene des vereinigten Global-Kommandos, besteht aus der Supermacht USA, den ausgewählten G8-Nationalstaaten, verschiedenen einflussreichen Clubs sowie einem vielfältigen Netz von Vereinigungen und Organisationen. Auf der mittleren Ebene, der Ebene der Netzwerke transnationaler kapitalistischer Konzerne, organisieren transnationale Konzerne und einige Nationalstaaten die Kapital-, Technologie- und Bevölkerungsflüsse.[3] Auf der untersten Ebene des globalen Herrschaftszusammenhangs bilden UNO und NGOs mit den verschiedenen sozialen (Basis)Bewegungen und Initiativen sowie mit den politischen Repräsentanten einiger kleiner Nationalstaaten die *Multitude* (vgl. Hardt/Negri 2002: 320-324). Mit dieser neuen dreigliedrigen Struktur des Empires hat sich nach Hardt und Negri auch die Form der Machtausübung[4] verschoben: „Die Konstitution des Empire nimmt weder auf der Grundlage von Verträgen oder Abkommen noch durch irgendwelche föderativen Mechanismen Gestalt an. Der Ursprung der imperialen Normativität ist ein neuer Apparat, ein ökonomisch-industriell-kommunikativer Apparat – kurz: ein globaler biopolitischer Apparat" (ebd.: 54).

---

3   Zu den transnationalen Konzernen erläutern Hardt und Negri folgendes: „Die großen transnationalen Konzerne, die nationale Grenzen übergreifen und als Bindeglied im globalen System fungieren, sind ihrerseits intern in kultureller Hinsicht weitaus vielfältiger und weniger festgelegt als die begrenzten modernen Unternehmen früherer Jahre" (Hardt/Negri 2002: 165).

4   Als Machteliten des Empire unterscheidet Krysmanski (2006: 186-187) zwischen den Konzerneliten, den politischen Eliten und den technokratischen Eliten.

Das Empire ist also, in einem erweiterten Sinne von Foucaults (1976) Biomacht-Konzept[5], als Regime der Biomacht zu verstehen, in dem ökonomische Produktion und politische Konstitution tendenziell zusammenfallen: „Die Machtverhältnisse des Empire deuten auf etwas Grundlegendes, auf die Produktivkraft des Systems, des neuen biopolitischen ökonomischen und institutionellen Systems" (Hardt/Negri 2002: 55). Dementsprechend hat sich heutiges politisches Handeln der Nationalstaaten weg von der Normalisierung hin zur Kontrolle von Differenzen verschoben:

> „Die Spaltung der Menge war historisch schon immer Bedingung des politischen Regierungshandelns. Der Unterschied zu heute besteht in der Tatsache, dass in modernen Regimes nationalstaatlicher Souveränität die Regierung auf eine lineare Integration von Konflikten zielte und auf einen kohärenten Apparat setzte, der jene unterdrücken konnte, das heißt, sie arbeitete auf die rationale Normalisierung des gesellschaftlichen Lebens hin und hatte dabei sowohl ein Gleichgewicht wie die Entwicklung administrativer Reformen als Ziel vor Augen; unter den Bedingungen des Empire wird die Regierung hingegen *fraktal*: Sie versucht Konflikte nicht zu integrieren, indem sie sie einem kohärenten sozialen Dispositiv unterwirft, sondern indem sie die Differenzen kontrolliert" (ebd.: 348).

Diese veränderte Kontrollfunktion des Nationalstaates ist insofern für die Sozialraumdebatten interessant, da sich damit auch neue Perspektiven beispielsweise auf (Land)Aneignungspraktiken, die Regulation des Lokalen oder die sozialpolitischen In- und Exklusionspraktiken, u. a. von der Stadt(teil)bevölkerung, ergeben.[6] Aber auch die Anrufung des „Standorts" in Zeiten der Globalisierungsprozesse wird damit als herrschaftsstabilisierende politische Rationalität interpretierbar.

In der Postmoderne wird auch Arbeit neu akzentuiert und damit ist eine Verschiebung der Bedeutung weg von der Industriearbeit hin zum Dienstleistungssektor bzw. zur immateriellen Arbeit zu beobachten. Unter immaterieller Arbeit verstehen Hardt und Negri das Erzeugen von nicht-quantifizierbaren Produkten, beispielsweise Wissen, und die affektiven Handlungen, die das Leben produktiv und verwertbar machen. Es kommt zu einer In-Wert-Setzung des gesamten Lebens, wodurch sich aber eine weitere Grenzziehung, nämlich diejenige zwischen Privat-Öffentlich auflöst bzw. verändert und der Raum der Lebenssphäre mit der-

---

5 Thomas Lemke arbeitet die strategische Bedeutung, die der Biomacht im Empire zukommt heraus; vgl.:http://www.uni-muenster.de/PeaCon/global-texte/g-bio/g-bio-n/lemke-BiopolitikimEmpire.pdf

6 Das verweist auch auf „die sozial-administrative Strategie der ‚Territorialisierung des Sozialen'" (Reutlinger/Kessl/Maurer 2005: 13), das heißt auf die Definition von gewissen Territorien als „Armutsgebiete" oder als „soziale Brennpunkte".

jenigen der Arbeitssphäre zu verschwimmen scheint. Hardt und Negri unterscheiden in diesem Zusammenhang drei Typen der immateriellen Arbeit, die die Postmodernisierung der globalen Ökonomie bestimmen: „Der erste Typ betrifft die industrielle Produktion: Sie wurde so informatisiert, sie hat die Kommunikationstechnologie so inkorporiert, dass sich der industrielle Produktionsprozess selbst transformiert. Die Fertigung haltbarer Güter wird nun wie eine Dienstleistung angesehen, und die immaterielle Arbeit, sie geht selbst in Richtung der neuen immateriellen Arbeitsform. Der zweite Typ immaterieller Arbeit kann durch analytische und symbolische Anforderungen umrissen werden, die selbst wiederum in deren kreative und intelligente Handhabung von Affekten. Diese Form immaterieller Arbeit erfordert – sei es virtuell oder aktuell – zwischenmenschlichen Kontakt und die Arbeit am körperlichen Befinden" (ebd.: 305). Insgesamt stellen sie fest, dass sich schon jetzt die „Hegemonie der immateriellen Arbeit" durchgesetzt habe und „Information, Kommunikation und Kooperation zu Normen und das Netzwerk zur vorherrschenden Organisationsform der Produktion" werden (Hardt/Negri 2004: 132).

Aus diesen Veränderungen der Strukturierung und Bedeutung von Arbeit, Raum und Zeit resultiert auch ihre Antwort auf die Frage, wer nun den Kampf gegen das Empire aufnehmen kann: „Die Revolution steht nicht mehr auf der Tagesordnung, das realsozialistische Experiment ist Geschichte, die ehemaligen kommunistischen Parteien sind sozialliberal geworden. [....] Als neues Subjekt identifiziert Negri daher den ‚*gesellschaftlichen Arbeiter*', dessen Status im Verhältnis zum klassischen Industriearbeiter nicht nur prekär ist, sondern der auch in einem Konkurrenzverhältnis zu diesem steht. Zugleich ist dieses neue historische Subjekt nur noch im metaphorischen Sinne ‚Arbeiter', handelt es sich doch eher um von Proletarisierung bedrohte Intellektuelle der neuen Wissensgesellschaft" (Priester 2005: 184-185; Herv. E.T.).

Wenn der Raum des Nationalstaates sich in der beschriebenen Weise hin zum globalen Empire verändert, wird dann auch der Nationalraum als Bezugsrahmen für politische Prozesse irrelevant? An wen werden dann innerhalb der globalen Weltordnung Forderungen und Artikulationen herangetragen? Nicht mehr das Proletariat ist das revolutionäre Subjekt, sondern die Multitude, „die Armen" – so lautet der Vorschlag Hardts und Negris (2002: 169; 2004: 123). Die Multitude ist „die lebendige Alternative, die im Inneren des Empire entsteht" (Hardt/Negri 2004: 9). Sie ist der Gegenpol zum Empire und gleichzeitig sein Produkt. Die Multitude definieren Hardt und Negri als die vom Kapital Marginalisierten, die weder an einem gesellschaftlichen Ort noch in einem geografischen Raum der Welt zu lokalisieren sind, sondern sich in unterschiedlichen kulturellen und territorialen Sphären finden lassen.

Während sie mit *Empire* eine Analyse der kapitalistischen Weltgesellschaft vorlegen, wollen Hardt und Negri in *Multitude*[7] jene Leerstelle füllen, die im *Kommunistischen Manifest* von der Arbeiterklasse eingenommen wird, was aber gegenwärtig nicht mehr überzeugen kann (vgl. Lauermann 2006: 311).

2.2 Multitude. Oder: Das Aufbegehren der Verdammten dieser Erde

Globalisierung und ihre Effekte sind für Hardt und Negri nicht etwas grundsätzlich Negatives, sondern sie gilt ihnen auch als „Beginn einer neuen verheißungsvollen Ära, in der sich das Verlangen der Verdammten dieser Erde werde verwirklichen lassen" (Arrighi 2003: 11). Auch in der Formulierung der Multitude weisen Hardt und Negri somit auf zwei Seiten der Globalisierung hin: „Auf der einen Seite umspannt das Empire mit seinen Netzwerken von Hierarchien und Spaltungen den Globus; sie erlauben es, die Ordnung mittels neuer Mechanismen der Kontrolle und mittels des permanenten Konflikts aufrechtzuerhalten. Andererseits bedeutet Globalisierung aber auch, dass neue Verbindungen des Zusammenwirkens und der Zusammenarbeit entstehen, die sich über Länder und Kontinente hinweg erstrecken und auf zahllose Interaktionen fußen" (Hardt/Negri 2004: 9). Gerade diese zweite Seite der Globalisierung erlaube es, so Hardt und Negri, die Besonderheit in der Differenz sowie das Gemeinsame, das Differenzübergreifende zu sehen und Globalisierung in Hinblick auf die Möglichkeit zu lesen, die sich der Befreiung der Menge (Multitude) eröffnet.

Auf konzeptioneller Ebene kann die Multitude daher auch nicht mit den Begriffen wie Volk, Masse, Nation oder Arbeiterklasse gleichgesetzt werden. Die Multitude ist nicht ein Volk, da dieses immer auf eine einzige verbindende Identität rekurriert. Aber die verschiedenen Differenzverhältnisse, das heißt die geschlechtliche, sexuelle, ethnische und kulturelle Differenz, können nicht mittels einer Identität erfasst werden. Denn „[d]as Volk ist eines. Die Multitude hingegen sind viele" (Hardt/Negri 2002: 10). Nicht mehr eine verbindende kollektive Identität, wie es beispielsweise das „Wir-Frauen" in der feministischen Bewegung war, liegt der Multitude zugrunde, sondern „eine Vielfalt all dieser singulären Differenzen" (ebd.) und eine Vielheit unzähliger Singularitäten (vgl. ebd.: 117). „Eine Multitude bildet eine irreduzible Vielfalt; die einzelnen sozialen Differenzen, die die Multitude konstituieren, müssen jederzeit einen Ausdruck finden und können niemals zu Einförmigkeit und Einheitlichkeit, Identität und Indifferenz eingeebnet werden. Die Menge ist nicht nur eine fragmentierte und zerstreute Vielfalt" (Hardt/Negri 2004: 123).

---

7 *Multitude* gliedert sich in drei große Hauptteile: der erste befasst sich mit dem permanenten Kriegszustand im Weltmaßstab, der zweite Teil mit dem Begriff der Multitude sowie dessen Bewegungs- und Veränderungspotenzial. Im dritten Teil wird die Möglichkeit auf Demokratie im Weltmaßstab beschrieben, wofür die Multitude, so die These Hardts und Negris, die Mittel bereitstelle.

Die Multitude ist also ein offenes und inkludierendes Konzept. Und das Definitionsmerkmal der Multitude ist der verbindende Charakter, das gemeinsame Handeln von Singularitäten, das heißt die Gleichzeitigkeit des Aufrechterhaltens von Differenzen *und* ihre Überbrückung. Die Gemeinsamkeit muss nicht entdeckt oder freigelegt, sondern vielmehr produziert und erarbeitet werden. Die Differenzen sind der Ausgangspunkt der Multitude und ihre Organisationsform ist ein offenes und breit angelegtes Netzwerk. Die Multitude als Netzwerk zu verstehen, bedeutet dabei, Kommunikation und die Mittel der Begegnung zu betonen.

Auch mit Massen kann die Multitude nicht übersetzt werden, denn in der Masse werden die Differenzen übertönt und – nicht Identität wie beim Volk, sondern Uniformität angestrebt. Zuletzt kann die Multitude auch nicht mit der Arbeiterklasse gleichgesetzt werden, denn diese bezog sich auf „den Industriearbeiter", eine Arbeitsform, die heute nicht mehr hegemonial sei. Die Multitude umfasse nämlich „die verschiedenen Gestalten der gesellschaftlichen Arbeit" (ebd.: 11): die Studierenden, Mini-Jobber, Arbeitslosen, Hartz IV- oder Sozialhilfeempfänger/innen, Migrant/innen, Asylsuchenden und sonstige Marginalisierte. Sie alle gehören für Hardt und Negri zu den Verdammten dieser Erde, denn sie sind verbunden über zwei Momente: das Moment der Marginalisierung und das Moment der Verweigerung. „Die Weigerung, sich ausbeuten zu lassen – oder genauer: Widerstand, Sabotage, Ungehorsam, Aufruhr und Revolution – bilden die treibende Kraft der Wirklichkeit, in der wir leben, und sind zugleich deren lebendige Opposition" (Hardt/Negri 2002: 220-221). Und da sich in der heutigen Welt die räumliche Anordnung verändert hat, bleiben die kapitalistischen Ausbeutungsverhältnisse nicht mehr auf einzelne Orte – die Fabriken – beschränkt, sondern erfassen das gesamte gesellschaftliche Terrain: „Das Empire ist der Nicht-Ort der Weltproduktion, an dem Arbeitskraft ausgebeutet wird" (ebd.: 222). Aber nicht nur die Weltordnung ist umfassend und entortet, sondern auch Widerstand und Verweigerung werden vom Territorium, nationalen und sozialen Räumen, entkoppelt.

Denn da die Macht ortlos geworden ist, muss sich auch der Widerstand diversifizieren, pluralisieren und von überall herkommen (vgl. Foucault 1983). Da die Produktivkräfte nach Hardt und Negri fast vollständig delokalisiert und universell sind, erhebt sich Widerstand oder formiert sich Dagegen-Sein in den Figuren des Nomadentums[8], der Desertion und des Exodus – die Orte der Macht sind evakuiert und die Desertion verfügt über keinen Ort mehr (vgl. das Eingangszitat).

---

8 Hardt und Negri thematisieren dabei nicht das in den Migrationstheorien aktuelle Thema der Deterritorialisierung und Transnationalisierung unter dem Aspekt, inwieweit Migration auf freiwilliger oder (ökonomisch) notwendiger Basis erfolgt.

„Je weiter das Kapital seine globalen Produktions- und Kontrollnetzwerke ausdehnt, desto mächtiger kann jeder einzelne Punkt der Revolte werden. Einfach indem sie sich auf ihre eigene Stärke konzentrieren, ihre Energien in einer Anspannung, einer Windung bündeln, treffen diese wellenförmigen Kämpfe die imperiale Ordnung in ihren komplexesten Verknüpfungen. Das Empire ist eine oberflächliche Welt, ihr virtuelles Zentrum ist von jedem Punkt auf dieser Oberfläche sofort zu erreichen. Wenn diese Punkte eine Art neuen Kampfzyklus konstituieren würden, wäre dieser Zyklus nicht durch Kommunikation und Ausdehnung der Kämpfe, sondern vielmehr durch ihr singuläres Auftreten definiert, durch Intensität, die einen nach dem anderen kennzeichnet. Kurz gesagt verknüpfen sich diese Kämpfe nicht horizontal, sondern jeder einzelne reicht vertikal direkt ins virtuelle Zentrum des Empire" (Hardt/Negri 2002: 71).

In der Wendung des Foucaultschen *Willen zum Wissen* sprechen Hardt und Negri vom „Wille, dagegen zu sein" (ebd.: 222), der sich zuerst in einer Gehorsamsverweigerung zeigt. Der Ort des Widerstandes wird auf diese Weise von Hardt und Negri auf zweierlei Weise translokalisiert: Zum einen gehen soziale Bewegungen heute über einen identitären Charakter hinaus und zum anderen überwindet Widerstand die Bezogenheit auf einen nationalen, als den bisher bestimmenden sozialen Raum. Jeder soziale, ethnische, geschlechtliche und kulturelle Ort, jede Position und jeder gesellschaftliche Raum ist damit als Ausgangspunkt der Gegenwehr geeignet. „Obwohl Ausbeutung und Herrschaft noch immer ganz konkret erfahren werden (die Menge erfährt sie am eigenen Leib), sind sie zugleich auf eine Weise amorph, dass es scheinbar keinen Ort mehr gibt, an dem man sich vor ihnen sicher fühlen kann. Wenn es also keinen Ort mehr gibt, der als Außen gelten kann, so müssen wir an jedem Ort dagegen sein" (ebd.: 223). Zum anderen meinen Hardt und Negri sehr wohl die „wahren Helden der Befreiung der Dritten Welt" zu kennen: Das sind die Migrant/innnen und die Bevölkerungsströme, die die alten und neuen Grenzen zerstört haben (vgl. ebd.: 370). Und der postkoloniale Held (die postkoloniale Heldin?) ist derjenige „der fortwährend territoriale und rassistische Grenzen überschreitet, der Partikularismen zerstört und auf eine gemeinsame Zivilisation verweist" (ebd.: 370).

Die Bedeutung der Multitude sehen Hardt und Negri auf der ökonomischen Ebene und vor allem auf der Ebene ihrer politischen Organisation. Beide Ebenen bzw. Bedeutungen der Multitude beziehen sich auf die Entwicklung von Demokratie. „Demokratie im Weltmaßstab" (Hardt/Negri 2004: 7), so finden Hardt und Negri einleitend in der Betrachtung des unvollendeten Projekts der modernen Nationalstaaten, „war noch nie so unmöglich und zugleich so notwendig" (ebd.: 8) wie heute. Hardt und Negri stellen die Politik der weltweit sich formierenden

Multitude auf die Basis der – auch weltumfassenden – Forderung nach Demokratie sowie der Forderung nach Weltbürgerschaft und sozialer Grundsicherung. „Globale Demokratie ist eine Forderung mit zunehmender Verbreitung, die bisweilen explizit, doch häufig implizit in der Auflehnung gegen Missstände und im Widerstand gegen die gegenwärtige Weltordnung artikuliert wird. Wie ein roter Faden zieht sich überall auf der Welt der Wunsch nach Demokratie durch die zahlreichen Befreiungskämpfe und Befreiungsbewegungen, seien sie lokal, regional oder global ausgerichtet" (ebd.: 12).

Zusammenfassend heißt das: Die Multitude ist nicht als ein homogener Körper zu begreifen, sondern vielmehr besteht sie aus singulären Subjektivitäten, die netzwerkartig verbunden sind. Und jede Form von Widerstand, jede widerständische Praxis ist für Hardt und Negri *immer* „vollkommen positiv" (2002: 369). So reihen sie denn auch die Kämpfe gegen die Sklaverei neben jene einer Nation, einer Identität oder eines Volkes und jene gegen die Beschränkung der Subjektivität (vgl. ebd.). Zugleich verweisen Hardt und Negri darauf, dass die Multitude mehr ein politisches Projekt und damit in die Zukunft verweisend als schon existentes Gegebenes ist: „[D]er Begriff der Multitude [zielt] darauf, das von Marx entworfene politische Projekt des Klassenkampfes erneut aufzunehmen. Aus dieser Perspektive betrachtet, basiert die Multitude *nicht* so sehr auf der gegenwärtigen *empirischen Existenz*, sondern vielmehr auf den *Bedingungen der Möglichkeit* als Klasse. Mit anderen Worten: Die entscheidende Frage ist nicht so sehr ‚Was ist die Multitude?' als ‚Was kann die Multitude werden?'" (Hardt/Negri 2004: 123-124; Herv. E.T.).

3 Soziale Bewegungen

Revolutionäre Prozesse, wie der Widerstand sozialer Bewegungen, haben sich durch die gegenwärtige Neuzusammensetzung sozialer Klassen, die Hegemonie der immateriellen Arbeit und die netzwerkartigen Entscheidungsstrukturen radikal verändert – so lautet die Grundthese Hardts und Negris in *Multitude*. Die traditionellen Modelle linker Politik – der Klassenkampf und die revolutionäre Organisation – sind heute „überholt und nutzlos" (ebd.: 86) geworden.

In ihrer Betrachtung der Raumdimension von sozialen Bewegungen betont Susanne Maurer, dass soziale Bewegungen in ihrer Zielsetzung, in ihrem Selbstverständnis und ihren Aktionsformen immer auf lokale Orte und gesellschaftliche Räume bezogen waren: „[R]äumliche Dimensionen werden gerade in den Anlässen, Themen, Visionen und konkreten Praxen der Bewegungen besonders deutlich" (Maurer 2005: 630). Für Maurer sind konkrete Orte für die Möglichkeit sozialer Kämpfe unabdingbar, da sie so den jeweiligen gesellschaftlichen Raum dynamisieren, rhythmisieren und neu interpretieren (vgl. ebd.: 630f.).[9] Der symbolische und konkrete Raum der sozialen Bewegungen ist dabei immer ein politischer Raum. Soziale Bewegungen gehen so über einzelne Themen und Kampagnen hinaus, da sie die Grundlagen der jeweiligen Gesellschaft kritisieren, sich als netzwerkartiger Verbund von Menschen und Gruppen organisieren und über ihre gemeinsame Problemwahrnehmung oder Zielsetzung Zugehörigkeit herstellen. Was also kann dann der Mobilisierungsraum für die Multitude im Sinne einer sozialen Bewegung sein? Welche Form kann Widerstand jenseits des Raumes der nationalstaatlichen Arena und jenseits identitärer Bündnisse ganz konkret annehmen? Erlangt das Lokale als Motor sozialer Aktionen neue Bedeutung oder wird es auf neue Weise vereinnahmt und reguliert?

Anhand einer Genealogie des Widerstands und der Revolutionen in der Moderne zeigen Hardt und Negri, wie sich demokratische Organisationsformen in den sozialen Bewegungen entwickelt haben. Der Weg führt dabei weg von den zentralistischen Formen des Aufruhrs und der Bildung von Volksarmeen, weg von den revolutionären Diktaturen und den anti-kolonialen Revolutionen auf den drei Kontinenten, weg von den Guerillabewegungen oder den Revolten der antiautoritären Bewegungen um 1968 hin zu einer Netzwerkorganisation sozialer Bewegungen. In dieser wird Autorität durch kooperative Beziehungen abgelöst.[10] In den Organisationsstrukturen der sozialen Bewegungen selbst müssten bzw. hätten sich nach Meinung der beiden Autoren demokratische Verhältnisse schon etabliert.

Die Bürgerkriege der Moderne, beispielsweise in Spanien, Russland, Mexiko oder Indien, waren ihres Erachtens eine Antwort auf den Übergang zum Kapitalismus. In deren Mittelpunkt stand das Bemühen, Einheit zu erlangen, das heißt die militärische Organisation der Guerillakämpfer/innen, Partinsan/innen und Banden zu zentralisieren und in der vereinigten Volksarmee zu bündeln (vgl. Hardt/Negri 2004: 88-89). Daraus resultierte wiederum die Konstitution von Na-

---

9 Und dies tun soziale Bewegungen indem sie ganze Plätze oder Territorium besetzen oder sich mittels Sit-Ins und Go-Ins oder mit reclaim-the-street-Praxen öffentliche Räume aneignen (vgl. Maurer 2005: 631-632).

10 In Empire wird der Zusammenhang zwischen den proletarischen Kämpfen und der kapitalistischen Krise Ende der 1960er und Anfang der 1970er beschrieben: „Wenn es den Vietnamkrieg, wenn es die Revolten der Arbeiter und Studenten in den 1960er Jahren nicht gegeben hätte, wenn es kein 1968 und keine neue Frauenbewegung und auch nicht die ganze Reihe der antiimperialistischen Kämpfe gegeben hätte, hätte sich das Kapital damit begnügen können, sein eigenes Machtarrangement aufrechtzuerhalten, [....]. Das Kapital wäre aus mehreren Gründen zufrieden gewesen: weil die natürlichen Schranken ihm reichten; weil es von der Entwicklung der immateriellen Arbeit bedroht wurde; weil es wusste, dass die transversale Mobilität und Hybridisierung der Arbeitskräfte weltweit das Potenzial neuer Krisen und Klassenkonflikte von nie zuvor gekanntem Ausmaß bargen. Die Restrukturierung der Produktion [....] antizipierte den Aufstieg neuer Subjektivitäten" (Hardt/Negri 2002: 286).

tionen: „Die Klassen- und Befreiungskriege der Moderne produzierten in einem außergewöhnlichen Maß Subjektivitäten" (ebd.: 92).

Die Wiedergeburt der Guerillaorganisationen in den 1960er Jahren ging einher „mit der wachsenden Ablehnung der zentralisierten Struktur der Volksarmee, einer Ablehnung, die zu einem großen Teil durch den Wunsch nach mehr Freiheit und Demokratie begründet ist" (ebd.). Die kubanische Revolution war dabei nicht zufällig die „Hauptinspirationsquelle" (ebd.) der Guerillabewegungen, bot sie doch das beste Beispiel für polyzentrische, dezentralisierte Strukturen und für eine relative Autonomie der Bewegungen. Diese Autonomie arbeiten Hardt und Negri aber als scheinbare heraus, da sie in der Praxis doch auf eine zentralisierte Einheit und einen politischen und befehlshabenden Führer hinauslief. Vor allem dann, wenn die Guerilla erfolgreich war – wie in Kuba oder Nicaragua – und sie nach der Befreiung eine Regierung zu bilden hatte, zeigte sich dieser Prozess der Entdemokratisierung.[11]

Zu einer grundsätzlichen Veränderung der sozialen Kämpfe kam es nach Hardt und Negri mit dem Übergang zur Postmoderne. In postmodernen Kämpfen wird der Zusammenhang bzw. die nicht mehr aufrechtzuerhaltende Trennung zwischen Sozialem und Politischem evident. Nach 1986 beginnen Widerstands- und Befreiungsbewegungen sich radikal zu verändern: „Die offensichtlichste Veränderung der Guerillabewegung ist, dass sie sich vom Land in die Städte begeben, aus einem offenen Raum in einen geschlossenen. Die Techniken der Guerillastrategie werden den neuen Bedingungen der postfordistischen Produktion angepasst, den Informationssystemen und Netzwerkstrukturen" (ebd.: 99).

Entsprechend der Hauptachsen der postfordistischen Produktion – der Netzwerke der Information, Kommunikation und Kooperation – werden die Guerillabewegungen bestimmt. Dies nicht nur anhand der technologischen Mittel, etwa des Internets, das jetzt zur Verfügung steht, sondern die Technologien werden zu Modellen ihrer Organisationsform.

Für Hardt und Negri zählen daher die *Roten Khmer* (Kambodscha), die *Mudschahedin* (Afghanistan), die *Hamas* (Palästina), die *New People´s Army* (Phillipinen), der *Leuchtende Pfad* (Peru), die *FARC* und die *ELN* (beide in Kolumbien) (vgl. ebd.: 101f) sowie die *Black Panther* (USA), die *Front de Libéracion du Québec* (Kanada), die *Tupamaros* (Uruguay), die *Accao Libertadora Nacional* (Brasilien), die *Rote Armee Fraktion* (West-Deutschland) und die *Roten Brigaden* (Italien) (vgl. ebd.: 99) zu den überholten Organisationsformen sozialer Bewegungen, denn ihnen fehlt(e) der Netzwerkcharakter.

---

11 Abzulesen ist diese Entdemokratisierung ehemaliger Guerillabewegungen beispielsweise an der geringen Anzahl von Frauen, die Führungspositionen besetzen, obwohl ihr Anteil am Guerillakampf ungleich höher war.

Erst die neue Guerilla sei polyzentrisch organisiert, ein Netzwerk ohne Zentrum, in dem es viele verschiedene miteinander kommunizierende Knoten gäbe. Besonderes Merkmal dieser neuen Guerilla ist demnach, dass sie auf biopolitischem Terrain agiert, das heißt neue Subjektivitäten produziert. Die EZLN (*Ejércitio Zapatista de Liberación Nacional*/Zapatistische Armee der nationalen Befreiung), die seit dem 1.1.1994 im mexikanischen Süden öffentlich agiert, sehen Hardt und Negri als ein Beispiel für diese neuen Netzwerkkämpfe an.[12] Sowohl die innere Organisation als auch die Form der Organisierung haben bei den *Zapatistas* Netzwerkcharakter[13]: „Die Zapatisten, die als bäuerliche, indigene Bewegung entstehen und es im Wesentlichen auch bleiben, benutzen das Internet und avancierte Kommunikationstechnologie nicht nur als Instrumente, um ihre Botschaften der Welt draußen zukommen zu lassen, sondern auch als internes Element der Organisation, zumal die Organisation über den Süden Mexikos hinausreicht und nationale und globale Ebenen besitzt. Kommunikation ist für die zapatistische Vorstellung von Revolution ein zentrales Moment, und die Notwendigkeit, horizontale Netzwerke anstelle von vertikalen, zentralisierten Strukturen zu schaffen, wird ständig betont" (ebd.: 103).

Als „eindeutigste Beispiele verteilter Netzwerkorganisation" (ebd.: 105) und als Keimzelle der Demokratie ganz neues Typus gelten Hardt und Negri aber vor allem die globalisierungskritischen Protestbewegungen, wie sie in Seattle und Genua oder den Weltsozialforen in Porto Alegre und Mumbai auftraten, denn diese Demokratieformationen kämen ohne Zentrum und Verfassung aus. Sie schaffen es, Autonomie zu wahren und Differenzen zu betonen und sich – trotzdem oder gerade deswegen? – machtvoll zu artikulieren. Das Ziel der polyzentrischen, weltweit vernetzten und nicht institutionalisierten sozialen Bewegungen sei dabei Demokratisierung im Weltmaßstab, das heißt eine Demokratisierung, die den (nationalen) sozialen Raum und dessen Zeit überwindet.

Zudem weisen Hardt und Negri auf die neuen Formen der politischen Intervention hin. Am Beispiel der *Tute Bianche* und der *Zapatistas* denken sie über aktionistische Möglichkeiten, über Mimikry und Karneval, über einen „biopolitischen Streik" und über „biopolitische Waffen" (vgl. Hardt/Negri 2004: 382) und eine besonderen Art von „Märtyrertum" nach (vgl. Hardt/Negri 2004: 381): „Es geht nicht darum, die Macht zu übernehmen und Armeen zu befehligen, sondern darum, deren bloße Möglichkeit zu zerstören" (ebd.: 382).

Die Richtung dieser neuen sozialen Bewegungen, die Richtung der Multitude, kann mit Holloway (2002) daher unter dem Slogan definiert werden: „Die

---

12 Hardt und Negri nennen als Beispiel für die neue Netzwerkguerilla auch die palästinensische Intifada. Kritiken an diesem Beispiel Hardts und Negris entzündeten sich dabei an ihrer unreflektierten oder zumindest nicht erwähnten Unterscheidung von erster und zweiter Intifada.
13 Zur Transnationalisierung sozialer Bewegungen am Beispiel der Zapatistas vgl. auch Kastner 2004.

Gesellschaft verändern, ohne die Macht zu ergreifen!" und dafür bietet, nach der Sicht Hardts und Negris, die Struktur verteilter Netzwerke mit ihrer demokratischen Organisation das beste Modell: „Widerstand gegen das Empire lässt sich nicht durch ein Projekt leisten, das auf eine begrenzte, lokale Autonomie abzielt. Wir können nicht zurück zu irgendeiner früheren Gesellschaftsform und auch nicht vorwärts in die Isolation. Vielmehr müssen wir durch das Empire hindurch" (Hardt/Negri 2002: 218).

4 Bedeutung der Werke *Empire* und *Multitude*

„Was Hardt und Negri hier vorlegen, ist nichts weniger als ein ‚Kommunistisches Manifest' für unsere Zeit: *Empire* legt schlüssig dar, wie der globale Kapitalismus Widersprüche generiert, die schließlich zu seinem Ende führen", so wird Slavoj Zizek, einer der bedeutendsten gegenwärtigen politischen Philosophen, auf dem Coverrücken von *Empire* zitiert. Für die *New York Times* füllen Hardt und Negri mit dem *Empire* gar „eine Lücke in den Humanwissenschaften" und für die *FAZ* setzen Hardt und Negri damit „Marx Erzählung der Weltgeschichte fort". Dieses affirmative Echo so unterschiedlicher Rezensenten – von konservativen bis hin zu linksradikalen – interpretiert Rudolf Walther daher vor allem als Hinweis auf ein theoretisches Vakuum, das Hardt und Negri mit dem *Empire* füllen: „Die gebetsmühlenhaft wiederholte neoliberale Globalisierungspropaganda wird angesichts der tatsächlichen Zustände in der Welt nicht nur unglaubwürdig, sondern hat das Publikum auch verunsichert. Darauf antworten die Autoren von ‚Empire' mit ebenso meinungsstarken wie handfesten Orientierungshilfen: Ein anderes Leben für alle ist möglich. So der sympathische Grundton des Buches" (Walther 2004). Zugleich war auch die Kritik an *Empire* und stärker noch an *Multitude* von Anfang an vehement. Ein spekulativer Charakter und ein Voluntarismus fern ab empirischer Analysen gesellschaftlicher Prozesse wurde Hardt und Negri vorgeworfen (vgl. Arrighi 2003: 15ff).[14] Aber auch Eklektizismus und das Verhaftetsein in der hegemonialtheoretischen Marxismustradition waren Hauptkritikpunkte an Hardt und Negris Überlegungen (vgl. Lauermann 2006: 313-315).[15] In der „Bibel der Globalisierungsgegner" arbeitet Karin Priester (2005: 181) semantische Verschiebungen und ideologische Akzentverschiebungen heraus. Katja Diefenbach attestiert Hardt und Negri „Kitsch ‚bis an die Schmerzgrenze', zumindest aber ‚operaistischen' Idealismus", der „die fortgeschrittene Subjektivierung im Kapitalismus von der Macht reinigen will und eine saubere, glückliche, proto-kommunistische Subjekti-

---

14 Positiv angemerkt wird dabei, dass das *Empire* und die *Multitude* schon für Hardt und Negri nicht ein Tatbestand sondern eine Tendenz, ein Mögliches, sind.

15 Darüber hinaus kritisiert Arrighi (2003: 27), dass sich Hardt und Negri allein auf die euro-amerikanischen Grundlagen des Empire konzentrierten und auf dessen Überschneidung mit seinen Entstehungsbedingungen in Asien nicht eingehen.

vität gegenüber einer ihr äußerlichen Macht erträumt" (Diefenbach 2003: 33 u. 31). Statt einer neuen Perspektive auf Sozialismus und Kommunismus zu entwerfen, betreiben Hardt und Negri, so Kannapin, gar eine „Adelung der Armen" (Kannapin 2005) und dadurch würde Armut zum Bewegungsfaktor und zugleich zum Ziel der Veränderungen. Raul Zelik streicht die prinzipiellen Widersprüche zu den Arbeiten Foucaults, den Queer-Debatten und dem neueren Marxismus heraus. Zelik hält aber den Werken Hardt und Negris wiederum zugute „die Begriffe ‚Kommunismus' und ‚Demokratie' aus ihren Einhegungen befreit [zu] haben" (Zelik 2004).

Die beiden Werke von Hardt und Negri wurden von verschiedenen Autor/innen sehr unterschiedlich eingeschätzt. Hardt und Negris Überlegungen weniger als Gesellschaftstheorie sondern vielmehr als Zeitdiagnose verstehend, sollen im Folgenden einige Überlegungen in Hinblick auf ihre Implikationen für die Sozialraumforschung diskutiert werden.

5 Weiterführende Aspekte: *Empire* und *Multitude* und die Sozialraumdiskussion sozialer Bewegungstheorien

Die ökonomische und politische Neuordnung der Welt, das heißt die ökonomischen, sozialen, politischen und auch kulturellen Globalisierungsprozesse sowie die neoliberale „Vermarktwirtschaftlichung" sind die aktuellen Themen der politischen Soziologie sowie der Theorien sozialer Bewegungen aber auch der sozialen Ungleichheitsforschung. Dabei werden auch die widersprüchlichen und paradoxen Globalisierungs- und Transnationalisierungsprozesse, vor allem die Neustrukturierung von Raum auf der Basis vielfältiger Differenzen betont (vgl. Lenz 2000; Soja 2003).

Für Hardt und Negri ist mit der Erosion nationalstaatlicher Souveränität und der zu beobachtenden zivilgesellgesellschaftlichen Vernetzung ein grundsätzlich neues Paradigma der Regierungstechnik verbunden.[16] Obwohl aber – so wendet Hirsch (2003) in Auseinandersetzung mit Hardt und Negri ein – die staatliche Steuerungsfähigkeit erheblich abgenommen hat, ist die gegenwärtige Transformation der Staatsapparate als Prozess der Internationalisierung und nicht als eine die staatliche Herrschaft überwundene Weltordnung zu bezeichnen (vgl. dazu den Beitrag von Bareis in diesem Band). Dieser Internationalisierungsprozess der Nationalstaaten (vgl. Hirsch/Jessop/Poulantzas 2004) sei von einer Denationalisierung der Staaten gekennzeichnet, von einer Privatisierung der Politik und einer verstärkten Abhängigkeit der einzelnen Staaten von den internationalen Kapital-

---

16 Hier folgen Hardt und Negri kritisch Giorgio Agamben, für den sich der nicht mehr zeitlich befristete Ausnahmezustand „in der Politik der Gegenwart immer mehr als das herrschende Paradigma des Regierens" (Agamben 2004: 9) erweist.

und Finanzmärkten (vgl. Hirsch 2003: 34-35).[17] Und diese blieben als Bezugsrahmen für soziale Bewegungen und widerständische Praktiken auch weiterhin bedeutsam.[18] Entgegen der Einwände von Hirsch stellt sich mit Hardt und Negri eher die Frage, ob diese neue Form des Widerstandes à la Hardt und Negri keinen konkreten Ort mehr braucht, an dem sich der Wille zum Widerstand artikulieren und formieren kann (vgl. Maurer 2005: 643)?

Hardt und Negri gehen in ihren beiden Werken der Überzeugung nach, dass das Politische und damit die Begriffe „Macht", „Widerstand" und „Demokratie" neu gedacht werden müssen. Das Politische erweist sich, so eine weitere ihrer Basisannahmen, immer schon als mit dem Kulturellen und Ökonomischen verwoben. Die aktuellen, stark von den *Cultural Studies* beeinflussten Ansätze sozialer Bewegungsforschung betonen (vgl. dazu den Beitrag von Amos in diesem Band), dass sich die politischen Kämpfe auf das kulturelle Feld ausdehnen und dass sich Ziele und Aktionsformen von der nationalen auf inter- und transnationale Ebenen erweitern. Explizit geht es nicht mehr um eine Attacke des Staates, um den Einschluss in eine Nation. Vielmehr zielen soziale Bewegungen einerseits gerade auf jene Praktiken und Symbole, die transnational geteilt werden und andererseits bestehen sie auf regionalen und lokalen kulturellen Differenzen. Arturo Escobar, Sonia Alvarez und Evelina Dagnino (1998) haben dafür den Begriff der „cultural politics" geprägt. Die Erfolge sozialer Bewegungen, so schlussfolgert Jens Kastner daraus, „sollen nicht mehr allein an den institutionellen Umsetzungen oder Repräsentationen ihrer Forderungen gemessen werden, sondern auch daran, wie sie ausschließende Diskurse destabilisieren, verändern und neue Diskursfelder erobern" (Kastner 2004: 261).

Zwei der Grundthesen des Konzepts einer Sozialraumforschung – soziale Prozesse, Praktiken und Kämpfe konstituieren bzw. materialisieren sich in vorherrschenden Raumordnungen (1) und Sozialräume sind keine unveränderbaren Entitäten sondern historisch kontingent, different und heterogen (2) – können somit in den Arbeiten Hardts und Negris ihre Bestätigung finden. Denn die beiden Autoren zeigen in ihren Studien auf, wie sich seit der Moderne nationalstaatliche Räume aufgelöst bzw. an Bedeutung verloren haben, sich also diese sozialen Räume historisch-spezifisch konstituiert haben. Ebenso zeigen Hardt und Negri, dass mit diesem Bedeutungsverlust der Nationalstaaten auch neue Widerstandspraktiken entworfen werden, die sich nun netzwerkartig formieren.

---

17 „Trotz gestiegener Macht der ‚Multis' sind die Staaten weder einfach deren Instrumente, noch kommt es zu einer Verschmelzung von Staat und Kapital. Staaten besitzen, bedingt durch die in ihren herrschenden sozialen Kräfteverhältnisse, nach wie vor über eigene, wenn auch höchst unterschiedliche Handlungsspielräume" (Hirsch 2003: 38).

18 Zu bedenken bleibt an dieser Stelle, dass die von Hardt und Negri ins Spiel gebrachte EZLN in ihrem Namen das „N", das heißt die nationale Variable ihres Kampfes betonen: Ejércitio Zapatista de Liberación Nacional/Zapatistische Armee der nationalen Befreiung.

Macht- und Herrschaftsverhältnisse, soziale Ungleichheit und politische Kämpfe stellen drei grundlegende Analysedimensionen der Sozialraumforschung dar. Wie deutlich geworden ist, liefern die hier vorgestellten Werke von Michael Hardt und Antonio Negri auf allen drei Dimensionen Anregungen für die weiteren Debatten. Ich möchte in diesem Zusammenhang die für die soziale Bewegungsforschung relevante Frage nach der Formierung von Widerstand abschließend nochmals aufgreifen.

Durch die ortlos gewordene Macht und die Relativierung von Zeit und Raum im Zuge der Globalisierungsprozesse, tut sich nicht nur ein neuer Blick auf soziale Kämpfe auf, sondern es ergeben sich – mit der Konstituierung der Multitude – auch Anregungen für neue Gestaltungsmöglichkeiten sozialräumlicher Praktiken und Politiken. Im prekär gewordenen Raum der Nationalstaaten ergeben sich in diesem Sinne „Räume der Ermöglichung" (vgl. Reutlinger/Zychlinski 2005) für verschiedene Formen und (Mikro)Praktiken sozialen Widerstandes. Denn es geht Hardt und Negri weniger darum zu sagen, was die Multitude ist, als darauf zu verweisen, was sie werden kann (vgl. Hardt/Negri 2004: 123-124). Mit der Multitude entwerfen Hardt und Negri eine Vision eines gesellschaftsverändernden Potenzials „von unten", ohne deren Strategien und Praktiken von vornherein festzulegen. Diese ortlose Gegenmacht kann nicht mehr mit den soziologischen Begrifflichkeiten von „Nation", „Klasse", „Geschlech"t oder anderen Kollektividentitäten erfasst werden. Denn auf dem „Terrain einer grenzenlos operierenden Biomacht" (Pieper u. a. 2007: 9) und vor dem Hintergrund der Vorherrschaft der immateriellen Arbeit und der Krise der nationalstaatlichen Souveränität können sich neue Formen des gesellschaftlichen Zusammenlebens und eine neue globale Gegenmacht konstituieren. Hardt und Negri lösen sich damit weitestgehend von einer territorialen Perspektive auf soziale Räume und rücken stattdessen den Netzwerkcharakter sozialer Bewegungen und Aktionen sowie die in jeglicher Hinsicht entbettete Multitude ins Zentrum. Die Multitude kann also als Element des politischen Kampfes für die Erfindung neuer politischer Strategien und Praktiken angesehen werden.

Gerade in Hinblick auf die Konstitution der Multitude bleiben aber im Anschluss an Hardt und Negris Überlegungen auch noch einige zentrale Fragen unbeantwortet, die für die Diskussionen um soziale Bewegungsforschung als Teil der Sozialraumforschung relevant sind.
- Gibt es machtvolle Differenzen zwischen unterschiedlichen Multitudes? Und wenn ja, welche?
- Wenn von einer unendlichen Möglichkeit zur Raumanordnung gesprochen werden kann, sind dann die jeweiligen Multitudes unterschiedlich im sozialen Raum situiert und positioniert? Ist also anstelle eines globalen Raumes von ei-

ner Vielzahl sich überlappender, ko-existierender und konkurrierender Räume auszugehen (vgl. Löw 2001; Lefebvre 1992)?[19]
- Werden verschiedene Multitudes unterschiedlich vereinnahmt? Stellt zum Beispiel das Mittelschichtsprojekt des *Gender Mainstreamings* oder die *Emporwerment-Strategie* bereits einen Teil des Empire dar und nicht eine emanzipatorische politische Strategie (vgl. Schild 2004)?
- Sind die triple-opression-Systeme (*race-class-gender*) ähnlich strukturiert oder funktionieren Rassismus, Sexismus, Klassismus und Kapitalismus mittels je spezifischer Strukturen (vgl. Yuval-Davis 2006)? Wenn *race*, Klasse und Geschlecht jeweils spezifisch strukturiert sind, dann agieren vielleicht auch die jeweiligen partikularen Multitudes je spezifisch?
- Mit Foucault und in seiner Fortsetzung im Rahmen der *Gouvernementalitätsstudien* muss zudem kritisch nachgefragt werden, wie die Gegenwehr und die Subversion der Multitude – die niemals gegenüber oder außerhalb der Macht liegen können, sondern ihr immer immanent sind – neue, effektive Regierungsweisen (mit)bedingen.

Elisabeth Tuider

Literatur

Altvater, Elmar/Mahnkopf, Birgit (2007): Grenzen der Globalisierung. Ökonomie, Ökologie und Politik in der Weltgesellschaft. Münster: Westfälisches Dampfboot (7. Aufl.)
Altvater, Elmar/Mahnkopf, Birgit (2002): Globalisierung der Unsicherheit. Arbeit im Schatten, schmutziges Gels und informelle Politik. Münster: Westfälisches Dampfboot
Agamben, Giogio (2004): Ausnahmezustand. Frankfurt a.M.: Suhrkamp
Arrighi, Giovanni (2003): Entwicklungslinien des Empire: Transformationen des Weltsystems. In: Atzert/Müller (2003): 11-31
Atzert, Thomas/Müller, Jost (2003): Vorwort. In: dies. (2003): S. 11-31
Atzert, Thomas/Müller, Jost (Hg.) (2003): Kritik der Weltordnung. Globalisierung, Imperialismus, Empire. Berlin: ID Verlag
Bhabha, Homi K. (2000 [engl. Orig. 1994]): Die Verortung der Kultur. Tübingen: Stauffenburg

---

19 Martina Löw ersetzt das Paradigma des „Behälterraums" durch das des „relationalen Raums". Mit Rüstzeug aus Giddens Theorie der Strukturierung, die sie um das Bourdieusche Habitus-Konzept erweitert, unternimmt Löw den Versuch der Begründung von Raum als soziologischem Grundbegriff (Löw 2001: 12). Dabei wendet sie sich gegen den herkömmlichen „Container-Begriff" und gegen seine genauen Grenzen und führt einen relationalen, konstruktivistischen, Handeln und Struktur verbindenden Raumbegriff ein (vgl. dazu auch die poststrukturalistische Geografie Ed Sojas 2003).

Braidotti, Rosi (2007): Die feministischen nomadischen Subjekte als Figur der Multitude. In: Pieper/Atzert/Karakayali/Tsianos (2007): 49-67

Bröckling, Ulrich/Krasmann, Susanne/Lemke, Thomas (Hg.) (2000): Gouvernementalität der Gegenwart. Frankfurt a.M.: Suhrkamp

Bührmann, Andrea u. a. (Hg.) (2006): Gesellschaftstheorie und die Heterogenität empirischer Sozialforschung. Münster: Westfälisches Dampfboot

Deleuze, Gilles/Guatarri, Félix (1992): Tausend Plateaus. Kapitalismus und Schizophrenie. Berlin: Merve (2. Aufl.)

Diefenbach, Katja (2003): Neue Engel. Vom Glück, kommunistisch zu sein: Die Vielheit im Empire. In: Raunig (2003): S. 29-36

Escobar, Arturo/Alvarez, Sonia/Dagnino, Evelina (1998): The Cultural and the Political in Latin American Social Movements. In: dies. (1998): S. 1-33

Escobar, Arturo/Alvarez, Sonia/Dagnino, Evelina (Hg.) (1998): Cultural of Politics – Politics of Cultures. Oxford: Boulder

Foucault, Michel (1976): Überwachen und Strafen. Die Geburt des Gefängnisses. Frankfurt a.M.: Suhrkamp

Foucault, Michel (1983): Der Wille zum Wissen. Sexualität und Wahrheit 1. Frankfurt a.M.: Suhrkamp

Foucault, Michel (2000): Die Gouvernementalität. In: Bröckling/Krasmann/Lemke (Hg.): 41-76

Gebhardt, Hans/Reuber, Paul/Wolkersdorfer, Günter (Hg.) (2003): Kulturgeographie. Berlin: Spektrum

Hardt, Michael (1993): Gilles Deleuze: An Apprenticeship in Philosophy. Minneapolis: University of Minnesota Press

Hardt, Michael/Negri, Antonio (2002): Empire. Die neue Weltordnung. Frankfurt a.M., New York: Campus

Hardt, Michael/Negri, Antonio (2004): Multitude. Krieg und Demokratie im Empire. Frankfurt a.M., New York: Campus

Hirsch, Joachim (2003): Die neue Weltordnung: Internationalisierung des Staates. In: Atzert/Müller (2003): 31-48

Hirsch, Joachim/Jessop, Bob/Poulantzas, Nicos (Hg.) (2004): Die Zukunft des Staates. Hamburg: VSA

Holloway, John (2002): Die Welt verändern ohne die Macht zu übernehmen. Münster: Westfälisches Dampfboot

Kannapin, Detlef (2005): Die internationale Ideologie. Anmerkungen zu Hardt/Negri „Multitude". http://linksnet.de/artikel.php?id=1603 [zuletzt abgerufen am: 20.01.2008]

Kaltmeier, Olaf/Kastner, Jens/Tuider, Elisabeth (Hg.) (2004): Neoliberalismus – Autonomie – Widerstand. Analysen Sozialer Bewegungen in Lateinamerika. Münster: Westfälisches Dampfboot

Kastner, Jens (2004): Zapatismus und Transnationalisierung. Anmerkungen zur Relevanz zapatistischer Politik für die Bewegungsforschung. In: Kaltmeier/Kastner/Tuider (2004): 251-275

Kessl, Fabian/Reutlinger, Christian/Maurer, Susanne/Frey, Oliver (Hg.) (2005): Handbuch Sozialraum. Wiesbaden: VS Verlag für Sozialwissenschaften

Krysmanski, Hans-Jürgen (2006): Das Empire der Postmoderne und die ‚Arbeiter-Bewegung' – eine Führung durch M. Hardts/A.Negris Buch ‚Empire'. In: Bührmann u. a. (2006): 180-192

Lauermann, Manfred (2006): Michael Hardt & Antonio Negri: Kulturrevolution durch Multitudo. In: Moebius/Quadflieg, (2006): 309-321

Lefebvre,Henri (1992): The production of space. Oxford: Blackwell

Lemke, Thomas (2004): Biopolitik im Empire. Die Immanenz des Kapitalismus bei Miachel Hardt und Antonio Negri. http://www.uni-muenster.de/PeaCon/global-texte/g-bio/g-bio-n/lemke-BiopolitikimEmpire.pdf [zuletzt abgerufen am 16.02.2008]

Lenz, Ilse/Nickel, Hildegard/Riegraf, Birgit (Hg.) (2000): Geschlecht – Arbeit – Zukunft. Münster: Westfälisches Dampfboot

Lenz, Ilse (2000): Globalisierung, Geschlecht, Gestaltung? In: Lenz/Nickel/Riegraf (2000): 16-48

Löw, Martina (2001): Raumsoziologie. Frankfurt a.M.: Suhrkamp

Löw, Martina/Sturm, Gabriele (2005): Raumsoziologie. In: Kessl/Reutlinger/Maurer/Frey (2005): 31-48

Marx, Karl (1867): Das Kapital. Kritik der politischen Ökonomie. Otto Meissner Verlag.

Massey, Doreen (2007). Empire und Geographien der Verantwortung. In: Pieper/Atzert/Karakayali/Tsianos (2007): 67-84

Maurer, Susanne (2005): Soziale Bewegung. In: Kessl/Reutlinger/Maurer/Frey (2005): 629-649

Moebius, Stephan/Quadflieg, Dirk (Hg.) (2006): Kultur. Theorien der Gegenwart. Wiesbaden: VS Verlag für Sozialwissenschaften

Negri, Antonio (1982): Die wilde Anomalie. Baruch Spinozas Entwurf einer freien Gesellschaft. Berlin: Wagenbach

Pieper, Marianne/Atzert, Thomas/Karakayali, Serhat/Tsianos, Vassili (Hg.) (2007): Empire und die biopolitische Wende. Frankfurt/New York: Campus

Pieper, Marianne/Atzert, Thomas/Karakayali, Serhat/Tsianos, Vassili (2007): Einleitung. In: dies. (2007): 7-17

Priester, Karin (2005): Messianischer Populismus von links? Anmerkungen zu dem Werk Empire von Michael Hardt und Antonio Negri. In: Seim (2005): 181-193

Raunig, Gerald (Hg.) (2003): Transversal. Kunst und Globalisierungskritik. Wien: Turia und Kant

Reutlinger, Christian/Kessl, Fabian/Maurer, Susanne (2005): Die Rede vom Sozialraum – eine Einleitung. In: Kessl/Reutlinger/Maurer/Frey (2005): 11-31

Schild, Veronika (2004): Die Freiheit der Frauen und gesellschaftlicher Fortschritt. Feministinnen, der Staat und die Armen bei der Schaffung neoliberaler Gouvernementalität. In: Kaltmeier, Olaf/Kastner, Jens/Tuider, Elisabeth (2004): S. 82-101

Seim, Roland (Hg.) (2005): „Mein Milieu meisterte mich nicht". Festschrift für Horst Herrmann. Münster: Telos

Soja, Ed (2003): Thirdspace – Die Erweiterung des Geographischen Blicks. In: Gebhardt/Reuber/Wolkersdorfer (2003): 269-288

Thien, Hans-Günter (2006): Geschichte, Kapitalismus und politisches Handeln oder: die Revolution als Wunsch. In: Bührmann u. a. (2006): 193-207

Walther, Rudolf (2004): Wir wollen letztlich frei sein. In: TAZ, 09.10.2004, http://www.taz.de/index.php?id=archivseite&dig=2004/10/09/a0394 [zuletzt abgerufen am: 20.01.2008]

Werlen, Benno/Reutlinger, Christian (2005): Sozialgeographie. In: Kessl/Reutlinger/Maurer/Frey (2005): 49-66

Wright, Steve (2005): Den Himmel stürmen. Eine Theoriegeschichte des Operaismus. Hamburg: Assoziation A

Yuval-Davis, Nira (2006): Intersectionality and Feminist Politics. In: European Journal of Women's Studies, vol. 13 (3): 193-209

Zelik, Raul (2004): Absicht statt Erkenntnis. http://textem.de/456.0.html [zuletzt abgerufen am: 20.01.2008]

Autorinnen und Autoren

Daniela Ahrens
Institut Technik & Bildung, Universität Bremen.
dahrens@uni-bremen.de
Arbeitsschwerpunkte: Raumsoziologie, Technik- und Mediensoziologie, Organisationssoziologie, Vorberufliche Bildung. *Publikationen: Zwischen Konstruiertheit und Gegenständlichkeit. Anmerkungen zum Landschaftsbegriff aus soziologischer Perspektive.* In: Institut für Landschaftsarchitektur und Umweltplanung (Hrsg.): Perspektive Landschaft. Berlin 2006: 229-241; *Rolle und Funktion der Region in Zeiten der Globalisierung.* In: Ott, M./Uhl, E. (Hrsg.); Denken des Raumes in Zeiten der Globalisierung. Münster 2005: 73-89; *Internet, Nicht-Orte und die Mikrophysik des Ortes.* In: Budke, A./Kranwischer, D./Pott, A. (Hrsg.): Internetgeographien. Beobachtungen zum Verhältnis von Internet, Raum und Gesellschaft. Erdkundliches Wissen Band 13. Stuttgart 2004: 163-179.

Karin S. Amos
Institut für Erziehungswissenschaft, Abteilung Allgemeine Pädagogik, Universität Tübingen.
karin.amos@uni-tuebingen.de
Arbeitsschwerpunkte: Internationale Governance von Bildung und Erziehung, Sozialräumliche Bezüge von Inklusion/Exklusion, Umgang mit Diversität in Pädagogik und Erziehungswissenschaft. *Publikationen: Das amerikanische „Urban Ghetto" als sozial-räumlicher Ausdruck prekärer gesellschaftlicher Mitgliedschaft.* In: Kessl, F./Otto, H.-U. (Hrsg.): Territorialisierung des Sozialen. Regieren über gesellschaftliche Nahräume. Opladen/Farmington Hills 2007: 234-53; *Null-Toleranz an öffentlichen Schulen in den USA – amerikanisches Syndrom oder Symptom für eine Neubestimmung gesellschaftlicher Erziehungsverhältnisse?* In: Zeitschrift für Pädagogik, 2006, 52. Jg., Heft 5: 717-731; *Zur Imagination der komplementären pädagogischen Praktiken des „Rettens" und „Jätens". Überlegungen im Anschluss an Cultural Studies und Gouvernementalität.* In: Mecheril, P./Witsch, M. (Hrsg.): Cultural Studies und Pädagogik. Bielefeld 2006: 77-110.

Ellen Bareis
Institut für Stadt- und Regionalentwicklung, Fachhochschule Frankfurt am Main.
Bareis@fb4.fh-frankfurt.de
Arbeitsschwerpunkte: Transformationen des Städtischen, Alltag und soziale Kämpfe, Produktion des Sozialen, Organisationsforschung, Nutzungsforschung. *Publikationen: Verkaufsschlager.* Urbane Shoppingmalls – Orte des Alltags zwi-

schen Nutzung und Kontrolle. Münster 2007; *Frauen und Hartz IV. Die organisatorische Umsetzung des SGB II.* Frankfurt a.M. 2007 (zusammen mit Claus Reis und Mechthild Mertens); *Warum zünden „sie" ihre „eigenen Schulen" an? Zur Konstruktion der gefährlichen Vorort-Klasse in Frankreich.* In: Saubere Schulen. Vom Ausbrechen und Ausschließen Jugendlicher. Jahrbuch für Rechts- und Kriminalsoziologie. Baden-Baden 2007: 89-104.

Michael Bayer
Institut für Soziologie, Martin-Luther-Universität Halle-Wittenberg.
michael.bayer@soziologie.uni-halle.de
Arbeitsschwerpunkte: Soziologische Theorie, Organisationsforschung, Forschungen zu Widerstand und Revolution. *Publikationen: Einführung in das Werk Max Webers.* Wiesbaden 2008 (zusammen mit Gabriele Mordt); *Paradigmenwechsel im Wohlfahrtsverband: Herausforderungen und Widerstände.* In: Gerstner, W. et al (Hrsg.): Deutschland als Entwicklungsland. Freiburg 2007: 124-139.

Karl-Heinz Braun
Fachbereich Sozial- und Gesundheitswesen der Hochschule Magdeburg-Stendal (FH). karl-heinz.braun@hs-magdeburg.de
Arbeitsschwerpunkte: Bildungs- und Subjekttheorie, Theorie und Methoden der Kinder- und Jugendarbeit, Theorie und Praxis der Schulreform. *Publikationen: Wege pädagogischen Denkens.* Ein autobiografischer und erziehungswissenschaftlicher Dialog (zusammen mit Wolfgang Klafki). München 2007; *Soziale Arbeit in der Schule.* München 2006 (zusammen mit Konstanze Wetzel); *Handbuch Methoden der Kinder- und Jugendarbeit.* Studien zur pädagogischen Entwicklungsforschung und Qualitätssicherung. Münster 2005 (zusammen mit Kinderfreunde in Oberösterreich, Institut für Kinderrecht, Konstanze Wetzel, Bernd Dodesberger und Andrea Fraundorfer).

Peter Degen
Lehr- und Forschungsbereich Stadtbautheorie und Stadtbaugeschichte, Peter Behrens School of Architecture PBSA Düsseldorf.
argos.degen@bluewin.ch
Arbeitsschwerpunkte: Phänomenologie und Choreografie des Stadtraums, Architektur und Landschaft, Entwurfstheorie des gebauten Ortes. Publikationen: *Die Herren des Steins*, Beiträge zur Baukultur des Tessins; *Stadtkulturen Süditaliens:* Gallipoli, Matera, Martina Franca; *Stadtkulturen Mittelitaliens:* Pitigliano, Sorano, Sovana. Blauen, Schweizer Baudokumentation 2000.

Autorinnen und Autoren

Bernd Dollinger
Pädagogische Hochschule Freiburg.
bernd.dollinger@ph-freiburg.de
Arbeitsschwerpunkte: Theorie und Geschichte der Sozialpädagogik, Devianz und soziale Kontrolle, Sozialpolitik. *Publikationen: Die Pädagogik der sozialen Frage.* (Sozial-)Pädagogische Theorie vom Beginn des 19. Jahrhunderts bis zum Ende der Weimarer Republik. Wiesbaden 2006; *Sozialwissenschaftliche Suchtforschung.* Wiesbaden 2007 (zusammen mit Henning Schmidt-Semisch); *Die sozialpädagogische Erziehung des Bürgers.* Entwürfe zur Konstitution der modernen Gesellschaft. Wiesbaden 2007 (zusammen mit Carsten Müller und Wolfgang Schröer).

Stephan Günzel
Universität Potsdam, Institut für Künste und Medien.
stephan.guenzel@uni-potsdam.de, www.stephan-guenzel.de
Arbeitsschwerpunkte: Bild-, Medien- und Raumtheorie. Publikationen: *Raumwissenschaften.* Frankfurt a.M. 2008; *Topologie.* Zur Raumbeschreibung in den Kultur- und Medienwissenschaften. Bielefeld 2007; *Raumtheorie.* Grundlagentexte aus Philosophie und Kulturwissenschaften. Frankfurt a.M. 2006 (zusammen mit Jörg Dünne).

Matthias Grundmann
Institut für Soziologie, Westfälische-Wilhelms-Universität.
Matthias.Grundmann@uni-muenster.de
Arbeitsschwerpunkte: Sozialstruktur und Sozialisation, Empirische Bildungsforschung, Gemeinschaftsforschung. *Publikationen: Humanökologie, Sozialstruktur und Sozialisation.* In: Hurrelmann, K./Grundmann, M./Walper, S. (Hrsg.). Handbuch der Sozialisationsforschung. Weinheim 2008; *Soziologie der Sozialisation.* In: Kneer, G./Schroer, M. (Hrsg.): Spezielle Soziologien. Ein Handbuch, Wiesbaden 2008; *Sozialisation.* Skizze einer allgemeinen Theorie. Konstanz 2006.

Fabian Kessl
Fakultät für Erziehungswissenschaft, AG 8: Soziale Arbeit, Universität Bielefeld.
fabian.kessl@uni-bielefeld.de
Arbeitsschwerpunkte: Sozialraumforschung, Empirie der Lebensführung, Gouvernementalität Sozialer Arbeit, Sozialpädagogische Transformationsforschung. *Publikationen: Soziale Arbeit jenseits des Wohlfahrtsstaats?* Weinheim/München 2008 (i.E.) (zusammen mit Hans-Uwe Otto); *Territorialisierung des Sozialen: Regieren über soziale Nahräume.* Opladen/Farmington Hills 2007 (zusammen mit Hans-Uwe Otto); *Erziehung zur Armut?* Soziale Arbeit und die „neue Un-

terschicht". Wiesbaden 2007 (zusammen mit Christian Reutlinger und Holger Ziegler).

Iris Kunze
Institut für Soziologie, Westfälische-Wilhelms-Universität Münster.
iris.kunze@uni-muenster.de
Arbeitsschwerpunkte: Gemeinschaftsforschung, Nachhaltigkeitsforschung, Qualitative Sozialforschung. *Publikationen: Brücke zur besseren Welt.* Die Zeit ist reif für die Zusammenarbeit von Gemeinschaften und der Wissenschaft. In: Kurskontakte, Eurotopia, 2007, Nr. 152: 34-36. [Quelle: www.kurskontakte.de/article/show/article_46aef39041063.html]; *Sozialökologische Gemeinschaften als Experimentierfelder für zukunftsfähige Lebensweisen.* Eine Untersuchung ihrer Praktiken. In: Grundmann, M./Dierschke, T./Drucks, S/Kunze, I. (Hrsg.): Soziale Gemeinschaften. Experimentierfelder für kollektive Lebensformen. Münster 2006: 171-188.

Katharina Manderscheid
Centre of Mobilities Research, Department of Sociology, Lancaster University.
k.manderscheid@lancaster.ac.uk
Arbeitsschwerpunkte: Raum, Mobilität, Soziale Ungleichheit, Stadtsoziologie. *Publikationen: Milieu, Urbanität und Raum.* Soziale Prägung und Wirkung städtebaulicher Leitbilder und gebauter Räume. Wiesbaden 2004; *Sozial-räumliche Grenzgebiete: unsichtbare Zäune und gegenkulturelle Räume.* Eine empirische Exploration der räumlichen Dimension sozialer Ungleichheit. In: Sozialer Sinn, 7. Jg., Heft 2, 2006: 273-299; *Spatial Patterns and Social Inequalitiy in Switzerland – Modern or Postmodern?* In: Pflieger, G./Jemelin, C./Kaufmann, V. (Hrsg.): The Social Fabric of the Networked City 2008 (i.E.) (zusammen mit Manfred Max Bergman).

Michael May
Fachhochschule Wiesbaden, Fachbereich Sozialwesen.
M.May@sozialwesen.fh-wiesbaden.de
Arbeitsschwerpunkte: Politik und Pädagogik des Sozialen und des Raumes, Geschlechterforschung. *Publikationen: Aktuelle Theoriediskurse Sozialer Arbeit.* Eine Einführung. Wiesbaden 2008; *Kompetenzen im Sozialraum – Sozialraumentwicklung und -organisation als transdisziplinäres Projekt.* Band 1 der Beiträge zur Sozialraumforschung. Opladen/Farmington Hills 2008 (i.E.); *Wie in der Sozialen Arbeit etwas zum Problem wird*: Versuch einer pädagogisch gehaltvollen Theorie sozialer Probleme. Münster 2005.

Astrid Mittmann
Pädagogische Hochschule Freiburg.
mittmann@ph-freiburg.de
Arbeitsschwerpunkte: Professionalisierung, Diagnostik.

Christian Reutlinger
Institut für Soziale Arbeit (IFSA), FHS Hochschule für Angewandte Wissenschaften St.Gallen/Rorschach.
christian.reutlinger@fhsg.ch.
Arbeitsschwerpunkte: Transnationale Soziale Arbeit, Sozialgeografie der Kinder und Jugendlichen, Sozialpädagogische Sozialraumforschung und Sozialraumarbeit. *Publikationen: Raum und soziale Entwicklung.* Kritische Reflexion und neue Perspektiven für den sozialpädagogischen Diskurs. Weinheim/München 2008; *Sozialraum.* Eine Einführung. Wiesbaden 2007 (zusammen mit Fabian Kessl); *Handbuch Sozialraum.* Wiesbaden 2005 (zusammen mit Fabian Kessl, Susanne Maurer und Oliver Frey).

Elisabeth Tuider
Universität Hildesheim, Abteilung Allgemeine Erziehungswissenschaft.
e.tuider@web.de
Arbeitsschwerpunkte: Geschlechter- und Migrationsforschung, Cultural- und Postkolonial-Studies, Qualitative Forschungsmethoden, Lateinamerikaforschung (Mexiko). *Publikationen: Estamos en diferentes lugares.* Feministische Identität und Gouvernementalität am Beispiel der mexikanischen ‚Frauen'bewegungen. In: Kaltmeier, O./Kastner, J./Tuider, E. (Hrsg.): Neoliberalismus – Autonomie – Widerstand. Analysen Sozialer Bewegungen in Lateinamerika, Münster 2004: 157-183; *(Geschlechter)Räume.* Performativität und Hybridität am Beispiel der muxé in Juchitán/Mexiko. In: Hinderer, M./Kastner, J. (Hrsg.): Pok ta Pok. (Post-) Koloniale Behauptungen und performative Aneignungen auf dem Spielfeld der Macht. Wien 2007.

MIX
Papier aus verantwortungsvollen Quellen
Paper from responsible sources
FSC® C105338

If you have any concerns about our products,
you can contact us on
ProductSafety@springernature.com

In case Publisher is established outside the EU,
the EU authorized representative is:
**Springer Nature Customer Service Center GmbH
Europaplatz 3, 69115 Heidelberg, Germany**

Printed by Libri Plureos GmbH
in Hamburg, Germany